OSVALDO ELIAS FARAH   LUCIANA PASSOS MARCONDES   MARLY CAVALCANTI
— COORDENADORES —

EMPREENDEDORISMO

2ª EDIÇÃO

ESTRATÉGIA DE SOBREVIVÊNCIA PARA PEQUENAS EMPRESAS

SOMOS EDUCAÇÃO | **saraiva** *uni*

Av. das Nações Unidas, 7221, 1º Andar, Setor B
Pinheiros – São Paulo – SP – CEP: 05425-902

SAC | **0800-0117875**
De 2ª a 6ª, das 8h às 18h
www.editorasaraiva.com.br/contato

Vice-presidente	Claudio Lensing
Diretora editorial	Flávia Alves Bravin
Gestão editorial	Rita de Cássia S. Puoço
Aquisições	Fernando Alves Julia D'Allevo
Editores	Ana Laura Valerio Neto Bach Thiago Fraga
Produtoras editoriais	Alline Garcia Bullara Amanda M. Loyola Daniela Nogueira Secondo
Suporte editorial	Juliana Bojczuk Fermino

Preparação	Maria Cristina Carapeto Lavrador Alves
Revisão	Opus Editorial e Gisele Múfalo
Diagramação	Desenho Editorial
Capa	Desenho Editorial
Impressão e acabamento	Edições Loyola

ERP | 302.704.002.001

ISBN 978-85-472-3184-2

DADOS INTERNACIONAIS DE CATALOGAÇÃO NA PUBLICAÇÃO (CIP)
ALINE GRAZIELE BENITEZ CRB-1/3129

E46   Empreendedorismo / [coord.] Osvaldo Farah; Marly
Cavalcanti, Luciana Passos Marcondes. – 2.ed. – São Paulo:
Saraiva Educação, 2018.

Inclui bibliografia.
ISBN: 978-85-472-3184-2

1. Empreendedorismo. 2. Planejamento estratégico. 3.
Administração. I. Farah, Osvaldo. II. Cavalcanti, Marly. III. Marcondes, Luciana Passos. IV. Título.

CDD-658.022
CDU-005.71-022.51/55

Índices para catálogo sistemático:
1. Empreendedorismo: administração
2. Planejamento estratégico

Copyright © Ana Maria Andrade de Oliveira Melo, Antônio Carlos
Giuliani, Arrilton Carlos de Brito Filho, Claudio Lira Meirelles,
Diana Leite Kochmanski Fuzetti, Edgard Monforte Merlo, Elisabete
Stradiotto Siqueira, Erlaine Binotto, Ethel Cristina Chiari da Silva,
Fábio Müller Guerrini, Gerd Esser, Gilberto Marzochi, Graziela Oste
Graziano, Ivelise Rasera Bragato, José Benedito Sacomano, José
Ricardo Scareli Carrijo, Luciana Passos Marcondes (Coord.), Márcia
Cristina Alves, Marina Ariente Angelocci, Mário Sacomano Neto,
Marly Cavalcanti (Coord.), Maurício Sanitá de Azevedo, Milton de
Abreu Campanario, Nádia Kassouf Pizzinatto, Osvaldo Elias Farah
(Coord.), Paulo Sérgio de Oliveira Melo, Rodrigo Franco Gonçalves,
Ronie Galeano, Sérgio Perussi Filho, Silvia Helena Carvalho Ramos
Valladão de Camargo, Silvio Mandarano Scarsiotta, Thel Augusto
Monteiro, Valéria Rueda Elias Spers, Vanderlei Salvador Bagnato.
2018 Saraiva Educação
Todos os direitos reservados.

2ª edição

Nenhuma parte desta publicação poderá ser reproduzida por
qualquer meio ou forma sem a prévia autorização da Saraiva
Educação. A violação dos direitos autorais é crime estabelecido
na lei nº 9.610/98 e punido pelo artigo 184 do Código Penal.

EDITAR | 9834   CL | 651189   CAE | 625484

"Sei que meu trabalho é uma gota no oceano, mas sem ele o oceano seria menor."

Santa Madre Teresa de Calcutá

Sobre os autores

Ana Maria Andrade de Oliveira Melo

Doutora em Ciências da Comunicação pela Escola de Comunicações e Artes da Universidade de São Paulo (ECA-USP). Mestra em Comunicação Social pela Universidade Metodista de São Paulo. Bacharel em Comunicação Social Habilitação Jornalismo pela Universidade de Mogi das Cruzes (UMC). Diretora da Faculdade Guarulhos – Universidade Brasil. Ex-coordenadora da pós-graduação da Faculdade Anhanguera de Guarulhos. Ex-assessora de reitoria e pró-reitoria acadêmica, professora adjunta da Universidade Cidade de São Paulo (Unicid). Ex--diretora do curso de Comunicação Social das Universidades: Guarulhos (UNG), Cruzeiro do Sul (Unicsul), Unicid e Europan. Ex-coordenadora do curso de Produção em Multimídia nas Faculdades Metropolitanas Unidas (FMU).

Antonio Carlos Giuliani

Doutor, mestre e bacharel em Administração pela Universidade Metodista de Piracicaba (Unimep). Especialista em Marketing pela Fundação Getulio Vargas (FGV) e pela Universidade da Califórnia, em Berkeley. Coordenador e docente do Programa do Mestrado e Doutorado em Administração e do MBA em Marketing da Unimep. É professor visitante da Universidad Nacional de La Plata (Argentina), da Universidad Madero (México) e da Universidad Sevilla (Espanha). Autor e coautor de 17 livros no Brasil, Argentina, México e Estados Unidos. Consultor *ad-hoc* do Ministério da Educação, Instituto Nacional de Estudos e Pesquisas Educacionais Anísio Teixeira (INEP).

Arrilton Carlos de Brito Filho

Mestrando em Ambiente, Tecnologia e Sociedade pela Universidade Federal Rural do Semiárido (Ufersa). Bacharel em Administração pela Ufersa. Atua nos seguintes temas: responsabilidade social, gestão social, tecnologias sociais e empreendedorismo.

Claudio Lira Meirelles

Doutor em Engenharia de Produção e mestre em Administração pela Universidade Paulista (Unip). Especialista em Gestão Empresarial pelo Centro Universitário de João Pessoa (Unipê). Bacharel em Economia pela Universidade Federal da Paraíba (UFPB). Sócio-diretor da Baumann Comercial e Consultoria em Exportação e Importação Ltda. e Baumann Travel e Consultor em Comércio Exterior – Sebrae/SC, de Florianópolis.

Diana Leite Kochmanski Fuzetti

Mestra em Administração de Empresas pelo Centro Universitário Salesiano de São Paulo (Unisal). Especialista em Administração Financeira pelo Instituto Nacional de Pós-graduação (INPG) de São José do Rio Preto. Especialista em Empreendedorismo e Inovação. Bacharel em Ciências Econômicas pelo Instituto Toledo de Ensino (ITE) de Presidente Prudente.

Edgard Monforte Merlo

Doutor e mestre em Administração pela Faculdade de Economia, Administração e Contabilidade da Universidade de São Paulo (FEA-USP). Mestre e bacharel em Economia pela Pontifícia Universidade Católica de São Paulo (PUC-SP). Professor associado da FEA-RP da USP, campus Ribeirão Preto.

Elisabete Stradiotto Siqueira

Doutora em Ciências Sociais e mestra em Administração pela Pontifícia Universidade Católica de São Paulo (PUC-SP). Bacharel em Administração pela Universidade Metodista de Piracicaba (Unimep). Professora adjunta da Universidade Federal Rural do Semiárido (Ufersa).

Erlaine Binotto

Doutora em Agronegócios pela Universidade Federal do Rio Grande do Sul (UFRGS) e pela Universidade de Queensland. Mestre e especialista em Fundamentos Teórico-metodológicos de Ensino pela Universidade de Cruz Alta (Unicruz). Bacharel em Administração pela Universidade Federal de Santa Maria (UFSM). Coordena projetos aprovados no CNPq e Fundect sobre cooperação em diferentes contextos do agronegócio. Docente adjunta na Universidade Federal da Grande Dourados (UFGD). Docente na pós-graduação em Agronegócios (Profiap) e na pós-graduação em Administração da UFMS.

Ethel Cristina Chiari da Silva

Doutora e mestra em Engenharia de Produção pela Universidade de São Paulo (USP). Bacharel em Engenharia de Produção de Materiais pela Universidade Federal de São Carlos (UFSCar). Consultora interna nas áreas de Planejamento e controle da produção e Gestão de pessoas; diretora do Departamento de Desenvolvimento Econômico da Secretaria Municipal de Desenvolvimento Sustentável, Ciência e Tecnologia da

Prefeitura Municipal de São Carlos. Docente do Programa de Mestrado em Desenvolvimento Regional e Meio Ambiente do Centro Universitário de Araraquara (Uniara).

Fábio Müller Guerrini

Livre-docente, doutor e mestre em Engenharia Mecânica pela Universidade de São Paulo (USP). Bacharel em Engenheira Civil pela USP. Professor associado do Departamento de Engenharia de Produção da Escola de Engenharia de São Carlos da Universidade de São Paulo (EESC-USP). Coautor da obra *Gestão estratégica de negócios: evolução, cenários, diagnóstico e ação.*

Gerd Esser

ph.D. em Engenharia pela Friedrich-Alexander University (FAU). Mestre em Física pela RWTH Aachen University, Alemanha. CEO na empresa Berlin (Companhia de Joint Venture das empresas Volkswagen, Daimler, Siemens, ThyssenKrupp e Sabic). Coordenador da Central Research and Innovation na Diehl Group, Nuremberg.

Gilberto Marzochi

Mestre em Administração pelo Centro Universitário Moura Lacerda e especialista em Administração pela Universidade de São Paulo (USP). Bacharel em Administração pela Fundação Sanjoanense de Ensino. Professor da graduação do Centro Universitário das Faculdades Associadas (Unifae), de São João da Boa Vista, e do Instituto Nacional de Pós-graduação (INPG-SP). Consultor de empresas nas áreas de Finanças e Comércio exterior.

Graziela Oste Graziano

Doutora em Administração pela Universidade Nove de Julho (Uninove). Mestra em Administração, especialista em Gestão de Pessoas e bacharel em Administração de Empresas pela Universidade Metodista de Piracicaba (Unimep). Professora do Programa de Mestrado Profissional em Administração da Faculdade de Gestão e Negócios da Unimep. Atua nas áreas de Gestão de pessoas e Estratégias de marketing.

Ivelise Rasera Bragato

Mestra em Administração de Empresas e Bacharel em Administração de Empresas pela Universidade Metodista de Piracicaba (Unimep). Pesquisadora Assistente do Centro de Estudos Avançados em Economia Aplicada (Cepea) da Escola Superior de Agricultura Luiz de Queiroz (ESALQ/USP), Departamento de Economia e Sociologia Rural. Atua na área de etanol. Tem experiência na área de administração de empresas, atuando principalmente nos seguintes temas: agronegócio, usinas de cana-de-açúcar, tomada de decisão e informação de mercado.

José Benedito Sacomano

Doutor e mestre em Engenharia Mecânica pela Universidade de São Paulo (USP), bacharel em Engenharia Civil pela USP. Professor titular da Universidade Paulista (Unip). Tem experiência na área de Engenharia de produção, com ênfase em Planejamento, Projeto e Controle de sistemas de produção, dedicando-se principalmente aos seguintes temas: planejamento, qualidade, construção civil, administração da produção e engenharia de produção.

José Ricardo Scareli Carrijo

Doutor em Engenharia de Produção e mestre em Administração pela Universidade Metodista de Piracicaba (Unimep). Bacharel em Economia e Administração pela Faculdade de Ciências Econômicas de Bauru – Instituição Toledo de Ensino (ITE). Especialista em Gestão Empresarial pelo ITE/FGV do Rio de Janeiro. Especialista em Manutenção Produtiva Total pela Jipm Japan Institute Plant of Maintenance em Santiago do Chile. Gerente de qualidade, produtividade e segurança – Tilibra Ltda. – produtos de papelaria. Professor e diretor da ITE.

Luciana Passos Marcondes (Coord.)

Doutora em Administração pela Universidade Nove de Julho (Uninove) e mestra em Administração de Empresas pelo Centro Universitário Moura Lacerda. Professora e orientadora do curso a distância de Gestão Empresarial da Faculdade de Tecnologia de São Paulo (Fatec) em Araçatuba-SP, do Centro Universitário Católico Salesiano (UniSalesiano) e da Fundação Educacional de Penápolis (Funepe). Tem experiência em administração, atuando nas áreas de Empreendedorismo, Estratégia e Finanças.

Márcia Cristina Alves

Doutora em Engenharia de Produção pela Universidade Metodista de Piracicaba (Unimep). Mestra em Administração pela Universidade Mackenzie. Bacharel em Administração pela Escola Superior de Administração de Negócios (Esan). Coordenadora do Hotel Tecnológico da Universidade Tecnológica Federal do Paraná (UTFPR), campus Apucarana. Docente adjunta da graduação de Engenharia Civil da UTFPR. Atualmente desenvolve projetos de ensino, pesquisa e extensão nas áreas de Empreendedorismo e Arranjos produtivos locais (APL). É colaboradora de projetos de pesquisa e extensão financiados pelo CNPq. Foi coordenadora dos projetos ProExt/MEC – 2012 e 2013.

Marina Ariente Angelocci

Doutora em Administração com linha de pesquisa em Marketing e licenciada em Letras com habilitação em Português e Inglês pela Universidade Nove de Julho (Uninove). Mestra em Administração com ênfase em Marketing e graduada em Comunicação Social com habilitação em Jornalismo pela Universidade Metodista de Piracicaba (Unimep). Docente nas faculdades de Administração, Agronomia, Ciência da Computação e Pedagogia e no Programa de Mestrado Profissional em Sistemas de Produção na Agropecuária da Universidade José do Rosário Vellano (Unifenas). Docente nos cursos de Administração e Relações Internacionais da Faculdade Anglo de Piracicaba. Diretora de marketing da Ok Agência de Notícias.

Mário Sacomano Neto

Doutor em Engenharia de Produção pela Universidade Federal de São Carlos (UFSCar). Mestre em Engenharia de Produção pela Universidade de São Paulo (USP). Bacharel em Administração pela Pontifícia Universidade Católica de São Paulo (PUC--SP). Docente do mestrado em Administração da Universidade Metodista de Piracicaba (Unimep). *Visiting Schollar* na Universidade de Chicago (EUA).

Marly Cavalcanti (Coord.)

Livre-docente em Planejamento Estratégico pela Pontifícia Universidade Católica de São Paulo (PUC-SP). Doutora em Administração pela Faculdade de Economia, Administração e Contabilidade da Universidade de São Paulo (FEA-USP). Mestra em Administração de Empresas pela Escola de Administração de Empresas de São Paulo da Fundação Getulio Vargas (FGV-EAESP); mestra em Filosofia e em Ciências Sociais pela Pontifícia Universidade Católica de São Paulo (PUC-SP). Bacharel em Direito pela Universidade Paulista (Unip) e em Ciências Jurídicas e Sociais pela Universidade de São Paulo (USP). Docente do Centro Estadual de Educação Tecnológica Paula Souza (CEETEPS) e do Centro Universitário Salesiano de São Paulo (Unisal).

Maurício Sanitá de Azevedo

Doutorando em Administração pela Universidade Nove de Julho (Uninove), mestre em Administração Profissional pela Universidade Metodista de Piracicaba (Unimep). MBA em Gestão Executiva e especialista em Gestão Estratégia de Negócios, ambos pelo Instituto Nacional de Pós-graduação (INPG). Bacharel em Administração de Empresas pelo Centro Universitário de Rio Preto (Unirp). Diretor da Iza Travel Turismo.

Milton de Abreu Campanario

Doutor em Filosofia pela Cornell University, mestre em City and Regional Planning pela Harvard University e bacharel em Economia pela Universidade de São Paulo (USP). Professor da USP e coordenador, docente e pesquisador do programa de doutorado e mestrado em Administração da Universidade Nove de Julho (Uninove). Membro da *Revista de Administração e Inovação (RAI)*.

Nádia Kassouf Pizzinatto

Doutora, mestra e especialista em Administração pela Escola de Administração de Empresas de São Paulo da Fundação Getulio Vargas (FGV-EAESP). Administradora e economista. Docente titular e pesquisadora do Programa de Mestrado em Administração da Universidade Nove de Julho (Uninove). Membro dos Conselhos Consultivo e Fiscal da Associação Nacional de Cursos de Graduação em Administração (Angrad).

Consultora do Ministério da Educação em Comissões de Verificação de Cursos de Graduação em Administração no Brasil. É autora de livros, capítulos de livros e trabalhos apresentados em eventos científicos nas áreas de Administração e Marketing. Sua última publicação foi o livro *Pesquisa pura e aplicada para marketing*. Presidente da comissão de pesquisa do Conselho de Coordenação do Ensino, Pesquisa e Extensão da Universidade Metodista de Piracicaba (Unimep).

Osvaldo Elias Farah (Coord.)

Doutor em Administração pela Faculdade de Economia e Administração da Universidade de São Paulo (FEA-USP) e mestre em Administração pela Escola de Administração de Empresas de São Paulo (EAESP-FGV). Bacharel em Ciências Econômicas pelo Centro Universitário Moura Lacerda. Ex-docente titular e pesquisador do Programa de Pós-graduação em Administração da Universidade Nove de Julho (PPGA/Uninove) e do Programa de Pós-graduação em Administração da Universidade Metodista de Piracicaba (Unimep). Organizador das obras *Empreendedorismo estratégico: criação e gestão de pequenas empresas*, *Empreendedorismo: estratégias de sobrevivência de pequenas empresas*; coautor de mais de quinze obras em Administração, Estratégia e Marketing. Pesquisador do CNPQ da Fundação de Amparo à Pesquisa do Estado de São Paulo (Fapesp). Sócio-presidente da Farah Criação e Estratégia. Consultor de negócios.

Paulo Sérgio de Oliveira Melo

Mestre em Educação pela Universidade Estadual de Campinas (Unicamp). Bacharel em Comunicação Social pela Universidade de Mogi das Cruzes (UMC). Especialista em Filosofia pelo Instituto Santa Teresinha (IST) de São José dos Campos. Docente do Centro Universitário FIAM-FAAM. Docente da Faculdade Unida de Suzano (Unisuz). Ex-docente estruturante dos cursos de graduação da FAIT de Itapeva.

Rodrigo Franco Gonçalves

Doutor em Engenharia de Produção pela Universidade de São Paulo (USP), mestre em Engenharia de Produção pela Universidade Paulista (Unip). Bacharel em Física pela USP. Docente titular e pesquisador do Programa de pós-graduação *stricto sensu* em Engenharia de Produção da Unip; docente do departamento de Engenharia de Produção da Escola Politécnica da USP (Poli-USP) e docente de pós-graduação *lato sensu* da Fundação Vanzolini-USP.

Ronie Galeano

Doutor e mestre em Administração pela Universidade Metodista de Piracicaba (Unimep). Docente e pesquisador da Universidade Tecnológica Federal do Paraná (UTFPR), campus Apucarana. Avaliador de cursos de graduação do Ministério da Educação (MEC).

Sérgio Perussi Filho

Doutor e mestre em Engenharia de Produção pela Universidade de São Paulo (USP). MBA em Business Administration pela Universidade de Pittsburgh. Engenheiro de Produção pela Universidade Federal de São Carlos (UFSCar). Bacharel em Química pela USP. Professor do Centro Universitário Central Paulista, de São Carlos. Assessor Educacional da Agência USP de Inovação e do Centro de Pesquisa em Óptica e Fotônica, da USP. Consultor de empresas nas áreas de Estratégia empresarial e Parques tecnológicos.

Silvia Helena Carvalho Ramos Valladão de Camargo

Doutora em Administração pela Faculdade de Economia, Administração e Contabilidade de Ribeirão Preto da Universidade de São Paulo (FEA-RP/USP). Mestre em Administração, especialista em Didática do Ensino Superior e graduada em Ciências Contábeis e Administração pelo Centro Universitário Moura Lacerda. Docente do Centro Universitário Moura Lacerda.

Silvio Mandarano Scarsiotta

Mestre em Administração pela Universidade Metodista de Piracicaba (Unimep). Bacharel em Administração de Empresas pelo Centro Universitário Toledo (UniToledo) e em Tecnologia em Processamento de Dados pela Fundação Paulista de Tecnologia e Educação (FPTE). Professor do Centro Universitário Salesiano (UniSalesiano) de Araçatuba. Tem experiência nas áreas de Administração, com ênfase em Recursos humanos, Estratégias corporativas e Estruturas organizacionais.

Thel Augusto Monteiro

Doutor em Administração pela Universidade Metodista de Piracicaba (Unimep), mestre em Administração, especialista em Marketing Estratégico e bacharel em administração de Empresas pela Unimep. Professor do Programa de Pós-graduação em Administração da Unimep. Possui capítulos de livros e artigos científicos publicados nas áreas de Administração mercadológica, Planejamento estratégico de marketing e Sustentabilidade. É editor da revista *Caderno Profissional de Marketing*, da Unimep.

Valéria Rueda Elias Spers

Doutora em Ciências Sociais pela Pontifícia Universidade Católica de São Paulo (PUC-SP). Mestra em Administração e Supervisão Educacional pela Universidade Estadual de Campinas (Unicamp). Especialista em Marketing e bacharel em Administração pela Universidade Metodista de Piracicaba (Unimep). Docente do Programa de Pós-graduação, Mestrado Profissional e Doutorado em Administração da Faculdade de Gestão e Negócios (FGN) da Unimep. Atua na área de Administração, com ênfase em Estudos organizacionais, Responsabilidade social, Terceiro setor e Governança corporativa.

Vanderlei Salvador Bagnato

Doutor em Física pelo Massachusetts Institute of Technology (MIT), bacharel em Física pela Universidade de São Paulo (USP) e em Engenharia de Materiais pela Universidade Federal de São Carlos (UFSCar). Docente titular da USP e coordenador da Agência USP de Inovação. Publicou cerca de 500 artigos em periódicos especializados. Possui 24 capítulos de livros e seis livros publicados. Membro da Academia Brasileira de Ciências, da Academy of Sciences for the Developing World, da Academia Pontifícia de Ciências do Vaticano e da National Academy of Sciences dos Estados Unidos. Coordena o Centro de Pesquisas de Óptica e Fotônica e realiza diversas atividades de inovação tecnológica e difusão de ciências.

Prefácio

Ao receber o honroso convite do prof. dr. Osvaldo Elias Farah para prefaciar o livro *Empreendedorismo: estratégia de sobrevivência para pequenas empresas*, fiquei pensando sobre o que poderia escrever. De início, não tive ideia. Mas, durante a leitura do texto, as ideias foram surgindo, pois se trata de uma obra muito necessária, diria até imprescindível, para os gestores de pequenas e médias empresas.

Em uma época em que a facilidade de locomoção, permitida pelos eficientes e rápidos sistemas de transporte, faz de nosso planeta um mundo acessível; em que a evolução da comunicação possibilita a interlocução instantânea com qualquer rincão do mundo; em que a internet permite a transferência de dados com enorme facilidade e em tempo extremamente reduzido, além de proporcionar uma fiscalização eficiente e rápida, exigindo legalidade e regularidades fiscal e tributária apuradas; e em que a degradação ambiental do mundo exige ações de sustentabilidade cada vez mais onerosas, o surgimento de megaempresas ou de grandes conglomerados de empresas se tornou uma realidade. É o que se pode chamar de "imperialismo empresarial", em que essas grandes estruturas sufocam as pequenas e médias empresas, principalmente pela economia de escala, dando-lhes poucas oportunidades de sobrevivência e restringindo-lhes a margem de lucro ao quase insuportável.

Nesse panorama, as empresas pequenas e médias, para sobreviverem, precisam ser extremamente competentes, eficientes e têm de aproveitar da melhor maneira possível as raras oportunidades e "brechas" do mercado. Não há mais lugar para o amadorismo e para a empresa romântica. É pela consideração de todos esses fatores que este livro se reveste de grande importância, uma vez que se constitui em um autêntico manual ou guia de orientação sobre como conduzir os diversos pontos delicados da gestão de uma empresa, para poder dar-lhe eficiência, sustentabilidade, lucratividade, regularidade fiscal etc.

De fato, analisando-se os capítulos um a um, pode-se ter uma visão de quão útil este livro pode ser àqueles que são donos de empresas, aos que apenas as dirigem e, principalmente, aos que têm a pretensão de abrir uma nova empresa. Aliás, abrir uma empresa é uma decisão muito séria que demanda uma série de cuidados que envolvem análises e estudos diversos. Nunca é demais lembrar que, segundo o Sebrae, das empresas abertas em 2012, 76,6% (taxa de sobrevivência) permaneceram abertas após dois anos de existência, já 23,4% (taxa de mortalidade) fecharam suas portas em menos de dois anos.

O livro está dividido em quatro partes, com três capítulos em cada uma. O detalhe valioso deste livro é o fato de apresentar em cada capítulo uma rica bibliografia, uma pequena história que relata um caso real e uma relação de sites, por meio das quais é possível ampliar as pesquisas sobre os assuntos. Também enriquecem o texto as epígrafes apresentadas ao início de cada capítulo, excelentes para a meditação e introspecção do leitor. Todas me pareceram valiosas, mas quero destacar a do capítulo nove: *"Algo só é impossível até que alguém duvide e acabe provando o contrário"* (Einstein), à qual acrescento outra versão: "De tanto tentar o impossível, este acabou tornando-se possível".

No primeiro capítulo, **Planejamento estratégico para pequena empresa**, o livro ensina a meditar, discutir e analisar o que a empresa tem como pretensão: quais são a missão, as metas, os objetivos? E ensina também como realizar tais pretensões, discutindo como deve ser o planejamento – suas características, componentes e fases – e os tipos de planejamento: estratégico, tático e operacional.

O segundo capítulo, **Inovação como estratégia de sobrevivência**, revela o fraco desempenho das empresas brasileiras de pequeno porte quanto à inovação tradicional e tecnológica, e ressalta a importância da inovação para a economia e a sociedade de um país. São citadas as contribuições de Schumpeter e Say. Eles introduzem o conceito de empreendedorismo nas teorias econômicas e explicam que as inovações são agentes transformadores do capitalismo por meio do papel desenvolvido pelo empreendedor. O capítulo também mostra as incubadoras, os arranjos produtivos locais como nichos fomentadores de processos inovadores pelos *spin offs* que ali ocorrem e traça o perfil das empresas inovadoras. Ressalta-se a importância do financiamento de pequenas empresas de base tecnológica para que, em maior número, elas obtenham melhores resultados e se emancipem.

O capítulo três, **Qualidade total ao alcance das pequenas empresas**, discute um assunto candente devido à alta competitividade que passou a reinar em todos os setores de atividades, mormente após a globalização. A abertura do mercado brasileiro para o mundo, que teve grande apoio do Governo Collor, fez que os produtos das empresas nacionais passassem a competir não somente com os de outras empresas nacionais, mas com os produtos de empresas do mundo todo, tanto na qualidade como no preço. O texto aborda o conceito de qualidade e sua evolução, os programas motivacionais e os círculos de controle de qualidade (CCQ), a garantia de qualidade, o controle da qualidade total (TQC) e o sistema Toyota. Encerra com as ferramentas de qualidade: sistema 5S, manutenção da produtividade total, TPM, *Kanban* e ferramentas gráficas da qualidade.

No quarto capítulo, **Estratégias de marketing**, é apresentada conceitualmente uma visão ampla e completa do que vem a ser a essência do marketing, fugindo do reducionismo conceitual até então mostrado pelos diferentes autores em busca da melhor definição. Aqui o leitor não fica preso a uma única acepção. Os autores, a partir de Iyamabo e Outubanjo, mostram diferentes definições e perpassam o conceito através da visão de outros quinze autores consagrados e sob quatro lentes diferentes: marketing de relacionamento, criação de valor, processo estratégico e gerencial e estratégia competitiva. A partir desse arcabouço teórico, o leitor consegue mergulhar na estrutura do sistema de marketing e contemplar as diversas formas de gestão: desenvolvimento de produto, vendas, comunicação, distribuição física e estudos de mercado. Finalmente, um quadro apresenta as tendências modernas em estudos de marketing e mercado.

O capítulo quinto, **Como sobreviver no mercado implantando o e-commerce**, mostra as vantagens e desvantagens do e-commerce de um modo geral e para as pequenas empresas, especificando as condições internas e externas que devem ser satisfeitas para que esse tipo de comércio possa ser implementado.

O sexto capítulo, **Comércio exterior para pequenos negócios**, é um guia para empresas que têm interesse em exportar ou em importar, pois revela todos os procedimentos e necessidades que essa difícil e burocrática ação exige. Há um roteiro básico sobre exportação para orientar o leitor, descrevendo os direitos e obrigações, os mecanismos de apoio, as formas de ingressar, como conseguir o licenciamento, os documentos e os aspectos cambiais e tributários que devem ser seguidos.

O sétimo capítulo, **Convivendo em redes de empresas**, discute as redes como forma de governança, os mecanismos de coordenação, a tipologia das redes (sociais, burocráticas e proprietárias) e termina com uma análise mais minuciosa das redes de pequenas e médias empresas.

No oitavo capítulo, **Centrais de negócios no varejo**, são traçados um histórico, uma classificação e uma tipologia das micro, pequenas e médias empresas no Brasil e no Mercosul. São analisados a legislação pertinente, os obstáculos encontrados pelos pequenos e médios empresários e como as centrais de negócios podem ajudá-los nessas dificuldades.

O nono capítulo, **Incubadoras de empresas, polos e parques tecnológicos e arranjos produtivos locais**, mostra algumas opções para as pessoas que querem iniciar uma empresa e não têm plenos recursos para o empreendimento.

O capítulo dez, **Governança corporativa em pequenos negócios**, conceitua e analisa a governança corporativa no mundo, no Brasil e nas empresas familiares. Esta última análise se reveste de uma importância fundamental, uma vez que, como a história constata, grande parte das empresas familiares acaba sucumbindo após a perda de seu idealizador, criador e condutor nos anos iniciais em que ela (a empresa) cresceu e se destacou. Um exemplo conhecido e marcante desse fato são as Indústrias

Reunidas Francisco Matarazzo (IRFM), que, após a morte do Conde que lhes deu o nome, entraram em processo de deterioração e, por fim, deixaram de existir. Portanto, todo líder de empresa familiar há de cuidar do processo sucessório com atenção, profissionalismo e isenção.

No capítulo onze, **Responsabilidade social corporativa**, é discutido um assunto em destaque nos últimos anos, que chama a atenção dos dirigentes públicos e legisladores e enseja a promulgação de leis que obriguem e regulamentem a acessibilidade, a sustentabilidade e a inclusão social. Como exemplo, podemos destacar a norma que obriga as empresas, dependendo de seu tamanho, a terem até 7% de portadores de deficiência em seu quadro de funcionários.

Para finalizar o livro, o capítulo doze, **Sustentabilidade como alavanca para o crescimento**, mostra a importância e as práticas para que a pequena empresa tenha uma maior longevidade. São propostas ações de ganho não somente aos proprietários, mas também às comunidades interna e externa que eles congregam e às quais pertencem. Ademais, procura mostrar que a pequena empresa pode e deve, por meio de ações de baixo custo, promover o desenvolvimento social de todos os seus colaboradores e do seu entorno, ou seja, dos demais *stakeholders*, e que isso redundará no desenvolvimento sustentável próprio e dos atores com os quais ela se relaciona.

Encerro com a tranquilidade de indicar este livro para todos que, de alguma forma, participam ou pretendem participar de empresas, seja como donos, gestores, consultores ou funcionários, assumindo a responsabilidade e o comprometimento de colaborar com o bom desempenho da empresa, sua função social, seu crescimento e sua lucratividade.

Fábio Romeu de Carvalho
Vice-diretor de Administração e Finanças da Unip

SUMÁRIO

PARTE I: PLANEJANDO ESTRATEGICAMENTE
A PEQUENA EMPRESA

CAPÍTULO 1. PLANEJAMENTO ESTRATÉGICO PARA PEQUENA EMPRESA 1
Considerações iniciais.. 5
1.1 Características do planejamento 5
1.2 Componentes do planejamento 6
1.3 Fases do planejamento.. 7
    1.3.1 Estabelecimento de objetivos (ponto de partida) 7
    1.3.2 Hierarquia dos objetivos 8
    1.3.3 Abrangência do planejamento 9
1.4 Planejamento estratégico 10
    1.4.1 Como se tornar um empreendedor estrategista? 11
1.5 Planejamento tático 13
1.6 Planejamento operacional.. 13
1.7 Roteiro para elaboração do planejamento estratégico 13
1.8 Análise ambiental... 14
    1.8.1 Macroambiente 14
    1.8.2 Microambiente 15
    1.8.3 Missão.. 16
    1.8.4 Formulação da estratégia 18
Considerações finais 19
Questões.. 19
Dicas dos consultores 20
Referências.. 21

CAPÍTULO 2. INOVAÇÃO COMO ESTRATÉGIA DE SOBREVIVÊNCIA 23
Considerações iniciais.. 24
2.1 O empreendedorismo e as práticas para inovação em
    organização empresarial 27
2.2 Inovação: conceitos 29
2.3 Atividade inovadora nas empresas de base tecnológica.............. 32
2.4 A empresa inovadora.. 35
2.5 Empresas de pequeno porte... 40
2.6 Fontes de capital 41
    2.6.1 Capital de risco 42
    2.6.2 Fundos de investimento... 42

Considerações finais 43
Questões 43
Dicas dos consultores 44
Referências 44

Capítulo 3. Qualidade total ao alcance das pequenas empresas 49
Considerações iniciais 51
3.1 A evolução do conceito de qualidade 52
3.2 Retrospectiva da qualidade 52
    3.2.1 A qualidade desde as origens da humanidade 52
    3.2.2 O surgimento da Revolução Industrial 53
    3.2.3 A Primeira Guerra Mundial e o surgimento da necessidade de inspeção 54
    3.2.4 O crescimento da indústria automobilística 54
    3.2.5 O surgimento do controle estatístico de processo 54
    3.2.6 O conceito de qualidade na contemporaneidade 56
3.3 Conceito de prevenção de defeitos 57
3.4 O conceito de confiabilidade 57
3.5 Programas motivacionais e os círculos de controle de qualidade 58
3.6 A garantia da qualidade 60
3.7 *Total Quality Control* – Controle da Qualidade Total (TQC) 62
    3.7.1 Origens 62
    3.7.2 O controle da qualidade no Japão 62
3.8 O Sistema Toyota de produção 64
3.9 Ferramentas de qualidade para as pequenas e médias empresas 67
    3.9.1 Sistema 5S 67
    3.9.2 Manutenção Produtiva Total – *Total Productive Maintenance* (TPM) 68
    3.9.3 *Kanban* 69
    3.9.4 Utilização de indicadores e gestão à vista 70
    3.9.5 Ferramentas gráficas da qualidade 71
3.10 Educação como mola propulsora de melhores resultados 72
3.11 Qualidade na pequena e média empresa 72
Considerações finais 73
Questões 73
Dicas dos consultores 74
Referências 74

PARTE II:ESTRATÉGIAS DE SEGMENTAÇÃO, CRESCIMENTO E LIDERANÇA DE MERCADO

Capítulo 4. Estratégias de marketing 79
Considerações iniciais 80
4.1 Conceitos de marketing 81
4.2 Estruturas organizacionais de marketing 84

4.3 Estrutura organizacional do sistema de marketing	85
4.4 Gestão de desenvolvimento do produto	87
4.5 Gestão de vendas	89
4.6 Gestão de comunicação	91
4.7 Gestão de distribuição física	96
4.8 Gestão de estudos de mercado	99
Considerações finais	103
Questões	103
Dicas dos consultores	104
Referências	104

CAPÍTULO 5. COMO SOBREVIVER NO MERCADO IMPLANTANDO O E-COMMERCE 111

Considerações iniciais	113
5.1 Varejo: das vendas com lojas ao e-commerce	114
5.1.1 Conceito de varejo	114
5.1.2 Tipos de loja no varejo	114
5.1.3 E-commerce: um dos tipos de varejo sem lojas	116
5.2 E-commerce no varejo	119
5.3 E-commerce e o Modelo Bullseye de avaliação	121
Considerações finais	123
Questões	123
Dicas dos consultores	124
Referências	124

CAPÍTULO 6. COMÉRCIO EXTERIOR PARA PEQUENOS NEGÓCIOS 129

Considerações iniciais	131
6.1. Exportações: como ingressar no comércio internacional	132
6.1.1 Fases e documentos usados nos processos de exportação	133
6.1.2 Roteiro básico da exportação	134
6.1.3 Formas de organização para atuar no segmento de exportação	135
6.1.4 Direitos e obrigações no comércio internacional (*Incoterms*)136	
6.2. Mecanismos de apoio às exportações	137
6.2.1 BNDES-Exim	137
6.2.2 Fundo de Garantia para a Promoção da Competitividade (FGPC)	138
6.2.3 Câmbio Simplificado (Simplex)	138
6.2.4 Programa de financiamento às exportações (Proex)	138
6.2.5 *Export Note*	139
6.2.6 *Commercial Papers*	140
6.2.7 *Supplier's Credit*	140
6.2.8 *Buyer's credit*	140
6.2.9 Securitização das exportações	140
6.2.10 Agência de Promoção de Exportações (Apex)	141
6.2.1 *Drawback*	142

6.3 Importações: como ingressar no comércio internacional 143

    6.3.1. Classificação das importações 144

    6.3.2. Licenciamento 144

    6.3.3. Documentos 144

    6.3.4. Aspectos cambiais.. 147

    6.3.5. Aspectos tributários 148

    6.3.6 Regime de Tributação Simplificada (RTS) 149

Considerações finais 149

Questões... 150

Dicas dos consultores 150

Referências... 151

PARTE III: ALIANÇAS ESTRATÉGICAS, PARCERIAS E PROJETOS INSTITUCIONAIS

CAPÍTULO 7. CONVIVENDO EM REDES DE EMPRESAS **157**

Considerações iniciais... 159

7.1 Os Arranjos Produtivos Locais: uma alternativa para as micro, pequenas
e médias empresas 160

7.2 Redes de pequenas e médias empresas... 165

Considerações finais 168

Questões... 169

Dicas dos consultores 169

Referências... 170

CAPÍTULO 8. CENTRAIS DE NEGÓCIOS NO VAREJO **173**

Considerações iniciais... 175

8.1 Classificação e tipologia das micro, pequenas e médias empresas (MPME)
no Brasil 176

    8.1.1 Histórico das micros e pequenas empresas no Brasil.............................. 177

    8.1.2 Lei Geral da Micro e Pequena Empresa 179

    8.1.3 Os maiores obstáculos dos pequenos e médios empresários brasileiros.............. 182

8.2 Associativismo: conceitos, motivações e tipologia.. 183

    8.2.1 Centrais de negócios.. 184

    8.2.2 Resultados de estudos realizados sobre centrais de negócios no Brasil................. 187

Considerações finais 195

Questões... 195

Dicas dos consultores 196

Referências... 196

CAPÍTULO 9. INCUBADORAS DE EMPRESAS, POLOS E PARQUES TECNOLÓGICOS E ARRANJOS
PRODUTIVOS LOCAIS.. **199**

Considerações iniciais... 201

9.1 Pequenas empresas...202

9.2 Incubadoras de empresas 204

    9.2.1 Histórico..204

9.3 Critério de seleção das empresas 207

9.4 A decisão de utilizar ou não as incubadoras para iniciar o negócio.............................209

9.5 Tipos de incubadoras 210

9.6 Onde estão as incubadoras? 211

9.7 Polos tecnológicos..212

    9.7.1 Origens..212

    9.7.2 Características dos polos tecnológicos...214

    9.7.3 O polo tecnológico de São Carlos 215

    9.7.4. As empresas típicas dos polos tecnológicos 217

9.8 Parques tecnológicos 218

    9.8.1 Conceitos...218

    9.8.2 O parque tecnológico do Grupo Encalso Damha: um exemplo
        da iniciativa privada...221

Considerações finais 223

Questões..224

Dicas dos consultores 224

Referências..225

PARTE IV: GERANDO EMPRESAS AUTOSSUSTENTÁVEIS

CAPÍTULO 10. GOVERNANÇA CORPORATIVA EM PEQUENOS NEGÓCIOS...............................231

Considerações iniciais..233

10.1 O que é governança corporativa 233

10.2 Os príncipios da governança corporativa 235

10.3 As relações coletivas de propriedade e de trabalho e a gestão do poder....................237

    10.3.1 As relações coletivas de propriedade e de trabalho...............................237

    10.3.2 A gestão do poder e o conflito de agência...238

10.4 Princípio da transparência 244

10.5 Governança corporativa no Brasil 245

Considerações finais 247

Questões..247

Dicas dos consultores 248

Referências..248

CAPÍTULO 11. RESPONSABILIDADE SOCIAL CORPORATIVA 251

Considerações iniciais..254

11.1 Evolução histórica do conceito de responsabilidade social corporativa........................254

11.2 Conceito de responsabilidade social 258

11.3. Crítica ao conceito de responsabilidade social..261

11.4 Modelos de responsabilidade social...263

11.5 Desafios para tratar o tema responsabilidade social 269

Considerações finais 270
Questões..270
Dicas dos consultores 271
Referências...271

Capítulo 12. Sustentabilidade como alavanca para o crescimento............................**275**

Considerações iniciais...277

12.1 Desenvolvimento sustentável nas pequenas e médias empresas.........278

12.2 Implantação de um sistema de gerenciamento ambiental.....................284

12.2.1 Estruturação e responsabilidade...284

12.2.2 Treinamento, conscientização e competência........................285

12 2.3 Comunicação interna e externa 285

12.2.4 Estabelecimento da política ambiental....................................285

12.2.5 Planejamento...286

12.2.6 Implementação e operação 287

Considerações finais 288

Questões..289

Dicas dos consultores 289

Referências...290

Anexo Sugestão de sites para pesquisa...293

parte I

PLANEJANDO ESTRATEGICAMENTE A PEQUENA EMPRESA

"[...] E assim se fez. Deus contemplou toda a sua obra, e viu que tudo era muito bom. Sobreveio a tarde e depois a manhã: foi o sexto dia. Assim foram concluídos o céu, a terra e todo o seu exército. Tendo Deus terminado a obra que tinha feito, descansou do seu trabalho. Ele abençoou o sétimo dia e o consagrou, porque neste dia descansou de toda a obra da criação. Tal é a história da criação do céu e da terra."

GÊNESIS 1:30-31 E 2:1-4

Capítulo 1
PLANEJAMENTO ESTRATÉGICO PARA PEQUENA EMPRESA

Capítulo 2
INOVAÇÃO COMO ESTRATÉGIA DE SOBREVIVÊNCIA

Capítulo 3
QUALIDADE TOTAL AO ALCANCE DAS PEQUENAS EMPRESAS

A estratégia do bife

Na hora do almoço, Salim e seus irmãos se sentavam à mesa. Najla, sua mãe, que estava fazendo a comida, chamava Salim. Este já sabia o que ia acontecer.

Como Salim era o caçula, Najla o superprotegia. Enquanto fazia o seu prato, de costas para todos eles, ela colocava um bife e depois cobria-o com arroz e feijão. Em seguida, acrescentava um segundo bife por cima.

Salim saía dali feliz pelo privilégio, pois só ele ganhava dois bifes, mas extremamente preocupado quando se sentava à mesa. O problema maior era cortar o bife de cima sem que o bife de baixo aparecesse. Que sufoco!!!

Salim começou cedo a usar a cabeça para desenvolver estratégias sem criar conflito com as pessoas que o cercavam.

A injustiça de Najla perante os outros filhos se justificava pelo apego ao caçula, e muitos o chamavam de "raspa do tacho". Anos atrás, esse carinho pelo caçula era aceito nas famílias, apesar de as mães justificarem que todos eram iguais para elas.

1

PLANEJAMENTO ESTRATÉGICO PARA PEQUENA EMPRESA

Osvaldo Elias Farah
Marly Cavalcanti
Luciana Passos Marcondes

"Aquele que não prevê os acontecimentos em longo prazo se expõe às infelicidades próximas."
CONFÚCIO

Objetivos do capítulo

Demonstrar a importância do planejamento como um instrumento de gestão estratégica de negócios para a sobrevivência das pequenas empresas. Explicar como os objetivos organizacionais devem ser construídos e o que fazer para atingi-los.

Apresentar os tipos de planejamentos, as definições de estratégia, como fazer o planejamento e implementar uma gestão estratégica.

O **planejamento** é usado para a escolha de um destino, a avaliação de rotas alternativas e tomadas de decisão sobre um curso específico.

Se eu tão somente...

O diretor de uma empresa precisa tomar uma decisão em relação aos novos projetos que serão desenvolvidos no ano seguinte, ou gostaria de redefinir seus propósitos futuros. Fazendo uma análise da situação externa, ele percebe um mercado em turbulência, com uma economia incerta para iniciar seus projetos. Diante disso, o empresário deve analisar os seguintes questionamentos:

Qual a necessidade básica que a organização pretende suprir? Que diferença faz para o mundo externo a empresa existir ou não? Para que a empresa serve? Qual a motivação básica que a inspira a seguir adiante? Como identificar os eventos futuros? Quais as principais barreiras mercadológicas? Quais os principais concorrentes? Quais seus pontos fracos e fortes? O que se quer ser no futuro? O que é permitido fazer? O que se sabe fazer? O que se vai fazer? Qual caminho seguir? Como se pode perceber o futuro da organização? Qual atitude positiva, correta e construtiva deve ser adotada em relação ao futuro da organização? Em quais mercados se deve competir? Com quais produtos/serviços se deve competir? Quais atividades estão envolvidas nesse mercado? Como a organização pode ter desempenho superior ao dos concorrentes nesse mercado? Quais recursos são necessários para competir e como alocar recursos escassos?

Dedique alguns minutos para conhecer os conceitos apresentado neste capítulo, pois eles o auxiliarão a responder a tais questionamentos.

Com conhecimento adquirido, dedique-se à ação!

O planejamento tão somente funcionará se... o gestor assumir atitudes típicas em relação ao futuro de forma estratégica, fizer o bom uso do tempo, divulgar as atividades a todos da organização, ser flexível a mudanças e disciplinado.

Um bom exemplo para assumir atitudes típicas em relação ao futuro de forma estratégica é ser capaz de construir lideranças fortes, saudáveis e comprometidas com o resultado esperado pela empresa. Pois o futuro é sempre novo, diferente, complexo, cheio de oportunidades e também de ameaças.

Considerações iniciais

Hoje se vive em uma sociedade racional, na qual todos os valores são mensuráveis. Quanto vale? Quanto custa? Quanto mede? Estas são as perguntas mais importantes.

O **planejamento** compreende, inicialmente, a análise dos ambientes interno e externo de uma empresa para, a partir dessa análise, definir as metas a serem atingidas, estabelecer as estratégias para se atingir as metas almejadas, esquematizar como serão implementadas as estratégias estabelecidas, acompanhar e avaliar os resultados, controlar todas essas ações, avaliar durante todo o processo as possíveis correções de percurso ou novas implementações.

Os gestores têm sido constantemente confrontados com situações revestidas de mudanças bruscas e turbulências permanentes em seus negócios. Dirigentes e colaboradores nem sempre estão aptos a responder adequadamente a todas essas mudanças em tempo hábil, pois estamos em um mundo cada vez mais competitivo e com estilos gerenciais e visão de negócios, por vezes, ultrapassados. Assim, o planejamento estratégico fornece os elementos essenciais que permitem analisar a situação, criar, direcionar, desenvolver, rever e reposicionar estrategicamente a organização e proporcionar o alicerce para a competição futura. É um processo contínuo que desenvolve um conjunto de informações para direcionar as mudanças necessárias. Planejamento, sob o ponto de vista empresarial, consiste no estabelecimento de objetivos e na definição de linhas de ação para atingi-los de forma eficaz e melhorar o desempenho da organização.

Outro propósito de se realizar um planejamento para a empresa consiste em prever possíveis mudanças e definir metas para que se consiga um desempenho satisfatório dentro dessas possíveis mudanças, a fim de se reduzir os impactos ocasionados por elas.

Planejar é estar no presente, mas olhando para o futuro. É antever as tendências e movimentos que poderão ocorrer dentro dos ambientes interno e externo da empresa e estabelecer metas a serem alcançadas.

O planejamento é de vital importância para as empresas, pois estamos em um ambiente turbulento e com mudanças muito rápidas.

1.1 Características do planejamento

Em primeiro lugar, é importante que o planejamento parta da avaliação e consideração real dos recursos e da capacidade da empresa. Não se deve propor objetivos ou estratégias que estejam fora do escopo de possibilidades da organização. Consistentemente, o planejamento deve levar em conta todos os planos da empresa (de longo, curto ou médio prazos), pois eles devem ser compatíveis entre si para se alcançar a eficiência na sua execução.

O planejamento estratégico está relacionado à adaptação da organização a um ambiente mutável e deve ser orientado para o futuro.

O planejamento estratégico envolve a organização como um todo no sentido de se obter efeitos sinérgicos de todas as suas capacidades e potencialidades, inclusive da participação das pessoas. Assim, suas principais características são:

- **permanente e contínuo**: deve ser realizado continuamente dentro da empresa;
- **voltado para o futuro**: o aspecto de temporalidade e futuro está implícito no planejamento. É com o futuro que o planejamento se preocupa;
- **facilitador e racionalizador de tomada de decisão**: orienta o processo decisório e limita as alternativas de decisão;
- **apoio na análise das várias alternativas em um curso de ação**: o planejamento é um curso de ação escolhido entre várias alternativas de caminhos potenciais;
- **sistêmico**: o planejamento deve abranger a organização como um todo;
- **flexível**: o planejamento deve ser suficiente e prudentemente flexível para aceitar ajustamentos e correções;
- **detentor de técnica de alocação de recursos**: visa à alocação de recursos humanos e não humanos da empresa, de forma antecipadamente estudada e decidida;
- **integrador**: interage com as demais funções de forma integrada;
- **potencializador**: potencializa o efeito sinérgico das competências organizacionais.

1.2   Componentes do planejamento

a) **Objetivos**: são alvos que a organização, a divisão setorial e os indivíduos da organização pretendem atingir.

Exemplos:

- **De objetivo geral**: aumentar a captação de recursos financeiros no mercado.
- **De objetivo setorial**: captação de recursos financeiros na sua área de jurisdição.

b) **Metas**: são alvos a se atingir em curto prazo, com duas características: quantidade e prazo de conclusão.

Exemplo:

- Agência de Santos: captação de X reais até 31/12/XX.

c) **Plano**: conjunto de ações previstas para atingir certo resultado (metas).

Exemplo:

- Treinamento de funcionários, lançamento de propaganda etc.

O fato de se fazer o planejamento, muito necessário por sinal, não garante que os objetivos serão alcançados; portanto, o planejamento não indica certeza.

O planejamento inclui:

- decisão sobre os objetivos;
- definição de planos para alcançá-los;
- programação de atividades.

Planejar é traçar uma linha de ação para alcançar um objetivo (resultado esperado); é estar atento às mudanças no ambiente de negócios e preparar planos e técnicas para enfrentá-las com eficácia. Deve-se levantar e analisar constantemente as informações de mercado para avaliar as oportunidades existentes, as tendências, aonde se pretende chegar, o que deve ser feito, quando, como e em que sequência.

A Figura 1.1 mostra a interface do planejamento e dos planos com base no horizonte temporal.

Figura 1.1 As premissas do planejamento

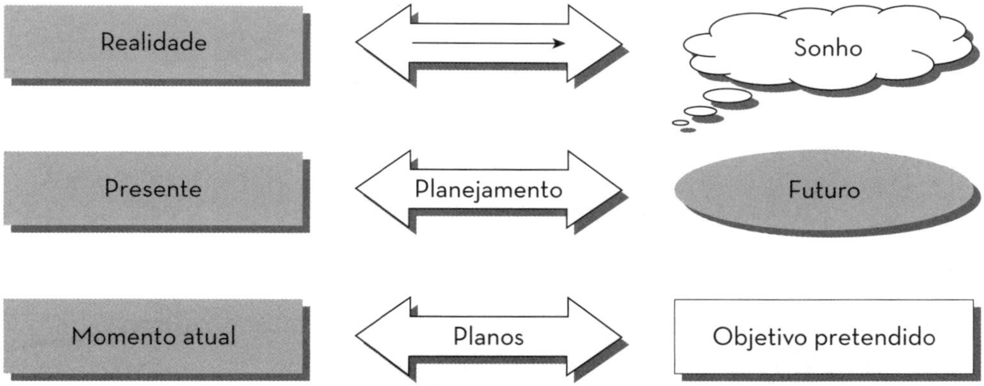

Fonte: elaborada pelos autores.

1.3 Fases do planejamento

1.3.1 Estabelecimento de objetivos (ponto de partida)

Podem-se estabelecer objetivos em diversos níveis dentro de uma organização. No nível da organização, que a compreende como um todo, são definidos objetivos da organização. No nível tático, que compreende as divisões internas de uma organização (também conhecido como setores), os objetivos são apresentados como objetivos de cada divisão. Na camada operacional da organização, que compreende o dia a dia dos funcionários e os processos em que eles participam, são traçados objetivos de cada especialista:

- objetivos da organização;
- objetivos de cada divisão;
- objetivos de cada especialista.

1.3.2 Hierarquia dos objetivos

A Figura 1.2 mostra um exemplo de como os objetivos podem ser hierarquizados, seguindo da alta gerência (a parte superior da organização) para o segundo nível, os departamentos, e depois para o terceiro nível, composto pela gerência e supervisão de cada setor.

Figura 1.2   Hierarquia dos objetivos

Fonte: elaborada com base em CHIAVENATO, I. *Teoria geral da administração*. 7. ed. Rio de Janeiro: Campus, 2003. p. 112..

1.3.3 Abrangência do planejamento

O planejamento é uma função que engloba todos os níveis organizacionais, como mostram a Figura 1.3 e o Quadro 1.1.

Figura 1.3   Níveis organizacionais da empresa

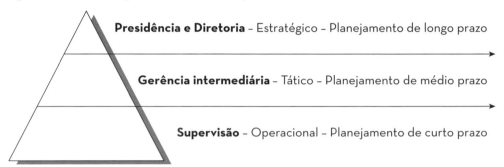

Fonte: elaborada pelos autores.

Quadro 1.1   Níveis organizacionais

Planejamento	Extensão do tempo	Amplitude
Estratégico É o instrumento que mais tem contribuído para a eficácia da organização.	Longo prazo. (Anual)	Macrossegmentado; âmbito da empresa como um todo.
Tático É a metodologia administrativa que tem por finalidade otimizar determinada área de resultado da organização.	Médio prazo e algumas situações de curto prazo. (Ao mês e/ou quinzenal)	Níveis de divisões da organização e setores.
Operacional É a formalização das metodologias de desenvolvimento e de implementação de resultados específicos a serem alcançados pelas áreas funcionais da organização.	Curto prazo. (Semanal e/ou diário)	Microcontrolado e orientado para tarefas e operações.

Fonte: elaborada pelos autores com base em OLIVEIRA, D. P. R. de. *Planejamento estratégico*. 25. ed. São Paulo: Atlas, 2008. p. 275-315.

1.3.3.1 Tipos de planos

A organização pode elaborar planos de acordo com algumas características que são determinadas a partir do objeto com qual o plano está relacionado, por exemplo:

- com métodos – procedimentos (fluxogramas);
- com dinheiro – orçamento;
- com tempo – programas ou programação (PERT);
- com comportamento – normas, regras ou regulamentos.

1.4 Planejamento estratégico

As mudanças ocorrem em uma velocidade muito rápida devido aos meios de comunicação existentes, e, em razão disso, a necessidade de se planejar estrategicamente se tornou uma condição essencial para a sobrevivência.

Em um mercado sem turbulências é possível realizar planos de longo prazo com mais segurança. Mesmo assim, para que a empresa seja rápida o suficiente para superar seus concorrentes, ela necessita de um planejamento estratégico que tenha a maior aproximação possível com o que poderá ocorrer no futuro; para tanto, é de suma importância que seus dirigentes tenham informações em número suficiente para planejar a estratégia a ser adotada dentro de um determinado cenário.

***Informação* é a base para uma estratégia de sucesso.** Para obter informações importantes, o dirigente deverá ouvir todos os envolvidos com a empresa – seus funcionários, clientes, fornecedores – e se manter atento aos movimentos dos concorrentes e às tendências do ambiente externo. ***Estratégia* é a maneira pela qual se procura antecipar e entender o que poderá ocorrer no mercado.**

Quando as previsões se confirmam, têm-se vantagens sobre aqueles que "esperam o futuro acontecer"; portanto, um bom estrategista é aquele que, com os indicativos existentes no ambiente, consegue visualizar novos cenários com grandes chances de acerto. A empresa que utiliza a estratégia adequada está na seguinte situação:

- procura avaliar o que poderá ocorrer no mercado em curto, médio e longo prazos;
- age no mercado, não esperando o mercado agir;
- desenvolve diferenciais competitivos;
- antecipa-se às situações desfavoráveis;
- cria a participação no mercado;
- desenvolve serviços e produtos adequados ao mercado.

Para uma empresa que não utiliza a estratégia, tem-se a seguinte situação:

- é pega de surpresa por mudanças no mercado;
- tem necessidade de se programar constantemente;
- depende do dia a dia, não havendo planejamento;
- não se mantém informada sobre o seu setor;
- está sempre atrás dos concorrentes;
- fica à mercê do mercado.

1.4.1 Como se tornar um empreendedor estrategista?

Arriscando uma resposta, pode-se afirmar que um empreendedor estrategista é formado por um aprendizado contínuo (educação continuada), mantendo-se atualizado e informado por meio de leitura de revistas especializadas, livros recentes e cursos de atualização e aperfeiçoamento.

Houve época em que os planos estratégicos eram conteúdo de pastas sigilosas recheadas de descobertas e estratagemas *top secrets,* considerados pouco inteligíveis para o gerente de nível médio e, menos ainda, para os funcionários em geral. A estratégia era uma atribuição deixada a cargo de consultores e de altos executivos; somente depois era divulgada para outros funcionários. De forma geral, nunca era explicada detalhadamente aos encarregados da execução das tarefas consideradas operacionais.

Atualmente, a maioria dos presidentes esforça-se ao máximo para comunicar a estratégia da empresa até o ponto em que ela se torna virtualmente um mantra (sons suaves) para gerentes e funcionários, com todos os envolvidos na organização concentrando seus esforços para atingir os objetivos determinados.

Hitt et al.[1] consideram que a vantagem competitiva sustentável ocorre quando uma empresa implementa uma estratégia de criar valor que normalmente e potencialmente seus concorrentes não estão implementando, e quando outras empresas são incapazes de duplicar os benefícios dessa estratégia.

Para Porter,[2] as cinco falhas fatais que acabam com o pensamento estratégico dos empreendedores com relação a sua situação competitiva são:

- **interpretar mal a atratividade do setor:** o setor mais atraente pode não ser o que cresce mais rapidamente nem o mais promissor;
- **não possuir vantagem competitiva real:** a imitação de rivais é difícil e arriscada e é o oposto da vantagem competitiva;

---

[1] HITT, M. A. et al. *Strategic management*: competitiveness and globalization. St. Paul: West, 1995. p. 77.

[2] PORTER, M. E. *Vantagem competitiva*: criando e sustentando um desempenho superior. Rio de Janeiro: Campus, 1990. p. 92.

- **perseguir uma vantagem competitiva que não seja sustentável**: é preciso assegurar que sua vantagem competitiva não seja imitada em curto prazo;

- **comprometer uma estratégia a fim de crescer mais rapidamente**: perder o enfoque na vantagem competitiva em benefício de um crescimento em curto prazo pode ser um problema;

- **não tornar sua estratégia explícita nem comunicá-la a seus empregados**: há grande possibilidade de se adotar ações inconsistentes quando as estratégias não ficam claras aos empregados. Uma estratégia elaborada por escrito que seja frequentemente verbalizada ajuda a prevenir essa falha.

A melhor maneira de se administrar uma empresa é analisar os desafios existentes em seus ambientes interno e externo para diagnosticar qual deverá ser a base do planejamento estratégico.

Podemos definir **planejamento estratégico** como o processo gerencial para se desenvolver os objetivos e as potencialidades que a organização espera alcançar, ou o processo de formulação de estratégias para aproveitar as oportunidades e neutralizar as ameaças ambientais, utilizando os pontos fortes e eliminando os pontos fracos da organização para a criação de sua missão.

Os planos anuais e estratégicos tendem a abranger um período de cinco anos ou mais, nos quais, geralmente, se espera alcançar a taxa de crescimento desejada das vendas e dos lucros. O objetivo estratégico da empresa é ocupar uma posição no seu setor a partir da qual ela possa se defender melhor contra as forças que moldam a competição. O processo para o desenvolvimento da estratégia, conforme Bruner et al.,[3] ocorre mediante os seguintes passos:

- **análise do setor**: rentabilidade hoje e amanhã;

- **posicionamento**: fontes da vantagem competitiva;

- **análise dos concorrentes**: passado e previsões;

- **auditoria da posição**: avaliação e sustentabilidade da posição relativa;

- **geração de opções**: exame criativo dos novos clientes e posições;

- **avaliação das capacidades**: posicionamento para futuras oportunidades;

- **escolha da estratégia:** posição, conciliações, encadeamento.

Muitas empresas que achavam que tinham dominado o mercado hoje estão falidas, pois não perceberam o movimento do mercado nem o de seus concorrentes.

---

[3] BRUNER, R. F. et al. *MBA*: curso prático. Rio de Janeiro: Campus, 1999. p. 29.

1.5 Planejamento tático

De acordo com Oliveira,[4] o planejamento tático tem por objetivo aperfeiçoar determinada área de resultado e não a empresa como um todo. Portanto, trabalha com decomposições dos objetivos, estratégias e políticas estabelecidas no planejamento estratégico. O planejamento tático é desenvolvido em níveis organizacionais inferiores, tendo como principal finalidade a utilização eficiente dos recursos disponíveis para a consecução dos objetivos previamente fixados segundo uma estratégia bem predeterminada, como as políticas orientativas para o processo decisório da empresa. Portanto, nessa situação, tem-se basicamente a otimização de uma determinada área, transformando os fatores qualitativos do planejamento estratégico em fatores quantitativos para cada departamento.

1.6 Planejamento operacional

O planejamento operacional pode ser considerado a formalização do que foi planejado, principalmente por conta de documentos escritos que especificam os detalhes de como os objetivos globais serão alcançados, quais as metodologias de desenvolvimento e de implantação estabelecidas.[5] Dessa forma, nessa situação, têm-se basicamente os planos de ações ou planos operacionais.

1.7 Roteiro para elaboração do planejamento estratégico

Dentre todas as tarefas inerentes à administração empresarial, o planejamento, com certeza, é a única essencialmente racional, ou seja, a única que privilegia o raciocínio em detrimento de toda e qualquer outra habilidade mental, e, por isso mesmo, exige talento específico.

Ao focalizar um objetivo, o planejador deve concentrar-se exclusivamente na realidade dos fatos. Não deve intuir prever, imaginar, estimar ou supor. Ele precisa trabalhar com base em dados exatos e estabelecer regras amparadas na história e/ou que tenham fundamentos científicos. São atributos peculiares de um bom planejador:

- observação aguçada do *seu* universo e das particularidades que o compõem;
- disciplina mental (capacidade de concentração);
- raciocínio dedutivo mais desenvolvido do que o indutivo.

---

[4] OLIVEIRA, 2008.

[5] OLIVEIRA, 2008.

Ao iniciar um planejamento, o planejador deve respeitar a ordem lógica dos elementos que viabilizam a implementação estratégica, tais como:

- caminho mais rápido e eficaz para atingir o objetivo;
- caminho que exija menor custo de ação, estabelecendo o alvo a ser atingido;
- redução dos riscos de insucesso ao nível zero;
- oportunidades de implementação;
- logística a ser usada.

Não é raro deparar-se com um caso em que o caminho mais rápido, ou eficaz, não é o de menor custo, ou em que o caminho de menor custo é o que traz os riscos de insucesso ao nível zero. Esse, com certeza, é o momento crucial do processo.

Um planejamento perfeito deve traduzir três metas: eficácia, baixo custo e risco zero. Só que nem sempre se consegue tal grau de excelência. O processo de planejamento, por seguir rigorosamente critérios lógicos, precisa ser avaliado após a sua conclusão e antes de sua aplicação. É necessário voltar à origem e questionar não só as etapas em si, mas, principalmente, a passagem de uma etapa para outra. A avaliação ideal consiste em segmentar o processo em subprocessos e questionar a precisão de cada um deles, verificando, sistematicamente, se não houve omissão de alternativa decisória.

1.8 Análise ambiental

Não basta conhecer o produto ou serviço; deve-se conhecer o ambiente em que eles serão consumidos e ter noção dos produtos e serviços dos concorrentes, pois, quanto maior for o conhecimento sobre o ambiente em que se vai operar, maior a probabilidade de acertos na estratégia para se atingir as metas organizacionais. O meio ambiente necessita ser tão bem administrado quanto o produto ou o serviço. Ele pode ser dividido em macroambiente e microambiente. Os dois são apresentados a seguir.

1.8.1 Macroambiente

O macroambiente envolve fatores de ordem maior, que a maioria das empresas não pode alterar; porém, podem ser previstos mediante informações atualizadas. São eles:

- ambiente econômico;
- ambiente político;
- ambiente demográfico;

- ambiente sociocultural;
- ambiente tecnológico;
- ambiente competitivo.

Para se analisar o macroambiente trabalha-se com tendências, que vêm a ser a direção ou sequência de eventos que ocorrem em algum momento e demonstram que não serão passageiros, como:

- abertura das economias;
- privatização da telefonia;
- liberação das importações;
- crescimento da mulher no mercado de trabalho;
- crescimento do uso da internet;
- ambientalismo;
- saúde;
- lazer etc.

Muitas oportunidades são encontradas pela identificação de tendências.

1.8.2 Microambiente

O microambiente envolve fatores de ordem menor, sobre os quais as empresas têm maior controle, criando situações propícias para que elas se desenvolvam. Podem ser considerados microambiente:

- empresa;
- públicos;
- fornecedores;
- mercados de clientes;
- intermediários.

Há fatores que pertencem ao microambiente e que podem ser modificados quando se tem em mente a melhoria da empresa dentro de um mercado concorrido. São eles:

- assegurar um bom atendimento aos clientes;
- melhorar o aspecto da empresa;
- fornecer treinamento para os funcionários;

- assegurar um bom controle de qualidade;
- criar serviço de atendimento ao cliente;
- monitorar os concorrentes;
- formar parceria com os fornecedores;
- compreender os movimentos de mercado;
- habilitar parcerias de vendas etc.

1.8.3 Missão

O índice de mortalidade das empresas que iniciam seus negócios e fecham antes de completar um ano é muito alto no Brasil. Isso, em grande parte, se deve ao fato de a missão da empresa não estar definida ou muito clara para o empreendedor e seus funcionários. A missão de uma empresa deve ser objetiva e clara, tanto para seus proprietários como para seus funcionários, pois quando se sabe o que se deve ser, procura-se agir para que a empresa cumpra a sua missão. A diferença entre missão e objetivo de uma empresa é que a missão tem um propósito mais amplo e o objetivo um propósito mais específico. A empresa que tem a missão definida deixa mais clara aos seus funcionários e proprietários a função deles junto aos clientes. A definição da missão da organização deve demonstrar o direcionamento da empresa, sua razão de ser, sua visão no contexto em que vive, devendo ser curta, clara e de fácil entendimento para todos os envolvidos nas atividades da empresa.

Em um dado momento, a empresa tem um propósito ou missão bem definidos, mas, ao longo do tempo, essa missão pode tornar-se obscura à medida que:

- a organização cresce, amplia a gama de novos produtos e entra em outros mercados;
- alguns administradores deixam de estar comprometidos com ela;
- deixa de ser a melhor alternativa, dadas as novas condições do ambiente.

Quando a administração sente que a empresa está se desviando dos seus objetivos, seus participantes devem refletir e indagar: Qual é a razão da existência de nossa empresa? Qual é a missão do nosso empreendimento? Qual é o nosso negócio? Quem é o nosso cliente? O que os clientes valorizam? Qual será o nosso negócio? Estas questões parecem simples, mas estão entre as mais difíceis de se responder. Em empresas bem-sucedidas, frequentemente essas questões são levantadas e respondidas de maneira criteriosa.

Muitas organizações desenvolvem declarações formais de sua missão para responderem a essas questões. **A *declaração da missão* é a definição do propósito de uma organização: o que ela deseja alcançar em um meio maior**.

Escrever uma definição formal da missão de uma empresa não é tarefa fácil. Algumas organizações gastam um ano ou mais tentando preparar uma boa definição do propósito de sua empresa. Uma definição clara da missão atua como uma "mão invisível" que guia as pessoas dentro da organização, de forma que elas possam trabalhar para a realização dos objetivos organizacionais. As empresas definem tradicionalmente seus negócios em termos de produtos ou em termos de tecnologia, como a missão da KPMG consultoria:[6] "Ser a *advisory global firm* cujo objetivo é transformar conhecimento em valor, em benefício de seu pessoal, de seus clientes e da sociedade". Mas definições com base no mercado são melhores do que definições de produtos ou de tecnologias. Produtos e tecnologias eventualmente se tornam obsoletos, mas necessidades básicas do mercado podem durar para sempre.

Uma declaração de missão orientada para o mercado define o negócio em termos de satisfazer as necessidades básicas do consumidor. Dessa forma, a AT&T está no negócio de comunicações, e não no de telefones. A Visa define seu negócio não como de cartões de crédito. O negócio da Visa é possibilitar aos consumidores a troca de valores: trocar o seu dinheiro virtualmente por qualquer coisa, em qualquer lugar do mundo. De acordo com Robbins,[7] a missão da Sears não é gerenciar lojas de departamentos, mas prover uma grande variedade de produtos e serviços úteis às famílias norte-americanas de classe média.

A administração deve evitar que a sua missão seja muito restrita ou muito ampla. Por exemplo, um fabricante de lápis que diz estar no negócio de equipamentos de comunicação está definindo sua missão de maneira demasiadamente ampla. A definição da missão deve ser específica e realista. Muitas definições de missão são escritas visando às relações públicas e, portanto, faltam-lhe diretrizes específicas, funcionais.

A declaração "Queremos nos tornar a empresa líder nesse mercado, produzindo os produtos de melhor qualidade, com os melhores serviços, pelos preços mais baixos" é boa, mas contém muitas generalizações e contradições. É algo que não vai ajudar a empresa a tomar decisões acertadas. Muitas empresas esboçam declarações de missão muito detalhadas que definem os objetivos da empresa em relação a seu mercado, seus consumidores, empregados acionistas e outros públicos. Essas declarações de missão frequentemente estabelecem os padrões de responsabilidade social e de conduta ética da empresa em um ambiente de marketing mais amplo. Para fazer sentido, tais declarações devem ser sustentadas por objetivos e estratégias específicos.

---

[6] A KPMG foi formada em 1987 com a fusão entre a Peat Marwick International (PMI) e a Klynveld Main Goerdeler (KMG) e suas empresas individuais. A história da organização pode ser traçada através dos seus principais membros fundadores, cujas iniciais dos sobrenomes formam a sigla "KPMG" (Klynveld, Peat, Marwick e Goerdeler). Disponível em: <https://origemdasmarcas.blogspot.com.br/2017/06/kpmg.html>. Acesso em: jul. 2017.

[7] ROBBINS, S. P. *Administração*: mudanças e perspectivas. São Paulo: Saraiva, 2000. p. 35.

1.8.4 Formulação da estratégia

Se as metas indicam o que uma organização deseja atingir, a estratégia determina a estrutura de como chegar lá. Cada negócio deve estabelecer sua própria estratégia para atingir suas metas. As metas de uma empresa devem ser específicas e de curto prazo, de tal maneira que os funcionários da empresa saibam como atingi-las. Na vida da empresa, como em nossa vida pessoal, devemos ter as metas muito claras e definidas, pois assim evitaremos caminhos desnecessários a fim de que essas metas sejam atingidas com êxito e no menor espaço de tempo.

Quando se tem um objetivo e ele está claro, com certeza há maiores possibilidades de atingi-lo no menor espaço de tempo. Quando tal objetivo encontra-se nebuloso, será muito mais difícil atingi-lo ou, até mesmo, corre-se o risco de não alcançá-lo. Os objetivos devem ser específicos e mensuráveis, de modo que se possa acompanhar seu desenvolvimento. Embora seja possível listar muitos tipos de estratégias, Porter[8] resumiu-as em três tipos genéricos que fornecem um bom ponto de partida para o pensamento estratégico.

- **Liderança total em custos**: a unidade de negócio empreende grande esforço para reduzir ao máximo seus custos de produção e distribuição, podendo, assim, oferecer preço mais baixo do que os concorrentes e obter maior participação de mercado. As empresas que buscam essa estratégia devem ser fortes em engenharia, compras, produção e distribuição física, e necessitam de pouca experiência em marketing. A Texas Instruments, por exemplo, é líder na prática dessa estratégia. O problema é que, geralmente, outras empresas também obterão custos ainda mais baixos, afetando a empresa que apostar todo seu futuro unicamente nessa prática.

- **Diferenciação**: neste caso, a unidade de negócio concentra-se em alcançar desempenho superior em uma importante área de benefício para o consumidor e valorizada por grande parte do mercado; pode esforçar-se para ser líder em serviços, em qualidade, em estilo, em tecnologia etc. Entretanto, é muito difícil ser líder em todas essas áreas. A empresa deve desenvolver aquelas forças que possibilitem vantagem competitiva em um ou mais benefícios. Assim, aquela organização que buscar liderança em qualidade deve fabricar ou comprar os melhores componentes, montá-los com a maior precisão, inspecioná-los cuidadosamente etc. Essa tem sido, por exemplo, a estratégia da Canon no mercado de máquinas copiadoras.

---

[8] PORTER, M. E. Know your place. *Inc.*, v. 13, n. 9, set. 1992. p. 91.

- **Foco**: consiste em abordar um ou mais segmentos de mercado menores em vez de buscar um grande mercado. A empresa deve conhecer as necessidades desses segmentos e obter liderança em custos ou encontrar uma forma de se diferenciar dentro do segmento-alvo. Assim, a Armstrong Rubber, por exemplo, especializou-se na fabricação de pneus de qualidade para veículos agrícolas e de recreação, e está procurando novos nichos de mercado para atender.

Considerações finais

Diante de tantos questionamentos que devem ser analisados pelos gestores, percebe-se que mudar de maneira rápida e bem-sucedida está se tornando cada vez mais uma dimensão insubstituível da capacidade de obter retornos acima da média na economia globalizada. Observa-se que o planejamento não irá controlar o futuro, mas identifica e isola as ações que poderão influenciá-lo. O planejamento providencia os meios para que os objetivos e metas sejam alcançados, servindo de base para as demais funções; sua elaboração é em longo prazo o principal propósito das organizações.

Percebe-se que o planejamento estratégico é um instrumento que contém decisões antecipadas de como a organização atuará para o cumprimento de sua missão, gerando melhorias significativas no desempenho organizacional e auxiliando a formulação das estratégias. Assim, para que os administradores ou gerentes cumpram melhor o seu papel, desenvolver um bom planejamento estratégico é o caminho para fortalecer o trabalho em equipe e aumentar sua capacidade para consecução dos objetivos compartilhados.

Os métodos usados devem ser sempre flexíveis e vistos como excelentes ferramentas para a mudança organizacional e sobrevivência da empresa, pois proporcionam a utilização dos meios para atingir os objetivos e suas finalidades.

Questões

1. Qual é o conceito de planejamento estratégico?
2. Além da disciplina mental, cite outros atributos peculiares de um bom planejador.
3. Cite os ambientes que compõem o macroambiente.
4. Que fatores do macroambiente e do microambiente um empreendedor deve levar em conta?
5. Qual é a diferença entre missão e objetivo de uma empresa?

Dicas dos consultores

1. O empreendedor deve se manter informado: ler revistas técnicas, econômicas, jornais, para se inteirar do máximo de informações; conhecer outros ramos de negócios; atualizar-se sobre os rumos da economia no país e no mundo; estar a par das novas exigências tributárias; e inteirar-se das tendências do mercado para vislumbrar novas oportunidades, novos negócios, novas parcerias.

2. Manter contato com as entidades de classe e setoriais. Conversar com seus pares constantemente, seja em reuniões técnicas, recreações, clubes etc.

3. Participar de feiras do segmento para manter-se informado.

4. Buscar, além do conhecimento técnico, o conhecimento administrativo por meio de cursos rápidos e especializações em universidades, institutos de pesquisas etc.

5. Dar treinamento interno e externo ao seu pessoal e mantê-los informados de tudo o que é imprescindível à sua carreira profissional. Lembre-se de que o colaborador não é propriedade sua e nem de sua empresa. É uma questão de cidadania e bom senso.

6. Planejar a sua empresa para o dia a dia, para a semana, para o mês, para o ano para três, cinco e dez anos. Muitas empresas poderiam ter uma longevidade maior se os empreendedores fizessem esse exercício de longo prazo.

7. Contemplar em seu planejamento estratégico todas as áreas de sua empresa.

8. Avaliar em seu plano as possibilidades de terceirização de serviço e mão de obra, a fim de desonerar sua empresa de maiores custos e perdas com absenteísmo e altos gastos com dispensa de colaboradores nos momentos em que a empresa está mais carente de caixa.

9. Procurar meios de capacitar todos os colaboradores e dar bolsas parciais àqueles que se mostrarem leais à empresa e estiverem a fim de se reciclar. "Não gaste vela com mau defunto", ou seja, se um colaborador não gosta do que faz, está na empresa porque não tem outra opção. Portanto, investir nele é perda de tempo e recursos.

10. Criar um banco de dados e solicitar aos seus colaboradores que ajudem a empresa a alimentá-lo. Todas as informações que conseguirem serão importantes para a organização, principalmente para o pessoal de linha de frente, ou seja, aqueles que se relacionam diretamente com o consumidor final.

11. Lembrar-se de que quanto mais informações recolher melhor poderá sair o seu planejamento estratégico.

12. Fazer parceria com seus concorrentes, fornecedores e demais parceiros, como os prestadores de serviços. Eles podem trazer dados imprescindíveis para a melhoria do desempenho de sua empresa.

As palavras-chave no planejamento estratégico são: informações, processamento e análise dessas informações.

Referências

BRUNER, R. F. et al. *MBA:* curso prático. Rio de Janeiro: Campus, 1999.

CAVALCANTI, M. et al. *Gestão estratégica de negócios.* São Paulo: Thomson Learning, 2006.

CHIAVENATO, I. *Administração estratégica:* em busca do desempenho superior. Uma abordagem além do *balanced scorecard.* São Paulo: Saraiva, 2003.

___. *Teoria geral da administração.* 7. ed. Rio de Janeiro: Campus, 2003.

FLEURY, M. T. L.; FLEURY, A. C. C. Alinhando estratégia e competências. *Revista de Administração de Empresas.*, v. 44, n. 1. São Paulo, jan./mar. 2004. Disponível em: <http://www.scielo.br/pdf/rae/v44n1/v44n1a12.pdf>. Acesso em: 12 ago. 2016.

HITT, M. A. et al. *Strategic management:* competitiveness and globalization. St. Paul: West, 1995.

OLIVEIRA, D. P. R. de. *Planejamento estratégico.* 25. ed. São Paulo: Atlas, 2008.

PORTER, M. E. Know your place. *Inc.*, v. 13, n. 9, p. 90-93, set. 1992.

___. *Vantagem competitiva:* criando e sustentando um desempenho superior. Rio de Janeiro: Campus, 1990.

___. *Vantagem competitiva.* 15. ed. Rio de janeiro: Campus, 1989.

ROBBINS, S. P. *Administração:* mudanças e perspectivas. São Paulo: Saraiva, 2000.

A pechincha

Najla, ao fazer suas compras na rua 25 de Março, aprendeu uma técnica que permite aos árabes negociarem dentro do sistema de pechincha, técnica milenar dos antigos mercadores, pouco conhecida por muitos jovens.

A técnica consistia em colocar o preço de custo nas mercadorias usando um código de letras. Cada letra correspondia a um número de 0 a 10.

O código da Casa dos Presentes era ALVIS BENTO (A = 1; L = 2; V = 3; I = 4; S = 5; B = 6; E = 7; N = 8; T = 9 e O = 0). Dessa forma, uma mercadoria cujo código fosse IS custava R$ 45,00. Considerando que era praticada uma margem bruta de 100%, o preço de venda desse produto era R$ 90,00. Assim, os atendentes da loja sabiam o preço de custo para poder negociar com o cliente.

Se o cliente achasse o produto caro e pedisse desconto, Najla sabia até quanto poderia reduzir o preço de venda sem correr o risco de incorrer em prejuízo. Ela não tinha computador, código de barras, *software*, aplicativo e muito menos calculadora, mas era muito esperta e segura na negociação de suas mercadorias.

Ela não perdia vendas. Os clientes obtinham descontos e se tornavam fiéis.

2

INOVAÇÃO COMO ESTRATÉGIA DE SOBREVIVÊNCIA

Diana Leite Kochmanski Fuzetti
Vanderlei Salvador Bagnato
Gerd Esser

*"No princípio, criou Deus os céus e a terra. [...]
E disse também Deus: 'Façamos o homem
à nossa imagem e semelhança'."*
GÊNESIS 1: 1;26

Objetivos do capítulo

Apresentar a importância do processo estratégico de inovação, que vai além do desenvolvimento de novas tecnologias, produtos e serviços. Mostrar que, na prática, inovação também envolve a criação de novos modelos de negócios, novas formas de atender necessidades dos consumidores, novos processos organizacionais, novos meios de competir e cooperar no ambiente empresarial.

A **inovação** é essencial para a sobrevivência de uma empresa em um cenário cada vez mais competitivo e globalizado. Entretanto, poucas empresas exercem algum tipo de iniciativa para colocá-la em prática. Há três causas para que isso não ocorra com tanta frequência: a visão ultrapassada, as críticas e punições e o desconhecimento de ferramentas que ajudam a inovar.

Inovando

A empresa Modelo Scoop está inovando. Uma das novidades foi a criação de um aplicativo para smartphones onde os clientes têm acesso a todo seu catálogo de produtos, podendo ver as imagens em ângulos de 360 graus, além da ficha técnica completa de cada item. Além disso, conseguem interagir on-line com a central de atendimento, podendo realizar compras e tirar dúvidas sobre os itens que lhe interessam.

O primeiro grande desafio enfrentado foi conscientizar todos os níveis da organização da necessidade da mudança e incorporar a motivação de crescimento e de aceitação à evolução. A todos foi pedido que acrescentassem suas competências e conhecimentos ao processo; logo, mudanças foram sugeridas, o que ajudou a desenvolver a inovação na empresa e propiciou um melhor desempenho da organização.

Você já pensou quais seriam os passos a serem dados para auxiliar no processo de mudança da organização e aumentar a competitividade da empresa?

Com conhecimento adquirido, dedique-se à ação!

A inovação tão somente funcionará se... a visão do gestor estiver alinhada aos propósitos da sua organização e se os líderes tiverem conhecimento de ferramentas para que possam colocá-la em prática.

Considerações iniciais

Há algum tempo era grande aventura um jovem recém-formado dar início à sua própria empresa, uma vez que, no mesmo período, várias outras oportunidades eram oferecidas nas grandes corporações e repartições públicas, entre outros. Isso sem considerar salário, *status* e possibilidade de crescimento dentro dessas organizações.

A turbulência do ambiente afetou o cenário econômico mundial e contribuiu para o desemprego, como tratado por Oliveira[1] quando cita que: "[...] durante os anos 80, a 'década perdida', um número assustadoramente grande de pessoas perdeu o emprego e teve de 'se virar' para sobreviver por meio de subempregos, 'bicos', trabalhos temporários, negócios próprios, atividades informais".

Vale ressaltar que, na década de 1980, houve a crise das elites econômicas,[2] que se viram obrigadas a se reposicionar diante das pequenas empresas como solução, pois, nessa época, os pequenos empreendimentos passaram a exercer papel de "safenas" da crise, o que evitou o colapso do mercado.[3]

A evolução, aliada a tantas modificações, promove a indução de inevitáveis processos de transição, diante de desafios, oportunidades e ameaças que, obrigatoriamente, demandam mudanças de atitude que podem romper com padrões anteriormente reconhecidos e aceitos. As iniciativas em apoio ao empreendedorismo aparecem pulverizadas pelo país e de forma diversificada, por meio de programas e projetos com a finalidade de apoiar, estimular e desenvolver aquele que assume sozinho ou na companhia de sócios a missão de conquistar um nicho de mercado identificado e a ser descoberto. Nessa época, deu-se a percepção da mudança no cenário econômico do Brasil, marcada pelo aumento do autoemprego e pelo surgimento de empreendedores involuntários.

Segundo Dornelas,[4] esses empreendedores foram igualmente representados pelos recém-formados e por trabalhadores demitidos das corporações e órgãos públicos em virtude de reestruturação, fechamento, privatizações e outros. Com isso, pode-se afirmar que tal discussão está além de uma solução para o desemprego ou das ações governamentais; contudo, a busca por ações empreendedoras pode desencadear o desenvolvimento econômico e alavancá-lo.

Nesse sentido, o empreendedor tem papel equilibrador no processo de mercado, ou seja, a sua atividade empresarial não consiste somente em criar novas empresas e inovar, mas em perceber incompatibilidades de coordenação que existem no mercado; daí a percepção das empresas de se adequarem e visarem à promoção de novas competências que suplantem os desafios a cada momento.

---

[1] OLIVEIRA, M. A. (Org). *Valeu!* Passos na trajetória de um empreendedor. São Paulo: Nobel, 1995. p. 47.

[2] Na década de 1980, as grandes indústrias brasileiras foram abaladas pela abertura da economia e pela globalização. Houve um ajuste doloroso, milhares de pessoas foram dispensadas, muitas unidades foram fechadas. A partir da segunda metade dos anos 1980, o Brasil presenciou um importante crescimento das taxas de fundação de novos negócios, principalmente a terceirização das atividades não essenciais nas grandes e médias empresas, o que afetou a qualidade e quantidade do emprego. SACHS, I. *Inclusão social pelo trabalho*: desenvolvimento humano, trabalho decente e o futuro dos empreendedores de pequeno porte. Rio de Janeiro: Garamond; Sebrae Nacional, 2003.

[3] SOLOMON, S. *A grande importância da pequena empresa*. A pequena empresa nos Estados Unidos, no Brasil e no Mundo. Rio de Janeiro: Nórdica, 1986.

[4] DORNELAS, J. C. A. *Empreendedorismo*: transformando ideias em negócios. Rio de Janeiro: Campus, 2001.

Cabe ressaltar que a evolução e a complexidade do mercado atual têm impulsionado um número cada vez maior de indivíduos à criação de suas empresas, de forma mais consciente, com reconhecimento de seus recursos internos e de suas estruturas; isto, em vez de apoiar o tradicional hábito, em outras palavras, lançar um empreendimento sem refletir sobre como o fazer. É interessante notar que as pequenas empresas veem, inclusive, a possibilidade de serem mais ágeis por sua própria estrutura interna, entendendo que são capazes de agir rapidamente, adaptando-se e inovando ao mesmo tempo.

De certa forma, qualquer empresa, para ter sucesso no mercado com vantagem competitiva, deve sempre apresentar um ótimo padrão de qualidade de produtos e serviços, o que engloba um conjunto de ações como planejamento estratégico, competência dos colaboradores, excelente matéria-prima, um eficaz processo de desenvolvimento do produto, agilidade na resolução de problemas e na tomada de decisões, entre outros. Essses quesitos elevam as empresas a um alto grau de desempenho, o que influencia diretamente na satisfação de seus clientes. Para tanto, a empresa deve almejar um bom clima organizacional, estar atenta às mudanças advindas da globalização, e que são constantes, bem como buscar novas técnicas e tecnologias visando acompanhar esse ritmo progressivo.

A prática adotada pela pequena empresa depende dos objetivos ou do conjunto de objetivos que ela pretende alcançar, assim como dos recursos humanos no desempenho de suas funções e ações, considerando suas competências ao trabalhá-las e planejá-las juntamente com os empreendedores. Considerando que a inovação de produtos ou processos é de grande importância – tanto quanto estratégia de sobrevivência da empresa nos mercados nacional e internacional – e ela que gera empregos e renda no país, podemos afirmar que há uma significativa demanda por esse perfil de empresas. Porém, o ponto de partida para uma organização é a busca de apoio e a criação de possibilidades, o atendimento imediato de uma demanda ou, até mesmo, a implantação de novos processos para atender às solicitações específicas de cada empreendedor.

Nosso país possui um fraco desempenho das empresas de pequeno porte, de um modo geral, no que se refere à inovação tradicional[5] ou tecnológica. Cabe-nos explorar alternativas a esse desempenho. Contudo, igualmente cabe ressaltar que o agente que contribui para a inexistência de uma cultura de inovação é a fragilidade na elaboração do planejamento estratégico por parte dos órgãos competentes.

---

[5] Também conhecida como estratégia imitativa, tradicional ou dependente, que não aspira ser líder ou ter grandes lucros com a introdução da inovação. Nas inovações tradicionais as empresas pretendem apenas marcar sua presença no mercado, oferecendo um produto semelhante ao existente.

Ademais, há outras razões associadas ao tema inovação, como o aumento de produtividade, a vantagem competitiva, a qualidade dos produtos, a customização e sua sobrevivência no mercado, entre outras. A inovação, especialmente, desencadeia uma série de efeitos, como o estímulo ao crescimento, o aumento da demanda por novos produtos e novos processos e a elevação dos investimentos. Todas essas ações impulsionam o aparecimento de outras inovações que, em conjunto, alavancam outras atividades econômicas, gerando o próprio desenvolvimento do sistema econômico.

Estrategicamente, muitas empresas inovam procurando sistemas de financiamento para se adequarem à modernidade tecnológica. Temos verificado a importância da inovação para os empreendedores, não apenas no momento de constituir um empreendimento, mas como uma questão de sobrevivência ao longo do desenvolvimento de suas atividades, tornando-se um processo de continuidade na garantia de melhores condições e customização.

Outro aspecto que é preciso identificar refere-se às condições que devem ser cumpridas para levar adiante um processo de inovação e quais critérios devem ser adotados para idealizar novos produtos ou serviços.

Dornelas[6] destaca que, em termos de inovação tecnológica, o combustível essencial para que o negócio saia do papel e aconteça é o capital. Portanto, o estabelecimento desse elemento depende da disponibilidade e dos esforços das instituições envolvidas na promoção desse serviço. Nos dias atuais, em que o ciclo de vida dos produtos está se tornando cada vez menor, o empreendedor da pequena empresa se depara com um fator complicador.

2.1 O empreendedorismo e as práticas para inovação em organização empresarial

A inovação tem recebido maior atenção dos empreendedores nos últimos 15 ou 20 anos, tanto na concepção dos novos negócios como dos negócios já existentes. Pois já é de conhecimento geral entre os empreendedores que um empreendimento de sucesso depende de inovação tecnológica. Verifica-se assim a importância da inovação, não apenas no momento de constituir um empreendimento, mas ao longo do desenvolvimento de suas atividades, tornando-a um processo de continuidade. É necessário identificar quais as condições a serem cumpridas para levar adiante um processo de inovação e quais são os critérios que devem ser adotados para idealizar novos produtos ou serviços.

Filion[7] discute uma construção conceitual no campo em que os demais autores acreditam que devam ser incluídos critérios de desempenho, por existirem mudanças

---

[6] DORNELAS, 2001.

[7] FILION, Louis Jacques. Empreendedorismo: empreendedores e proprietários-gerentes de pequenos negócios. *Revista de Administração*, São Paulo, v. 34, n. 2, p. 5-28, abr./jun. 1999.

constantes no cenário empresarial, justificando o fato de que os empreendedores aprendam a partir do que fazem. Porém, em uma observação mais detalhada pode-se acrescentar que a intensificação do estudo sobre o empreendedorismo é relativamente recente, e que o conhecimento e os conceitos estão em evolução contínua. Pode-se perceber que as diversas áreas participantes do tema conduzem a diversas interpretações, as quais buscam interpretá-lo de acordo com seus fundamentos.

A inovação é a implementação de um produto (bem ou serviço) novo ou significativamente melhorado, um processo, um novo método de marketing ou um novo método organizacional nas práticas de negócios, na organização do local de trabalho ou nas relações externas.

O empreendedor não precisava ter capital ou ser possuidor de uma nova tecnologia. O espírito do empreendedor **schumpeteriano**[8] era mantido pela busca do lucro monopolista, que era, em sua essência, diferente do capitalista, pois necessariamente não aplicava seu capital apenas na produção, alternando entre ativos financeiros e imobiliários.

O empresário empreendedor inovador tinha assim um papel diferente do capitalista, que buscava apenas o lucro. O empreendedor tinha um papel positivo para o crescimento econômico.

O empresário schumpeteriano é tido como um herói do desenvolvimento econômico. O capitalismo é um método de mudança econômica que nunca poderia ser considerado estacionário. O grande motor do capitalismo não advém de fenômenos naturais ou sociais, mas de novos bens de consumo, novos métodos de produção e de transporte, novos mercados e novas maneiras de organização industrial, que a empresa capitalista cria e destrói.[9]

Segundo Schumpeter,[10] existem inovações que alteram o estado de equilíbrio a partir de novas combinações. Esse conceito engloba cincos tipos de inovação:

- a introdução de um novo bem no mercado, ou seja, um bem com o qual os consumidores ainda não estão familiarizados; ou de uma nova qualidade de um bem;

- a descoberta de um novo método de produção e comercialização de mercadorias, ou seja, um método que ainda não tenha sido testado pela experiência no setor da indústria de transformação, que de modo algum precisa ser baseado numa descoberta cientificamente nova e que pode acontecer em uma nova forma de comercializar uma mercadoria;

- a abertura de um novo mercado, ou seja, de um mercado em que o ramo particular da indústria de transformação do país em questão não tenha ainda entrado, quer esse mercado tenha existido antes ou não;

---

[8] Em referência ao economista austríaco Joseph Schumpeter.

[9] NELSON, R. R. *As fontes do crescimento econômico*. Campinas: Editora Unicamp, 2006. p. 501.

[10] SCHUMPETER, J. A. *Teoria do desenvolvimento econômico*: uma investigação sobre lucros, capital, crédito, juro e o ciclo econômico. 3. ed. São Paulo: Nova Cultural, 1982.

- a conquista de novas fontes de matérias-primas ou de bens semimanufaturados, independentemente do fato de essa fonte já existir ou ter sido criada;
- a alteração da estrutura do mercado vigente, como a quebra de um monopólio ou a fragmentação de uma posição de monopólio.

Na teoria schumpeteriana, para que uma inovação seja realizada é necessário atender a três condições:
- que em um determinado período existam novas e mais vantajosas possibilidades do ponto de vista econômico privado, seja na indústria ou em um ramo da indústria;
- acesso limitado a tais possibilidades, seja devido a qualificações pessoais necessárias, seja devido às circunstâncias exteriores;
- uma situação econômica que permita cálculo de custos e planejamento razoavelmente confiável, isto é, uma situação de equilíbrio econômico.[11]

Dessa maneira, os empreendedores são os responsáveis pelo desenvolvimento empresarial ou pela criação de novas unidades empresariais que, consequentemente, levam à geração de novos empregos, justificando a contribuição do empreendimento para o crescimento econômico. Embora existam diferentes enfoques sobre o empreendedorismo, o termo empreendedor que se pretendeu discutir foi o da abordagem econômica de Schumpeter,[12] e não a dos comportamentalistas.

O economista austríaco descreve o **empreendedor** e o seu papel como inovador no processo de renovação constante da economia capitalista, ou seja, ele é o agente do processo de destruição criativa e é o impulso fundamental que aciona e mantém o andamento do motor capitalista.

2.2 Inovação: conceitos

Enfocamos anteriormente alguns fatores que representam as mudanças que estimulam as organizações a se reorganizarem e se adaptarem à competição ambiental, não somente nas imagens e valores que sintetizam as ações, mas também nas mudanças tecnológicas como fatores importantes na transformação do ambiente competitivo que, segundo Morgan,[13] tem grande impacto dentro da organização. Isso se tornou central para a competitividade das empresas e, desse modo, temos maior desenvolvimento e maior capacidade de crédito do sistema financeiro de empreendimentos inovadores.

---

[11] NELSON, 2006.

[12] SCHUMPETER, J. A. *Capitalismo, socialismo e democracia*. Trad. Sergio Góes de Paula. Rio de Janeiro: Zahar, 1984.

[13] MORGAN, G. *Imagens da organização*. Trad. Geni G. Goldschmidt. São Paulo: Atlas, 2000.

Ressaltamos que os conceitos de inovação têm evoluído ao longo do tempo no que concerne ao entendimento do significado da inovação e dos participantes dessa abordagem. Porém, a **inovação** se desloca de uma visão tecnológica e passa a ser entendida como a utilização do conhecimento sobre novas formas de produzir, comercializar bens e serviços e também novos estilos de gerir as empresas. Por fim, os envolvidos na arena da inovação não se restringem apenas à empresa e ao empreendedor, mas ao conjunto mais amplo de elementos que formam o sistema de inovação.

Tratando-se de inovação em uma empresa de pequeno porte, ela pode objetivar a redução de custos, ganhos de produtividade e de qualidade, bem a monopolização temporária de uma oportunidade de mercado para obtenção de lucros. No caso da estrutura econômica, a inovação pode resultar na criação de novos setores e no revigoramento de setores existentes, ou seja, implica a reestruturação permanente do espaço econômico que se tem por meio da sua dilatação.

Para melhor entendimento, destacamos a classificação da inovação em produto e da inovação de processo que a Organização para Cooperação do Desenvolvimento Econômico (OCDE) trata no Manual de Oslo, de 2005:[14]

> Uma inovação de produto é a introdução de um bem ou serviço novo ou significativamente melhorado no que concerne à sua característica ou ao uso ou outras características funcionais.
>
> Uma inovação de processo é a implementação de um método de produção ou distribuição novo ou significativamente melhorado. Incluem-se mudanças significativas em técnicas, equipamentos e/ou *softwares*.

Portanto, há grande preocupação com o desenvolvimento das pequenas empresas na continuidade da geração de processos inovadores. O processo de introdução de inovações resulta na conjugação entre a atividade empresarial e as condições financeiras, ou seja, o crédito de que se dispõe no mercado ou de que a própria empresa dispõe. Faz-se *mister* acrescentar as dificuldades que permeiam a implantação de novas combinações, dada a diferença de reproduzir ações rotineiras já utilizadas até então e aventurar-se na execução de um novo plano.

Atualmente, a inovação está no centro das estratégias das empresas mais competitivas e das políticas econômicas dos países mais desenvolvidos. Vê-se que as variáveis explicativas vão além das fronteiras da disciplina da Economia, incluindo áreas das Ciências Sociais como cultura, identidade e funcionamento das organizações. Procurando explicar tal crescimento, surgiram as teorias que creditavam ao empreendedor o

---

[14] ORGANIZAÇÃO PARA COOPERAÇÃO DO DESENVOLVIMENTO ECONÔMICO (OCDE). *Manual de Oslo*. 3. ed. Trad. Flavia Gouveia. OCDE, 2005. p. 57-58.

papel central na introdução das inovações que alimentavam tal crescimento, tornando-o elemento de grande importância relacionado à inovação.

A investigação para está baseada nas teorias formuladas por Say[15] e Schumpeter,[16] que introduziram o conceito de empreendedorismo nas teorias econômicas, explicando como as inovações eram criadas pelos empreendedores, e formalmente apresentaram a inovação como o agente transformador do capitalismo por meio do papel desenvolvido pelo empreendedor. Assim, como conceituado anteriormente, Schumpeter introduziu um aspecto muito importante: o de que a inovação só pode ser considerada de impacto econômico positivo se fornecer valor ao consumidor. Faz-se necessário explicar a extensão do impacto econômico, visto que o economista tenta elucidar os tipos de inovação, a diferença entre o desenvolvimento econômico e o crescimento econômico e os fatores dos processos da inovação.

Segundo Christensen,[17] a inovação pode ser classificada em dois tipos: radical e incremental. Porém, Foster e Kaplan[18] detalham três tipos, conforme se pode ver no Quadro 2.1.

Quadro 2.1   Tipos de inovação

Autores	Tipo de inovação	
Christensen	•	Radical (inovação descontínua)
	•	Incremental (inovação contínua)
Foster e Kaplan	•	Transformacional
	•	Substancial
	•	Incremental

Fonte: elaborado pelos autores.

Como se pode ver, o primeiro autor trata a **inovação radical** como descontínua e a **inovação incremental** como contínua. Explicando melhor, a inovação radical acontece quando certa tecnologia começa a se desenvolver, trazendo resultados, igualando os benefícios da tecnologia anterior.

Todavia, Foster e Kaplan[19] identificam esse tipo de inovação como **inovação transformacional**, pois ela se encarrega de criar novos mercados, o que provoca uma

---

[15] SAY, J. B. A treatise on political economy: or, the production, distribution and consumption of wealth. New York: Kelley, 1964. In: DRUCKER, P. *Inovação e espírito empreendedor*. São Paulo: Pioneira Thomson, 2002.

[16] SCHUMPETER, 1984.

[17] CHRISTENSEN, C. M. *O dilema da inovação*: quando novas tecnologias levam empresas ao fracasso. Trad. Edna Emi Onoe Veiga. São Paulo: Makron Books, 2001.

[18] FOSTER, R. N.; KAPLAN, S. *Destruição criativa*: por que as empresas feitas para durar não são bem-sucedidas. Trad. de Adriana Rieche. Rio de Janeiro: Campus, 2002.

[19] FOSTER; KAPLAN, 2002.

ruptura com os padrões anteriores. A **inovação incremental** é buscada pelas empresas para manter sua posição competitiva no mercado, e no que se refere à **inovação substancial**, oferece menos surpresa, ou seja, geralmente tem um pequeno impacto. Como exemplo pode-se citar o carro *flex* (inovação brasileira sobre uma tecnologia já disponível). O primeiro veículo *flex* vendido no mundo foi o Ford modelo T, produzido entre 1908-1927. Tinha um carburador de injeção ajustável que permitia o uso de gasolina, etanol ou uma mistura de ambos. A tecnologia *flex* brasileira estabeleceu um novo estágio mundial no desenvolvimento de motores multicombustíveis.

2.3 Atividade inovadora nas empresas de base tecnológica

Dosi[20] destaca que

> [...] existem origens diferentes e contextuais de atividade inventiva, e tem havido substancial esforço na literatura econômica para definir os elementos comuns de um conjunto amplo de invenções e/ou inovações, além da busca por certo tipo de força motora da atividade inovativa.

Detalhadamente, inovação refere-se a busca, descoberta, desenvolvimento, imitação e adoção de novos produtos, novos processos e nova organização; nessa perspectiva, parece que a inovação para os neoschumpeterianos não é um fenômeno estanque, muito menos único, mas, ao contrário, é explicado como uma série de atos unidos no processo inventivo para explicar os diversos ciclos econômicos.

Mowery e Rosemberg[21] destacam, na Teoria das Inovações Induzidas, uma tentativa de esclarecer a abordagem da *demand-pull* (indução pela demanda), no sentido de explicar – e que deve ser levada em consideração como necessária, mas não como única – que "[...] estudos anteriores levaram uma grande quantidade de estudiosos e funcionários à conclusão de que a influência que governa o processo de inovação é a demanda de mercados [...]". Vale ressaltar desses pressupostos,[22] que simplesmente a teoria não foi demonstrada até então, por isso há de se considerar esse um ponto crítico para o momento.

---

[20] DOSI, G. Technological paradigms and technological trajectories: a suggested interpretation of the determinants and directions of technical change. *Research policy*, Amsterdam, v. 11, 1982. p. 147-162.

[21] MOWERY, D.; ROSENBERG, N. The influence of market demand upon innovation: a critical review of some recent empirical studies. In: ROSENBERG, N. (Org.). *Inside the black-box*: technology and economics. Cambridge: Cambridge University Press, 1982. p. 193-241.

[22] MOWERY; ROSENBERG, 1982.

As formulações de Abramowitz e Stegun[23] e de Solow[24] destacam-se como referências para esse tipo de tratamento. Dosi[25] critica as abordagens sobre os determinantes básicos das estruturas de inovação, *demand-pull* (indução pela demanda) e *technology-push* (impulso pela tecnologia), e assim desenvolve uma abordagem alternativa para obter novos entendimentos da inovação. Na visão de certos paradigmas e trajetórias tecnológicas, entende-se que a inovação é motivada pelo suposto reconhecimento das necessidades dos consumidores, partindo das unidades produtivas do mercado.

Esses paradigmas e trajetórias tecnológicas reconhecem e dirigem seus esforços inovadores de forma a satisfazer seu público por meio de novos processos e produtos, antes mesmo que o processo de invenção ocorra. É relevante destacar os pontos fracos a esse respeito: o conceito de realidade passiva e mecânica da mudança técnica diante das condições de mercado; a incapacidade de definir o porquê e o quando certos desenvolvimentos tecnológicos ocorrem em vez de outros; a negligência quanto à mudança no tempo da capacidade inventiva, a qual não suporta nenhuma relação direta com as mudanças nas condições de mercado.[26]

Observa-se nesse questionamento sobre demanda, nas palavras de Dosi[27] e por muitos outros estudos conclusivos sobre o assunto, como Rosemberg[28] destaca, "[...] o conceito de demanda utilizado em muitos desses estudos é um conceito muito vago, com frequência tão amplo que chega a englobar praticamente todos os possíveis determinantes do processo de inovação". A fragilidade do conceito está na existência das limitações, é um conceito passivo e reativo das mudanças técnicas às condições de mercado, consistentes com as hipóteses tradicionais da economia neoclássica, sendo incapaz de explicar o tempo das inovações e a descontinuidade dos padrões, e ainda deixando de considerar a complexidade e o papel da incerteza no mercado.

Os institutos de pesquisa ao estabelecerem maior interação com as universidades, criam parcerias com as empresas e comunidade científica, estabelecendo uma somatória de elementos favoráveis para melhorar determinadas fragilidades observadas na abordagem *demand-pull* (indução pela demanda).

Nelson e Winter[29] defendem que a endogeneização do processo de produção nas empresas perde o caráter passivo, conferido pela teoria neoclássica, em mercados de competição perfeita em suas ações estratégicas. As inovações ganham destaque, ou seja,

---

[23] ABRAMOWITZ, M.; STEGUN, I. *Handbook of mathematical functions*: with formulas, graphs, and mathematical tables. 9th revised edition. New York: Dover Publications, 1970.

[24] SOLOW, R. M. El cambio técnico y la función de producción agregada. In: ROSENBERG, N., org. *Economía del cambio tecnológico*. México: Fondo de Cultura Económica, 1979, p. 319-336.

[25] DOSI, 1982.

[26] DOSI, 1982.

[27] DOSI, 1982.

[28] ROSEMBERG, N. *Inside the black-box*: technology and economics. Cambridge University Press, 1982. p. 291.

[29] NELSON, R.; WINTER, S. *An evolutionary theory of economic change*. Cambridge: Harvard University Press, 1982.

estão abrigadas no interior das empresas e passam à exogenia. A empresa associa uma inovação tecnológica à função de produção que, a partir de preços fixados no mercado, busca alocar recursos de modo a maximizar seus lucros. A empresa como mera tomadora de preços e possuidora de caráter passivo é, essencialmente, atemporal e pautada em situações hipotéticas de equilíbrio. Conforme observado por Solow,[30] essa tecnologia e exógena à função da produção.

Com base nisso, podemos considerar a inovação um ponto forte que garante às empresas uma posição central que estimula de qualquer forma a dinâmica da economia. Então, a inovação é vista como elemento-chave da dinâmica capitalista, podendo ser resultado de um complicado *feedback* de mecanismos e relações de interação envolvidos pelas relações entre ciência, tecnologia, aprendizagem e, inclusive, demanda.[31] Destaca-se, então, um desdobramento que permite visualizar o envolvimento da ciência e da tecnologia no processo.

Por outro lado, vale ressaltar que Dosi[32] critica as abordagens sobre os determinantes básicos das estruturas da inovação, *demand-pull* (indução pela demanda), mas que sua crítica incisiva, ponto forte à abordagem, descreve que a força de mercado está como principal determinante do processo inovador, ou seja, o **mercado** é o principal determinante de mudanças técnicas por meio das curvas de demanda e das necessidades sociais, direcionando as empresas ao progresso técnico.

Ele afirma também que a inovação é motivada pelo "suposto reconhecimento das necessidades" dos consumidores, e que o mercado também reconhece e dirige seus esforços inovadores na forma de satisfazer essas necessidades com lançamentos de novos processos ou produtos. Porém, não é somente a demanda que gera a inovação na abordagem *demand-pull*, mas um conjunto de determinantes. Certamente, as mudanças no ambiente econômico e os sinais desse ambiente vão interagir no processo de seleção de novas tecnologias. Os desequilíbrios são comuns da dinâmica, mas as firmas se condicionam para promover alterações e mudanças em suas estratégias quando necessário.

Vale ressaltar que a demanda não basta para explicar o processo de inovação, uma vez que "toda uma gama de estímulos é importante no processo de inovação, e não a demanda do mercado unicamente".[33] Dessa forma os autores reconhecem que a demanda de mercado deve ser considerada, juntamente com a oportunidade, uma condição necessária, mas não totalmente suficiente, para o surgimento da inovação.

Ambas, demanda e oportunidade, devem estar presentes simultaneamente e devem ser consideradas nas análises, pois é possível afirmar que inovações que não são altamente sensíveis a ambos os conjuntos de forças, provavelmente, encontrem

---

[30] SOLOW, 1979.

[31] EDQUIST, C. (Org.) *Systems of innovation technologies, institutions and organizations.* New York: Pinter, 1997. p. 1-107.

[32] DOSI, 1982.

[33] MOWERY; ROSENBERG, 1979. p. 232.

dificuldades para alcançar sucesso comercial.[34] Confirma-se, então, a importância das empresas para o desenvolvimento de inovações, visto que o processo inovador decorre das decisões das diversas atividades específicas e das relações estabelecidas por elas, desde as rotineiras até as mais complexas firmadas entre clientes e fornecedores.

No cotidiano, produzindo bens e serviços, a empresa está crescendo e aprimorando melhorias no processo e nos produtos, otimizando processos e repensando a organização da produção, o que permite avançar no sentido de aprimorá-lo ou modificá-lo, gerando um processo interativo com os consumidores ou criando novas necessidades de mercado. Se for estabelecido que o processo de inovação não pode decorrer de apenas um ato, um dos elementos explicativos, como o da demanda, não pode ser visto como único. A inovação de produto pode criar a demanda.

Dessa forma, Dosi[35] recomenda que alguns aspectos do processo de inovação sejam considerados, tais como:

- o reconhecimento do papel cada vez maior da ciência no processo de inovação ("insumos científicos");

- a crescente complexidade da Pesquisa e Desenvolvimento (P&D), o que torna o processo inovador uma questão de planejamento de longo prazo;

- a necessária correlação entre os esforços de P&D (*input*) e o produto da inovação (*output*);

- a relação entre os padrões da demanda e o produto da inovação, entre outros.

Essas recomendações devem ser adicionados à análise, na tentativa de superação das fragilidades que as abordagens apresentam. O crescente papel da informação científica é insumo crucial à realização de pesquisas.

Entre outros elementos que devem ser considerados para superação dessas fragilidades, destacam-se:

- o planejamento de longo prazo para as empresas nas questões de P&D;

- a correlação entre os mercados, entre padrões de demanda e produtos de inovação;

- o aprendizado por meio de execução de quantidade e aperfeiçoamento de inovações.

2.4   A empresa inovadora

McGregor[36] conceitua **organização** como um sistema sociotécnico por ser constituída por pessoas, e não ser simplesmente uma montagem de prédios, força de trabalho,

---

[34] MOWERY; ROSENBERG, 1979.

[35] DOSI, G. *Technical change and industrial tranformation*. New York: St. Maritin's Press, 1984. p. 12.

[36] MCGREGOR, D. *O lado humano da empresa*. Trad. Margarida M. C. Oliva. São Paulo: Martins Fontes, 1980.

dinheiro, máquinas e processos, significando, dentre outras coisas, que as relações humanas fazem parte das características intrínsecas das organizações.

Para Chanlat, o sistema existe em virtude do comportamento das pessoas. Sendo assim, a maneira de conhecer a dinâmica de uma organização passa pelo entendimento do comportamento das pessoas que a compõem, enquanto grupos ou indivíduos que interagem e utilizam métodos, processos e recursos para realização dos trabalhos.[37]

Esse autor esclarece ainda que as organizações são grupos de pessoas deliberadamente reunidas, com relações estáveis, que combinam seus próprios esforços e outros tipos de recursos para alcançarem propósitos coletivos, efetuando, para isso, transações planejadas com o ambiente. Destaca-se, porém, que o comportamento das pessoas para a realização de trabalhos é um fator importante.

Toda organização transforma ou combina recursos como trabalho, informação, instalações, materiais e capital, adicionando valor por intermédio de um processo. O produto resultante chega às mãos dos demandantes e, posteriormente, reflui sob a forma de recursos econômicos, fechando o ciclo produção-consumo. A busca pela efetivação da troca de bens e serviços por valor monetário gera a competição.

Na legislação brasileira, o art. 6º da Lei n. 4.137, de 10/09/1962, define empresa como toda organização de natureza civil ou mercantil destinada à exploração, por pessoa física ou jurídica, de qualquer atividade com fins lucrativos.

Sob a perspectiva da teoria econômica, **empresa** significa unidade econômica que produz bens e serviços de uma nação. Mendes[38] considera que essas unidades econômicas devem comprar ou alugar os recursos econômicos para seu processo produtivo, e que essas unidades podem ser constituídas por proprietários individuais, corporações, cooperativas ou por sociedades. Completando, os objetivos das organizações, segundo Penrose,[39] é tão somente maximizar os lucros, pois esta é a forma eficiente de conduzir os negócios, ou seja, a maximização dos lucros é a diferença entre receitas e despesas, o que gera uma situação de eficiência para todos os envolvidos no processo.

Pode-se acrescentar que os mercados são flexíveis, competitivos e que o aumento dos lucros ou salários, por exemplo, pode acarretar a elevação de custos e a perda de mercado parcial ou total para os concorrentes. Tem-se ainda que os preços sejam determinados pelo mercado; assim, as possibilidades de maximização dos lucros estão condicionadas à redução de custos, resultando da eficiência na produção, como mão de obra especializada, incorporação de tecnologia e outros fatores de custo sujeitos à ação do empresário. Portanto, os lucros são extremamente necessários para que a ação empresarial mantenha-se motivada.

---

[37] CHANLAT, J. F. et al. *O indivíduo na organização*: dimensões esquecidas. São Paulo: Atlas, 1996.

[38] MENDES, J. T. G. *Economia*: fundamentos e aplicações. São Paulo: Prentice Hall, 2004.

[39] PENROSE, E. *The theory of the growth of the firm*. 3. ed. Oxford: Oxford University, 1995.

Considerando que existem as interdependências, as inter-relações, os valores, as abordagens individuais, os interesses e as concepções individuais e coletivas, por meio da empresa são comercializados produtos ou serviços com os quais o consumidor é atendido pela troca da satisfação das suas necessidades. Porém, cabe salientar que existem na empresa indivíduos considerados empreendedores, que garantem o abastecimento das necessidades da sociedade por meio de determinadas características, fazendo que haja o equilíbrio em garantir o atendimento do demandante.

Drucker[40] traz uma interpretação administrativa de empresa de acordo com a prática: "[...] empresa é criada e administrada por pessoas e não por forças. As forças econômicas fixam os limites de ação administrativa. Criam oportunidades para a administração agir". Também comenta que a preocupação de qualquer empresa não é apenas maximizar o lucro, mas, sim, cobrir os riscos da atividade econômica e evitar prejuízos. Para o autor, a empresa cria o consumidor e, para supri-lo, oferece o que ele quer e precisa. Assim, a sociedade confia os recursos produtores de riquezas às empresas. O autor esclarece que a empresa pode ter duas finalidades, marketing e inovação, e que, assim, produzem resultados cujo restante compõe os "custos".

A partir dessas definições é possível entender que empresa é uma organização de atividade econômica. De forma bastante genérica, uma empresa é uma pessoa ou um grupo de pessoas que busca atingir um mesmo objetivo, com a utilização de recursos materiais, humanos e financeiros. Determina que, dependendo do seu crescimento, há maiores complexidades tratadas por departamentalização, objetivando a organização das funções e obrigações de indivíduos para o completo funcionamento.

É importante destacar que o enquadramento de uma empresa se faz necessário, já que existem tributos federais, estaduais e municipais, incentivos e outras contribuições, e que os mesmos são decorrentes do porte da empresa. Em todo o mundo, empresas ainda podem ser classificadas em função de aspectos quantitativos: empregados, faturamento, patrimônio e capital; elementos usados isoladamente ou em conjunto. Bernardi[41] cita que, quanto à dimensão, não existe um único critério para classificação da pequena, média ou grande empresa; existe profusão e variedade de critérios, sendo eles quantitativos, qualitativos e mistos, conforme segue:

a. Critérios quantitativos

- ativo fixo: dimensionamento físico da empresa;
- faturamento: dimensionamento do movimento operacional e participação de mercado;
- capital: dimensionamento do capital próprio empregado;
- número de funcionários: número de pessoas envolvidas no processo;

---

[40] DRUCKER, P. *Administração, tarefas, responsabilidades, práticas*. Trad. de Carlos Afonso Malferrari e outros. São Paulo: Pioneira, 1975.

[41] BERNARDI, L. A. *Manual de empreendedorismo e gestão*: fundamentos, estratégias e dinâmicas. São Paulo: Atlas, 2003.

- patrimônio líquido: valor residual próprio empregado na atividade;
- quantidade de centros de lucro: complexidade e extensão do negócio;
- valor empregado: vendas menos o custo dos materiais (para indústria).

b. Critérios qualitativos
- grau de envolvimento e conhecimento do proprietário;
- grau de profissionalização;
- complexidade de linhas de processos;
- volume de transações e escala;
- relacionamento direto e próximo do proprietário;
- poder de barganha;
- número de níveis hierárquicos.

c. Critérios mistos
- relação entre investimentos e mão de obra;
- grau de dependência de tecnologia externa;
- suporte e apoio a cidades médias;
- complemento a atividades mais complexas.[42]

Explicando melhor, os critérios quantitativos são estáticos por serem definidos por valores de referência. Neles vigoram as quantidades, como o caso do salário mínimo ou indexadores, sendo os demais numéricos. Já os qualitativos dependem de normas, avaliações individuais e grau de complexidade. E, por fim, os critérios mistos são usados de acordo com o enfoque desejado.

Segundo Bernardi,[43] os critérios quantitativos são usados pelo governo, pelos bancos oficiais, instituições governamentais e setores privados de crédito – elementos constitutivos para o processo de inovação na pequena empresa. A intensificação da integração dos mercados foi marcada pela globalização, abertura de mercados e vários outros fatores que desafiam as empresas na busca por manterem-se competitivas no mercado sempre em desenvolvimento.[44]

Cada vez mais, torna-se fundamental o envolvimento de parcerias, como as associações e entidades de classe e as universidades, entre outras, que, quase de imediato, possam solucionar problemas enfrentados de forma global pelas empresas, sejam elas incipientes ou já existentes. O fator resultante disso é a inovação e com atores de grande importância, que devem trabalhar em conjunto para fazer que o conhecimento

---

[42] BERNARDI, 2003, p. 83.

[43] BERNARDI, 2003.

[44] CORDER, S. M. *Financiamentos e incentivos ao sistema de ciência, tecnologia e inovação no Brasil*: quadro atual e perspectivas. 2004, 246 p. Tese (Doutorado). Instituto de Geociências. Universidade Estadual de Campinas. Campinas: Unicamp, 2004.

aconteça na forma de políticas viáveis e estabelecidas, e que atendam as demandas necessárias à sustentabilidade e ao desenvolvimento do país.

E para completar, os agentes financeiros e *ventures capitalists,* além dos agentes financeiros tradicionais, aparecem no cenário com a capacidade de influenciar a operacionalização de empreendimentos. Nesse contexto, é imperativo às pequenas empresas serem mais flexíveis, o que ocasiona maior atenção nos ativos intangíveis, no conhecimento, na capacitação em termos de produção, no uso de conhecimento de ferramentas e técnicas de melhoria, na gestão de qualidade que traga eficiência e eficácia às atividades empresariais.[45]

As pequenas empresas, para não terem prejuízo e ainda assim se manterem competitivas e eficientes, vêm se estabelecendo por meio de organização de empresas conceituadas como arranjos produtivos locais, ou seja, essas aglomerações, conforme suas características, têm em comum grande importância nos aspectos locais para seu melhor desenvolvimento.

Isso propicia a inovação nas empresas em razão da geração e troca de conhecimentos, da sinergia existente entre clientes, fornecedores, concorrentes, centros de pesquisas e universidades, entre outros, no mesmo sistema, compreendendo, portanto, maiores chances de criação de valor com base em inovações voltadas ao fortalecimento das atividades produtivas.

Do mesmo modo agem as incubadoras de empresas destinadas aos pequenos empreendedores. Elas facilitam o acesso às novas tecnologias e estruturas e garantem maior chance de sobrevivência no mercado por meio de apoio técnico. Esses pequenos empreendedores aprendem a desenvolver seus negócios e dar competitividade aos produtos ou serviços que desenvolvem.

Segundo Dornelas,[46] esse ambiente pode ser definido como um ambiente encorajador ao novo empreendedor, pois são oferecidas facilidades para o seu surgimento. De outra forma, o Serviço Brasileiro de Apoio às Micro e Pequenas Empresas (Sebrae) e outras entidades – como o Serviço Nacional de Aprendizagem Industrial (Senai) e Serviço Social do Comércio (Sesc) – fomentam o acesso ao conhecimento e vêm desenvolvendo ações direcionadas às pequenas empresas, fazendo que adquiram maior capacidade para inovar e para ser competitivas por meio de cursos, participações em feiras nacionais e internacionais, palestras e outros elementos fundamentais para que essas empresas superem a complexidade e a incerteza ditadas por um contexto caracterizado por várias mudanças.

Consideramos que o envolvimento e a cooperação entre as universidades e o setor produtivo são cada vez mais necessários na sociedade com base no conhecimento. Em

---

[45] REIS, A. P. dos. *A dinâmica da aprendizagem em arranjos produtivos locais*: um estudo das redes de conhecimento das pequenas e médias empresas de *software* na construção de suas capacitações. 2008, 258 p. Tese (Doutorado). Escola Politécnica da Universidade de São Paulo, Departamento de Engenharia de Produção, Universidade de São Paulo (USP), São Paulo, 2008.

[46] DORNELAS, 2001.

todo o mundo, inclusive no Brasil, a universidade está em um bom momento para assumir papel importante diante da nova realidade econômica, em que as empresas de conhecimento se transformam em fonte principal de motivação do desenvolvimento econômico. Nesse sentido, a principal contribuição dos centros ou programas está na disseminação ampla da cultura que aproxima empresa e sociedade e oferece melhores condições no que tange às informações e novos conhecimentos frente aos desafios no cenário empresarial.

2.5 Empresas de pequeno porte

Como já mencionado, as empresas de pequeno porte são de grande importância para o país, pois são responsáveis por grande parte dos empregos, da geração de renda e da produção industrial, e sobretudo contribuem para o fortalecimento industrial. São responsáveis por distintos tipos de inovação: produtos, processos, componentes ou acessórios. No Brasil, o critério mais usual para a definição de pequena empresa é adotado pelo Instituto Brasileiro de Geografia e Estatística (IBGE), ou seja, empresas que possuem 20 pessoas ocupadas.[47]

Apesar da importância desse segmento, os estudos nessa área ainda são escassos, uma vez que as pequenas empresas enfrentam dificuldades por não contarem com recursos financeiros. Para Gonçalves e Koprowski,[48] as pequenas empresas não ocupam posição de domínio ou monopólio, porém se destacam por ser dirigidas por seus próprios donos que assumem o risco do negócio.

Além disso, a importância do empreendedorismo se dá por seu papel na sociedade, por meio das oportunidades que oferece, contribuindo para a expansão da economia e para a atividade empreendedora que se mostra vinculada ao crescimento. Pesquisas apontam que o número de micro e pequenas empresas pode chegar a uma empresa para cada 24 habitantes (1x24). Dentre as justificativas para esse cenário tem-se o aumento da escolaridade, a renda, a faixa etária, o acesso à internet e o aumento da participação das mulheres no empreendedorismo, entre outras oportunidades geradas pelo próprio empreendedor – o que nos leva à comparação com os países europeus.[49]

O empreendedorismo, em si, não se dá sem que exista uma organização e pessoas atuantes nela. O sucesso depende das pessoas participativas que, por meio da aplicação de seus conhecimentos, competências e talentos, provocam, mobilizam e processam com os recursos ou estruturas existentes, produzindo resultados que necessitam ser bem conduzidos para atender aos desafios e, assim, garantir crescimento e prosperidade.

---

[47] RESNIK, P. *A bíblia da pequena empresa*: como iniciar com segurança sua pequena empresa e ser muito bem-sucedido. São Paulo: McGraw Hill, 1990.

[48] GONÇALVES, A.; KOPROWSKI, S. O. *Pequena empresa no Brasil*. São Paulo: Edusp, 1995.

[49] SERVIÇO BRASILEIRO DE APOIO ÀS MICRO E PEQUENAS EMPRESAS (SEBRAE). *Passo a passo para adquirir uma franquia*. Disponível em: <http://www.sebrae.com.br/sites/PortalSebrae/ufs/mg/artigos/passo-a-passo-para-adquirir-uma-franquia,d23ed5b3e3add410VgnVCM1000003b74010aRCRD>. Acesso em: 9 jan. 2018.

Compreendemos que o empreendedorismo está além de uma solução para o desemprego ou das ações dos governos. Segundo Schumpeter,[50] a busca por ações empreendedoras pode desencadear o desenvolvimento econômico que tem o empreendedor como o motor da economia, sendo que tudo isso pode provocar mudanças pela inovação, favorecendo o crescimento econômico.

Muito importante é a posição do Brasil, que ocupa a sétima posição entre 30 países analisados com a maior taxa de empreendedorismo. Pelas pesquisas do Global Entrepreneurship Monitor (GEM), o Brasil tem ostentado altas taxas de atividade empreendedora, o que o mantém entre os países que possuem mais empreendedores no universo pesquisado. Vale ressaltar que as pesquisas elaboradas nesses países se ajustam à situação brasileira, na qual se destacam o ensino e a participação da mulher na economia.[51]

O GEM endossa que países onde as políticas são mais efetivas, como os Estados Unidos, para cada 12 pessoas é criada uma empresa, e que as perspectivas de crescimento econômico são maiores do que em países como a Finlândia, que é de 67 pessoas para cada 10 empresas. Segundo essa instituição, as pesquisas evidenciaram que para que ocorra a atividade empreendedora em um país, faz-se necessária a existência de um conjunto de valores sociais e culturais que encoraje e motive a criação de novos negócios.

2.6 Fontes de capital

Produzir um novo produto está condicionado à necessidade de capital. No caso de uma grande indústria, o desenvolvimento de um novo produto pode ser financiado com recursos próprios, porém, no caso das pequenas empresas iniciantes, elas necessitam recursos externos.[52]

Para melhor compreensão, Albergoni explica que a função do sistema financeiro é atender aos deficitários, canalizar os recursos de quem tem para quem precisa. Desse modo, seriam beneficiadas as empresas de menor porte, que ainda não são favorecidas por um fluxo de caixa positivo e que tampouco têm garantias. Como exemplo, é possível citar a atuação do Banco Nacional de Desenvolvimento Econômico e Social (BNDES) em fundos de risco e no apoio a projetos nos setores industrial, de infraestrutura, agropecuária, comércio e serviços; isso por meio de programas e incentivos que atendam a essa demanda. A Financiadora de Estudos e Projetos (Finep), por sua vez, é a agência do

---

[50] SCHUMPETER, 1982.

[51] CRUZ, R. O empreendedor no processo de inovação de pequenas empresas de *software* do Rio Grande do Sul. In: Encontro de Estudos sobre Empreendedorismo e Gestão de Pequenas Empresas (EGEPE), 3, 2003. Brasília. *Anais*. UEM/UEL/UMB, 2003. p. 496-508.

[52] ALBERGONI, L. *A trajetória recente da industrialização do venture capital no Brasil*: implicações para o futuro. 2006, 118 p. Dissertação (Mestrado). Universidade Estadual de Campinas, Instituto de Geociências. Campinas: UNICAMP, 2006.

governo especializada no financiamento às atividades de Pesquisa e Desenvolvimento (P&D), e conta com recursos do governo federal e outras fontes financeiras.[53]

Dentre as diversas fontes às quais as empresas têm acesso para financiamento podemos citar lucros acumulados, empréstimos bancários, doações/prêmios, adiantamento a clientes e crédito de fornecedores. Todavia, o capital de risco (*venture capitalists*) se apresenta como uma alternativa de financiamento às empresas de porte menor, pois, atualmente, há diversos fundos de capital de natureza privada sendo incentivados pelo programa Inovar com a participação da Finep.[54]

Ressalta-se que o capital de risco é adequado às empresas que estão iniciando suas atividades, especialmente aquelas orientadas em atividades de alta tecnologia e que têm pouco acesso aos recursos tradicionais de financiamento, segundo o Sebrae.[55]

2.6.1 Capital de risco

São chamados de *capitalistas de risco* os investidores que financiam empresas iniciantes e de alto potencial de crescimento, visando a ganhos de capital em médio e longo prazos.[56] Apesar de existirem vários programas e incentivos para atender a pequena empresa, Corder[57] destaca em sua pesquisa que os mecanismos de crédito existentes no Brasil são restritos e precisam ser ampliados, e que a parceria entre Finep, Sebrae e BNDES pode elevar, de certa forma, a participação nesses fundos de investimentos. Salienta-se que muitos capitalistas não se limitam a fornecer os recursos financeiros, mas participam da gestão do negócio.

2.6.2 Fundos de investimento

Muito se tem discutido sobre os fundos de investimento que se baseiam na concentração de recursos financeiros captados por pessoas físicas ou pessoas jurídicas, cujo destino monetário se dá de acordo com os regulamentos e as políticas de investimento do fundo. Figlioli[58] observou que ainda é incipiente no Brasil tal política e que as entidades governamentais estão fomentando a expansão desses fundos, pois eles tratam do crescimento e desenvolvimento das empresas, principalmente das inovadoras.

---

[53] CORDER, 2004.

[54] CORDER, 2004.

[55] SEBRAE, 2001.

[56] CORDER, 2004; SEBRAE, 2001; GORGULHO, L. F. *O capital de risco como alternativa de financiamento às pequenas e médias empresas de base tecnológica*: o caso do Contec/BNDES. Dissertação (Mestrado). Universidade Federal do Rio de Janeiro. Rio de Janeiro: UFRJ, 1996.

[57] CORDER, 2004.

[58] FIGLIOLI, A. *Perspectivas de financiamento de parques tecnológicos*: um estudo comparativo. Dissertação (Mestrado). Faculdade de Economia Administração e Contabilidade de Ribeirão Preto/USP. 2007.

Considerações finais

Pode-se afirmar que a inovação é parte do processo empreendedor da organização e que o grau de empreendedorismo acaba impactando no grau de inovação, pois a empresa, para obter resultados, depende de seus funcionários empreendedores e inovadores. A inovação tecnológica tem uma trajetória que precisa ser compreendida para ajudar a criação de valores para os consumidores e clientes da empresa.

A inovação sugere alguns aspectos importantes como a administração empreendedora, que considera os seguintes princípios básicos para o espírito inovador: não programar a inovação, a menos que seja necessário; deve haver um responsável, mas todos devem verificar sua necessidade; administrar a crise em pequenas doses; a única maneira de inovar é sempre tentar algo; estimular a inovação não é suficiente, é preciso ter liberdade para agir, libertar o gênio criativo do trabalhador; focalizar a inovação na competitividade; por último, entender que só quem manda pode livrar a empresa da burocracia.

Relacionam-se, também, três caminhos para a inovação:

- **primeiro**: os funcionários se tornarem proprietários ou acionistas da empresa.
- **segundo**: os funcionários poderem possuir um pedaço da empresa – *intrapreneurs*.
- **terceiro**: os funcionários serem donos do próprio trabalho que realizam. A simples participação nos lucros também seria um caminho.

Questões

1. A inovação desencadeia uma série de estímulos. Quais?
2. Suponha que você iniciou um novo negócio e que o considera inovador. É importante buscar parcerias nesse momento? Explique.
3. Qual a dificuldade no levantamento de capital para um novo negócio? O que o torna complicado?
4. O que pode ser feito para que o novo negócio seja atraente para os investidores?
5. O economista Schumpeter, em sua teoria, conceitua a inovação como elemento-chave dos ciclos econômicos.[59] Por quê?

---

[59] SCHUMPETER, 1982.

Dicas dos consultores

1. Se a sua empresa se encontra em um arranjo produtivo local, polo industrial, associativismo ou incubadora, procure se integrar mais com seus pares e a governança corporativa (se houver).

2. Comparecer a reuniões importantes, pois sempre há troca de experiências. Você só terá a lucrar com isso. Quando não puder comparecer, envie sempre alguém de confiança para representá-lo e trazer as informações à empresa. É possível que uma oportunidade surja de um encontro, principalmente da obtenção de informações sobre a demanda de algum produto ou serviço em um determinado mercado.

3. Se sua empresa não se enquadra em nenhuma das situações acima, mesmo assim, procure se informar em locais com riqueza de informações. As universidades e centros de pesquisa são fontes inesgotáveis de informações e conhecimentos atualizados, pois elas são as primeiras instituições a ter acesso às novas descobertas dos países mais desenvolvidos, principalmente se participarem de pesquisas.

4. Associações comerciais e indústrias são outras fontes de informação que não devem ser desprezadas. Não seja aquele associado que só reclama da taxa que tem que pagar para a associação de classe.

5. Se tiver uma indústria, buscar sempre as informações sobre o que é possível produzir, como melhorar a qualidade dos produtos, reduzir custos e alcançar benefícios agregados.

6. Lembrar-se de que inovação não diz respeito só a produtos, mas também a processo produtivo, na dinâmica da organização, no relacionamento entre as pessoas, na condução das atividades de cada um, principalmente quando se busca a melhoria contínua do sistema. O *kaizen*, técnica japonesa, consiste na melhoria contínua, desde melhora em equipamentos e sistema produtivo até do ambiente nos escritórios da empresa.

7. Buscar sempre o auxílio do pessoal de sistema de informação para que, ao construir os programas, eles contemplem a questão da inovação, permitindo a evolução da empresa nesse quesito tão importante.

Referências

ABRAMOWITZ, M.; STEGUN, I. *Handbook of mathematical functions*: with formulas, graphs, and mathematical tables. 9th revised edition. New York: Dover Publications, 1970.

ALBERGONI, L. *A trajetória recente da industrialização do venture capital no Brasil*: implicações para o futuro. 2006, 118 p. Dissertação (Mestrado). Universidade Estadual de Campinas, Instituto de Geociências. Campinas: Unicamp, 2006.

BERNARDI, L. A. *Manual de empreendedorismo e gestão*: fundamentos, estratégias e dinâmicas. São Paulo: Atlas, 2003.

CAPITAL DE RISCO. *Venture Capital*: definição e caracterização. Disponível em: <http. capitalderisco.gov.br/ven/venturecapitaldefini>. Acesso em: 18 jul. 2008.

CHANLAT, J. F. et al. *O indivíduo na organização*: dimensões esquecidas. São Paulo: Atlas, 1996.

CHRISTENSEN, C. M. *O dilema da inovação*: quando novas tecnologias levam empresas ao fracasso. Trad. Edna Emi Onoe Veiga. São Paulo: Makron Books, 2001.

CORDER, S. M. *Financiamentos e incentivos ao sistema de ciência, tecnologia e inovação no Brasil*: quadro atual e perspectivas. 2004, 246 p. Tese (Doutorado). Instituto de Geociências. Universidade Estadual de Campinas. Campinas: Unicamp, 2004.

CRUZ, H. N. Observações sobre a mudança tecnológica em Schumpeter. *Estudos Econômicos*, São Paulo: USP, v. 18, n. 3, p. 433-448, set./dez. 1988.

CRUZ, R. O empreendedor no processo de inovação de pequenas empresas de *software* do Rio Grande do Sul. In: Encontro de Estudos sobre Empreendedorismo e Gestão de Pequenas Empresas (EGEPE), 3, 2003. Brasília. *Anais*. UEM/UEL/UMB, 2003.

DEWES, Mariana de Freitas et al. *Características de firmas de software de jogos eletrônicos*. EnAmpad, Curitiba, 2004. (artigo)

DORNELAS, J. C. A. *Empreendedorismo*: transformando ideias em negócios. Rio de Janeiro: Campus, 2001.

DOSI, G. Technological paradigms and technological trajectories: a suggested interpretation of the determinants and directions of technical change. *Research policy*, Amsterdam, v. 11, 1982. p. 147-162.

____. *Technical change and industrial transformation*. New York: St. Martin's Press, 1984.

DRUCKER, P. *Administração, tarefas, responsabilidades, práticas*. Trad. de Carlos Afonso Malferrari e outros. São Paulo: Pioneira, 1975.

EDQUIST, C. (Org.) *Systems of innovation technologies, institutions and organizations*. New York: Pinter, 1997. p. 1-107.

FIGLIOLI, A. *Perspectivas de financiamento de parques tecnológicos*: um estudo comparativo. Dissertação (Mestrado). Faculdade de Economia Administração e Contabilidade de Ribeirão Preto/USP, 2007.

FILION, Louis Jacques. Empreendedorismo: empreendedores e proprietários-gerentes de pequenos negócios. *Revista de Administração*, São Paulo, v. 34, n. 2, p. 5-28, abr./jun. 1999.

FOSTER, R. N.; KAPLAN, S. *Destruição criativa*: por que as empresas feitas para durar não são bem-sucedidas. Trad. de Adriana Rieche. Rio de Janeiro: Campus, 2002.

GONÇALVES, A.; KOPROWSKI, S. O. *Pequena empresa no Brasil*. São Paulo: Edusp, 1995.

GORGULHO, L. F. *O capital de risco como alternativa de financiamento às pequenas e médias empresas de base tecnológica*: o caso do Contec/BNDES. Dissertação (Mestrado). Universidade Federal do Rio de Janeiro. Rio de Janeiro: UFRJ, 1996.

MCGREGOR, D. *O lado humano da empresa*. Trad. Margarida M. C. Oliva. São Paulo: Martins Fontes, 1980.

MENDES, J. T. G. *Economia*: fundamentos e aplicações. São Paulo: Prentice Hall, 2004.

MORGAN, G. *Imagens da organização*. Trad. Geni G. Goldschmidt. São Paulo: Atlas, 2000.

MOWERY, D., ROSENBERG, N. The influence of market demand upon innovation: a critical review of some recent empirical studies. In: ROSENBERG, N. (Org.). *Inside the black-box*: technology and economics. Cambridge: Cambridge University Press, 1982.

NELSON, R.; WINTER, S. *An evolutionary theory of economic change*. Cambridge: Harvard University Press, 1982.

NELSON, R. R. *As fontes do crescimento econômico*. Campinas: Editora Unicamp, 2006.

OLIVEIRA, M. A. (Org.). *Valeu!* Passos na trajetória de um empreendedor. São Paulo: Nobel, 1995.

ORGANIZAÇÃO PARA COOPERAÇÃO DO DESENVOLVIMENTO ECONÔMICO (OCDE). *Manual de Oslo*. 3. ed. Trad. Flavia Gouveia. OCDE, 2005.

PENROSE, E. *The theory of the growth of the firm*. 3. ed. Oxford: Oxford University, 1995.

REIS, A. P. dos. *A dinâmica da aprendizagem em arranjos produtivos locais*: um estudo das redes de conhecimento das pequenas e médias empresas de *software* na construção de suas capacitações. 2008, 258 p. Tese (Doutorado). Escola Politécnica da Universidade de São Paulo. Departamento de Engenharia de Produção. Universidade de São Paulo, 2008.

RESNIK, P. *A bíblia da pequena empresa*: como iniciar com segurança sua pequena empresa e ser muito bem-sucedido. São Paulo: McGraw Hill, 1990.

ROSEMBERG, N. *Inside the black-box*: technology and economics. Cambridge University Press, 1982.

SACHS, I. *Inclusão social pelo trabalho*: desenvolvimento humano, trabalho decente e o futuro dos empreendedores de pequeno porte. Rio de Janeiro: Garamond; Sebrae Nacional, 2003.

SAY, J. B. A treatise on political economy: or, the production, distribution and consumption of wealth. New York: Kelley, 1964. Apud DRUCKER, P. *Inovação e espírito empreendedor*. São Paulo: Pioneira Thomson, 2002.

SCHUMPETER, J. A. *A teoria do desenvolvimento econômico*: uma investigação sobre lucros, capital, crédito, juro e o ciclo econômico. 3. ed. São Paulo: Nova Cultural, 1982.

___. *Capitalismo, socialismo e democracia*. Trad. Sergio Góes de Paula. Rio de Janeiro: Zahar, 1984.

SERVIÇO BRASILEIRO DE APOIO ÀS MICRO E PEQUENAS EMPRESAS (SEBRAE) *MPEs de base tecnológica*: conceituação, formas de financiamento e análise de casos brasileiros. Relatório de pesquisa SEBRAE-IPT. São Paulo, 2001.

___. *Passo a passo para adquirir uma franquia*. Disponível em: <http://www.sebrae.com.br/sites/PortalSebrae/ufs/mg/artigos/passo-a-passo-para-adquirir-uma-franquia,d23ed5b3e3add410VgnVCM1000003b74010aRCRD>. Acesso em: 9 jan. 2018.

SOLOMON, S. *A grande importância da pequena empresa*. A pequena empresa nos Estados Unidos, no Brasil e no Mundo. Rio de Janeiro: Nórdica, 1986.

SOLOW, R. M. El cambio técnico y la función de producción agregada. In: ROSENBERG, N., (Org.) *Economía del cambio tecnológico*. México: Fondo de Cultura Económica, 1979. p. 319-336.

Trabalho em equipe

Desde a infância, Salim aprendeu a fazer tudo em equipe. Na agência do banco do bairro do Ipiranga, foi trabalhar com o Walter e o Luiz Carlos. Formavam um trio muito coeso. Quando um não podia trabalhar, o outro fazia o serviço. Salim estava contente pelo trabalho ser no "sistema de tarefa", o que lhe permitia sair mais cedo para poder estudar. Quando "dava diferença" nas atividades que as três desempenhavam, não demoravam a localizá-la.

Porém, em uma ocasião, deu uma diferença que, por mais que procurassem, não conseguiam localizá-la. Já haviam passado por cima da bendita umas cinco vezes. Lá pelas tantas (já eram dezessete horas) sentaram-se e parece que houve uma transmissão de pensamento. Ou de loucura. Começaram a se entreolhar e caíram na gargalhada. Deu um acesso de riso e eles permaneceram rindo durante uns vinte minutos.

Naquele momento, Salim sentiu que, se continuasse naquele ritmo, estaria a um passo de ser internado. Luiz Carlos comentou que já estava naquele serviço há uns cinco anos; o cabelão que tinha, seu olhar assustado e suas olheiras profundas já tinham garantido uns dois anos de licença-saúde pelo departamento médico da agência Centro. Salim perguntou ao colega como ele conseguia ficar tanto tempo de licença. A ideia de livrar-se daquela rotina o perseguia.

— Salim, quando quero uma licença, fico uma noite sem dormir (dormindo normalmente suas olheiras já eram enormes), deixo o cabelão caído no rosto e vou direto ao psiquiatra do banco. No mínimo, consigo noventa dias.

Salim guardou bem as palavras. Marcou uma consulta com o psiquiatra. Chegou nervoso e tremendo. Contou uma história de doido. O psiquiatra não entrou na conversa dele. Prescreveu-lhe uma enorme receita.

Daí uns quinze dias, ele voltou para uma consulta de retorno. O médico mudou os remédios. Salim desistiu da ideia. Olhou no espelho. Não servia para ser ator nem de festinha infantil.

Salim teve que se conformar com a situação de bancário até que a aposentadoria chegasse. Fez as contas. Na época só faltavam... trinta anos de serviço.

3

QUALIDADE TOTAL AO ALCANCE DAS PEQUENAS EMPRESAS

Edgard Monforte Merlo
José Ricardo Scareli Carrijo
Silvio Mandarano Scarsiotta

*"O êxito da vida não se mede pelo
caminho que você conquistou, mas pelas
dificuldades que superou no caminho."*
ABRAHAM LINCOLN

Objetivos do capítulo

Apresentar uma visão da evolução histórica do conceito de qualidade. Visualizar as principais ferramentas de qualidade utilizadas em cada uma das abordagens. Demonstrar a importância da utilização dos conceitos de qualidade e produtividade para ampliar a competitividade e possibilitar a sobrevivência das organizações em um mercado globalizado e altamente competitivo.

As ferramentas da qualidade são técnicas utilizadas para mensurar, definir, analisar e propor soluções para os problemas que interferem no bom desempenho dos processos de trabalho. Elas permitem maior controle dos processos ou melhorias na tomada de decisões.

Rompendo as barreiras

Uma empresa de pequeno porte da indústria têxtil, mais especificamente de *lingeries*, passou por um processo de implantação de controle e gestão de qualidade. Durante as visitas, os consultores procuraram conhecer o processo produtivo da empresa: conversaram com os funcionários, visitaram as dependências da indústria, analisaram o processo de produção e verificaram alguns fatos interessantes que serão úteis agora, em nossa análise. Dentre os problemas levantados, podemos citar:

- tecidos sujos e rasgados aparecem durante o processo de dublagem, gerando retrabalho e interrupções do processo;
- os produtos defeituosos retirados durante e após o processo produtivo são apenas contabilizados, não sendo especificados os defeitos dos produtos retirados;
- o número de produtos defeituosos retirados e apresentados pelos revisores não é conferido;
- os moldadores não possuem conhecimento sobre o critério utilizado pelos revisores para retirar produtos defeituosos, o que muitas vezes resulta em desentendimento entre eles (revisores e moldadores), já que o moldador visa somente produzir altas quantidades, negligenciando a qualidade do produto;
- não há uma padronização de defeitos aceitáveis ou não pelo cliente, sendo as instruções referentes a esse critério apenas verbalizadas pelos responsáveis pela qualidade aos revisores da empresa;
- os setores não se mantêm limpos e organizados, o que aumenta o número de peças retiradas por sujeira e amassadas, por exemplo.[1]

Esses problemas despertaram a atenção da diretoria, que começou a elaborar estratégias e ações para saná-los.

O diretor de uma empresa precisa tomar decisões em relação à satisfação de seus clientes e garantir a repetição e a expansão dos negócios. Para antecipar-se à concorrência e permanecer no mercado, é preciso reduzir desperdícios e custos para manter

---

[1] ARAÚJO, L. M. et al. Implantação de um sistema de controle de qualidade em uma empresa de pequeno porte da indústria têxtil. In: XXXV Encontro Nacional de Engenharia de Produção. Fortaleza, 13 a 16 de out. de 2015. *Anais...* Fortaleza, 2015. Disponível em: <http://www.abepro.org.br/biblioteca/TN_STP_207_228_28525.pdf>. Acesso em: jul. 2017.

preços competitivos. Aumentar a produtividade, manter, e, se possível, ampliar as margens de lucros também é salutar.

No caso dessa empresa, a partir dos problemas encontrados foi possível elaborar propostas de melhoria para compor um novo sistema de controle e gestão da qualidade.

Dedique alguns minutos para conhecer os conceitos apresentados neste capítulo e entender como é possível responder a esses desafios.

Com conhecimento adquirido, dedique-se à ação!

Perigo à vista!

O programa de qualidade total só atingirá plenamente os resultados almejados se... quando implementado, for acompanhado de medidas que incrementem a capacidade gerencial das empresas. Qualidade não é o objetivo e sim o resultado de um trabalho gerencial competente, participativo e proativo.

Considerações iniciais

O segmento das micro e pequenas empresas tem características próprias que lhe conferem agilidade, versatilidade, flexibilidade e grande capacidade de adaptação às mudanças do mundo contemporâneo. Entretanto, na arena global competitiva, esse segmento também enfrenta inúmeras dificuldades relacionadas aos ganhos de escala das megacorporações e seu consequente poder de barganha com os fornecedores.

Em função desse cenário de hipercompetição, resta às pequenas e microempresas aprimorarem os seus métodos de gestão, baseando-se em modelos de excelência desenhados para as grandes empresas e fazendo as adaptações necessárias para a sua implementação nos pequenos negócios. Para tanto, a utilização de programas de qualidade total adaptados representa para o pequeno e médio empresário a possibilidade de se manter competitivo e capaz de sobreviver em tempos tão turbulentos.

É necessário contextualizar a evolução do conceito de qualidade e suas diversas aplicações ao longo da história da humanidade e utilizar as ferramentas necessárias para estruturar, dentro de sua realidade de cultura organizacional, ações práticas e efetivas para criar um ambiente de melhoria contínua e busca permanente de excelência nas operações.

3.1   A evolução do conceito de qualidade

Faz-se necessária uma breve retrospectiva de conceitos elaborados por alguns autores clássicos e muito mencionados quando se trata de discutir qualidade. Dentro de uma concepção simples e objetiva, **qualidade** "significa adequação ao uso."[2]

Um produto ou serviço de qualidade é aquele que atende perfeitamente de forma confiável, acessível, segura e no tempo certo as necessidades do cliente.[3] Um produto de qualidade é aquele que no mercado apresenta o desempenho esperado a um preço aceitável[4] e, internamente, mostra um nível de conformidade adequado para a empresa a um custo aceitável. A preocupação com a qualidade, entretanto, não é algo contemporâneo, ela remonta aos primórdios das civilizações.

De acordo com Rodrigues,[5] sempre é importante lembrar que o sucesso de uma organização está relacionado diretamente aos resultados ou à rentabilidade. Para atingir esse objetivo, temos dois caminhos: reduzir custos ou agregar valores.

3.2   Retrospectiva da qualidade

3.2.1   A qualidade desde as origens da humanidade

Utilizando-se da agricultura para a sobrevivência, o homem, desde o início da civilização, preocupava-se com a qualidade dos alimentos que extraía da natureza. De acordo com Algarte e Quintanilha,[6] pesquisas científicas desenvolvidas por estudiosos franceses identificaram que há mais de 2,3 milhões de anos – anterior, portanto, ao grupo Homos –, no Quênia, já existia uma fábrica de ferramentas de pedras. Lascas afiadas eram retiradas de pedras e serviam para cortar carne e retirar polpa de plantas. Algumas características de artefatos encontrados em pesquisas e escavações arqueológicas realizadas no Vale Rift sinalizam que as pedras mais macias (as originárias de lavas vulcânicas) eram as preferidas para a fabricação das armas, e os homens as cortavam de forma que, a cada nova lasca, a pedra ficasse lisa, sem nenhuma aresta difícil de ser aparada.

---

[2]   JURAN, J. M. *Na liderança pela qualidade*. São Paulo: Pioneira, 1991. p. 16.

[3]   CAMPOS, V. F. *TQC*: Controle da qualidade total (no estilo japonês). Belo Horizonte: Fundação Christiano Otoni/Escola de Engenharia, 1992. p. 2.

[4]   CARPINETTI, L. C. R. *Gestão da qualidade*: conceitos e técnicas. São Paulo: Atlas, 2010. p. 13.

[5]   RODRIGUES, M. V. C. *Ações para a qualidade*: Geiq, gestão integrada para a qualidade – Padrão seis sigma, classe mundial. Rio de Janeiro: Qualitymark, 2004. p. 11.

[6]   ALGARTE, W.; QUINTANILHA, D. *A história da qualidade e o programa brasileiro de qualidade e produtividade*. Rio de Janeiro: Inmetro/Senai, 2000. p. 13.

Bueno[7] relata que o controle da qualidade moderno teve seu início na década de 1930, nos Estados Unidos, com a aplicação industrial do gráfico de controle criado por Walter A. Shewhart, na empresa de telefonia Bell Telephone Laboratories. Em memorando datado de 16 de maio de 1924, o dr. Shewhart propôs o seu gráfico de controle para análise de dados resultantes de inspeção, fazendo que a importância dada à inspeção, um procedimento baseado na detecção e correção de produtos defeituosos, começasse a ser substituída por uma ênfase no estudo e prevenção dos problemas relacionados à qualidade, de modo a impedir que os produtos com defeitos fossem produzidos.

3.2.2 O surgimento da Revolução Industrial

O aperfeiçoamento da máquina de vapor, em 1763, em Glasgow, na Escócia, provocou uma verdadeira revolução nos métodos de produção de produtos manufaturados. O volume de produção aumentou substancialmente e, com isso, surgiu a necessidade de mudanças na forma de administração das empresas, com a divisão do processo industrial em fases: pesquisa de marketing, concepção, projeto, aquisição, produção e comercialização. De acordo com Paladini,[8] até o período que antecedeu a Revolução Industrial a qualidade era uma atividade de autocontrole realizada pelos artesãos.

Ampliando-se os volumes produzidos aumentou-se também o distanciamento entre o produtor e o consumidor, começando a aparecer problemas com a qualidade dos produtos. Surgiu, então, a figura do supervisor, para controlar as atividades dos operários e garantir a boa qualidade dos produtos.

No início do século 20, o movimento da chamada Administração Científica, liderado por Frederick Taylor, começa a se preocupar com a racionalidade do trabalho e com os métodos que buscavam garantir a produtividade máxima nas tarefas mais simples.

Nesse período, a qualidade era alcançada de outra forma: era um sistema baseado em inspeções, no qual um ou mais atributos do produto eram examinados, medidos ou testados a fim de garantir sua qualidade. O objetivo nessa fase era obter qualidade igual e uniforme em todos os produtos, e a ênfase centrou-se na conformidade. Essa fase prevaleceu por muitos anos, pois não havia ainda uma análise crítica das causas dos problemas ou dos defeitos.[9]

---

[7] BUENO, M. Gestão pela qualidade total: uma estratégia administrativa. Um tributo ao mestre do controle da qualidade total Kaoru Ishikawa. *Revista do Centro de Ensino Superior de Catalão*. CEPPG, 2010.

[8] PALADINI, E. P. *Gestão da qualidade*: teoria e casos. 3.ed. São Paulo: Atlas, 2012. p. 16.

[9] BUENO, 2010.

3.2.3 A Primeira Guerra Mundial e o surgimento da necessidade de inspeção

Com a Primeira Guerra Mundial, iniciada em 1914, houve um aumento acentuado da produção de materiais bélicos e militares, e a qualidade dos produtos passou a ser vista como um aspecto fundamental da segurança devido aos riscos inerentes a esse tipo de processo. Os departamentos de compras dos governos passaram, então, a exigir que seus fornecedores tivessem setores de inspeção desvinculados da produção, de modo que fosse assegurada a liberdade organizacional do controle da qualidade. Todos os produtos eram inspecionados, gerando-se custos adicionais e gargalos de produção.

3.2.4 O crescimento da indústria automobilística

No início do século 20, nos Estados Unidos, Henry Ford percebeu que, se as tarefas de fabricação fossem divididas em pequenas operações especializadas, poderia recrutar mão de obra não qualificada e, com um pequeno treinamento, realizaria a fabricação de automóveis, de maneira eficiente. Ford partiu do princípio de que, com a produção em massa, os preços dos carros seriam reduzidos, de tal maneira que os trabalhadores poderiam comprar seus próprios automóveis. Para se aplicar tal conceito surgiu a necessidade de uma contínua supervisão, além de uma rigorosa inspeção dos produtos intermediários e finais.

O operário se limitava às tarefas básicas, como, o clássico "apertar parafusos", sem ter de se preocupar com a realização de outras atividades paralelas.

Com esse método surgiu a necessidade de contratar muitos trabalhadores indiretos e de inspecionar 100% das peças e componentes, o que exigiu a adoção de técnicas de amostragem estatísticas para a manutenção da qualidade dos produtos.

3.2.5 O surgimento do controle estatístico de processo

Ainda nos Estados Unidos, Walter Shewhart, na empresa Bell System, desenvolveu várias técnicas de controle estatístico da qualidade, sendo a mais importante a **Carta de Controle Estatístico de Processo**.[10] Essas técnicas permitiam que as inspeções se realizassem por amostragem ao invés da inspeção 100%, reduzindo custos com essas atividades. Além disso, com o uso de cartas de controle estatístico, tornou-se possível prever quando um processo de produção sairia de controle e diagnosticar a ocorrência de defeitos aleatórios ou sistemáticos. A "função qualidade" começava a atingir o nível de prevenção de defeitos.

A disseminação dessas técnicas fez surgir um departamento novo na estrutura organizacional das empresas, que atuava de forma independente, com o nome de

---

[10] Controle Estatístico: condição do processo em que as causas especiais foram removidas após ser evidenciada a não ocorrência de pontos fora dos limites de controle e modelos não aleatórios ou tendências dentro desses limites (ALGARTE; QUINTANILHA, 2000, p. 138).

Controle da Qualidade. Os controles estenderam-se para as matérias-primas, a fim de diagnosticar precocemente eventuais problemas de qualidade.

Nos anos 1940, uma mudança na mentalidade dos consumidores – que vinham sofrendo com os efeitos da Grande Depressão Econômica ocorrida nos anos 1930 – criou uma preferência por produtos mais duráveis. A eclosão da Segunda Guerra Mundial reforçou esse comportamento dos consumidores e a qualidade passou a ser um diferencial importantíssimo. A exemplo do que já tinha ocorrido na Primeira Guerra Mundial, o conflito induziu um maior controle sobre a qualidade dos produtos.

Interessante frisar que, entre os especialistas em estatística que participaram da concepção e execução do programa de treinamento, destacava-se William Edwards Deming, especialista em amostragem e seguidor de Shewhart, que seria o responsável, anos mais tarde, por disseminar os primeiros conceitos de qualidade no Japão. Ele inclusive deu nome ao primeiro e mais consagrados Prêmio de Qualidade do mundo, o *Deming Prize*, criado pelo governo japonês em 1951 – quando concedeu a Deming um expressivo reconhecimento por sua grande contribuição para o desenvolvimento dos conceitos de qualidade que ajudaram aquele país a se tornar uma grande potência econômica.

No Japão, nos anos 1950, muitas empresas passaram a adotar os métodos de controle estatístico da qualidade e renomearam seus tradicionais "departamentos de inspeção" para "departamentos de controle de qualidade".

Em julho de 1944, foi lançado o primeiro jornal especializado na área de qualidade, *Industrial Quality Control*, que daria origem mais tarde à revista mundialmente conhecida, *Quality Progress*, editada pela American Society for Quality Control (ASQC). A ASQC foi fundada em 1946 a partir da formação, em outubro de 1945, da Society of Quality Enginers, tornando-se a fonte impulsionadora da disseminação dos conceitos e técnicas da qualidade no Ocidente e no Japão com a União de Cientistas e Engenheiros Japoneses (Juse).[11]

Entre 1950 e 1960, em plena atividade da Escola de Recursos Humanos e com os estudos de Maslow, McGregor e Herzberg sobre a motivação humana, vários trabalhos foram publicados no campo da qualidade. Mais uma ferramenta foi criada: a prevenção. Paralelamente, as técnicas foram além das ferramentas estatísticas, incluindo conceitos, habilidades e técnicas gerenciais.[12]

Os quatro principais movimentos que compõem esse período são a quantificação dos custos da qualidade, o controle total da qualidade, as técnicas de confiabilidade e o programa Zero Defeitos, de P. Crosby.[13]

---

[11] BUENO, 2010.

[12] BUENO, 2010.

[13] BUENO, 2010.

3.2.6 O conceito de qualidade na contemporaneidade

No atual momento, a qualidade começou a ganhar uma importância cada vez maior com o crescimento da chamada sociedade de consumo. Tanto no Ocidente, em especial nos Estados Unidos da América, como no Oriente, em especial no Japão, começaram a surgir estudos, discussões e debates sobre os métodos a serem empregados para garantir a qualidade como um fator de competitividade.

A qualidade, que na China antiga era assegurada pela influência do Estado – que passou a ser controlada integralmente pelos artesãos nas corporações e ser vista sob o aspecto da figura do supervisor –, no modelo taylorista atingiu, no final do século 20, uma nova perspectiva, com a visão preventiva e integrada nos sistemas de produção, especialmente motivada pelo movimento de qualidade desenvolvido no Japão.

Para Martinelli[14] a competitividade presente em todos os tipos de organizações é fundamental para compreender o papel da qualidade como a mais importante arma competitiva de qualquer organização.

No entanto, se de um lado qualidade é hoje uma das palavras-chave mais difundidas na sociedade (ao lado de palavras como ecologia, cidadania etc.) e também nas empresas (ao lado de palavras como produtividade, competitividade, integração etc.), por outro há certa confusão no pleno uso do termo.

A confusão existe devido ao subjetivismo associado à qualidade e também ao uso genérico com que se emprega a palavra para representar coisas bastante distintas. Alguns autores dizem que qualidade está associada a atributos intrínsecos de um bem, como desempenho e durabilidade. Sob essa perspectiva, um produto mais durável teria mais qualidade que um produto equivalente com vida útil menor. Já outros afirmam que qualidade estaria associada à satisfação dos clientes quanto à adequação do bem ao uso; portanto, seria o grau com que o produto atende satisfatoriamente às necessidades do usuário durante o uso.[15]

O entendimento predominante nas últimas décadas, e que certamente representa a tendência futura, é a conceituação de qualidade como satisfação dos clientes, pois essa definição contempla adequação ao uso ao mesmo tempo que abrange conformidade com as especificações do produto.[16]

A Norma ISO 9001:2015 estabelece requisitos de gestão da qualidade com base em um modelo de sistema de gestão, e se consolida como um importante guia para as organizações que querem buscar a excelência em suas operações. Milhares de empresas mundo afora estão certificadas de acordo com essa norma, o que garante uma padronização de procedimentos que permite assegurar boas práticas em todo o processo produtivo.

---

[14] MARTINELLI, F. B. *Gestão da qualidade total*. Curitiba: Ed. Iesde Brasil, 2009.

[15] TOLEDO, J. C., CARPINETTI, L. C. R. *Gestão da qualidade na fábrica do futuro*. Disponível em: <http://www.gepeq.dep.ufscar.br/arquivos/GestaodaQualidadenaFF.pdf>. Acesso em: 13 jul. 2017.

[16] TOLEDO; CARPINETTI, 2006.

3.3 Conceito de prevenção de defeitos

O Programa Zero Defeitos teve origem nos Estados Unidos, em 1961, na construção dos mísseis Pershing, inspirado nos trabalhos de Philip Crosby. Sua abordagem filosófica era fazer certo na primeira vez, pois, dessa forma, evitava-se o retrabalho, os custos perdidos etc. Foi dada ênfase pela primeira vez a aspectos motivacionais que tinham sido estudados por Maslow, Herzberg e McGregor desde 1940.[17]

Também foi considerada a importância da iniciativa do fator humano, que seria então desenvolvida por meio de treinamento, definição de objetivos, divulgação de resultados da qualidade e reconhecimento pelo resultado, trabalho que foi também abordado por V. Vroom e F. Fournies na abordagem motivacional. Em síntese, a Era da Garantia da Qualidade evidenciou-se pela valorização do planejamento para obter a qualidade, da coordenação das atividades entre os departamentos e do estabelecimento de padrões da qualidade, além das técnicas estatísticas.[18]

Com o aumento de tamanho e diante da complexidade das organizações, a responsabilidade pela qualidade ficava diluída entre os diversos órgãos da empresa. Nos Estados Unidos, Armand Feigenbaum, em 1951, publicava o seu livro *Quality control*, enfatizando a necessidade da criação de um Departamento de Engenharia da Qualidade para cuidar "exclusivamente" da função "qualidade", com a atribuição de gerenciar o programa de qualidade da empresa.

De acordo com Feigenbaum,[19] o Departamento de Controle de Qualidade deveria também ser responsável por assessorar os demais setores quanto ao tema qualidade e incentivar o treinamento para o controle da qualidade, além de realizar atividades de controle de qualidade propriamente ditas. Dentro dos conceitos apresentados por esse importante autor americano, as empresas precisavam dar mais ênfase à prevenção do que à correção de defeitos.

3.4 O conceito de confiabilidade

No aperfeiçoamento das técnicas de confiabilidade, as teorias de probabilidade e estatística foram estudadas com profundidade, e o objetivo era evitar falhas do produto ao longo de sua vida útil. As empresas pioneiras nessa abordagem foram as indústrias espacial, eletrônica e militar. As técnicas desenvolvidas, com impacto direto nos projetos dos produtos, foram:

- Análise de efeito e modo de falha (FMEA): é uma revisão lógica e sistemática dos modos pelos quais um componente de um sistema pode vir a falhar.

- Análise individual de cada componente: verificação da probabilidade de falhas dos componentes-chave de um dado sistema.

---

[17] BUENO, 2010.

[18] BUENO, 2010.

[19] FEIGENBAUM, A. V. *Total quality control*. New York. Mc Graw Hill/Book Company, 1983.

- Redundância: utilização de componentes em paralelo no sistema a fim de garantir seu funcionamento mesmo que um deles falhe.[20]

Aplicadas as técnicas em especial, a partir do crescimento das indústrias aeronáutica e espacial nos anos 1950, começaram a aparecer os problemas de projeto e construção, que implicavam elevados riscos de segurança para as pessoas.

O conceito de confiabilidade passou a ser utilizado visando à detecção de defeitos ainda na fase do projeto e desenvolvimento dos produtos, evitando, assim, graves consequências da construção inadequada de aeronaves e espaçonaves.

De acordo com Pinto e Xavier,[21] "confiabilidade é a probabilidade de um item desempenhar sua função requerida, por um intervalo de tempo estabelecido, sob condições definidas de uso". Tal conceito se disseminou, na década de 1960, para outros tipos de indústrias que buscavam o oferecimento de produtos mais confiáveis aos consumidores, visando aumentar as vendas.

3.5 Programas motivacionais e os círculos de controle de qualidade

Após quase um século de foco na qualidade de produtos e processos, a partir do início da década de 1990, trabalhos pioneiros impulsionados por especialistas como Karl Albrecht (*Revolução dos serviços*, 1992), Claus Moller (*O lado humano da qualidade*, 1994), John Tesholl (*Seminários HSM*, 1993), James Teboul (*Gerenciando a dinâmica da qualidade*, 1991) e muitos outros trouxeram contribuições para o foco nos serviços e em especial a importância do lado humano da qualidade.[22]

No início dos anos 1960, os fornecedores do governo americano começaram a desenvolver os programas de "zero defeito", partindo do pressuposto de que a motivação dos trabalhadores eliminaria os defeitos.[23]

Na atualidade, o foco em serviços e no lado humano da qualidade ganha cada vez mais seguidores, e percebe-se que essas duas novas abordagens adicionam muito valor para o cliente. Teboul[24] dividiu uma empresa em duas áreas de atuação com foco na qualidade:

- os funcionários de apoio: que não entram em contato direto com os clientes externos;

- os funcionários de linha de frente: que têm contato direto com o cliente externo.[25]

---

[20] BUENO, 2010.

[21] PINTO, A. K.; XAVIER, J. A. N. *Manutenção*: função estratégica. 2. ed. rev. e ampl. Rio de Janeiro: Qualitymark, 2001. p. 96.

[22] BUENO, 2010.

[23] BUENO, 2010.

[24] TEBOUL, J. *Gerenciando a Dinâmica da Qualidade*. Rio de Janeiro: QualityMark, 1991.

[25] BUENO, 2010.

No Japão, em 1962, surgiram os Círculos de Controle de Qualidade (CCQ), com o objetivo de estudar os problemas relativos à qualidade. Essa é uma das formas mais eficientes que os trabalhadores nipônicos têm utilizado para ajudar a empresa a ser competitiva e para contribuir para o elevado nível de qualidade dos produtos japoneses.

Um **Círculo de Controle de Qualidade** é composto por um grupo de 6 a 12 empregados voluntários que se reúnem regularmente para discutir e resolver problemas que afetam suas atividades comuns de trabalho.

Outro destaque importante sobre os Círculos de Controle de Qualidade é dado por Nakajima[26] que atribui a quatro fatores à motivação dos círculos:

- a consciência do valor do trabalho;
- a realização de objetivos;
- o espaço para sugerir melhorias;
- o sistema de méritos e reconhecimento.

O autor também apresenta um quadro de evolução das atividades dos círculos no Japão, apresentado na Figura 3.1.

Figura 3.1 Quadro evolutivo das atividades dos CCQ no Japão

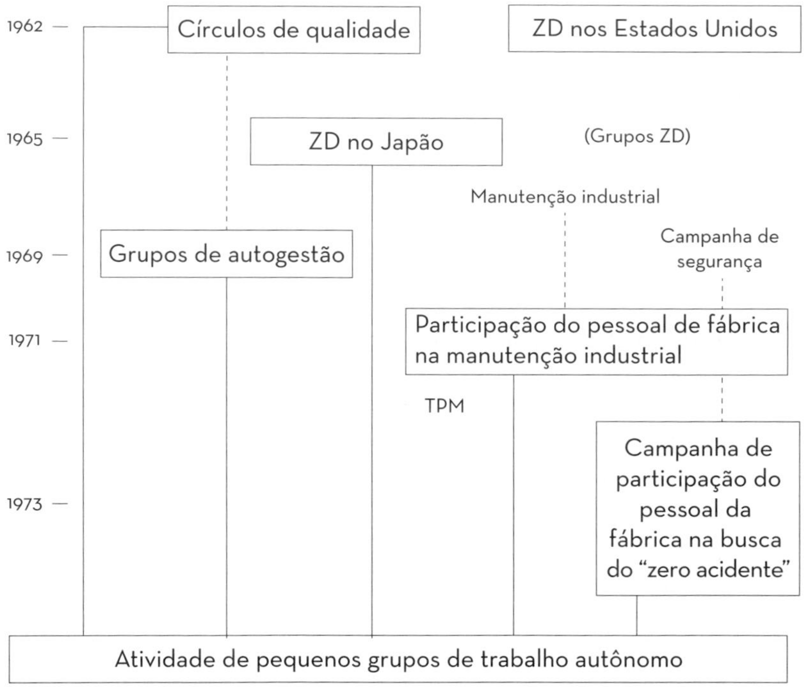

Fonte: NAKAJIMA, 1989, p. 252.

---

[26] NAKAJIMA, S. *La maintenance productive totale (TPM)*. Paris: Editora Afnor Gestion, 1989. p. 253.

Segundo Hajime Karatsu, diretor-gerente da Matsushita Comunnication Industrial Co., autor do livro *Kigyo o nabatsu hinshitsu kanri* [Controle da qualidade para crescimento da empresa], os primeiros CCQs foram criados espontaneamente em uma fábrica de rádios da Matsushita, em uma metalúrgica e em um a empresa farmacêutica, em 1962. Daí até 1964, os CCQs se difundiram por todo o arquipélago nipônico como parte do movimento cuja meta era alcançar zero defeito.

Há no Japão mais de 1 milhão de CCQs, com cerca de 8 milhões de membros. Isso representa 20% de todos os empregados de empresas de médio e grande porte, segundo estatísticas da JUSE, que patrocina esse movimento.

Conforme Takahashi e Osada,[27]

> [...] a falta de clareza em relação ao que precisa ser feito exatamente é o maior obstáculo à promoção da manutenção por iniciativa própria. [...] os operários talvez saibam apenas apertar alguns botões, sem saberem nem mesmo como retirar uma tampa, sem nunca terem tocado em um dos componentes da máquina ou sem saberem o nome desses componentes. Eles agem como quem dirige um carro sem a carteira de motorista.

Em uma empresa de serviços, a maior parte dos funcionários está na linha de frente em contato direto com o cliente externo, e a qualidade é construída de fora para fora, ou seja, o consumo é simultâneo com o serviço prestado. Daí qualquer falha causa um impacto altamente negativo, pois não há tempo para troca de produto, só resta um pedido de desculpas. Se um atendimento em um estabelecimento varejista é mal feito, se um atendimento hospitalar é mal realizado, se um voo é mal executado, se uma escola não ensina, os resultados podem se tornar irreversíveis e os prejuízos podem acabar na barra dos tribunais com perdas às vezes incalculáveis.[28]

3.6 A garantia da qualidade

Na década de 1960, o surgimento da chamada Guerra Fria envolvendo os blocos capitalistas e socialista fez que surgisse uma nova dimensão para as questões de "qualidade". Alguns estudos evidenciaram que os problemas de qualidade eram fruto de falhas gerenciais, e não de falhas técnicas. Os órgãos de compra do governo americano e de outros países que compunham a Organização do Tratado do Atlântico Norte (OTAN), passaram a exigir de seus fornecedores a implementação de Programas de Garantia de Qualidade, atualmente chamados de Sistemas de Garantia da Qualidade.

---

[27] TAKAHASHI, Y.; OSADA, T. *TPM/MPT*: manutenção produtiva total. São Paulo: Instituto Imam, 1993. p. 242.

[28] BUENO, 2010.

A American Society of Mechanical Engineer (Asme), em dezembro de 1967, publicou um adendo na Seção III do Código Asme, instituindo um programa de garantia de qualidade para fabricantes de componentes nucleares. No final da década de 1960, a U.S. Atomic Energy Commission (AEC) passou a exigir dos proprietários de usinas nucleares a apresentação de Programas de Garantia da Qualidade, visando garantir a segurança na operação desses sistemas. É interessante registrar que a adição de programas formais de garantia da qualidade nos Estados Unidos, um país que se autodenomina livre e capitalista, decorreu mais por imposições legais do que por razões de mercado.

Assim, a **gestão da qualidade** pode ser entendida como o conjunto de práticas utilizadas para se obter, de forma eficiente e eficaz, a qualidade pretendida para o produto.[29] Essas práticas incluem procedimentos organizados na forma de sistemas ou programas que visam alcançar a qualidade desejada pelo consumidor.

De acordo com Longo e Vergueiro,[30] a gestão da qualidade deve ser entendida como uma nova maneira de ver as relações entre as pessoas, em que o benefício comum é superior ao de uma das partes, e essa característica implica oferecer produtos e serviços em conformidade com seis dimensões da qualidade:

- **qualidade intrínseca**: implica oferecer produtos e serviços nas especificações exigidas para o objetivo ao qual se destinam;

- **custo**: a oferta de um produto ou serviço a um custo compatível, tanto para a organização como para o cliente;

- **atendimento**: o cumprimento dos parâmetros – local, prazo e qualidade adequados à satisfação do cliente;

- **moral dos funcionários**: criação e manutenção de condições adequadas de trabalho, que permitam aos prestadores sentirem-se orgulhosos com as atividades que desempenham;

- **segurança**: tanto para os clientes externos, que recebem o produto ou serviço, como para os funcionários da organização;

- **ética**: regras de conduta e valores que norteiam as relações de trabalho.

A gestão da qualidade é a principal forma de garantir a qualidade de produtos, serviços e processos. Para auxiliar as empresas na implementação eficaz de um sistema de gestão da qualidade que resulte em manufatura ou serviço, foram estabelecidas normas e criadas ferramentas referentes à gestão da qualidade. Atualmente, a série ISO 9000

---

[29] TOLEDO, J. C. Gestão da qualidade na agroindústria. In: BATALHA, M.O. *Gestão industrial*. São Paulo: Atlas, 1997. v. 1, cap. 8.

[30] LONGO, R. M. J.; VERGUEIRO, W. Gestão da qualidade em serviços de informação do setor público: características e dificuldades para sua implantação. *Revista Digital de Biblioteconomia e Ciência da Informação*, v. 1, n. 1, p. 39-59, jul./dez. 2003.

reúne as principais normas requisitadas pelas indústrias, elaborada em razão da grande exigência do mercado consumidor quanto à qualidade no produto ou serviço.[31]

3.7 Controle da Qualidade Total – *Total Quality Control* (TCQ)

3.7.1 Origens

Foi em 1961, nos Estados Unidos, por intermédio da publicação do livro de Armand Feigenbaum, *Total quality control engineering and management*, que surgiram as primeiras ideias a respeito do Controle Total da Qualidade[32] ou *Total Quality Control*, envolvendo todas as áreas da empresa, desde o marketing e projeto até a área de assistência técnica.

Nesse período surgiu uma maior ênfase com controle preventivo de todas as etapas do processo produtivo, alcançando inclusive os fornecedores com ações preventivas visando garantir produtos de boa qualidade. Para Feigenbaum,[33] é o cliente quem deve estabelecer a qualidade, e não os engenheiros ou o pessoal de marketing ou da alta administração. Para esse autor, a qualidade de um produto ou de um serviço define-se pelo conjunto de características de marketing, engenharia, fabricação e manutenção do produto ou serviço que satisfaçam às expectativas do cliente.

3.7.2 O controle da qualidade no Japão

De acordo com Miyake,[34] o fenômeno da industrialização deixou de estar restrito a países que constituíram a vanguarda da Revolução Industrial (Inglaterra, Estados Unidos e Alemanha) e expandiu-se. O número de países ditos industrializados aumentou com o desenvolvimento do Japão, do Canadá e da Itália, e o comércio internacional de bens manufaturados tornou-se mais competitivo. O autor destaca que essa concorrência aumentou ainda mais em um passado recente com o advento do grupo de países neoindustrializados, dentro dos quais se encontram Brasil, Coreia do Sul, Formosa e México.

---

[31] SILVA, L. C. S.; KOVALESKI, J. L.; GAIA, S. Gestão da qualidade do produto no processo de produção industrial: um estudo de caso em uma indústria de bebidas. *Revista de Engenharia e Tecnologia*, v. 4, n. 1, abr. 2012, p. 55. Disponível em: <http://www.revistaret.com.br/ojs-2.2.3/index.php/ret/article/viewFile/98/138> Acesso em: fev. 2018.

[32] Controle Total da Qualidade: sistema eficaz de integração de esforços para o desenvolvimento, manutenção e aperfeiçoamento da qualidade dos diversos grupos em uma organização, de maneira a capacitar o "marketing", engenharia, produção e serviços em níveis mais econômicos e permitir a plena satisfação do cliente (FEIGENBAUM, 1983).

[33] FEIGENBAUM, 1983.

[34] MIYAKE, D. I. *Produtividade e programas de melhoria da qualidade*: um estudo comparativo dos modelos "Just in Time" (JIT), "Total Quality Control" (TQC) e "Total Productive Maintenance" (TPM). 1993. Dissertação (Mestrado em Engenharia de Produção). Escola Politécnica da Universidade de São Paulo, São Paulo, 1993. p. 8.

Para Myake,[35]

> além deste processo, o mundo constatou a inviabilidade das experiências socialistas de planejamento centralizado e grande participação do Estado na economia, abrindo a perspectiva de muitos países que integravam o então chamado Segundo Mundo, converterem-se, gradativamente, ao regime de livre mercado. Com isso, acentuaram-se as tendências de intensificação do comércio e de integração econômica internacional.

No período anterior à Segunda Guerra Mundial, os produtos japoneses eram reconhecidos como baratos e de péssima qualidade. Após o término do conflito, que arrasou o Japão com a explosão das primeiras bombas atômicas em Hiroshima e Nagasaki, os Estados Unidos impuseram à indústria japonesa de telecomunicações a aplicação do controle estatístico da qualidade.

Os gerentes japoneses compreenderam, então, que teriam que exportar seus produtos ou perecer. E exportaram. Porém, a qualidade dos produtos era muito ruim. Dois norte-americanos, os professores e técnicos William Edward Deming e Joseph Juran, famosos especialistas em estatísticas e *experts* em qualidade, dedicaram vários anos a reeducar os japoneses no melhoramento da qualidade. Realmente, a qualidade dos produtos melhorou e os japoneses seguiram desenvolvendo o conceito atual de Total Quality Control (TQC), ou Controle de Qualidade Total, e foram além das ideias de seus grandes professores, adotando a qualidade em todas as companhias japonesas, nos ramos de manufatura, administração, mercadologia, vendas, pós-vendas, planejamento de negócios e serviços.

Graças à experiência de terem trabalhado na Western Eletric, subsidiária da AT&T Bell Laboratories, Deming e Juran foram enviados ao Japão com a missão de implementar esses controles. A Japan Union of Scientists and Engineers (Juse), ou União de Cientistas e Engenheiros Japoneses, tornou-se o centro de atividades relacionadas ao controle de qualidade e designou o engenheiro Kaoru Ischikawa para acompanhar os trabalhos dos professores Deming e Juran.

No ano de 1949 foi criado, pela Juse, o Grupo de Pesquisa para o Controle da Qualidade, visando promover a qualidade na indústria japonesa e a modernização do país, bem como a melhoria da qualidade de vida do povo japonês. Foi estabelecido um forte programa de treinamento e divulgação do Controle Estatístico de Qualidade para as empresas japonesas. Mesmo assim, diversas dificuldades na assimilação das técnicas estatísticas e a existência de controles apenas informais não permitiram o sucesso do controle de qualidade.

---

[35] MIYAKE, 1993. p. 8.

Em 1954, Joseph Juran proferiu uma série de palestras abordando a importância da participação da alta e média gerência no Controle da Qualidade. Em 1956, foram utilizados os veículos de comunicação de massa – rádio e televisão – para divulgar uma ampla campanha para treinamento de líderes para aturem nas empresas japonesas. Foi em 1969, na Conferência Internacional de Controle da Qualidade realizada em Tóquio, que o mundo tomou conhecimento da nova abordagem japonesa sobre a questão da qualidade.

Barçante[36] destaca também alguns fatores relativos à evolução da qualidade no Japão que de forma indireta influenciaram muitos países:

- contribuição dos *experts* americanos W. Edwars Deming e Joseph Juran;

- criação e ação da Juse;

- padronização ampla dos produtos;

- ampla comunicação e educação pública;

- liderança e direção centralizadas;

- envolvimento e comprometimento da alta administração empresarial;

- desejo de elevar a qualidade à condição de tópico de importância nacional.

3.8 O Sistema Toyota de produção

Na década de 1970, logo em seguida à grande crise do peróleo, um novo cenário de competição foi estabelecido no mercado global, o que gerou muitas discussões sobre novas formas de organização dos sistemas produtivos e o surgimento de técnicas que possibilitassem alcançar maiores índices de produtividade. Dentre essas técnicas emergentes destacam-se alguns modelos japoneses, como o Sistema Toyota de Produção. De acordo com Falcão,[37]

> o Sistema Toyota de Produção apresentou-se como um diferencial dentro da concorrência intercapitalista, quebrando importantes *trade-offs* (possibilidades de redução em um fator em troca de um aumento em outro) existentes desde os primórdios da organização da produção. Esse sistema mostrou que é possível obter variedade de produtos com baixo custo e com qualidade, oferecendo à produção agilidade para mudar o seu *mix* de produção. O sistema facilitou a capacidade de introduzir rapidamente novos produtos no mercado, permitindo o atendimento a pedidos quase personalizados. Tais fatores representam vantagens competitivas.

---

[36] BARÇANTE, L. C. *Qualidade total*: uma visão brasileira, o impacto estratégico na universidade e na empresa. Rio de Janeiro: Campus, 1998.

[37] FALCÃO, A. S. G. *Diagnóstico de perdas e aplicação de ferramentas para o controle da qualidade e melhoria do processo de produção de uma etapa construtiva de edificações habitacionais*. 2001. Dissertação (Mestrado em Engenharia de Produção). Escola de Engenharia de Produção, Universidade Federal do Rio Grande do Sul, Porto Alegre, 2001. p. 61.

Também se referindo ao Sistema Toyota de Produção, Liker relata que "a Toyota transformou excelência operacional em uma arma estratégica".[38] O grande cérebro do Sistema Toyota de Produção, Taiichi Ohno, após visitar Detroit várias vezes, baseou-se em princípios de Taylor para adotar a padronização de procedimentos operacionais, porém, utilizando-se do conceito de trabalho em equipes, e não do individualismo característico da Escola de Administração Científica.

A atribuição que Taiichi Ohno conferiu às equipes de tarefas relacionadas à organização do ambiente de trabalho, como limpeza, arrumação, organização e conservação, foi a base do que veio a se tornar o Programa 5S ou *Housekeeping*. Organizado o ambiente de trabalho, Taiichi incentivava os trabalhadores a revisarem continuamente os padrões estabelecidos, no sentido de sugerir ideias em equipe, visando ao aprimoramento do processo. Esse processo de aperfeiçoamento contínuo e gradual foi denominado de *kaizen* e era apoiado pelos engenheiros industriais.

Os dois principais pilares do Sistema Toyota de Produção são:

- *Just in Time* (JIT): com a possibilidade de se adquirir produtos na hora e na quantidade necessária, o desperdício, as irregularidades e as irracionalidades podem ser eliminados e a eficiência, aperfeiçoada. Toyoda Kiichiro, o pai da manufatura automotiva japonesa, originalmente concebeu a ideia e seus sucessores, então, transformaram-na em um sistema de produção. É importante lembrar que não se trata somente de "a tempo", mas sim de "apenas a tempo". O *just in time* e a autonomação constituem os dois pilares principais do Sistema Toyota de Produção.[39]

- Autonomação: o Sistema Toyota de Produção utiliza autonomação, ou automação com um toque humano, em vez da simples automação. Autonomação significa a transferência de inteligência humana para uma máquina. O conceito originou-se do tear autoativado de Toyoda Sakichi. A sua invenção era comparada com um dispositivo que parava a máquina de forma automática e imediata se os fios verticais ou laterais se rompessem ou saíssem do lugar. Em outras palavras, um dispositivo capaz de julgar, embutido na máquina.[40]

Ainda de acordo com Ohno, "para produzir *Just in Time,* os itens necessários à fabricação devem alcançar a linha de produção apenas no momento em que são requisitados e na quantidade necessária".[41] Segundo o mesmo autor, o estabelecimento de um fluxo contínuo de produção *Just in Time* permite que uma empresa opere sem

---

[38] LIKER, J. K. *O modelo Toyota*: 14 princípios de gestão do maior fabricante do mundo. Trad. Lene Belon Ribeiro. Porto Alegre: Bookman, 2005.

[39] OHNO, T. *O sistema Toyota de produção*: além da produção em larga escala. Trad. de Cristina Schumacher. Porto Alegre: Artes Médicas, 1997. p. 131.

[40] OHNO, 1997, p. 129.

[41] OHNO, 1997, p. 26.

excesso de inventário, evitando desperdício. A situação ideal é a produção em fluxo unitário de peças, sem estoque (estoque zero).

Entre as décadas de 1940 e 1970, a Toyota desenvolveu e instituiu uma série de procedimentos e sistemas para implementar o JIT e a autonomação, incluindo-se, entre eles, o sistema *kanban*, bem como sistemas relacionados à redução de tempo de *setup* (tempo de preparação das máquinas ou equipamentos para o início do processamento), treinamento de funcionários, controle de qualidade entre outros.[42]

Outro conceito interessante do Sistema Toyota de Produção, destacado por Shingo,[43] refere-se à mudança na gestão de tratamento dos problemas, tendo como ponto de referência a ideia de que a única parada de linha permitida é aquela que garanta que um problema não volte mais a se repetir. O autor ainda reforça a importância do apoio da direção para esse tipo de evento, pois a parada de linha, no intuito de investigar as causas primárias de um defeito e eliminá-lo definitivamente, é uma decisão que necessita do consentimento da alta gerência, já que deve ser aplicada uma metodologia rigorosa de análise, e o conflito entre produção e parada de linha não pode existir.

Na Toyota, esse conceito é aplicado não somente à maquinaria como também à linha de produção e aos operários. Em outras palavras, ao surgir uma situação anormal, exige-se que um operário pare a linha. A autonomação impede a fabricação de produtos com defeitos, elimina a superprodução e para automaticamente a linha no caso de anormalidades, permitindo que a situação seja investigada.[44]

Segundo Greef, Freitas e Romanel,[45] os operários, por meio do modelo Toyota, podem contribuir na busca e na proposta de soluções para gerar melhorias em suas próprias atividades. Para Magee,[46] a Toyota, com seu enfoque único, se tornou uma das maiores corporações do mundo, uma das mais admiradas e lucrativas, superando a concorrência e assumindo uma posição de contribuição global potencialmente ilimitada no século 21.

De acordo com Womack, Jones e Ross,[47] o sistema de produção flexível da Toyota e sua habilidade de reduzir custos de engenharia de produção permitiram à companhia suprir a variedade de produtos exigida pelos compradores sem custos elevados.

---

[42] HOPP; SPEARMAN apud FALCÃO, 2001, p. 63.

[43] SHINGO, S. *O sistema Toyota de produção do ponto de vista da engenharia de produção*. Trad. Eduardo Schaan. 2. ed. Porto Alegre: Artes Médicas, 1996.

[44] OHNO, 1997, p. 130.

[45] GREEF, A. C.; FREITAS, M. C.; ROMANEL, F. *Lean office*: operação, gerenciamento e tecnologias. São Paulo: Atlas, 2012. p. 11.

[46] MAGEE, D. *O segredo da Toyota*: lições de liderança da maior fabricante de automóveis do mundo. Trad. Bruno Alexander. Rio de Janeiro: Elservier, 2008. p. 6.

[47] WOMACK, J. P.; JONES, D. T.; ROSS, D. *A máquina que mudou o mundo*. Trad. de Ivo Korytowski. Rio de Janeiro: Campus, 1992. p. 55.

3.9 Ferramentas de qualidade para as pequenas e médias empresas

A seguir, destacam-se algumas ferramentas que podem ser utilizadas pelas pequenas e médias empresas para ajudar na estruturação de ações efetivas na busca da qualidade total.

3.9.1 Sistema 5S

O programa 5S visa mudar a maneira de pensar das pessoas na direção de um melhor comportamento por toda a vida. São estabelecidas regras comportamentais para aplicação no ambiente de trabalho, em função de cinco expressões que têm origem no idioma japonês:

- *seiri* (arrumação);
- *seiton* (ordenação);
- *seiso* (limpeza);
- *seiketsu* (asseio e conservação); e
- *shitsuke* (autodisciplina).

Trata-se de envolver a cultura organizacional na busca permanente por um ambiente de trabalho limpo, agradável, livre de acidentes e que permita uma maior produtividade. As empresas que buscam melhorias de qualidade devem começar pelos aspectos básicos, ou seja, pelos 5S, uma campanha dedicada a organizar o ambiente de trabalho, conservá-lo arrumado e limpo, manter as condições padrão e a disciplina necessária para a execução de um bom trabalho.[48]

Estabelecer responsabilidades compartilhadas entre a equipe para manter os 5S; criar sistemáticas de reconhecimento por boas práticas e manter, de forma permanente, uma sistemática de avaliação, são ingredientes fundamentais para que o programa funcione. Muitas empresas brasileiras têm se utilizado da técnica *benchmarking* por meio de visitas em organizações já praticantes dessa ferramenta para quebrar paradigmas e motivar seus profissionais a buscar novos desafios. Esse processo é um desdobramento das inúmeras missões de empresários brasileiros que estiveram visitando o Japão na década de 1990 e do intercâmbio de conhecimento em redes informais de empresas por todo o país.

De acordo com Silva,[49] os 5S foram interpretados como "sensos" não só para manter o nome original do programa, mas porque refletem melhor a ideia de profunda mudança comportamental, pois é preciso "sentir" a necessidade de fazer. Assim, adotou-se:

---

[48] OSADA, T. *Housekeeping 5S's*: seiri, seiton, seiso, seiketsu, shitsuke. 3. ed. São Paulo: Instituto Imam, 1995.

[49] SILVA, J. M. da. *5S*: o ambiente da qualidade. 3. ed. Belo Horizonte: Fundação Christiano Ottoni, 1994.

- senso de utilização, para *seiri*;
- senso de ordenação, para *seiton*;
- senso de limpeza, para *seiso*;
- senso de saúde, para *seiketsu*; e
- senso de autodisciplina, para *shitsuke*.

3.9.2 Manutenção Produtiva Total – *Total Productive Maintenance* (TPM)

A Manutenção Produtiva Total (*Total Productive Maintenance – TPM*) é uma metodologia originária do Japão, desenvolvida pelo Instituto Japonês de Manutenção de Plantas Industriais (Japan Institute os Plant Maintenance). O TPM[50] "é um sistema global de manutenção industrial baseado na capacidade humana e na participação de todos para maximizar a utilização de ativos". O TPM é outra ferramenta que tem sido utilizada de forma crescente por empresas de vários países do mundo, inclusive no Brasil.

Consiste na organização de atividades através de atividades estruturadas como pilares, ou seja, grupos de ação formados por profissionais de diversas áreas funcionais que se reúnem para buscar melhorias nos diversos processos da organização.

De acordo com o Instituto Japonês de Engenharia de Fábrica (Japanese Institute of Plant Engineers – Jipe), define-se TPM como um termo base de uma estratégia de manutenção projetada para maximizar a eficiência dos equipamentos por estabelecer um compreensivo sistema de manutenção da produção, cobrindo toda a vida útil dos equipamentos, controlando todos os campos relacionados aos equipamentos (planejamento, uso e manutenção) e o que está envolvendo cada um deles. Descreve o relacionamento da sinergia entre todas as funções organizacionais e, assim, promove a manutenção produtiva por meio de um gerenciamento motivacional e voluntário em pequenos grupos de atividades.[51]

O objetivo do TPM é melhorar a eficácia da organização por meio das pessoas, qualificando-as e fazendo que participem mais ativamente nos seus processos, conservando seu equipamento e sugerindo melhorias tanto nas máquinas quanto nas formas de produção. Isso exige da organização investimento nas pessoas, sendo elas o seu maior patrimônio, preparando-as para atuarem em organizações cada vez mais sofisticadas e automatizadas, com métodos de gestão participativa.

São oito os pilares do TPM: manutenção autônoma, manutenção planejada, educação e treinamento, melhorias específicas, segurança/ higiene e ambiente, manutenção da qualidade, gerenciamento preventivo e *TPM office* (áreas administrativas).

---

[50] NAKAJIMA, 1989. p. 9.

[51] SHARMA, R. K.; KUMAR, D.; KUMAR, P. Manufacturing excellence through TPM implementation: a practical analysis. *Industrial Management & Data Systems*, v. 106, n. 2, p. 256-280, 2006.

De acordo com Tavares,[52] podemos definir um significado mais amplo para as letras que compõe esta sigla TPM, da seguinte forma:

- T = **Total**, no sentido da eficiência global, do ciclo total de vida útil dos equipamentos e dos sistemas de produção e da totalidade da abrangência dessa filosofia, alcançando todos os níveis da organização;

- P = **Produtiva**, no sentido da busca contínua da eficiência máxima da organização como um todo, alcançando a perda zero;

- M = **Manutenção**, conservando os objetivos atingidos de preservação dos equipamentos e dos processos produtivos, mantendo os sistemas de produção em condições ideais.

3.9.3 *Kanban*

O *kanban* é um sistema de informação para controlar as quantidades produzidas entre etapas do processo. Normalmente, o *Kanban* é representado por um cartão de inventário colocado em um envelope retangular de plástico. Com base no sistema de reposição das prateleiras dos supermercados, o principal objetivo do sistema *kanban* é reduzir a quantidade de produtos em processo e acelerar o giro desses ativos.

Muitas empresas brasileiras têm utilizado a ferramenta e vêm alcançando excelentes resultados, porque em um país de juros elevadíssimos como o Brasil, a desimobilização de capitais ociosos em estoques é fundamental para evitar os chamados custos financeiros do capital de giro. Para as pequenas e médias empresas, a aplicação de conceitos de *kanban* pode ajudar, e muito, a contornar suas restrições financeiras.

Diante dos diversos benefícios evidenciados por autores como Ohno[53] e Mesquita e Castro,[54] é apropriado resumir as principais vantagens relacionadas à utilização do sistema *kanban*:

- controle eficiente dos estágios produtivos;

- redução dos níveis de estoque (e, consequentemente, redução dos custos de estoque e redução do espaço físico necessário para estoque);

  redução do *lead-time*;[55]

- facilidade na identificação da raiz de problemas produtivos;

- redução de refugos e retrabalhos;

- atribuição de *empowerment* aos operadores;

---

[52] TAVARES, L. A. *Excelência na manutenção*: estratégias para otimização e gerenciamento. Salvador: Casa da Qualidade, 1996.

[53] OHNO, 1997.

[54] MESQUITA, M. A.; CASTRO, R. L. Análise das práticas de planejamento e controle da produção em fornecedores da cadeia automotiva brasileira. *Gestão & Produção*, São Carlos, v. 15, n. 1, p. 33-42, 2008.

[55] *Lead time* é o tempo de resposta necessário para atender a uma determinada solicitação de um processo operacional.

- controle eficiente de informações;
- simplificação dos mecanismos de administração.

3.9.4 Utilização de indicadores e gestão à vista

Em ações de qualidade sempre devem ser medidos os resultados por meio de indicadores que demonstrem a evolução da organização por intermédio das dimensões **PQCDSM** – **P** (Produtividade), **Q** (Qualidade), **C** (Custo), **D** (Entrega, do termo em inglês, *Delivery)*, **S** (Segurança) *e* **M** (Moral ou Motivação).

Somente se consegue melhorar aquilo que se consegue medir. A utilização e publicização das métricas relacionadas à qualidade, em quadros de gestão à vista em locais de boa visibilidade, acabam envolvendo os trabalhadores na busca por desafios quantitativos e qualitativos de performance.

Em empresas que se inspiram na utilização do chamado Sistema Toyota de Produção, essa metodologia de envolvimento é largamente empregada e cria-se uma cultura de apuração de resultados e de busca de melhorias contínuas nos números alcançados.

Mello[56] definiu **Gestão à vista** como a "comunicação que está disponível em uma linguagem acessível a todos aqueles que possam vê-la, trazendo uma nova luz e uma nova vida à cultura no local de trabalho através do compartilhamento das informações".

Suas principais vantagens são:
- problemas tratados por todos que estão ligados diretamente a eles;
- participação de todos do grupo de trabalho;
- satisfação pessoal dos funcionários;
- reconhecimento pela alta administração;
- redução de todos os indicadores relacionados a defeitos, gastos e desperdícios;
- aumento da produtividade e comprometimento da equipe.

Entre as desvantagens, estão:
- necessidade de estruturação das áreas de apoio para facilitar o trabalho;
- líderes informais pouco preparados prejudicam o andamento das tarefas diárias;
- medo das pessoas serem identificadas com o problema;
- resultados não se confirmam em curto prazo.

---

[56] MELLO, C. H. P. *Auditoria contínua*: estudo de implementação de uma ferramenta de monitoramento para sistema de garantia da qualidade com base nas normas NBR ISO9000. Dissertação (Mestrado). Efei, Itajubá, 1998. p. 20.

Os controles devem ser monitorados pelos próprios profissionais envolvidos, criando-se um sentimento de responsabilidade e autogestão dos resultados.

3.9.5 Ferramentas gráficas da qualidade

Muito divulgadas em publicações específicas sobre a qualidade, as chamadas ferramentas gráficas da qualidade servem como metodologia básica para a resolução de problemas e para a priorização de ações a eles relacionadas no cotidiano das organizações. Para Paladini,[57] as **ferramentas gráficas da qualidade** tratam de procedimentos gráficos, numéricos ou analíticos, e esquemas de funcionamento, ou seja, métodos para estruturar as melhorias nos processos produtivos.

As principais ferramentas são:

- **Diagrama de Pareto**: serve para priorizar os problemas e definir onde serão aplicados os recursos existentes – com o objetivo de concentrar-se no foco principal da solução.

- **Diagrama de Ischikawa**: também conhecido como "espinha de peixe" – serve para decompor as diversas causas que podem estar gerando um problema. Utiliza a decomposição dos problemas agrupando-os em problemas relacionados a mão de obra, materiais, máquinas, métodos, medidas e meio ambiente. Conforme Seleme,[58] esse diagrama pretende mostrar a relação entre uma característica da qualidade e seus diversos fatores determinantes.

- **Histograma**: serve para demonstrar em forma de gráficos os principais problemas encontrados nos processos.

- **Estratificação**: possibilita agrupar um conjunto de informações de uma massa maior de dados, visando à identificação daqueles mais relevantes.

- **Diagramas de Dispersão**: permitem a associação de duas ou mais variáveis de acordo com a distribuição dos resultados ao redor de um valor médio.

- **Diagramas ou Cartas de Controle**: possibilitam o acompanhamento da variabilidade de processos em relação a uma média estabelecida e dentro dos limites superior e inferior – definidos por desvios previamente estabelecidos.

É possível encontrar mais detalhes sobre ferramentas em livros de estatística e controle da qualidade. A realização de treinamentos focalizados por intermédio de consultores e professores especialistas, aplicando-se a exemplos práticos do dia a dia das empresas, permite o entendimento e a assimilação por parte dos trabalhadores. Essa aplicação prática é de extrema importância para a fixação dos conceitos na mente daqueles que verdadeiramente devem utilizá-los.

---

[57] PALADINI, 2012.

[58] SELEME, R. *Controle da qualidade*: as ferramentas essenciais. Curitiba: InterSaberes, 2012.

3.10 Educação como mola propulsora de melhores resultados

Em um país onde pouco se investe em educação, e em tempos de competição em que o capital intelectual é fundamental para a diferenciação das empresas, nenhum pequeno e médio empresário deve esperar por soluções miraculosas vindas das esferas governamentais. Por isso, é fundamental que cada pequeno e médio empresário perceba na educação de seus profissionais a oportunidade para a elevação de sua competitividade.

A crescente oferta de diferentes capacitações em um sistema educacional cada vez mais flexível, inclusive com uso das facilidades da tecnologia da informação e do ensino a distância, permite uma grande possibilidade de acesso aos conhecimentos necessários para qualquer tipo de negócio. Muitos programas criativos e de parceria direta entre empresas e trabalhadores têm sido desenvolvidos – inclusive valendo-se de recursos subsidiados de entidades como Senai, Senac, Senat, Sesi e Sebrae para melhor capacitar os trabalhadores.

Outras ferramentas de qualidade estão disponíveis, mas como diz o velho ditado chinês: "Todo longo caminho começa com um primeiro passo". Portanto, ao pequeno e médio empresário é necessário coragem para adotar boas práticas que possam lhe possibilitar melhores resultados. Com o mercado globalizado do século 21 e com uma competição cada vez mais acirrada pelos consumidores, torna-se imperativo a existência de empresas que prezem a excelência e que busquem permanentemente a melhoria contínua em suas operações.

Dessa forma, e sendo um verdadeiro "faz tudo" que assume múltiplas funções, o pequeno e médio empresário tem uma visão de conjunto privilegiada dos negócios, e sua proximidade com os escalões inferiores permite, com facilidade, a disseminação rápida de uma cultura de boas práticas.

3.11 Qualidade na pequena e média empresa

Nas pequenas e médias empresas, a oportunidade de se introduzir culturas organizacionais que possam melhorar suas ações pode ser uma estratégia para ganhar competitividade em relação aos concorrentes. Por outro lado, se não forem bem gerenciadas, essas tentativas de adoção dessa nova maneira de trabalhar podem representar perdas de tempo e de investimentos.

Nesse sentido, nada impede que uma pequena empresa faça uso das ferramentas de gestão de qualidade que apresentamos neste capítulo. Não há razões para não se implantar técnicas de controle de qualidade em pequenas empresas. O que existe, na verdade, é a falta de conhecimento dessas empresas em relação ao assunto. Se bem utilizados, tais métodos podem proporcionar ganhos de competitividade no mercado concorrencial.

Considerações finais

A qualidade total nas pequenas empresas depende apenas dos esforços para conhecer, adotar e garantir a aplicação eficaz de métodos já consolidados. A cada dia, os concorrentes estão inovando e criando capacidades de se adaptar, tornando a competição cada vez mais acirrada.

O caminho da qualidade credencia a empresa com maior potencial de competitividade a enfrentar os desafios crescentes impostos pelo mercado globalizado e de margens de lucro cada vez mais apertadas.

Atualmente, com dispositivos de busca na internet, um amplo estoque de conhecimento sobre as ferramentas da qualidade está facilmente acessível e à disposição dos pequenos e médios empresários para uso tanto no ambiente fabril quanto no ambiente de prestação de serviços.

O grande desafio para o pequeno e médio empresário está em fazer o simples, mas executá-los com determinação e perseverança, sobretudo com relação à disseminação dos conceitos básicos de qualidade para toda a equipe de profissionais que atua na empresa. Treinar e capacitar todos os dias, e dia após dia.

Investir fortemente na educação básica e acadêmica dos profissionais e também oferecer treinamentos específicos em ferramentas da qualidade são alguns dos segredos para se obter bons resultados e tornar-se mais competitivo.

Como mensagem final, fica a esperança de que passada a turbulência das crises econômica e política que o Brasil enfrentou, aos pequenos e médios empresários restará uma oportunidade imensa de crescer e ganhar novos mercados, e para isso é necessário que toda a gente brasileira esteja preparada para fazer tudo com muita qualidade.

Questões

1. Qual foi o efeito da Revolução Industrial para o conceito de qualidade?
2. Quais as vantagens da utilização do Controle Estatístico de Processo (CEP)?
3. Explique a importância do conceito de confiabilidade.
4. Qual foi o papel do Japão no desenvolvimento do conceito de qualidade no período pós-Segunda Guerra Mundial?
5. Quais são as principais ferramentas da qualidade que podem ser utilizadas pelas pequenas e médias empresas? Comente, de forma objetiva, sobre cada uma delas.

Dicas dos consultores

1. Colocar em seu plano de negócios um item que descreva a gestão da qualidade. Mesmo que a empresa seja composta de um só profissional. Por exemplo, um técnico em informática que trabalha sozinho e presta assistência a alguns cientes. Seu forte não é somente o seu conhecimento, mas como ele faz seu agendamento de forma a atender todos os clientes.

2. A contratação de um funcionário ou prestador de serviço é de suma importância. Profissionais diferenciados são caríssimos e muito disputados. O pequeno empreendedor, de posse de seus conhecimentos técnicos, poderá conversar com profissionais externos que possam auxiliá-lo, bem como utilizar docentes ligados a empresas juniores e ou que tenham escritórios de consultorias.

3. Para cada item relativo à qualidade exigida por seus clientes, deve o empreendedor traçar um plano, visando à melhoria contínua.

4. Deve-se avaliar continuamente os produtos oferecidos e serviços prestados aos clientes, visando à correção de falhas.

Referências

ALGARTE, W.; QUINTANILHA, D. *A história da qualidade e o programa brasileiro de qualidade e produtividade*. Rio de Janeiro: Inmetro/Senai, 2000.

ANTUNES JR.; J. A. V. A lógica das perdas nos sistemas de produção: uma análise crítica. *Revista Brasileira de Administração Contemporânea*, Rio de Janeiro: Andad, v. 1, n. 7, 1995.

ARAÚJO, L. M. et al. Implantação de um sistema de controle de qualidade em uma empresa de pequeno porte da indústria têxtil. In: XXXV Encontro Nacional de Engenharia de Produção, Fortaleza, de 13 a 16 de out. de 2015. Anais... Fortaleza, 2015. Disponível em: <http://www.abepro.org.br/biblioteca/TN_STP_207_228_28525.pdf>. Acesso em: jul. 2017.

BARBOSA, L. C. A gestão da pequena empresa: é preciso simplificar a legislação e desonerar tributariamente a pequena empresa. *Folha de S. Paulo, Mercado, jun. 2006*. Disponível em: <http://www1.folha.uol.com.br/fsp/dinheiro/fi1606200605.htm>. Acesso em: 20 jul. 2006.

BARÇANTE, L. C. *Qualidade total*: uma visão brasileira, o impacto estratégico na universidade e na empresa. Rio de Janeiro: Campus, 1998.

BUENO, M. Gestão pela qualidade total: uma estratégia administrativa. Um tributo ao mestre do controle da qualidade total Kaoru Ishikawa. *Revista do Centro de Ensino Superior de Catalão*. CEPPG, 2010.

CAMPOS, V. F. *TQC*: controle da qualidade total (no estilo japonês). Belo Horizonte: Fundação Christiano Otoni/Escola de Engenharia, 1992.

CARPINETTI, L. C. R. *Gestão da qualidade*: conceitos e técnicas. São Paulo: Atlas, 2010.

CARRIJO, J. R. S. *A importância dos grupos autônomos na elevação da produtividade industrial*. 1999, 163 p. Monografia (Especialização em Gestão Empresarial). Centro de Pós--Graduação da Instituição Toledo de Ensino/Fundação Getúlio Vargas, Bauru, 1999.

_____. *Tropicalização de programas de qualidade*: um estudo de caso de adaptação do TPM em uma indústria gráfica brasileira. 2004, 171 p. Dissertação (Mestrado em Administração). Universidade Metodista de Piracicaba, 2004.

FALCÃO, A. S. G. *Diagnóstico de perdas e aplicação de ferramentas para o controle da qualidade e melhoria do processo de produção de uma etapa construtiva de edificações habitacionais*. 2001. Dissertação (Mestrado em Engenharia de Produção). Escola de Engenharia de Produção, Universidade Federal do Rio Grande do Sul, Porto Alegre, 2001.

FEIGENBAUM, A. V. *Total quality control*. New York: McGraw Hill, 1983.

GREEF, A. C.; FREITAS, M. C.; ROMANEL, F. *Lean office*: operação, gerenciamento e tecnologias. São Paulo: Atlas, 2012.

IMAI, Y. *TPM como estratégia empresarial*. São Paulo: IMC Internacional, 2000.

JAPAN INSTITUTE OF PLANT MAINTENANCE (JIPM). *Curso internacional para formação de instrutores TPM*. Módulo A e B1. São Paulo: JIPM, 1999.

_____. *TPM definition*. 2002. Disponível em: <http://www.jipm.or.jp/en/>. Acesso em: 10 jan. 2018.

JURAN, J. M. *Na liderança pela qualidade*. São Paulo: Pioneira, 1991.

LIKER, J. K. *O modelo Toyota*: 14 princípios de gestão do maior fabricante do mundo. Trad. Lene Belon Ribeiro. Porto Alegre: Bookman, 2005.

LOBOS, J. *Qualidade através das pessoas*. São Paulo: J. Lobos, 1991.

LONGO, R. M. J.; WERGUEIRO, W. Gestão da qualidade em serviços de informação do setor público: características e dificuldades para sua implantação. *Revista Digital de Biblioteconomia e Ciência da Informação*, v. 1, n. 1, p. 39-59, jul./dez. 2003.

MAGEE, D. *O segredo da Toyota*: lições de liderança da maior fabricante de automóveis do mundo. Trad. Bruno Alexander. Rio de Janeiro: Elsevier, 2008.

MARTINELLI, F. B. *Gestão da qualidade total*. Curitiba: Iesde, 2009.

MELLO, C. H. P. *Auditoria contínua*: estudo de implementação de uma ferramenta de monitoramento para sistema de garantia da qualidade com base nas normas NBR ISO9000. Dissertação (Mestrado). Efei, Itajubá, 1998.

MESQUITA, M. A.; CASTRO, R. L. Análise das práticas de planejamento e controle da produção em fornecedores da cadeia automotiva brasileira. *Gestão & Produção*, São Carlos, v. 15, n. 1, p. 33-42, 2008.

MIYAKE, D. I. *Produtividade e programas de melhoria da qualidade*: um estudo comparativo dos modelos "Just in Time" (JIT), "Total Quality Control" (TQC) e "Total

Productive Maintenance" (TPM). 1993. Dissertação (Mestrado em Engenharia de Produção). Escola Politécnica da Universidade de São Paulo, 1993.

NAKAJIMA, S. *La maintenance productive totale (TPM)*. Paris: Afnor Gestion, 1989.

OHNO, T. *O sistema Toyota de produção*: além da produção em larga escala. Trad. de Cristina Schumacher. Porto Alegre: Artes Médicas, 1997.

OSADA, T. *Housekeeping 5S's*: seiri, seiton, seiso, seiketsu, shitsuke. 3. ed. São Paulo: Instituto Imam, 1995.

PALADINI, E. P. *Gestão da qualidade*: teoria e casos. 3. ed. São Paulo: Atlas, 2012.

PINTO, A. K.; XAVIER, J. A. N. *Manutenção*: função estratégica. 2. ed. rev. e ampl. Rio de Janeiro: Qualitymark, 2001.

RODRIGUES, M. V. C. *Ações para a qualidade*: Geiq, gestão integrada para a qualidade – Padrão seis sigma, classe mundial. Rio de Janeiro: Qualitymark, 2004.

SELEME, R. *Controle da qualidade*: as ferramentas essenciais. Curitiba: InterSaberes, 2012.

SHARMA, R. K.; KUMAR, D.; KUMAR, P. Manufacturing excellence through TPM implementation: a practical analysis. *Industrial Management & Data Systems*, v. 106, n. 2, p. 256-280, 2006.

SHINGO, S. *O sistema Toyota de produção do ponto de vista da engenharia de produção*. Trad. Eduardo Schaan. 2. ed. Porto Alegre: Artes Médicas, 1996.

SILVA, J. M. da. *5S*: o ambiente da qualidade. 3. ed. Belo Horizonte: Fundação Christiano Ottoni, 1994.

SILVA, L. C. S.; KOVALESKI, J. L.; GAIA, S. Gestão da qualidade do produto no processo de produção industrial: um estudo de caso em uma indústria de bebidas. *Revista de Engenharia e Tecnologia*, v. 4, n. 1, abr. 2012, p. 55. Disponível em: <http://www.revistaret. com.br/ojs-2.2.3/index.php/ret/article/viewFile/98/138> Acesso em: fev. 2018.

TAKAHASHI, Y.; OSADA, T. *TPM/MPT*: manutenção produtiva total. São Paulo: Instituto Iman, 1993.

TAVARES, L. A. *Excelência na manutenção*: estratégias para otimização e gerenciamento. Salvador: Casa da Qualidade, 1996.

TEBOUL, J. *Gerenciando a dinâmica da qualidade*. Rio de Janeiro: Qualitymark, 1991.

TOLEDO, J. C.; Gestão da qualidade na agroindústria. In: BATALHA, M. O. *Gestão industrial*. São Paulo: Atlas, 1997, v. 1, cap. 8.

TOLEDO, J. C.; CARPINETTI, L. C. R. *Gestão da qualidade na fábrica do futuro*. Disponível em: <http://www.gepeq.dep.ufscar.br/arquivos/GestaodaQualidadenaFF.pdf>. Acesso em: 13 jul. 2017.

WOMACK, J. P.; JONES, D. T.; ROSS, D. *A máquina que mudou o mundo*. Trad. de Ivo Korytowski. Rio de Janeiro: Campus, 1992.

parte II

ESTRATÉGIAS DE SEGMENTAÇÃO, CRESCIMENTO E LIDERANÇA DE MERCADO

"Mas Jesus, aproximando-se, lhes disse: Toda a autoridade me foi dada no céu e na terra. Ide, pois, e ensinai a todas as nações; batizai-as em nome do Pai, do Filho e do Espírito Santo. Ensinai-as a observar tudo o que vos prescrevi. Eis que estou convosco todos os dias, até o fim do mundo."

MATEUS 28:18-20

Capítulo 4
ESTRATÉGIAS DE MARKETING

Capítulo 5
COMO SOBREVIVER NO MERCADO IMPLANTANDO O E-COMMERCE

Capítulo 6
COMÉRCIO EXTERIOR PARA PEQUENOS NEGÓCIOS

Venda "quase" impossível

Salim decidiu vender perfumes no banco onde trabalhava.

— Amigos, estes são franceses legítimos. Não há mulher que resista a estes presentes perfumados. É ganhá-las na certa! Tem Paco Rabane, Cabochard, Chanel, Calandre, Vivre.

— Salim, e se forem falsificados?

— Colega, você acha que eu faria isso com vocês? Quero vender sempre, não apenas uma vez.

Joaquim era duro na queda. Não comprava nem nota de dez reais com uma de cinco. Diziam que quem conseguisse vender algo a ele, deveria colocar o dinheiro em um quadro. Pois bem, rapidamente, Salim abriu o perfume mais forte e passou um pouco nas costas da mão do colega.

— Joaquim, sinta só que perfume sexy é este!

— Pô Salim, assim não vale, meu! Como vou explicar à minha ciumenta mulher que tem um turco mascate no banco que vende perfumes? Pegue o dinheiro. Vou ficar com ele. E não me ofereça mais nada.

— De acordo, amigão.

4

ESTRATÉGIAS DE MARKETING

Antonio Carlos Giuliani
Nádia Kassouf Pizzinatto
Thel Augusto Monteiro

"Os empreendedores falham, em média, 3,8 vezes antes do sucesso final. O que separa os bem-sucedidos dos outros é a persistência."

LISA M. AMOS

Objetivos do capítulo

Definir os conceitos básicos de marketing, sistemas de marketing e noções sobre gestão do composto de marketing: gestão de desenvolvimento de produto, gestão de vendas, gestão de comunicação, gestão de distribuição física e estudos de mercado. Estudar e compreender o comportamento de compra do cliente. Entender como funciona um conjunto de ferramentas e mídias, um plano de comunicação elaborado por um conceito criativo eficiente, ou seja, que facilite a compreensão da mensagem.

O marketing é utilizado para conquistar clientes e sua fidelização, partindo sempre da oferta de um produto ou serviço a eles. Não basta saber vender. É necessário que o empreendedor utilize de todas as ferramentas que o marketing oferece para encantar seus clientes.

Os problemas de Aline

Aline é uma excelente profissional, responsável e admirada por seus conhecimentos. Depois de fazer uma especialização em marketing, Aline não parou mais de estudar e tentar aplicar seus conhecimentos. Sabe melhor do que ninguém equacionar os problemas e definir soluções criativas e inovadoras.

Seu problema maior é lidar com o ciclo de vendas para aperfeiçoar o ritmo de pedidos. Ela quer descobrir novas aplicações de determinados produtos ou serviços para conquistar mais clientes e consolidar a posição da empresa a médio e longo prazos.

Ela quer trabalhar envolvendo todos os conteúdos em uma focalização equilibrada, mesmo sabendo que as apresentações do produto e o atendimento têm primazia sobre os demais. Como Aline pode proceder? Como deve ser desenvolvida uma estratégia de marketing competente?

Com conhecimento adquirido, dedique-se à ação!

A estratégia de marketing tão somente funcionará se... você encurtar o ciclo de vendas e aperfeiçoar o ritmo de pedidos, obter no presente compromissos de compra no futuro, descobrir novas aplicações de determinados produtos ou serviços, aumentar a conquista de clientes e consolidar a posição da empresa a médio e longo prazos.

Considerações iniciais

O planejamento é uma das chaves para o sucesso de qualquer empreendimento, e em um ambiente globalizado, a velocidade das transformações é característica importante para o sucesso dos negócios. No meio empresarial, o marketing passa a ser uma das mais importantes atividades corporativas, pois é a área responsável por definir com clareza a natureza do negócio. Deve-se ter uma visão de que o marketing não é apenas um conceito acadêmico utilizado por educadores, mas um exercício constante do observar e fazer o que, no contexto atual, determinará o sucesso ou o fracasso da organização.

> Embora o pequeno empreendedor nem sempre tenha condições de organizar uma estrutura gerencial para as ações de marketing, é importante entender suas funções, reconhecer as que necessitam ser executadas e identificar as formas organizacionais que poderão ser adotadas ao se planejar o crescimento do empreendimento.
>
> Este capítulo apresenta revisão conceitual do marketing e aborda as formas pelas quais as pessoas podem estruturar suas funções.

4.1 Conceitos de marketing

Por mais que as definições de marketing e estratégia sejam necessárias para auxiliar na compreensão dos diversos conceitos existentes na literatura, é de suma importância compreender os fundamentos teóricos que sustentam essas definições. Tais fundamentos impulsionam o desenvolvimento do tema e explicam a evolução de seu discurso ao longo do tempo. Iyamabo e Otubanjo[1] afirmam que, na literatura existente, diferentes abordagens para a definição de ambas as disciplinas influenciam até mesmo a orientação de marketing e as formulações estratégicas. As teorias que apresentam os assuntos são delineadas ao longo dos dois temas, o marketing e a estratégia, examinando as teorias por meio de suas respectivas literaturas.

De acordo com os autores, pode-se conceituar **marketing** a partir de quatro vertentes distintas descritas no Quadro 4.1.

Quadro 4.1 Vertentes conceituais do marketing

Vertente	Autor (ES)	Conceitos
1. Marketing de relacionamento	Kotler e Levy[2]	Marketing é visto como a tarefa de encontrar e estimular os compradores para a obtenção do lucro da empresa. Trata-se do desenvolvimento de produto, preço, distribuição e comunicação; e nas empresas mais progressistas, uma atenção contínua à evolução das necessidades dos clientes e do desenvolvimento de novos produtos e suas modificações, além de serviços para atender a essas necessidades.
	Grönroos[3]	Marketing é para estabelecer, manter e melhorar o relacionamento com clientes e outros parceiros, com lucro, de forma que os objetivos das partes envolvidas sejam atendidos. Isto é alcançado por meio de um intercâmbio mútuo e cumprimento das tarefas das partes.

continua

---

[1] IYAMABO, J.; OTUBANJO, O. A three-component definition of strategic marketing. *International Journal of Marketing Studies*, v. 5, n. 1, 2013.

[2] KOTLER, P.; LEVY, S. J. Broadening the concept of marketing. *Journal of Marketing*, v. 33, n. 1, p. 10-15, 1969.

[3] GRÖNROOS, C. Adopting a service logic for marketing. *Marketing Theory*, v. 6, n. 3, p. 317-333, 2006.

continuação

	Rust, Lemon e Zeithaml[4]	Marketing é compreendido como um investimento que produz uma melhoria no valor para o cliente.
2. Criação de valor	Wilkie e Moore[5]	Marketing é uma função organizacional e um conjunto de processos para criar, comunicar e entregar valor aos clientes, e para gerenciar relacionamentos com clientes de maneira que beneficiem a organização e seus *stakeholders*.
	Mattsson[6]	Marketing é a atividade, o conjunto de instituições e processos para criar, comunicar, entregar e trocar ofertas que tenham valor para os clientes, parceiros e sociedade em geral. A atividade e os processos devem entregar valor e benefício de retorno à empresa e a seus *stakeholders*. Esta definição carrega uma visão instrumental do marketing, assim como as definições anteriores, nas quais a troca entre as partes foi substituída pela transação.
3. Processo estratégico e gerencial	McDonald[7]	Marketing é um processo de gestão em que os recursos de toda a organização são utilizados para satisfazer as necessidades dos grupos de clientes selecionados, a fim de atingir os objetivos de ambas as partes. Marketing, então, é antes de tudo uma atitude mental, em vez de uma série de atividades funcionais.
	Aaker, Kumar e Day[8]	Marketing é o processo de planejamento e execução da concepção, preço, promoção e distribuição de ideias, bens e serviços para criar trocas que satisfaçam objetivos individuais e organizacionais.
4. Estratégia competitiva	Ries e Trout[9]	Marketing é uma guerra totalmente intelectual, na qual as empresas buscam superar seus concorrentes em um campo de batalha que ninguém jamais presenciou. Esse campo de batalha é ilustrado como o mercado de atuação da empresa.

Fonte: elaborado pelos autores com base em IYAMABO; OTUBANJO, 2013.

---

[4] RUST, R. T.; LEMON, K. N.; ZEITHAML, V. A. Return on marketing: using customer equity to focus marketing strategy. *Journal of Marketing*, v. 68, p. 109-127, 2004.

[5] WILKIE, W. L.; MOORE, E. S. What does the definition of marketing tell us about ourselves? *American Marketing Association*, v. 26, n. 2, p. 269-276, 2007.

[6] MATTSSON, J. True marketing: a value based philosophy for strategic marketing. *Journal of Strategic Marketing*, v. 16, n. 3, p. 175-188, 2008.

[7] MCDONALD, M. Strategic marketing planning: theory, practice and research agendas. *Journal of Marketing Management*, v. 12, n. 1-3, p. 5-27, 1996.

[8] AAKER, D. A.; KUMAR, V.; DAY, G. *Market Research*. Chischester: John Wiley and Sons Inc., 2001.

[9] RIES, A.; TROUT, J. *Marketing de guerra*. 25. ed. São Paulo: McGraw-Hill, 1986.

Autores como Borden,[10] McDonald,[11] McDonald,[12] Piercy,[13] Aaker, Kumar e Day,[14] Smith,[15] Wilkie e Moore[16] e Hooley, Piercy e Nicouland[17] definem o marketing como uma dimensão de função de gestão, que compreende a formulação do programa de marketing da empresa, processo de desenvolvimento, elaboração de estratégias, planejamento e execução.

Vale ressaltar, também, a definição de Cobra,[18] em que o marketing consiste mais do que uma forma de sentir o mercado e adaptar produtos ou serviços, é um compromisso na busca de melhoria da qualidade de vida das pessoas. Las Casas[19] apresenta outro ponto de vista quanto à definição de marketing, mas igualmente importante. Para o autor, marketing é uma área de informação que engloba todas as atividades referentes às relações de troca, dirigidas para a satisfação dos desejos e necessidades dos clientes, visando alcançar determinados objetivos da empresa ao mesmo tempo em que analisa sempre o meio ambiente de atuação e a colisão que essas relações causam no bem-estar da sociedade.

Nesse sentido, observa-se um conceito expandido de marketing relacionado a posicionamento e diferenciação. Naturalmente, a satisfação das necessidades e desejos dos clientes é indiscutivelmente relevante. Dessa forma, Oliveira e Campomar[20] afirmam que a estratégia de diferenciação conduz a empresa à tentativa de obter vantagem por meio de ofertas altamente valorizadas pelos consumidores, mesmo que mais custosas. Para eles, o marketing consiste na principal forma de obtenção de vantagem competitiva pela diferenciação.

Ao retomar essas vertentes conceituais do marketing, como o marketing de relacionamento, a criação de valor, o processo estratégico e gerencial e a estratégia competitiva, pode-se apontar o conceito de marketing na visão de Giuliani e Monteiro,[21] em que o marketing deve ser visto como um instrumento para antecipar mudanças do ambiente externo, ou seja, o conjunto de atividades que constituem o escopo do

---

[10] BORDEN, N. H. The concept of the marketing mix. *Journal of Advertising Research*, v. 2, p. 7-12, 1984.

[11] MCDONALD, M. H. Ten barriers to marketing planning. *Journal of Marketing Management*, v. 5, n. 1, p. 1-18, 1989.

[12] MCDONALD, 1996.

[13] PIERCY, N. F. Marketing implementation: the implications of marketing paradigm weaknesses for the strategy execution process. *Journal of the Academy of Marketing Science*, v. 26, n. 3, p. 222-236, 1998.

[14] AAKER; KUMAR; DAY, 2001.

[15] SMITH, B. An empirical investigation of marketing strategy quality in medical markets. *International Journal of Medical Marketing*, v. 3, n. 2, p. 153-162, 2003.

[16] WILKIE; MOORE, 2007.

[17] HOOLEY, G. J.; PIERCY, N. F.; NICOULAUD, B. *Marketing strategy and competitive positioning*. 4th edition. UK: Pearson; Prentice Hall, 2008.

[18] COBRA, M. *Administração de marketing*. 2. ed. São Paulo: Atlas, 1992.

[19] LAS CASAS, A. L. *Marketing*. 4. ed. São Paulo: Atlas, 1997.

[20] OLIVEIRA, B.; CAMPOMAR, M. C. O processo de posicionamento competitivo em marketing. II Ema-Anpad. São Paulo, *Anais...* São Paulo: 2006.

[21] GIULIANI, A. C.; MONTEIRO, T. A. *Marketing para pequenas e médias empresas*: estudos de casos. Jundiaí: Paco, 2016.

marketing para este ser compreendido como a filosofia do negócio, segundo a qual toda organização deve participar do processo relativo a servir o cliente. Se os colaboradores da empresa não pensarem no cliente, também não pensarão que, se a organização não atender ou ultrapassar as expectativas do cliente, a concorrência certamente o fará.

4.2 Estruturas organizacionais de marketing

De acordo com as pesquisas de Lee, Palmatier e Kozlenkova,[22] uma revisão de revistas de marketing, publicadas no período de 1990 a 2013, identificou mais de 40 estudos empíricos que examinaram as construções da estrutura organizacional e suas teorias. Dentre os estudos que mencionaram a estrutura organizacional, os autores identificaram que aproximadamente 70% notam o impacto direto da estrutura sobre variáveis de marketing, enquanto o restante investiga seu papel de moderação, pesquisa e comercialização.

Verifica-se a possibilidade de identificar as estruturas organizacionais de marketing em quatro domínios: (1) estrutura como uma orientação para o mercado; (2) estrutura como motor de inovação; (3) estrutura como uma orientação interfuncional e relações departamentais; e (4) estrutura como uma moderação da ligação estratégica de desempenho. O Quadro 4.2 apresenta os conceitos de cada um desses domínios.

Quadro 4.2 Domínios das estruturas organizacionais de marketing

Evento	Autor(es)	Conceito
1. Orientação para o mercado	Zhou et al.[23]	Argumenta que os fatores de *design* organizacional formais e informais (estrutura, recompensas e processos), em grande parte controlados por gerentes, podem ser alterados para favorecer ou suprimir a orientação para o mercado de uma empresa, o que, então, determinaria o desempenho dos negócios.
2. Motor de inovação	Froehle et al.[24] e Troy, Hirunyawipada e Paswan[25]	A utilização de uma estrutura de equipe facilita a colaboração entre empresa e a criatividade dos funcionários, o que é fundamental para alcançar o sucesso de produtos e serviços.

continua

---

[22] LEE, J. Y.; PALMATIER, R.; KOZLENKOVA, I. Structural marketing: using organizational structure to achieve marketing objectives. *Journal of the Academy of Marketing Science*, v. 43, n. 1, p. 73-99, 2014.

[23] ZHOU, K. Z. et al. Market orientation, job satisfaction, product quality, and firm performance: evidence from China. *Strategic Management Journal*, v. 29, n. 9, p. 985-1000, 2008.

[24] FROEHLE, C. M. et al. Antecedents of new service development effectiveness: an explor- atory examination of strategic operations choices. *Journal of Service Research*, v. 3, n. 1, p. 3-17, 2000.

[25] TROY, L. C.; HIRUNYAWIPADA, T.; PASWAN, A. K. Cross-functional integration and new product success: an empirical investigation of the findings. *Journal of Marketing*, v. 72, n. 6, p. 132-146, 2008.

continuação

3. Orientação interfuncional e relações departamentais	Barclay,[26] Maltz e Kohli,[27] Hartline et al.,[28] Lievens e Moenaert.[29]	Descrevem como as características estruturais (a formalização e a centralização) afetam as relações entre as unidades e os grupos na empresa — por meio de conflitos —, bem como os fluxos de comunicação e comprometimento organizacional.
4. Moderação da ligação estratégica de desempenho	Miles e Snow,[30] Vorhies e Morgan,[31] Olson, Slater e Hult,[32] Xu, Cavusgil e White,[33] Kabadayi, Eyuboglu e Thomas,[34] Gebauer et al.[35]	A estrutura deve ser alinhada com a estratégia para produzir um melhor desempenho. A maioria dos estudos empíricos examina o ajuste adequado de características estruturais (centralização, especialização) com diferentes tipos de estratégias em vários contextos de marketing, como organizações de marketing, sistemas multicanais, serviços e mercados internacionais.

Fonte: elaborado pelos autores.

4.3 Estrutura organizacional do sistema de marketing

Em termos de estrutura, a área de marketing pode ser organizada em departamentos ou funções que atendam às necessidades de gestão em diversos enfoques, seja desenvolvimento de produtos, gerenciamento de vendas, processos de comunicação com o

---

[26] BARCLAY, D. W. Interdepartmental conflict in organizational buy- ing: the impact of the organizational context. *Journal of Marketing Research*, v. 28, n. 2, p. 145-159, 1991.

[27] MALTZ, E.; KOHLI, A. Reducing marketing's conflict with other functions: the differential effects of integrating mechanisms. *Journal of the Academy of Marketing Science*, v. 28, n. 4, p. 479-492, 2000.

[28] HARTLINE, M. D. et al. Corridors of influence in the dissemination of customer-oriented strategy to customer contact service employees. *Journal of Marketing*, v. 64, n. 2, p. 35-50, 2000.

[29] LIEVENS, A.; MOENAERT, R. K. New service teams as information-processing systems: reducing innovative uncertainty. *Journal of Service Research*, v. 3, n. 1, p. 46-65, 2000.

[30] MILES, R. E.; SNOW, C. C. *Organizational strategy, structure, and process.* New York: McGraw-Hill, 1978.

[31] OLSON, E. M.; SLATER, S. F.; HULT, G. T. M. The performance implications of fit among business strategy, marketing organization structure, and strategic behavior. *Journal of Marketing*, v. 69, n. 3, p. 49-65, 2005.

[32] VORHIES, D. W.; MORGAN, N. A. A configuration theory assement of marketing organization fit with business strategy and its relationship with marketing performance. *Journal of Marketing*, v. 67, n. 1, p. 100-115, 2003.

[33] XU, S.; CAVUSGIL, S. T.; WHITE, J. C.The impact of strategic fit among strategy, structure, and processes on multinational corporation performance: a multimethod assessment. *Journal of International Marketing*, v. 14, n. 2, p. 1-31. 2006.

[34] KABADAYI, S.; EYUBOGLU, N.; THOMAS, G. P. The performance implications of designing multiple channels to fit with strategy and environment. *Journal of Marketing*, v. 7, n. 4, p. 195-211, 2007.

[35] GEBAUER, H. et al. Match or mismatch: strategy-structure configurations in the servisse business of manufacturing companies. *Journal of Service Research*, v. 13, n. 2, p. 198-215, 2010.

cliente, atribuição da distribuição física e/ou estudos de viabilidade de mercado, como é apresentado na Figura 4.1.

Figura 4.1   Estrutura do sistema de marketing

Fonte: adaptada de FARAH, O. E.; CAVALCANTI, M. *Empresas*: criação e administração. São Paulo: Érica, 1992.

De acordo com Pizzinatto et al.,[36] a área de marketing abarca questões da gestão de relacionamento com o cliente (interno e externo), e sob esse enfoque também assume a orientação para o valor, procurando identificar quais serviços podem ser agregados ao produto com vista a dar valor sob a ótica do cliente, conferindo-lhe diferencial competitivo em relação à concorrência.

Para que a empresa defina o *por que* e o *para que* da sua existência, é extremamente necessário o reconhecimento das forças ambientais que agem sobre o seu negócio, assim pode transformar e antecipar problemas em oportunidades de crescimento. Estudo realizado por Giuliani[37] apresenta o macroambiente e o ambiente interno constituindo o ambiente de marketing (*marketing environment*), pois ambos contêm forças que produzem impactos importantes sobre o mercado-alvo. Dessa forma, para assegurar a conservação e a lealdade dos seus clientes, é imprescindível atentar às mudanças que ocorrem em seu mercado-alvo, observar ações da concorrência e tendências de mercado e realizar os ajustes oportunos em suas estratégias.

Fica evidente que coletar as informações do mercado e processá-las pelo sistema de informações de marketing proporciona os pré-requisitos para a realização das atividades de planejamento e controle de marketing. O **objetivo fundamental do**

---

[36] PIZZINATTO, N. K. et al. *Marketing focado na cadeia de clientes*. São Paulo: Atlas, 2005.

[37] GIULIANI, A. C. *Marketing em um ambiente globalizado*. São Paulo: Cobra, 2003.

sistema de marketing é auxiliar para que melhores decisões sejam tomadas no relacionamento de uma empresa com seu mercado.

4.4   Gestão de desenvolvimento do produto

Segundo as pesquisas de Woodside[38] e Munksgaard e Freytag[39], o desenvolvimento de novos produtos é considerado decisivo para a prosperidade e sucesso de qualquer empresa. A introdução de novos produtos e novas possibilidades de mercados pode ser alcançada através do *input* inovador vindo dos clientes.

Nessa linha de raciocínio, as pesquisas de Zemlickiene e Maditinos[40] mostram que a competência de marketing bem desenvolvida inclui a consideração proativa do cliente no processo de desenvolvimento de produtos, o que pode ajudar a orientar ações técnicas específicas, determinar segmentos de mercado adequados, definir objetivos de custo para atender aos objetivos de preços e identificar parceiros que poderão desempenhar um papel fundamental no processo de entrega de valor. Em outras palavras, a competência de marketing traz a voz do cliente para a empresa. Contudo, é necessário que a organização construa o relacionamento entre desenvolvimento de novos produtos, comercialização e processos de inovação.

A literatura científica sobre esse tema revelou soluções de marketing importantes no processo de desenvolvimento de produtos. Os estudos de Ernst, Hoyer e Rübsaamen[41] identificaram a integração de marketing com pesquisa e desenvolvimento como um fator-chave de sucesso para o desenvolvimento de novos produtos. Outros autores como Gupta e Wilemon[42] e Sherman, Souder e Jenssen[43] mostram que a conexão entre as atividades de marketing e as atividades de *design* é apontada como uma inovação essencial na gestão de desenvolvimento do produto. O Quadro 4.3 apresenta os conceitos de desenvolvimento de novos produtos, comercialização e processos de inovação.

---

[38] WOODSIDE, A. G. Opening up decision making: making sense of entrepreneur and reseller business-to-business strategies. *Journal of Business & Industrial Marketing*, v. 20, n. 7, p. 347-354, 2005.

[39] MUNKSGAARD, K. B.; FREYTAG, P. V. Complementor involvement in product development. *Journal of Business & Industrial Marketing*, v. 26, n. 4, p. 286-298, 2011.

[40] ZEMLICKIENE, V.; MADITINOS, D. I. Marketing strategy formulation for innovative product development process. *Business:* theory and practice, v. 13, n. 4, p. 365-374, 2012.

[41] ERNST, H.; HOYER, W. D.; RÜBSAAMEN, C. Sales, marketing, and research-and-development cooperation across new product development stages: implications for success. *Journal of Marketing*, v. 74, p. 80-91, 2010.

[42] GUPTA, A. K.; WILEMON, D. Accelerating the development of technology-based new products. *California Management Review*, v. 32, n. 2, p. 24-44, 1990.

[43] SHERMAN, D. J.; SOUDER, W. E.; JENSSEN, S. A. Diferential efects of the primary forms of cross-functional integration on product development cycle time. *Journal of Product Innovation Management*, v. 17, n. 4, p. 257-267, 2000.

Quadro 4.3 Processos de desenvolvimento de novos produtos, comercialização e inovação

Processo	Autores	Etapas
Desenvolvimento de novos produtos	Kotler[44]	1. Estratégias dos novos produtos 2. Busca de ideias 3. Seleção de ideias 4. Verificação dos conceitos de criação 5. Estratégia de marketing 6. Análise do negócio 7. Criação do produto 8. Teste de marketing 9. Preparação do produto
Processo de comercialização	Zhao,[45] Thursby e Thursby[46] e Siegel, Veugelers e Wight[47]	1. Pesquisar 2. Divulgar a criação 3. Avaliar as condições do mercado 4. Aplicar as patentes ou outros processos legais de proteção ao produto 5. Prospectar clientes 6. Negociar com fornecedores 7. Realizar o negócio 8. Acompanhar processos pós-venda
Processo de inovação	Tuhh[48]	1. Elaborar princípios básicos de observação 2. Formular o conceito ou a aplicação da tecnologia envolvida no produto 3. Definir as funções crítica, analítica e experimental ou prova característica do conceito do produto 4. Validar os componentes no processo de fabricação do produto 5. Elaborar o sistema de modelo ou subsistema, ou demonstração do protótipo 6. Demonstrar o protótipo

Fonte: elaborado pelos autores.

---

[44] KOTLER, P. *Marketing management analysis, planning, implementation and control*. New York: McGraw-Hill, 2003.

[45] ZHAO, F. Commercialization of research: a case study of Australian universities. *Higher Education Research e Development*, v. 23, n. 2, p. 223-236, 2004.

[46] THURSBY, J. G.; THURSBY, M. C. University licensing. *Oxford Review of Economic Policy*, v. 23, n. 4, p. 620-639, 2007.

[47] SIEGEL, D. S.; VEUGELERS, R.; WIGHT, M. Technology transfer process and commercialization of university intellectual property: performance and policy implications, *Oxford Review of Economic Policy*, v. 23, n. 4, p. 640-660, 2007.

[48] HAMBURG UNIVERSITY OF TECHNOLOGY (TUHH). Defining innovation. Compiled by Rajnish Tiwari. Research Project Global Innovation. 2008.

Pode-se apontar que a integração entre os processos de desenvolvimento de novos produtos, comercialização e processo de inovação, juntamente com as práticas de marketing, podem causar impactos positivos e eficientes. Além disso, o impacto da integração entre marketing e pesquisa e desenvolvimento depende do estágio do processo e do grau de inovação em que a empresa se encontra.

4.5 Gestão de vendas

Ao discorrer sobre o departamento de vendas, Matsuo[49] e Evans et al.[50] mostram que os executivos de vendas podem aumentar o desempenho de seu departamento por meio do incentivo à inovação do próprio departamento. Os resultados revelam ainda que os executivos de vendas são fundamentais para alinhar o seu sistema de controle de gestão de vendas com o objetivo de promover a capacidade de inovação de vendas. Por outro lado, Evans et al.[51] sugerem que o controle de capacidade de inovação adotado pela empresa não está relacionado com a capacidade de inovação de vendas, enquanto Matsuo[52] mostra que não há qualquer relação significativa entre o controle de produção e as vendas.

O conceito de gestão de vendas é ampliado para um conceito mais holístico com Kotler e Armstrong[53] quando eles citam a administração da força de vendas, que congrega a análise, o planejamento, a implementação e o controle das atividades. Segundo os autores, esse conceito não contempla apenas o planejamento da estratégia e a estrutura da força de vendas, mas também o recrutamento, a seleção, o treinamento, a remuneração, a supervisão e a avaliação dos vendedores da empresa.

Kotler e Armstrong[54] mostram a visão de que marketing e vendas são a mesma coisa, é o tipo mais comum de equívoco, e esse por parte não apenas do público em geral, mas também de muita gente ligada à administração. É claro que vender faz parte do marketing, mas marketing abrange muito mais que vendas. Porém, o marketing baseado em vendas apresenta grandes riscos para a empresa, uma vez que ela tende a não construir relacionamentos lucrativos de longo prazo com os consumidores. A Figura 4.2 apresenta uma seção de vendas, ilustrando a força de vendas.

---

[49] MATSUO, M. The influence of sales management control on innovativeness of sales departments. *Journal of Personal Selling & Sales Management*, v. 29, n. 4, p. 321-331, 2009.

[50] EVANS, K. R. et al. How sales controls affect job-related outcomes: the role of organizational sales-related psychological climate perceptions. *Journal of the Academy of Marketing Science*, v. 35, n. 3, p. 445-459, 2007.

[51] EVANS et al., 2007.

[52] MATSUO, 2009.

[53] KOTLER, P.; ARMSTRONG, G. *Introdução ao marketing*. 4. ed. São Paulo: Prentice Hall, 2000.

[54] KOTLER; ARMSTRONG, 2000.

Figura 4.2   Estrutura da gestão de vendas

Fonte: adaptada de FARAH; CAVALCANTI, 1992.

Dessa forma, para manter o foco no mercado, os profissionais de vendas devem saber analisar esse setor e administrar a força de procedimentos e políticas que orientam essas decisões. O Quadro 4.4 sintetiza essas atividades específicas.

Quadro 4.4   Atividades específicas da administração de vendas

Atividades	Etapas
Setor de administração de vendas	1. Elaborar o plano de vendas 2. Montar o zoneamento de vendas 3. Preparar fluxos de pedidos 4. Desenvolver um banco de dados sobre clientes ativos, inativos e potenciais
Setor de administração da força de vendas	1. Recrutar e selecionar vendedores 2. Treinar a equipe de vendas 3. Determinar a remuneração dos vendedores 4. Fazer reuniões periódicas para avaliar e incentivar a equipe de vendas

Fonte: elaborado pelos autores.

Os estudos de Giuliani[55] mostram que preparar uma equipe de vendas que seja o elo entre a empresa e seus clientes exige tomar decisões sobre objetivos, estratégia, estrutura e tamanho, ou seja, requer combinar as atividades específicas para assegurar uma equipe de vendas eficaz. Os componentes básicos para a comunicação da empresa com o meio ambiente são a propaganda, a publicidade, a promoção de vendas, o *merchandising* e as relações públicas.

---

[55] GIULIANI, 2003.

Dos pesquisadores que estudaram o desempenho das equipes de vendas com base em mecanismos de controle de gestão de vendas e orientação de mercado, podem ser citados Bonner, Ruekert, e Walker,[56] Matear et al.,[57] Evans et al.[58] e Matsuo.[59] Contudo, a pesquisa de Bonner, Ruekert, e Walker[60] examinou como controles formais (controle de processos, controle de saída e de equipe) e controles interativos (equipe de controle operacional e controle estratégico da equipe) podem afetar o desempenho da unidade de negócios em um projeto. Além disso, esses autores examinaram os efeitos moderadores da inovação de produto sobre a relação entre os controles formais e o desempenho. Para controles formais, os autores descobriram que apenas o controle do processo afeta o desempenho de vendas negativamente e de forma significativa. A pesquisa de Bonner, Ruekert, e Walker[61] contribuiu para a literatura no que diz respeito a maneira como a alta gerência pode afetar o desempenho de uma unidade de negócio quando apresentado um novo projeto na gestão de vendas.

4.6 Gestão de comunicação

O **composto de comunicação** ou *mix* de comunicação pode ser categorizado em quatro elementos, de acordo com Kotler e Armstrong.[62]

- **Propaganda** (*advertising*), cujo objetivo consiste em informar aos consumidores potenciais sobre as virtudes do produto, visando persuadi-los para que o comprem, procurando promover ideias, bens e serviços.

- **Venda pessoal**, que é a apresentação individual da força de vendas do varejo. Pode ser representada pelo vendedor ou pelo próprio empresário, que, pela comunicação direta contatam seus consumidores, vendem produtos ou serviços e estabelecem relacionamentos com os consumidores.

- **Promoção de vendas**, categorizada como benefício de curto prazo com a finalidade de estimular a compra de um produto ou serviço.

- **Relações públicas no varejo**, considerada o planejamento de ações desejadas pela sociedade na qual o varejista atua, objetivando a construção de uma imagem adequada perante o mercado de atuação.

---

[56] BONNER, J. M.; RUEKERT, R. W.; WALKER Jr., O. C. Upper management control of new product development projects and project performance. *Journal of Product Innovation Management*, v. 19, n. 3, p. 233-245, 2002.

[57] MATEAR, S. et al. How does market orientation contribute to service firm performance? *European Journal of Marketing*, v. 36, n. 9/10, p. 1068-1075, 2002.

[58] EVANS et al., 2007.

[59] MATSUO, 2009.

[60] BONNER; RUEKERT; WALKER, 2002.

[61] BONNER; RUEKERT; WALKER, 2002.

[62] KOTLER E ARMSTRONG, 2000.

De acordo com Kliatchko,[63] a comunicação *on-line* pode ser utilizada como uma das ferramentas da comunicação integrada no varejo. De acordo com Christensen, Firat e Torp,[64] a comunicação integrada no varejo pode ser discutida por meio de duas posições: uma diz respeito a um público direcionado por um processo de negócio, e a outra se refere a um conceito organizacional que reúne símbolos, mensagens, procedimentos e comportamentos, que permite à empresa se comunicar constantemente com seu público-alvo.

De um lado, a comunicação integrada no varejo pode ter um caráter mecânico, e de outro, pode ser apontada como uma filosofia organizacional. O conceito mais utilizado e predominante representa uma ênfase funcional na tática e no gerenciamento da mídia pelo varejo. Embora ambos os conceitos tenham o seu mérito, a concepção mecânica da comunicação é mais bem documentada na literatura por meio de debates e soluções, apontam Kliatchko[65] e Liodice,[66] deixando a abordagem contextual virtualmente inexplorada.

Nesse sentido, Mattar[67] acrescenta outros elementos que completam o composto de comunicação no varejo, como vemos no Quadro 4.5, sendo eles propaganda, relações públicas, *merchandising* e promoção de vendas, patrocínio e venda pessoal.

Quadro 4.5 Definição dos elementos do composto de comunicação integrada e seus benefícios para o varejo

Variável	Definição	Autor	Vantagens para o varejo
Propaganda	Qualquer forma paga de comunicação não pessoal sobre o varejo. Pode ser relacionada com um bem, um serviço ou até mesmo uma ideia, desde que seja paga por um patrocinador identificado.	Kerin et al.[68]	Posiciona a marca do varejista na mente de seus consumidores e busca uma vantagem competitiva sustentável sobre seus concorrentes.

continua

---

[63] KLIATCHKO, J. Revisiting the IMC construct: a revised definition and four pillars. *International Journal of Advertising*, UK, v. 27, n. 1, p. 133-160, 2008.

[64] CHRISTENSEN, L. T.; FIRAT, A. F.; TORP, S. The organization of integrated communications: toward flexible integration. *European Journal of Marketing*, UK, v. 42, p. 423-452, 2008.

[65] KLIATCHKO, 2008.

[66] LIODICE, B. Essentials for integrated marketing. *Advertising Age*, v. 72, n. 23, New York, 2008.

[67] MATTAR, F. N. *Administração de varejo*. Rio de Janeiro: Elsevier, 2011.

[68] KERIN, R. A. et al. *Marketing*. São Paulo: McGraw-Hill, 2007.

continuação

	É uma das formas de comunicação no varejo mais utilizadas em uma empresa, consistindo em qualquer forma não pessoal de comunicação das mensagens referentes ao varejista, utilizando para isso os meios de comunicação em massa, desde que não haja vínculo comercial.	Mattar[69]	Promove um mecanismo de equilíbrio entre os interesses da organização e as pessoas que são afetadas pela organização.
Relações públicas e publicidade			
***Merchandising* e promoção de vendas**	Pode ser caracterizado como um conjunto de práticas utilizadas para promover um destaque específico de uma linha de produtos no varejo, com o objetivo de aumentar suas vendas e também sua rotatividade.	Mattar[70]	Aumenta a atratividade de uma loja no varejo e a imagem percebida por seus consumidores.
Patrocínio	Consiste em uma relação necessariamente jurídica, que esteja vinculada à marca do varejista, com instituições de seu interesse ou da sociedade, como museus, escolas, teatros, clubes esportivos e artistas.	Mattar[71]	Posiciona a marca do varejo na mente de seu consumidor, de forma que ele tenha uma impressão positiva a respeito da empresa.
Venda pessoal	Pode ser considerada a forma mais original de promoção de vendas. A venda pessoal funciona em torno do conceito de busca por soluções para o consumidor naquele momento, além de oferecer um valor agregado que permite atender às necessidades do cliente da melhor maneira possível.	Mesquita e Alves[72]	Constrói e mantém relacionamentos de longo tempo com seus consumidores.

Fonte: elaborado pelos autores.

---

[69] MATTAR, 2011.

[70] MATTAR, 2011.

[71] MATTAR, 2011.

[72] MESQUITA, D.; ALVES, J. B. Empreendedorismo e venda pessoal. VI CONVIBRA: Congresso Virtual Brasileiro de Administração. 18 a 20 dez. 2009. *Anais...* São Paulo, 2009. Disponível em: <http://www.convibra.com.br/2009/artigos/245_0.pdf>. Acesso em: 23 jun. 2016.

Ao discutir a construção da imagem no varejo, é de suma importância destacar o papel da marca de uma empresa no mercado em que atua. Conforme Kerin et al.,[73] uma marca consiste de qualquer palavra, imagem ou uma combinação de ambas utilizada para distinguir e caracterizar produtos e serviços para o consumidor. Pontes[74] ressalta que as marcas no varejo ajudam as lojas a formar uma imagem e estabelecer um posicionamento para a própria loja. Dessa forma, o varejo cria sua imagem por meio de associações exclusivas, utilizando características de produtos ou serviços, segundo sua qualidade, e até mesmo por meio de políticas de *merchandising*, passando por técnicas de precificação e atributos promocionais.

Um dos primeiros estudos a respeito da construção da imagem no varejo foi desenvolvido por Martineau,[75] que explica que a imagem no varejo corresponde à maneira como esse tipo de comércio é desenvolvido na mente de seus consumidores, ora por suas qualidades funcionais, ora por uma aula de atributos psicológicos. De acordo com Martineau,[76] os consumidores procuram e escolhem a loja que tem a imagem mais significativa, ou aquela imagem que mais se assemelha à personalidade deles. Assim, consumidores de diferentes culturas e diferentes formas de pensar apontam para percepções também diferentes sobre a imagem ideal de uma loja no varejo. Outro estudo sobre esse tema é o de Kunkel e Berry,[77] que descrevem por meio de um modelo comportamental o processo de construção da imagem no varejo. Nesse processo, a ideia dessa imagem pode ser descrita como a "conceitualização total ou esperada reforçada que uma pessoa associa com a compra realizada em uma loja particular".[78]

A partir desses estudos foi possível desenvolver uma abordagem mais moderna sobre a construção da imagem no varejo, pois a criação e o desenvolvimento da imagem de uma empresa no varejo dependem do esforço do varejista em manter e melhorar o conceito de sua marca perante seu público-alvo. Por meio de diversos estudos, Kunkel e Berry[79] chegaram a 12 atributos necessários para a formação da imagem do varejo, os quais são apresentados na Figura 4.3.

---

[73] KERIN et al., 2007.

[74] PONTES, N. G. *Imagem e identidade de marca:* um estudo de congruência no varejo de moda. Dissertação de Mestrado. Escola de Administração de Empresas de São Paulo da Fundação Getúlio Vargas. São Paulo, 2009.

[75] MARTINEAU, P. The personality of retail store. *Harvard Business Review*, Boston, v. 33, p. 47-55, 1958.

[76] MARTINEAU, 1958.

[77] KUNKEL, J. H.; BERRY, L. A behavioral conception of retail image. *Journal of Marketing*, v. 32, p. 21-27, Oct. 1968.

[78] KUNKEL; BERRY, 1968, p. 23.

[79] KUNKEL; BERRY, 1968.

Figura 4.3   Atributos para a formação da imagem no varejo

Fonte: elaborada pelos autores.

Esses atributos podem ser sintetizados em cinco elementos, de acordo com Ailawaidi e Keller,[80] os quais são descritos na Figura 4.4.

---

[80] AILAWAIDI, K. L.; KELLER, K. L. Understand rentail branding: conceptual insights and research priorites. *Journal of Ratailing*, Atlanta, v. 80, p. 331-342, 2004.

Figura 4.4   Elementos formadores da imagem no varejo

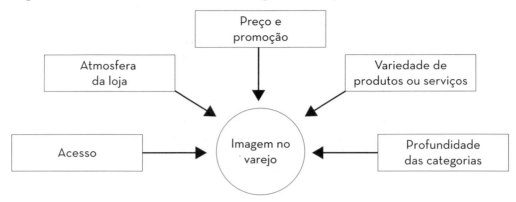

Fonte: adaptada de AILAWAIDI; KELLER, 2004, p. 337.

O **acesso** consiste não apenas na localização, mas também no período de funcionamento e operacionalização que o varejo pode oferecer a seus consumidores.

A **atmosfera da loja** refere-se ao desenvolvimento de um padrão para envolver o consumidor. Esse padrão pode ser definido em três aspectos: (1) aspectos sociais: no que diz respeito ao relacionamento com os funcionários e demais consumidores na loja; (2) aspectos físicos: como o *design* e a estrutura da loja no varejo em si; (3) aspectos do ambiente: como a música ambiente, a decoração e o perfume.

O **preço e a promoção** podem ser representados como os gastos que o consumidor realiza e que o influencia positivamente em sua percepção da imagem da loja no varejo.

A **variedade de produtos e serviços** também é um ponto relevante, pois proporciona ao consumidor maior diversidade e opções de escolha antes de decidir pela compra (ou não) do produto ou serviço que busca.

O quinto elemento refere-se à **profundidade das categorias**, e traduz a ideia de que, quanto menos categorias e mais profundidade a loja tiver, ela se torna mais especializada, e quanto menos profundidade e mais variedade, ela se torna mais generalista.

4.7   Gestão de distribuição física

Pekala[81] afirma que o processo de realização de uma estratégia de marketing em uma empresa reside não somente no alcance de metas de produção específicas e uma comunicação adequada com os funcionários durante a realização da fase de promoção. Segundo o autor, um fator constante e muito importante é fornecer produtos acabados para os clientes. A condição básica para se atingir as metas estabelecidas no varejo é que o produto final atenda às necessidades do consumidor, em especial que possua

---

[81] PEKALA, S. P. Distribution channels and their roles in their roles in the enterprise. *Polish Journal of Management Studies*, v. 6, p. 143-150, 2012. Disponível em: <http://oaji.net/articles/2014/1384-1415186087.pdf>. Acesso em: 23 jun. 2016.

uma forma adequada e que seja entregue no momento e no lugar certos. Atender a essa exigência significa tomar medidas e programar elementos incluídos no *mix de marketing*, e um deles é a distribuição de mercadorias – um dos processos de apoio ao mercado, contendo em si todas as decisões e ações relacionadas com a comunicação do fabricante com os clientes finais. Dessa forma, o canal de distribuição de marketing passa a ser relevante na gestão das organizações.

Os canais de distribuição podem ser definidos como canais de marketing ou canais do mercado. Um **canal de distribuição** é um grupo de elementos interdependentes em uma cadeia de suprimentos que se relaciona com cada uma das demais unidades organizacionais; além disso, participa no processo de fluxo de produtores ou serviços aos compradores.

Quadro 4.6   Características da gestão de distribuição física

Características	Definições
Funções importantes	• Movimentação física de produtos acabados • Transferência efetiva de leis de propriedade entre os participantes do canal • Informações sobre os compradores em potencial, concorrência e demanda • Promoção • Pagamento de faturas • Negociações • Realização de pedidos • Risco assumido
Estrutura vertical	• Expectativas dos consumidores finais • Características dos produtos • Capacidade financeira da empresa em tomar decisões • Condições legais e organizacionais para a distribuição
Sistema contratual	• Nome comercial do produto • Formato do negócio (ex.: *franchising*)

Fonte: adaptado de PEKALA, 2012.

O conceito de canal já foi amplamente discutido por vários autores, como Mallen,[82] Ajzen e Fishbein[83] e Rangan, Menezes e Maier.[84] No entanto, Guan[85] argumentou que os canais de distribuição são considerados determinantes básicos da estrutura

---

[82] MALLEN, B. Function spin-off: a key to anticipating change in distribution structure, *Journal of Marketing*. v. 37, n. 3, p. 18-25, 1973.

[83] AJZEN, I.; FISHBEIN, M. The role of innovation characteristics and perceived voluntariness in the acceptance of information technologies. *Decision Sciences*, v. 28, n. 3, p. 557-582, 1980.

[84] RANGAN, V. K.; MENEZES, M. A. J.; MAIER, E. P. Channel selection for new industrial products. *Journal of Marketing*. v. 56, p. 69-82, jul. 1992.

[85] GUAN, W. *Developments in distribution channels*: a case study of a timber product distribution channel. Department of Management and Engineering. Linking University. Sweden, Linköping: Institute of Technology, 2010.

da empresa, ou seja, um sistema projetado para realizar tarefas estritamente necessárias. Alguns pesquisadores como Mallen[86] e Wren,[87] têm discutido a estrutura de canal em termos de funções desempenhadas por seus membros. A ideia básica era que as funções de canal poderiam ser alocadas em diferentes combinações entre seus diversos atores, dependendo das características do canal. Dessa forma, as funções de canal são categorias de atividades e serviços que agregam valor aos bens físicos e como eles se movem dos fabricantes aos clientes.

De acordo com Guan,[88] dez outras funções do canal de distribuição podem ser aplicadas. O Quadro 4.7 sintetiza essas funções em oito.

Quadro 4.7   Funções dos canais de distribuição

Funções	Definições
1. Informação do produto	Fornece informações sobre os produtos para os clientes, em particular sobre os produtos que são novos para o mercado e cujas características são tecnicamente complexas.
2. Customização do produto	Ajusta a configuração técnica do produto para atender às necessidades do cliente. Mesmo um produto padrão deve satisfazer os requisitos de um cliente específico para certos fatores, como tamanho ou grau.
3. Qualidade do produto	Garante a confiabilidade do produto para os clientes.
4. Tamanho do lote	Fornece o esforço articulado de compra, caso o produto tenha um valor elevado.
5. Variedade	Em alguns casos, um cliente pode necessitar de um amplo leque de produtos sob o mesmo pedido. Por outro lado, a variedade pode estar relacionada com a amplitude da linha do produto.
6. Disponibilidade	A demanda dos clientes pode ser difícil de prever; se assim for, o canal deve suportar um alto grau de disponibilidade do produto.
7. Serviços pós-venda	Prestação de serviços como instalação, reparação, manutenção e garantia.
8. Logística	Presta serviços de transporte, triagem e fornecimento de produtos para os usuários finais (domésticos ou industriais).

Fonte: elaborado pelos autores.

---

[86] MALLEN, 1973.

[87] WREN, B. M. Channel structure and strategic choice in distribution channels. *Journal of Management Research*, v. 7, p. 78-86, 2007.

[88] GUAN, 2010.

Cabe destacar o conceito de Cobra[89] sobre a relevância da gestão de distribuição física nas empresas, que defende um composto de um número de organizações ou de indivíduos que se encarregam de levar o produto ou serviço ao local onde o comprador potencial se encontra, em tempo e momento convenientes a esses compradores e em condições de transferir a posse. A distribuição física e a distribuição logística são expressões frequentemente usadas como sinônimo de atividades associadas à eficácia do movimento de produtos acabados desde a linha de produção até o consumidor, e em muitos casos incluem o movimento de matérias-primas, desde a fonte de suprimentos até o início de produção em linha. Tais atividades incluem o transporte, a armazenagem, a expedição, a embalagem de proteção, o controle de estoques, a localização de fábricas e de depósitos para armazenagem, o processamento do pedido, a previsão de vendas e o serviço ao cliente.

4.8 Gestão de estudos de mercado

Desde o início do século 21 pôde-se observar o começo de uma era de grandes mudanças em todo o planeta, especialmente trazidas pelo avanço da tecnologia e pelo uso da informação. A era da comunicação móvel, imediata, a era do *Big Data*. Essas melhorias são refletidas em todos os aspectos da vida humana, incluindo o consumo e o comportamento de compra, e consequentemente nas pesquisas de mercado. As tendências e potenciais indicações da evolução são temas recorrentes entre profissionais da indústria e do varejo da contemporaneidade.

Segundo as pesquisas de Curtis[90] e Barbu,[91] a industrialização e a produção em massa de bens marcaram o início da era do consumo e do aparecimento de toda uma gama de conceitos e atividades, entre os quais o próprio consumidor, o marketing, a pesquisa de marketing e a publicidade. Desde o início, os fabricantes tiveram de persuadir os indivíduos – os consumidores – para que eles comprassem produtos que não necessariamente precisassem, mas cuja compra iria fazê-los se sentir melhor.

Apesar de passar por mudanças constantes, o propósito fundamental do sistema de marketing é e será sempre o mesmo: Boullart e Van den Bergh[92] e Weigel[93] afirmam que as empresas não estão interessadas no que o consumidor gosta ou deseja, mas nas formas pelas quais pode convencer o consumidor a comprar seus produtos e serviços. E em plena era digital os consumidores ainda compram itens que os fazem se sentir de uma forma particular: exclusivos, importantes, elegantes, inteligentes ou conectados.

---

[89] COBRA, M. *Administração de marketing no Brasil*. São Paulo: Cobra, 2003.

[90] CURTIS, A. The century of the self. *Documentary*, London: BBC/RDF Media DELL Social Media, 2013, Social Media Predictions, 2002.

[91] BARBU, A. Eight contemporary trends in the market research industry. *Management & Marketing Challenges for the Knowledge Society*, v. 8, n. 3, p. 429-450, 2013.

[92] BOULLART, A.; VAN DEN BERGH, J. No guts, no glory. 2012. Disponível em: <http://www.insitesconsulting.com/publications/no-guts-no-glory>. Acesso em: 3 jul. 2016.

[93] WEIGEL, M. *A tale of humility and indifference*. IPA 44 Club, 2013. Disponível em: <https://martinweigel.org/2013/02/20/a-tale-of-humility-and-indifference/>. Acesso em: 28 jun. 2016.

Para Barbu,[94] esse é o ambiente desafiador – e a grande oportunidade – da indústria e do varejo. Assim como o sistema de marketing evoluiu, os pesquisadores também estão buscando formas diferentes de identificar soluções para as empresas. Barbu apresenta sete tendências modernas em estudos de marketing e de mercado que têm o potencial para moldar o futuro da indústria e do varejo. O Quadro 4.8 resume esses conceitos.

Quadro 4.8   Tendências modernas em estudos de marketing e de mercado

Tendência	Definição
1. Redefinir conceitos e ferramentas	Mudanças no mercado e nos consumidores promovem uma reflexão sobre o estudo de mercado. Utilizar ferramentas que são relevantes é hoje uma preocupação comum a todos os envolvidos no marketing e na pesquisa de mercado.
2. Conhecer os consumidores do mundo digital	O mundo digital torna-se tão real como o verdadeiro – ou ao menos para alcançar consumidores em tempo a fim de atrair sua atenção para as empresas. Nessas condições, o *mobile marketing* é um dos novos canais que as empresas estão começando a aproveitar.
3. Por dentro da alma dos consumidores	As ferramentas de marketing não foram as únicas que evoluíram, mas também a investigação sobre as preferências dos consumidores. Martin[95] adverte que as pessoas não estão cientes de que convencê-las a mudar seu comportamento seja o melhor caminho. Esse autor defende a ideia de que observar os consumidores, em vez de aplicar uma pesquisa de mercado tradicional sobre eles, pode gerar melhores resultados para as empresas.
4. O *Big Data* e sua melhor análise	O *Big Data* é considerado útil para o futuro das empresas, mas sem eliminar completamente a pesquisa de mercado tradicional, de acordo com Liebenson.[96] Estes trabalhos resumem as principais características de grandes dados (como o volume, variedade, velocidade e veracidade).
5. A força do consumidor	Zernigah e Sohail[97] verificaram que as duas principais características do consumidor moderno são conduzir sua própria pesquisa sobre produtos e gerar informações sobre eles. Os consumidores estão interligados, e como as pessoas naturalmente tendem a confiar em experiências de outras pessoas, e não de empresas, ambos criam preocupação entre os varejistas, uma vez que as empresas agora têm controle sobre as informações que os consumidores estão expondo.

continua

---

[94] BARBU, 2013.

[95] MARTIN, C. *Mobile Marketing*: a terceira tela – Como estar em contato com seus clientes através de smartphones, tablets e outros dispositivos móveis. São Paulo: M. Books, 2013.

[96] LIEBENSON, D. *Big data*: opportunity or threat for market research? GreenBook Blog. 2012. Disponível em: <http://www.greenbookblog.org/2016/04/06/big-data-and-marketing-research/>. Acesso em: 29 jun. 2016.; LIEBENSON, D. Big data or big hype? GreenBook Blog.

[97] ZERNIGAH, K.I.; SOHAIL, K. Consumer's attitude towards viral marketing in Pakistan. *Management & Marketing*, v. 7, n. 4, p. 645-662, 2012.

continuação

6. Pesquisadores do futuro	O nível individual e as mudanças são inevitavelmente refletidos na pesquisa profissional e acadêmica do marketing. O pesquisador busca envolver-se com disciplinas, como a sociologia, ou como o próprio marketing, e é responsável apenas pelo contato com o cliente e interpretação dos resultados, enquanto o analista, geralmente um estatístico, produz os números reais. Um único indivíduo executará ambas as tarefas, e assim como os analistas de mercado, o pesquisador de mercado será o profissional mais habilitado para executar este caminho.	
7. Apresentar algo novo para todos	A maioria dos exemplos apresentados em estudos de mercado vem do ambiente de língua inglesa, latino-americana e europeia. Mas, como estudos de caso da Índia e do Paquistão demonstram, uma novidade é rapidamente adotada em todo o mundo – como deve ser, já que a sobrevivência do mais apto em situações econômicas difíceis é um desafio universal. Como Poynter[98] observou, todos os mercados em crescimento podem se beneficiar da adoção antecipada de novas técnicas, especialmente multinacionais, por fornecerem às suas agências locais novas ferramentas de análise de dados ou mineração de dados, novo marketing e métodos estatísticos e novas abordagens de consumo.	

Fonte: adaptado de BARBU, 2013.

Compreender o mercado e planejar ações de marketing ajudará o empreendedor a posicionar sua empresa e seus produtos no mercado consumidor. O planejamento é importante para qualquer empresa, independentemente de seu tamanho, porte ou atividade. Nesse sentido, duas abordagens tornam necessário o seu aprofundamento: o setor de planejamento e o setor de informações de marketing.

O **setor de planejamento**, segundo Cobra,[99] é definido como o processo de antecipar o futuro e determinar o curso de ação para a realização dos objetivos organizacionais. Essa definição mostra o planejamento como um processo contínuo que inclui os objetivos e a definição de quais ações serão necessárias para atingi-los. Grande parte da mortalidade das pequenas e médias empresas deve-se a fatores de caráter inerente à empresa. Investir em melhorias de produtos e processos e conhecer o segmento em que a empresa vai atuar é indispensável.

---

[98] POYNTER, R. Smartphones: the future of marketing research in asia pacific. ClickZ. *Marketing News & Expert Advice*, 2013. Disponível em: <http://archive.fo/BOBKx>. Acesso em: 23 jun. 2016.

[99] COBRA, 2003.

O perfil do pequeno empresário, para Giuliani,[100] caracterizado como imediatista, alguém que não planeja, é decorrente da cultura brasileira de "ser o próprio patrão", ou seja, os brasileiros sonham em ter o negócio próprio. Assim, segundo o autor, o empreendedor deve planejar, pois isso leva a administração a pensar no futuro e força a empresa a definir e redefinir os objetivos, a coordenação de esforços, esclarece os padrões de desempenho. Para se conseguir resultados eficazes com o planejamento, existe um bom número de ferramentas que podem auxiliar na condução dessa tarefa. São apresentados cinco pontos que devem ser considerados pelo setor de planejamento:

- planejar e executar pesquisas de mercado;
- descobrir oportunidades de mercado;
- desenvolver a segmentação de mercado para os produtos da empresa;
- elaborar produtos voltados para o mercado-alvo;
- avaliar o poder aquisitivo do consumidor-alvo.

A respeito do setor de informações de marketing, é importante ressaltar que toda empresa deve organizar seu fluxo de informações. Para realizar o planejamento, os empreendedores precisam de informações sobre o ambiente em que a empresa está inserida. Segundo Kotler e Armstrong,[101] um **setor de informações de marketing** é constituído de pessoas, equipamentos e procedimentos para coleta, classificação, análise, avaliação e distribuição de informações necessárias, de maneira precisa e oportuna, para os que tomam decisões de marketing. Pode-se buscar tais informações de duas formas:

- **fontes internas da empresa**: pesquisas de marketing, registros internos de pedidos de vendas, preços, custos, níveis de estoque, contas a pagar, contas a receber;
- **fontes externas**: caracterizadas por dados secundários, publicados para consulta, e dados primários, obtidos diretamente com base em pesquisas de mercado.

Assim, para construir um sistema de informação confiável, é necessário selecionar fontes que garantam a validade dos dados. Construir um banco de dados para armazenar os dados de forma ordenada facilitará o trabalho e auxiliará na tomada de decisões. A seguir, são apresentadas algumas informações específicas que esse banco de dados deverá conter, ligadas ao perfil dos consumidores-alvo para o produto:

- consumidores atuais: perfil, hábitos de consumo, fatores de agregação de valor;
- consumidores potenciais para o produto;
- ex-consumidores;
- produtos concorrentes;

---

[100] GIULIANI, 2003.
[101] KOTLER; ARMSTRONG, 2000.

- impacto da propaganda na venda dos produtos;
- análise do controle da auditoria das vendas por cliente, região, território;
- acompanhamento estatístico das vendas.

Os estudos de Pizzinatto et al.[102] afirmam que a construção do banco de dados e de seu gerenciamento faz parte do que, no mundo dos negócios, é conhecido pela sigla CRM (Consumer Relationship Management), instrumento baseado em banco de dados informatizado que possibilita a materialização do marketing de relacionamento.

Considerações finais

Todos os setores e funções em uma organização, abrangidos pela gestão do marketing, compõem o denominado sistema organizacional de marketing. O processo de planejamento de marketing, apoiado em sistemas de informações internas e externas à empresa, pode exigir a definição de programas de ação senão para todos os setores, pelo menos para os que poderão influenciar na consecução dos objetivos organizacionais.

De qualquer modo, é importante ressaltar o aspecto sistêmico em que as decisões de marketing influenciam, não somente em relação aos setores que compõem o sistema organizacional, mas também em relação a toda a organização – seus dirigentes e funcionários – e a todos os *stakeholders* organizacionais (segmentos que têm algum tipo de contato com a organização), atingindo, dessa forma, a sociedade como um todo. Vê-se sua amplitude amparada por sua importância na sobrevivência de uma empresa.

Questões

1. A elaboração de um planejamento de marketing abrange pensar tanto em questões estratégicas quanto táticas? Por quê?

2. O que é necessário para elaborar de um planejamento estratégico de marketing?

3. Manter relacionamento com os clientes pode ser uma forma de obter uma vantagem competitiva? Por quê?

4. Quais as três primeiras ideias que lhe vêm à mente ao ouvir a palavra "marketing"? Escreva seus possíveis conceitos.

5. O processo de decisão de compra do consumidor pode variar conforme o tipo de produto que ele vai adquirir, de alto ou de baixo envolvimento. Explique essa afirmação.

---

[102] PIZZINATTO et al., 2005.

Dicas dos consultores

Faça pesquisas de mercado com objetivo de:

1. Descobrir novas oportunidades de mercado, avaliar o poder aquisitivo do consumidor, elaborar novos produtos.
2. Dimensionar o mercado a ser atendido, fazendo sua segmentação por família de produtos, por clientes, por região, por faixa etária etc. Isso pode ser feito com planilhas de Excel que permitem a construção de gráficos de pizza, ideais para a análise e tomadas de decisão.
3. Com a ajuda de um colaborador que elabore planilhas Excel, construir um banco de dados contemplando as seguintes informações:
    - consumidores atuais: perfil, hábitos de consumo, fatores de agregação de valor;
    - consumidores potenciais para o produto;
    - ex-consumidores;
    - produtos concorrentes;
    - impacto da propaganda na venda dos produtos;
    - análise do controle da auditoria das vendas por cliente, região, território;
    - acompanhamento estatístico das vendas.
4. Acompanhar o Demonstrativo de Resultados do Exercício (RDE) mensal para que, através de médias de faturamento, possam ser feitas estimativas de vendas futuras.
5. Acompanhar as margens de contribuição e verificar os produtos que estão contribuindo pouco com o faturamento da empresa. Pode-se, assim, selecionar produtos, excluir alguns e incluir outros, comprar de novos fornecedores etc.

Referências

AAKER, D. A.; KUMAR, V.; DAY, G. *Market research*. Chischester: John Wiley and Sons, 2001.

AILAWADI, K. L.; KELLER, K. L. Understanding retail branding: conceptual insights and research priorities. *Journal of Retailing*, Atlanta, v. 80, p. 331-342, 2004.

AJZEN, I.; FISHBEIN, M. The role of innovation characteristics and perceived voluntariness in the acceptance of information technologies. *Decision Sciences*, v. 28, n. 3, p. 557-582, 1980.

BARBU, A. Eight contemporary trends in the market research industry. *Management & Marketing Challenges for the Knowledge Society*, v. 8, n. 3, p. 429-450, 2013.

BARCLAY, D. W. Interdepartmental conflict in organizational buying: the impact of the organizational context. *Journal of Marketing Research*, v. 28, n. 2, p. 145-159, 1991.

BONNER, J. M.; RUEKERT, R. W.; WALKER Jr., O. C. Upper management control of new product development projects and project performance. *Journal of Product Innovation Management*, v. 19, n. 3, p. 233-245, 2002.

BORDEN, N. H. The concept of the marketing mix. *Journal of Advertising Research*, v. 2, p. 7-12, 1984.

BOULLART, A.; VAN DEN BERGH, J. *No guts, no glory*. 2012. Disponível em: <http://www. insitesconsulting.com/publications/no-guts-no-glory>. Acesso em: 3 jul. 2016.

CHRISTENSEN, L. T.; FIRAT, A. F.; TORP, S. The organization of integrated communications: toward flexible integration. *European Journal of Marketing*, UK, v. 42, p. 423-452, 2008.

COBRA, M. *Administração de marketing*. 2. ed. São Paulo: Atlas, 1992.

____. *Administração de marketing no Brasil*. São Paulo: Cobra, 2003.

CURTIS, A. The century of the self. *Documentary*, London: BBC/RDF Media DELL Social Media, 2013, Social Media Predictions, 2002.

ERNST, H.; HOYER, W. D.; RÜBSAAMEN, C. Sales, marketing, and research-and-development cooperation across new product development stages: implications for success. *Journal of Marketing*, v. 74, p. 80-91, 2010.

EVANS, K. R. et al. How sales controls affect job-related outcomes: the role of organizational sales-related psychological climate perceptions. *Journal of the Academy of Marketing Science*, v. 35, n. 3, p. 445-459, 2007.

FARAH, O. E.; CAVALCANTI, M. *Empresas*: criação e administração. São Paulo: Érica, 1992.

FROEHLE, C. M. et al. Antecedents of new service development effectiveness: an exploratory examination of strategic operations choices. *Journal of Service Research*, v. 3, n. 1, p. 3-17, 2000.

GEBAUER, H. et al. Match or mismatch: strategy-structure configurations in the servisse business of manufacturing companies. *Journal of Service Research*, v. 13, n. 2, p. 198-215, 2010.

GIULIANI, A. C. *Marketing em um ambiente globalizado*. São Paulo: Cobra, 2003.

GIULIANI, A. C.; MONTEIRO, T. A. *Marketing para pequenas e médias empresas*: estudos de casos. Jundiaí: Paco, 2016.

GRÖNROOS, C. Adopting a service logic for marketing. *Marketing Theory*, v. 6, n. 3, p. 317-333, 2006.

GUAN, W. *Developments in distribution channels*: a case study of a timber product distribution channel. Department of Management and Engineering. Linking University. Sweden, Linköping: Institute of Technology, 2010.

GUPTA, A. K.; WILEMON, D. Accelerating the development of technology-based new products. *California Management Review*, v. 32, n. 2, p. 24-44, 1990.

HAMBURG UNIVERSITY OF TECHNOLOGY (TUHH). *Defining innovation*. Compiled by Rajnish Tiwari. Research Project Global Innovation, 2008.

HARTLINE, M. D. et al. Corridors of influence in the dissemination of customer-oriented strategy to customer contact service employees. *Journal of Marketing*, v. 64, n. 2, p. 35-50, 2000.

HOOLEY, G. J.; PIERCY, N. F.; NICOULAUD, B. *Marketing strategy and competitive positioning*. 4th edition. UK: Pearson; Prentice Hall, 2008.

IYAMABO, J.; OTUBANJO, O. A three-component definition of strategic marketing. *International Journal of Marketing Studies*, v. 5, n. 1, 2013.

KABADAYI, S.; EYUBOGLU, N.; THOMAS, G. P. The performance implications of designing multiple channels to fit with strategy and environment. *Journal of Marketing*, v. 7, n. 4, p. 195-211, 2007.

KERIN, R. A. et al. *Marketing*. São Paulo: McGraw-Hill, 2007.

KLIATCHKO, J. Revisiting the IMC construct: a revised definition and four pillars. *International Journal of Advertising*, UK, v. 27, n. 1, p. 133-160, 2008.

KOTLER, P. *Marketing management analysis, planning, implementation and control*. New York: McGraw-Hill, 2003.

KOTLER, P.; ARMSTRONG, G. *Introdução ao marketing*. 4. ed. São Paulo: Prentice Hall, 2000.

KOTLER, P.; LEVY, S. J. Broadening the concept of marketing. *Journal of Marketing*, v. 33, n. 1, p. 10-15, 1969.

KUNKEL, J. H.; BERRY, L. A behavioral conception of retail image. *Journal of Marketing*, v. 32, p. 21-27, Oct. 1968.

LAS CASAS, A. L. *Marketing*. 4. ed. São Paulo: Atlas, 1997.

LEE, J. Y.; PALMATIER, R.; KOZLENKOVA, I. Structural marketing: using organizational structure to achieve marketing objectives. *Journal of the Academy of Marketing Science*, v. 43, n. 1, p. 73-99, 2014.

LIEBENSON, D. *Big data*: opportunity or threat for market research? GreenBook Blog. 2012. Disponível em: <http://www.greenbookblog.org/2016/04/06/big-data-and-marketing-research/>. Acesso em: 29 jun. 2016.

LIEBENSON, D. *Big data or big hype*? GreenBook Blog. 2013. Disponível em: <http://www.greenbookblog.org/2013/04/01/big-data-or-big-hype/>. Acesso em: 29 jun. 2016.

LIEVENS, A.; MOENAERT, R. K. New service teams as information-processing systems: reducing innovative uncertainty. *Journal of Service Research*, v. 3, n. 1, p. 46-65, 2000.

LIODICE, B. Essentials for integrated marketing. *Advertising Age*, v. 72, n. 23, New York, 2008.

MALLEN, B. Function spin-off: a key to anticipating change in distribution structure. *Journal of Marketing*, v. 37, n. 3, p. 18-25. 1973.

MALTZ, E.; KOHLI, A. Reducing marketing's conflict with other functions: the differential effects of integrating mechanisms. *Journal of the Academy of Marketing Science*, v. 28, n. 4, p. 479-492, 2000.

MARTIN, C. *Mobile marketing*: a terceira tela: como estar em contato com seus clientes através de smartphones, tablets e outros dispositivos móveis. São Paulo: M. Books, 2013.

MARTINEAU, P. The personality of retail store. *Harvard Business Review*, Boston, v. 33, p. 47-55, 1958.

MATEAR, S. et al. How does market orientation contribute to service firm performance? *European Journal of Marketing*, v. 36, n. 9/10, p. 1068-1075, 2002.

MATTAR, F. N. *Pesquisa de marketing*. São Paulo: Atlas, 1993.

____. *Administração de varejo*. Rio de Janeiro: Elsevier, 2011.

MATTSSON, J. True marketing: a value based philosophy for strategic marketing. *Journal of Strategic Marketing*, v. 16, n. 3, p. 175-188, 2008.

MATSUO, M. The influence of sales management control on innovativeness of sales departments. *Journal of Personal Selling & Sales Management*, v. 29, n. 4, p. 321-331, 2009.

McDONALD, M. Strategic marketing planning: theory, practice and research agendas. *Journal of Marketing Management*, v. 12, n. 1-3, p. 5-27, 1996.

McDONALD, M. H. Ten barriers to marketing planning. *Journal of Marketing Management*, v. 5, n. 1, p. 1-18, 1989.

MESQUITA, D.; ALVES, J. B. Empreendedorismo e venda pessoal. VI CONVIBRA: Congresso Virtual Brasileiro de Administração. 18 a 20 dez. 2009. *Anais...* São Paulo, 2009. Disponível em: <http://www.convibra.com.br/2009/artigos/245_0.pdf>. Acesso em: 23 jun. 2016.

MILES, R. E.; SNOW, C. C. *Organizational strategy, structure, and process*. New York: McGraw-Hill, 1978.

MUNKSGAARD, K. B.; FREYTAG, P. V. Complementor involvement in product development. *Journal of Business & Industrial Marketing*, v. 26, n. 4, p. 286-298, 2011.

OLIVEIRA, B.; CAMPOMAR, M. C. O processo de posicionamento competitivo em marketing. II Ema-Anpad. São Paulo, *Anais...* São Paulo: 2006.

OLSON, E. M.; SLATER, S. F.; HULT, G. T. M. The performance implications of fit among business strategy, marketing organization structure, and strategic behavior. *Journal of Marketing*, v. 69, n. 3, p. 49-65, 2005.

PEKALA, S. P. Distribution channels and their roles in their roles in the enterprise. *Polish Journal of Management Studies*, v. 6, p. 143-150, 2012. Disponível em: <http://oaji.net/articles/2014/1384-1415186087.pdf>. Acesso em: 23 jun. de 2016.

PIERCY, N. F. Marketing implementation: the implications of marketing paradigm weaknesses for the strategy execution process. *Journal of the Academy of Marketing Science*, v. 26, n. 3, p. 222-236, 1998.

PIZZINATTO, N. K. et al. *Marketing focado na cadeia de clientes.* São Paulo: Atlas, 2005.

PONTES, N. G. *Imagem e identidade de marca*: um estudo de congruência no varejo de moda. Dissertação de Mestrado. Escola de Administração de Empresas de São Paulo da Fundação Getúlio Vargas. São Paulo, 2009.

POYNTER, R. Smartphones: the future of marketing research in asia pacific. ClickZ. *Marketing News & Expert Advice*. 2013. Disponível em: <http://archive.fo/BOBKx>. Acesso em: 23 jun. 2016.

RANGAN, V. K.; MENEZES, M. A. J.; MAIER, E. P. Channel selection for new industrial products. *Journal of Marketing*. v. 56, p. 69-82, Jul. 1992.

RIES, A.; TROUT, J. *Marketing de guerra*. 25 ed. São Paulo: McGraw-Hill, 1986.

RUST, R. T.; LEMON, K. N.; ZEITHAML, V. A. Return on marketing: using customer equity to focus marketing strategy. *Journal of Marketing*, v. 68, p. 109-127, 2004.

SHERMAN, D. J.; SOUDER, W. E.; JENSSEN, S. A. Diferential efects of the primary forms of cross-functional integration on product development cycle time. *Journal of Product Innovation Management*, v. 17, n. 4, p. 257-267, 2000.

SIEGEL, D. S.; VEUGELERS, R.; WIGHT, M. Technology transfer process and commercialization of university intellectual property: performance and policy implications, *Oxford Review of Economic Policy*, v. 23, n. 4, p. 640-660, 2007.

SMITH, B. An empirical investigation of marketing strategy quality in medical markets. *International Journal of Medical Marketing*, v. 3, n. 2, p. 153-162, 2003.

THURSBY, J. G.; THURSBY, M. C. University licensing. *Oxford Review of Economic Policy*, v. 23, n. 4, p. 620-639, 2007.

TROY, L. C.; HIRUNYAWIPADA, T.; PASWAN, A. K. Cross-functional integration and new product success: an empirical investigation of the findings. *Journal of Marketing*, v. 72, n. 6, p. 132-146, 2008.

VORHIES, D. W.; MORGAN, N. A. A configuration theory assement of marketing organization fit with business strategy and its relationship with marketing performance. *Journal of Marketing*, v. 67, n. 1, p. 100-115, 2003.

WEIGEL, M. *A tale of humility and indifference*. IPA 44 Club, 2013. Disponível em: <https://martinweigel.org/2013/02/20/a-tale-of-humility-and-indifference/>. Acesso em: 28 jun. 2016.

WILKIE, W. L.; MOORE, E. S. What does the definition of marketing tell us about ourselves? *American Marketing Association*, v. 26, n. 2, p. 269-276, 2007.

WOODSIDE, A. G. Opening up decision making: making sense of entrepreneur and reseller business-to-business strategies. *Journal of Business & Industrial Marketing*, v. 20, n. 7, p. 347-354, 2005.

WREN, B. M. Channel structure and strategic choice in distribution channels. *Journal of Management Research*, v. 7, p. 78-86. 2007.

XU, S.; CAVUSGIL, S. T.; WHITE, J. C. The impact of strategic fit among strategy, structure, and processes on multinational corporation performance: a multimethod assessment. *Journal of International Marketing*, v. 14, n. 2, p. 1-31, 2006.

ZEMLICKIENE, V.; MADITINOS, D. I. Marketing strategy formulation for innovative product development process. *Business:* theory and practice, v. 13, n. 4, p. 365-374, 2012.

ZERNIGAH, K. I.; SOHAIL, K. Consumer's attitude towards viral marketing in Pakistan. *Management & Marketing*, v. 7, n. 4, p. 645-662, 2012.

ZHAO, F. Commercialization of research: a case study of Australian universities. *Higher Education Research & Development*, v. 23, n. 2, p. 223-236, 2004.

ZHOU, K. Z. et al. Market orientation, job satisfaction, product quality, and firm performance: evidence from China. *Strategic Management Journal*, v. 29, n. 9, p. 985-1000, 2008.

Uma venda acadêmica

Certo dia, Salim, docente recém-chegado a uma Universidade Federal, quis conhecer colegas da Escola de Engenharia da instituição.

Visitando o Departamento de Engenharia Mecânica, deparou-se com o prof. dr. José Benedito, que mais tarde viria a ser seu grande parceiro, principalmente em bancas de defesa de seus orientandos.

José Benedito jamais esqueceria esse encontro, mencionando-o em todas as bancas aos convidados que não conheceram a veia mercantilista do colega.

Nesse encontro, a certa altura, o prof. José Benedito perguntou:

— Professor Salim, que horas são?

Mais do que depressa, Salim tirou o seu relógio Seiko do pulso e, colocando-o em cima de sua mesa, disse:

— Prof. José, só são 75 dólares.

José Benedito, sem pronunciar uma palavra sequer, e tampouco querendo entender o que se passava em sua presença, tirou seu talonário e fez o cheque.

5

COMO SOBREVIVER NO MERCADO IMPLANTANDO O E-COMMERCE

Graziela Oste Graziano
Ivelise Rasera Bragato
Sílvia Helena Carvalho Ramos
Valladão de Camargo

*"Os passos mais importantes em sua vida são dados
quando você deixa de lado seu padrão habitual,
seja por necessidade ou por opção."*

STANLEY M. HERMAN

Objetivos do capítulo

Mostrar as vantagens e desvantagens do e-commerce, de um modo geral e para pequenas empresas. Compreender quais condições internas e externas devem ser satisfeitas para que esse tipo de comércio possa ser implementado pela empresa a fim de aumentar sua participação no mercado e gerar mais lucratividade.

Alguns requisitos são considerados pontos de partida para a elaboração de um plano estratégico de e-commerce. As características do mercado *on-line*, em quais países se encontra concentrada a maior parte dos clientes potenciais para vendas, quais tipos de clientes compram por esse meio e quais os seus hábitos de compra e que concorrentes utilizam a internet como canal de vendas.

E-commerce

Marina e Carla são sócias em uma loja de cosméticos na cidade Limeira. Elas têm uma clientela fiel, mas que, em tempos de crise financeira, reduz drasticamente as compras. Se a freguesa comprava produtos para si e para presentear filhas e netas, hoje compra somente para ela. Perante essa situação, as sócias viram o faturamento despencar em mais de 30%. Ao assistirem a uma palestra sobre estratégias de sobrevivência de pequenas empresas em uma grande faculdade, chamou-lhes a atenção a parte que falava sobre o comércio eletrônico. Buscaram na internet e descobriram que não é apenas uma tendência, mas uma realidade. Lojas que passaram a vender também pela internet estão crescendo cada vez mais, pois buscam um público fora do seu domínio territorial, ou seja, consumidores distantes da loja.

Cientes de tal situação, o passo seguinte seria implantar o próprio e-commerce. Mas como? Elas desconhecem o processo. "Queimar-se" no mercado pelo nível de exigência do público internauta pode significar "queimar" a marca. Um deslize, uma entrega demorada, produtos em desconformidade com o que foi pedido podem comprometer todo o trabalho conquistado há anos.

Com o conhecimento adquirido, dedique-se à ação!

 O e-commerce tão somente funcionará se... a construção ou uso de toda uma infraestrutura abranger desde a integração com todos os agentes envolvidos, novas formas de marketing e propaganda, novos tipos e métodos para realização de promoções, até o uso de novas formas de entrega dos produtos e serviços, serviços de suporte e autoatendimento pelo cliente (*self-service*), organização e operação cooperada com parceiros de negócios, processamento dos pedidos, integração com fornecedores e agentes de distribuição, além de preparação do corpo de funcionários e colaboradores para atuarem nesses novos modelos de negócios.

Considerações iniciais

No varejo, diversas são as formas de comercialização. Novaes,[1] por exemplo, identifica as vendas varejistas realizadas por meio de catálogos e encomendas postais, lojas especializadas e de departamentos, pequenas vendas ou empórios, supermercados, hipermercados, lojas de descontos, *outlets* e shopping centers, entre outras. Kotler e Armstrong[2] identificam outras formas, como a venda por mala-direta, catálogos, telefone, TV, reuniões em casa e no escritório, contato de porta em porta, máquinas de venda automática, serviços *on-line* e internet, que são outras formas de varejo sem pontos de vendas físicos, que, mesmo assim, abrangeriam a venda a consumidores finais.

Para fins deste estudo, assume-se a proposta de Parente,[3] que distingue entre varejo com loja e varejo sem loja. Nos últimos anos, o varejo sem lojas tem registrado um incremento significativo em relação ao varejo com lojas, embora a maioria das operações de varejo ainda seja realizada pelo modelo dos balcões das lojas. Mas, com a mudança na dinâmica da vida das pessoas e a necessidade de assumir outros papéis na sociedade, bem como a assunção de outras posturas e valores como consumidores, já se formou um segmento de mercado que está preferindo a compra interativa em casa, o chamado comércio eletrônico, no inglês, e-commerce.

Em decorrência disso, algumas empresas estão utilizando outros canais de comercialização além do varejo tradicional, na tentativa de manterem-se competitivas nesse mercado. De acordo com Fiore, "a nova internet permitiu aos modelos de negócio e às estratégias emergentes de marketing que se seguiram dar aos e-businesses as ferramentas para alcançarem os consumidores sempre que e onde quer que eles comprem".[4] Entretanto, a experiência varejista nesse sistema de vendas ainda conta com poucos estudos que validam a utilização da sistemática.

Este capítulo revela as opções processuais para a adoção do e-commerce como alternativa de comercialização varejista e enfoca a aplicação de um dos modelos, o Modelo Bullseye, estudado de forma exploratória, em um comércio varejista localizado na cidade de Piracicaba (SP).

Permitiu-se por meio da aplicação do Modelo Bullseye a implementação de um sistema de e-commerce, no molde B2C (*business to consumer*), para a organização varejista, levando-se em conta pontos favoráveis e desfavoráveis à estratégia de inserção no comércio *on-line* para a venda de fraldas descartáveis.

---

[1] NOVAES, A. G. *Logística e gerenciamento da cadeia de distribuição*: estratégia, operação e avaliação. 2. ed. rev. atual. Rio de Janeiro: Elsevier, 2004.

[2] KOTLER, P.; ARMSTRONG, G. *Princípios de marketing*. Trad. Arlete Simille Marques. 9. ed. São Paulo: Prentice Hall, 2003.

[3] PARENTE, J. *Varejo no Brasil*: gestão e estratégia. São Paulo: Atlas, 2000.

[4] FIORE, F. *E-marketing estratégico*. Trad. Maria Lucia G.L. Rosa. São Paulo: Makron Books do Brasil, 2001. p. 10.

5.1 Varejo: das vendas com lojas ao e-commerce

5.1.1 Conceito de varejo

O **varejo** é definido como todas as atividades que envolvem o fornecimento de unidades ou pequenos lotes em termos de volume de vendas para uso pessoal.[5] Parente[6] conceitua varejo como "todas as atividades que englobam o processo de venda de produtos e serviços para atender a uma necessidade pessoal do consumidor final".

5.1.2 Tipos de loja no varejo

As empresas varejistas podem ser classificadas segundo alguns critérios. Este subitem demonstra os tipos de varejistas caracterizados de acordo com o tipo de propriedade, e as empresas de varejo divididas em dois grandes grupos: por tipo de propriedade, as organizações podem ser chamadas de independentes, cadeias, franquias, alugadas, ou de propriedade de um fabricante ou atacadista, conforme explicitados no Quadro 5.1.

Quadro 5.1   Exemplos de empresas por tipo de propriedade

Tipo de propriedade	Exemplo(s)
Independentes	George's
Cadeias	C&A, Carrefour, Pão de Açúcar
Redes	Tem Mais (autopeças), Farmais (farmácia)
Franquias	O Boticário, McDonald's

Fonte: elaborado pelos autores com base em PARENTE, 2000.

Quanto ao formato dos empreendimentos varejistas, Parente[7] identifica dois grandes grupos: os varejistas com loja e os varejistas sem loja. Os varejistas com lojas são divididos em varejo alimentar, varejo não alimentar e varejo de serviços.

---

[5]   KOTLER; ARMSTRONG, 2003.

[6]   PARENTE, 2000, p. 22.

[7]   PARENTE, 2000.

O Quadro 5.2 mostra a classificação do varejo alimentício com lojas, na visão do autor.

Quadro 5.2   Classificação do varejo alimentício com lojas

Varejo alimentício com lojas	
Bares	Lojas de conveniência
Mercearias	Supermercados compactos
Padarias	Supermercados convencionais
Minimercados	Superlojas
Hipermercados	Clubes atacadistas

Fonte: elaborado pelos autores com base em PARENTE, 2000.

O Quadro 5.3 exemplifica as empresas por tipo de propriedade.

Quadro 5.3   Exemplos de empresas por tipo de propriedade

Varejo não alimentar com lojas	Exemplo(s)
Lojas especializadas	Leroy Merlin
Lojas de departamento	Riachuelo, Pernambucanas
Magazines	Casas Bahia, Ponto Frio, Magazine Luiza

Fonte: elaborado pelos autores com base em PARENTE, 2000.

Para Levy e Weitz,[8] os varejistas com loja dividem-se em lojas de departamentos, lojas de descontos, lojas de produtos diferenciados, especialistas de categoria, *warehouse club*, hipermercados e lojas de descontos. O varejo de serviços engloba várias atividades, de acordo com alguns critérios como grau de tangibilidade, grau de competência, intensidade de mão de obra e grau de contato com o cliente. Assim, são exemplos de varejo de serviços: locadoras de roupas de festa e de veículos, clínicas médicas, salões de beleza, bancos, lanchonetes e bibliotecas, entre outros. Os varejistas sem lojas incluem marketing direto, venda direta, máquina de venda automática (*vending machines*) e varejo virtual.

---

[8]   LEVY, M.; WEITZ, B. A. *Administração de varejo*. Trad. Erika Suzuki. São Paulo: Atlas, 2000.

5.1.3 E-commerce: um dos tipos de varejo sem lojas

De acordo com Tapscott,[9] a internet é muito mais que somente outro desenvolvimento tecnológico, ela "representa alguma coisa qualitativamente nova; um sem precedente e um meio de comunicação universal e poderoso". Por meio dela vem ocorrendo o comércio eletrônico, definido por Laudon e Laudon, como "o uso da tecnologia da informação (TI), como computadores e telecomunicações, para automatizar a compra e venda de bens e serviços".[10] O processo de compra e venda com apoio nos meios eletrônicos é denominado **e-commerce**.[11]

Angeli e Monteiro[12] argumentam que o "comércio eletrônico se baseia na transferência eletrônica e compartilhamento de informação, tanto interorganizacional quanto intraorganizacional".

Na verdade, e-commerce é apenas uma parte do e-business. Franco Júnior[13] comenta que o e-business representa todo o conjunto de sistemas de uma empresa interligado aos sistemas de diversas outras empresas, interagindo para que o e-commerce aconteça.

Sobre o papel aglutinador do e-business, Fiore[14] ressalta que esse tipo de venda não constrói uma comunidade *on-line* – os usuários, sim. O autor ainda orienta que para "ter uma comunidade de sucesso em seu e-business, os recursos da comunidade devem refletir o ponto de vista dos usuários. Estes definem o assunto – e você responde a ele".

O comércio eletrônico surgiu em virtude de o mundo dos negócios vir sofrendo uma mudança da era industrial para a era da informação. Essa transição para o mundo virtual é quase inevitável, mas a grande dificuldade das empresas é decidir de que forma passar de uma comercialização clássica, física, para uma nova forma, sem loja, eletrônica, de maneira harmonizada e coerente, sob os olhos atentos do consumidor.

É uma sistemática de vendas que ainda pode ocorrer na forma B2B ou B2C. Fiore[15] afirma que, dentro da prática do e-commerce, destacam-se os processos de venda negócio a negócio (B2B) e B2C, que indica a venda de negócio a consumidor. O universo B2B envolve quatro tipos: "fornecedores de produtos e serviços B2B, trocas B2B não realizadas entre setores, trocas entre setores B2B e centrais de comércio B2B".

---

[9] TAPSCOTT, D. Rethinking strategy in a networked world. *Strategy + Business*, n. 64, p.1-8, 2001. p. 4.

[10] LAUDON, K. C.; LAUDON, J. P. *Sistemas de informação com internet*. Trad. Dalton Conde de Alencar. 4. ed. Rio de Janeiro: LCT, 1999. p. 186.

[11] KOTLER; ARMSTRONG, 2003.

[12] ANGELI, J. S.; MONTEIRO, T. A. E-commerce – comércio eletrônico: uma análise das tendências futuras. In: GIULIANI, A. C. (Coord.). *Gestão de marketing no varejo*. 2. ed. São Paulo: OLM, 2005. p.151-160.

[13] FRANCO JUNIOR, C. F. *E-business:* tecnologia de informação e negócios na internet. São Paulo: Atlas, 2001.

[14] FIORE, 2001, p. 172.

[15] FIORE, 2001, p. 52.

O rápido crescimento do marketing *on-line* e da utilização da internet anuncia a explosão de uma nova era de comércio eletrônico que já chegou.[16]

O desenvolvimento do B2B foi maior em relação ao B2C porque foi um dos pioneiros no uso da internet como ferramenta de negócio, visto que as empresas são equipadas com tecnologias que lhes permite utilizar a internet para diversas atividades.

Segundo Karsaklian,[17] a comercialização de produtos na internet requer das empresas organização interna para elaborar respostas a essa nova demanda, uma vez que os clientes serão mais exigentes na encomenda, no pagamento e no recebimento do produto. A causa disso está no fato de o consumidor saber o que quer, como quer e quando quer.

Para Fiore,[18] as organizações podem conduzir o marketing *on-line* de quatro maneiras: criando uma presença eletrônica *on-line*, colocando anúncios na internet, participando de fóruns, grupos de discussão ou comunidades web, ou utilizando e-mail e webcasting.

No caso específico deste estudo, o enfoque será dado na criação de presença eletrônica *on-line* com a abertura do próprio website pelo comércio varejista, com o objetivo de atrair clientes a partir de uma interação que o trará mais próximo da compra ou de qualquer outro resultado de marketing. Esse tipo de site inclui um catálogo, sugestões de compra e promoções como cupons, eventos de vendas ou concursos. A utilização da internet pelos varejistas requer algumas decisões, elencadas no Quadro 5.4.

Quadro 5.4   Algumas decisões dos varejistas na utilização da Internet

Qual orçamento será alocado para desenvolver um website e mantê-lo?
Quem desenvolverá e manterá o website, o próprio varejista ou um especialista externo?
Quais características o website terá?
Com que frequência o conteúdo da website será mudado?
Como os pedidos *on-line* serão processados?
Quais métodos de pagamento *on-line* serão aceitos?

Fonte: elaborado pelos autores com base em BERMAN, B.; EVANS, J. R. *Retail management*: a strategic approach. 7.ed. Prentice Hall, 1998. p. 185.

---

[16] KARSAKLIAN, E. *Cybermarketing*. São Paulo: Atlas, 2001.

[17] KARSAKLIAN, 2001, p. 103.

[18] FIORE, 2001, p. 172.

Para Albertin,[19] alguns itens importantes nas lojas virtuais são:

- certificados de segurança: o cliente tem conhecimento da segurança da transação;
- telefone ou e-mail do Programa de Proteção e Defesa do Consumidor (Procon): disponibilidade de números telefônicos e endereços eletrônicos para que o cliente possa recorrer em caso de problemas;
- cumprimento de promessas: uma loja deve prometer o que poderá cumprir;
- atualização da loja: os produtos comercializados devem ser procurados pelo mercado;
- atendimento a dúvidas: disponibilidade de um número 0800 para que o cliente possa utilizá-lo;
- especificação de dados técnicos sobre os produtos oferecidos: declarar claramente as especificações do produto, como peso, volume, material, valor nutricional.

Clientes virtuais estão cada vez mais exigentes, querem respostas rápidas e não admitem atrasos no recebimento dos produtos ou serviços. A tecnologia 3D, por exemplo, ajuda o consumidor na visualização do produto que está comprando, além da possibilidade de comparar preços em tempo real e de forma mais próxima à realidade. "Essa nova ferramenta leva o consumidor a fazer compras com um número muito maior de informações, livres de local e tempo".[20]

Kotler[21] ressalta que o crescimento do marketing *on-line* é explosivo frente ao marketing direto pelos canais tradicionais. Além disso, o aumento do número de nichos de mercados com desejos e necessidades diferentes é resultado da "desmassificação" do marketing.

Berman e Evans[22] destacam que a internet, na perspectiva do varejista, apresenta algumas finalidades: enfatizar a imagem do varejo; alcançar clientes geograficamente dispersos, incluindo alguns estrangeiros; fornecer informações para o cliente; promover novos produtos e na íntegra explicar e demonstrar suas características; prover serviços ao cliente no formato do e-mail "hot links" e comunicações. No caso específico de pequenos negócios, Laudon e Laudon[23] explicam que "a web é especialmente benéfica para pequenas empresas, dando-lhes acesso a mercados distantes que antes só podiam ser explorados por grandes empresas que tinham mais recursos".

---

[19] ALBERTIN, A. L. Comércio eletrônico: benefícios e aspectos de sua aplicação. *Revista de Administração de Empresas (RAE)*, v. 38, n. 1, p. 52-63, jan./mar, 1998.

[20] LADEIRA, R. O que leva o consumidor brasileiro a comprar no varejo eletrônico. In: ANGELO, C. F. de; SILVEIRA, J. A. G. da. (Coords.). *Varejo competitivo*. São Paulo: Atlas, 2001.

[21] KOTLER; ARMSTRONG, 2003.

[22] BERMAN, B.; EVANS, 1998, p. 182.

[23] LAUDON; LAUDON, 1999, p. 181.

Entretanto, alguns entraves freiam o maior desenvolvimento do e-commerce. Entre eles pode-se destacar a dificuldade de acesso a crédito ao consumidor, a forte desconfiança de boa parte dos usuários na questão da segurança do processo e dos meios de pagamento *on-line* e as dificuldades operacionais, dentre outras.

Brynjolfsson e Smith[24] comentam sobre a eficiência dos mercados eletrônicos. A razão principal para considerar a maior eficiência dos mercados eletrônicos em relação aos mercados tradicionais é a diminuição da assimetria das informações. Os autores analisaram a hipótese usando os preços cobrados pela internet e pelos varejistas convencionais para produtos homogêneos – livros e CDs. Os resultados demonstraram que os varejistas da internet cobram preços menores que os varejistas convencionais e que o repasse dos preços são feitos em menor escala por eles. Concluiu-se que a internet é um canal mais eficiente em termos de nível de preço e lista de custos.

Mas uma questão deve ser considerada: todos os mercados estarão aptos a provar a transição do mundo real para o virtual?

5.2 E-commerce no varejo

Vale comentar que, embora o varejo virtual tenha tido divulgação maior no Brasil em 1999,[25] o surgimento e a expansão de grandes empresas de varejo virtual, como a Amazon.com, e a adesão de grandes empresas brasileiras, como o Pão de Açúcar, indicam a enorme importância que esse tipo de varejo deverá desempenhar nos próximos anos. Por seu rápido crescimento, ele vem despertando interesse nos mais diversos setores varejistas.[26]

Segundo Christensen e Tedlow, o setor de varejo se encontra em uma situação de incerteza. Com medo de perder oportunidades, as empresas investem no e-commerce como canal de vendas. No entanto, percebe-se que as estratégias empresariais tradicionais não podem ser simplesmente transpostas para a internet. Parece claro, no entanto, que o comércio eletrônico irá, em um nível mais abrangente, mudar a base da vantagem competitiva no varejo.[27]

A utilização da internet pelas empresas representa uma forma de ampliação de seus canais de marketing para o escoamento de produtos e serviços, na qual a convergência desses dois fatores – a necessidade dos consumidores e o interesse das empresas – tende a sinalizar que o varejo virtual será utilizado cada vez mais como forma de comercialização de bens e serviços, substituindo o varejo tradicional e físico das lojas.

---

[24] BRYNJOLFSSON, E.; SMITH, M. D. Frictionless commerce: a comparison of internet and conventional retailers. *Management Science*, v. 46, n. 4, p. 563-585, apr. 2000.

[25] LADEIRA, 2001.

[26] PARENTE, 2000.

[27] CHRISTENSEN, C. M.; TEDLOW, R. S. Patterns of disruption in retailing. *Harvard Business Review*, v. 78, n. 1, p. 42-45, jan/feb. 2000.

Para Vassos,[28] as principais vantagens do comércio varejista eletrônico para o consumidor em relação ao varejo tradicional são: conveniência, informação e comodidade, pois os clientes podem fazer seus pedidos 24 horas por dia, qualquer dia da semana e de onde estiverem. Eles podem encontrar dados comparativos sobre empresas, produtos e preços de seus escritórios ou residências. Assim, os clientes não precisam ter contato pessoal com vendedores ou entrar em filas. No entanto, as principais desvantagens do comércio eletrônico em comparação ao varejo de lojas físicas são: tempo de espera para recebimento de um produto e impossibilidade de contato físico com a mercadoria antes da compra.

Serrentino[29] explora alguns benefícios para uma empresa varejista operando no e-commerce: marca, relacionamento com o cliente, confiança, menor custo de aquisição de clientes, mídia permanente (nas embalagens, lojas, mala-direta, catálogos, publicidade), serviço (atender o consumidor pelo canal por meio do qual ele quer comprar), pós-venda (devolução/trocas), possibilidade de remanejamento de estoque e maior poder de negociação com fornecedores. Porém, o autor comenta também as principais vantagens de um varejista virtual puro: maior flexibilidade (no *mix* de produtos, posicionamento, estrutura empresarial e modelo de negócio), estrutura empresarial mais enxuta, menor custo operacional, maior "agressividade tecnológica" e maior conhecimento individual do cliente.

Na concepção de Parente,[30] os negócios no varejo virtual devem estar apoiados em conceitos que identificam as mudanças de paradigmas que diferenciam a economia industrial da economia digital. Tal concepção é mostrada no Quadro 5.5.

Quadro 5.5 Paradigmas que diferenciam a economia industrial da economia digital

Informação analógica	Informação digital
Fatores de produção: capital, terra e mão de obra.	Fatores de produção: conhecimento.
Criação de valor pelos métodos repetitivos de trabalho.	Criação de valor pela aplicação do conhecimento ao trabalho (produtividade e inovação).
Fabricação em massa de produtos físicos em determinado local e período de tempo.	Fabricação de bits a qualquer hora e em qualquer lugar.

continua

---

[28] VASSOS, T. *Marketing estratégico na internet*. Trad. e rev. Arão Sapiro. São Paulo: Makron Books do Brasil, 1997.

[29] SERRENTINO, A. *E-commerce no varejo:* a hora e a vez do multicanal. 2006. Disponível em: <www.varejista.com.br>. Acesso em: 18 jan. 2006.

[30] PARENTE, 2000.

continuação

Informação analógica	Informação digital
Interação entre vendedores e compradores ocorre em um ponto de venda (físico).	Relacionamento entre vendedores e compradores ocorre por meio de uma transação no mercado virtual.
Conteúdo, contexto e infraestrutura estão agregados no produto.	Conteúdo, contexto e infraestrutura estão desagregados, criando novos formatos de negócios.

Fonte: elaborado pelos autores com base em PARENTE, 2000.

Levy e Weitz[31] comentam o que leva o consumidor a preferir a compra no varejo virtual. Eles ressaltam a experiência social e de entretenimento, ou seja, o varejo virtual oferece aos consumidores uma variedade de benefícios, além de ajudá-los a comprar mercadorias; a questão da segurança, pois os consumidores fazem seus pedidos em um ambiente seguro, em seus lares; o pedido e o recebimento de mercadorias, uma vez que os consumidores fazem seus pedidos a partir de muitos locais a qualquer hora do dia; o número de alternativas, isto é, o consumidor pode visitar vários pontos de venda em prazo de minutos; o fornecimento de informações para avaliação da mercadoria, possibilitando aos clientes tomarem as melhores decisões de compra; e a quantidade de informações: os produtos oferecidos contam com especificações técnicas.

Por outro lado, a segurança no uso de cartão de crédito ainda é apontada como empecilho para compras em ambientes virtuais, assim como o medo de que o produto não seja entregue.

Nesse contexto, sistemas de informação (SI) são vistos pelas organizações como cruciais para a sua operação no dia a dia e para sua sobrevivência a longo prazo. Independentemente do tamanho, cada vez mais as organizações necessitam dos SIs para reagir aos problemas e às oportunidades do ambiente global de negócios. Os SIs estão transformando a maneira como o trabalho é conduzido e como os produtos e serviços são produzidos, e também estão oferecendo aos indivíduos novas ferramentas para melhorar sua vida e suas comunidades.[32]

5.3 E-commerce e o Modelo Bullseye de avaliação

A estratégia de venda via internet demanda um modelo de previsão formado por fatores que possam ser usados para prever a probabilidade de sucesso de venda por meio da rede mundial. Nesse caso, o Modelo de Marketing Internet Bullseye é perfeito para esse objetivo, porque:

---

[31] LEVY; WEITZ, 2000.

[32] LAUDON; LAUDON, 1999.

é composto por 30 fatores que podem ser usados para prever o sucesso potencial de vendas via internet de um produto ou serviço em particular. Se esse produto ou serviço recebe uma boa contagem considerando os 30 fatores, ele será tido como "bullseye" (tiro certo). Na verdade, poucos produtos ou serviços chegam perto de ser considerado um "tiro certo" perfeito.[33]

Esses fatores integram critérios relacionados à estrutura de custo do setor, ao ambiente de marketing, ao mercado-alvo e a fatores referentes às características do produto (ou serviço), do preço, da promoção e da distribuição. A partir das respostas obtidas com o modelo, obtém-se um resultado que mostra a probabilidade de sucesso do marketing por meio da internet. Há sete fatores do modelo relacionados ao mercado-alvo, nove para produto/serviço, um para marca, dois para distribuição, dois para preço, um para promoção, estrutura de custos do setor, ambiente competitivo, ambiente legal e demanda de mercado, dois para o ambiente sociocultural e demanda do mercado e um para ambiente político, econômico e tecnológico para determinar o percentual de viabilidade de venda pela internet.[34]

Para cada critério do modelo, classifica-se o produto/serviço a ser lançado na internet. Se a oferta não satisfizer os requisitos dos critérios, a contagem deve ser zero. Mas se ela satisfizer plenamente, a nota deve ser 10. Caso esteja perto de satisfazer, uma nota boa seria 8 ou 9. Se o resultado não é bom nem ruim, escolhe-se uma classificação entre 2 e 7. O Quadro 5.6 apresenta um esclarecimento mais detalhado sobre a pontuação.

Quadro 5.6 Esclarecimento sobre pontuação

Satisfação do critério	Pontuação
Baixa (não satisfaz)	0 ou 1
Baixa/Intermediária	2, 3 ou 4
Intermediária/Alta	5, 6 ou 7
Alta (satisfaz plenamente)	8, 9 ou 10

Fonte: elaborado pelos autores com base em VASSOS, 1997, p. 23.

As informações são levantadas a partir da análise dos critérios do modelo, considerando os fatores relacionados a cada um deles. Cada fator representa uma questão a ser respondida em relação ao produto ou serviço analisado. Para cada um deles, as possibilidades de respostas são apresentadas no Quadro 5.6. Por exemplo, o fator "É uma marca bem conhecida de uma empresa conhecida?" relacionado ao critério MARCA pode obter pontuação baixa, baixa intermediária, intermediária alta ou alta.

---

[33] VASSOS, 1997, p. 16.

[34] VASSOS, 1997.

Considerações finais

Vimos ao longo do capítulo as vantagens e desvantagens para pequenas empresas ao implantar um e-commerce.

Para sua implantação, alguns requisitos são considerados como pontos de partida para a elaboração de um plano estratégico de e-commerce: identificar onde estão concentrados os clientes, ou seja, em que país; o que compram, quais hábitos de compra e como compram.

O e-commerce é apenas uma parte do e-business, sendo entendido como uma das formas de comercialização de produtos e serviços. As empresas que vendem pelo e-commerce devem se atentar ao consumidor, pois clientes virtuais estão cada vez mais exigentes, querem respostas rápidas e não admitem atrasos no recebimento dos produtos ou serviços.

Ao optar pela utilização da internet, as empresas buscam uma forma de ampliação de seus canais de marketing para o escoamento de produtos e serviços, na qual a convergência desses dois fatores – a necessidade dos consumidores e o interesse das empresas – tende a sinalizar que o varejo virtual será utilizado cada vez mais como forma de comercialização de bens e serviços, substituindo o varejo tradicional e físico das lojas.

A estratégia de venda via internet demanda um modelo de previsão formado por fatores que possam ser usados para prever a probabilidade de sucesso de venda por meio da internet. Nesse caso, o Modelo de Marketing Internet Bullseye é perfeito para esse objetivo, pois é composto por 30 fatores que podem ser usados para prever o sucesso potencial de vendas via internet de um produto ou serviço em particular. Esses fatores integram critérios relacionados à estrutura de custo do setor, ao ambiente de marketing, ao mercado-alvo e a fatores referentes às características do produto (ou serviço), do preço, da promoção e da distribuição.

Questões

1. Qual a importância do público-alvo na escolha do e-commerce como outra forma de varejo por uma empresa além das vendas no comércio tradicional?

2. Quais as principais vantagens do comércio varejista eletrônico para o consumidor e para a organização em relação ao varejo tradicional?

3. Como a logística pode ser utilizada como diferencial estratégico no e-commerce?

4. O resultado positivo (51%) dos fatores analisados no Modelo Bullseye não infere necessariamente em sucesso do e-commerce para um negócio. Quais outros fatores precisam ser considerados para a obtenção de sucesso com as vendas *on-line*?

5. Qual a melhor estratégia de preço a ser adotada por esse comércio varejista com as vendas *on-line*? Justifique sua resposta.

Dicas dos consultores

1. Antes de decidir por venda *on-line*, planejar e controlar os estoques para que não faltem mercadorias quando o cliente solicitar.
2. Destinar uma verba orçamentária para o desenvolvimento e manutenção do website.
3. Contratar sistema de pagamento que garanta que o cliente pagou pela mercadoria antes de enviá-la.
4. Ter um colaborador que se ocupe do controle das vendas *on-line*, desde a entrada do pedido até a entrega da mercadoria.
5. Cuidar do pós-venda para ter as informações precisas para viabilizar o crescimento dessa modalidade de vendas.
6. Elaborar um site com visual previamente estudado para chamar a atenção dos consumidores e atender às suas necessidades durante a compra.
7. Ter sempre um colaborador para inserir produtos, atualizar preços, colocar promoções periodicamente e demais instruções necessárias que estimulem o cliente a comprar.
8. Treinar os colaboradores para a modalidade de vendas *on-line*, que exige uma dedicação diferenciada de atendimento, uma vez que o consumidor *on-line* opta por essa modalidade por exigir rapidez na entrega, conveniência (entrega em domicílio) e transparência.
9. Manter estoque de todo o material que está no site, pois empresa que não entrega no prazo é mal avaliada e compromete sua imagem como vendedora *on-line*.

Referências

ALBERTIN, A. L. Comércio eletrônico: benefícios e aspectos de sua aplicação. *Revista de Administração de Empresas (RAE)*, v. 38, n. 1, p. 52-63, jan./mar. 1998.

ANGELI, J. S.; MONTEIRO, T. A. E-commerce – comércio eletrônico: uma análise das tendências futuras. In: GIULIANI, A. C. (Coord.). *Gestão de marketing no varejo*. 2. ed. São Paulo: OLM., 2005.

BERMAN, B.; EVANS, J. R. *Retail management*: a strategic approach. 7. ed. Prentice Hall, 1998.

BRYNJOLFSSON, E.; SMITH, M. D. Frictionless commerce: a comparison of internet and conventional retailers. *Management Science*, v. 46, n. 4, p. 563-585. Apr. 2000.

CAMARA-E.NET. *Varejo on-line atinge 4,602 bilhões no primeiro semestre de 2005*. 2005. Disponível em: <http://www.camara-e.net/interna.asp?tipo=1&valor=3276>. Acesso em: 17 jul. 2017.

CHRISTENSEN, C. M.; TEDLOW, R. S. Patterns of disruption in retailing. *Harvard Business Review*, v. 78, n. 1, p. 42-45, jan./feb. 2000.

FELIPINI, D. *É possível vender para pobres na Internet?*. 2003. Disponível em: <http://www.e-commerce.org.br/pobres-internet/>. Acesso em: 11 jan. 2018.

FIORE, F. *E-marketing estratégico*. Trad. Maria Lucia G. L. Rosa. São Paulo: Makron Books do Brasil, 2001.

FRANCO JUNIOR, C. F. *E-business: tecnologia de informação e negócios na internet*. São Paulo: Atlas, 2001.

KARSAKLIAN, E. *Cybermarketing*. São Paulo: Atlas, 2001.

KOTLER, P.; ARMSTRONG, G. *Princípios de marketing*. Trad. Arlete Simille Marques. 9. ed. São Paulo: Prentice Hall, 2003.

LADEIRA, R. O que leva o consumidor brasileiro a comprar no varejo eletrônico. In: ANGELO, C. F. de; SILVEIRA, J. A. G. da. (Coords.). *Varejo competitivo*. São Paulo: Atlas, 2001.

LAUDON, K. C.; LAUDON, J. P. *Sistemas de informação com internet*. Trad. Dalton Conde de Alencar. 4. ed. Rio de Janeiro: LCT, 1999.

LEVY, M.; WEITZ, B. A. *Administração de varejo*. Trad. Erika Suzuki. São Paulo: Atlas, 2000.

MOHAN-NEILL, S. An analysis of factors which influence small businesses' decision to have a website and to conduct online selling. *Journal of American Academy of Business*, v. 8, n. 2, p. 204-210, mar. 2006.

NOVAES, A. G. *Logística e gerenciamento da cadeia de distribuição*: estratégia, operação e avaliação. 2. ed. rev. atual. Rio de Janeiro: Elsevier, 2004.

ORTIZ, C. M.; GRANVILLE, L. Z. Electronic commerce solution for small business. In: First International Conference On Web Information Systems Engineering. 2000. Hong Kong. *Anais...* Hong Kong, 2000.

PARENTE, J. *Varejo no Brasil*: gestão e estratégia. São Paulo: Atlas, 2000.

SERRENTINO, A. *E-commerce no varejo*: a hora e a vez do multicanal. 2006. Disponível em: <www.varejista.com.br>. Acesso em: 18 jan. 2006.

TAPSCOTT, D. Rethinking strategy in a networked world. *Strategy + Business*, n. 64, p. 1-8, 2001.

VASSOS, T. *Marketing estratégico na internet*. Trad. e rev. Arão Sapiro. São Paulo: Makron Books do Brasil, 1997.

Os vendedores de enciclopédia

Em 1977, Salim deixa São Paulo para ingressar como docente na Universidade Federal de São Carlos. Foi com sua esposa Rosely e seu filho Fábio (seis meses de idade). Após um ano, batem na porta de sua casa dois vendedores. Salim recebeu-os na sala. Que desastre! Eram vendedores de enciclopédia. A conversa começou às 15h e só foi terminar às 18h. Nunca em sua vida Salim deu tanta atenção a vendedores como naquela ocasião.

No início, um fato chamou a sua atenção. Por que dois vendedores e não um, como usualmente se faz? Aos poucos, Salim foi percebendo que aquilo era um treinamento de vendas. O falante era o supervisor; o companheiro era o ouvinte e quem estava em treinamento, o aluno. O cliente, no caso ele, a cobaia.

Seu irmão Beethoven foi vendedor de livros e Salim já o havia acompanhado até os fornecedores; logo, já tinha experiência. Salim foi administrando a conversa daquele jeitão que muitos conhecem: escutando pelo ouvido direito e soltando pelo ouvido esquerdo. Mas nunca desviando a atenção.

Segundo Beethoven e Zaque, que foram vendedores de canetas Sheaffer, com pagamentos feitos por meio de carnês (concorrentes do Baú da Felicidade do Sílvio Santos na época), praticava-se muito, nas abordagens, os chamados chavões, que são apelos para tentar convencer o cliente potencial a realizar a compra. Isso eles faziam bem.

Voltou a falar o supervisor:

— Professor Salim, se adquirir esta magnífica coleção de livros para seu filho, o senhor ganha de presente um dicionário. E ganha mais uma coleção Curso Prático de Inglês.

Como o supervisor não conseguia concluir a venda, pois a cada investida Salim arrumava uma desculpa, ele preparou sua última tentativa:

— O senhor é professor de marketing, não é?

— Sou. Inclusive, aproveitando este nosso bate-papo, eu e uma colega de São Paulo publicamos um livro chamado *Estratégia de marketing*. Trata-se do primeiro livro nacional que aborda estudos de casos de empresas inteiramente brasileiras. Blá...blá...blá...

O supervisor sabia que para muitos vendedores ascenderem a posições mais elevadas na carreira precisavam conhecer mais de marketing.

— Professor Salim, esse livro está nas livrarias?

— Está sim. Inclusive nós, autores, conseguimos alguns exemplares com desconto de 30%.

— O senhor me vende um?

— Perfeitamente.

Que legal. Ele conseguiu a proeza de vender um livro para o supervisor.

Nisso, o vendedor que se encontrava caladão desde o início, repentinamente disse:

— Mas professor, desde que começamos a conversar nós oferecemos pela venda da enciclopédia vários brindes, o senhor não vai dar algum?

Salim não teve dúvidas.

— Quantos vendedores vieram com vocês para São Carlos?

— Dez.

— Esperem um pouquinho.

Foi até seu escritório, pegou dez apostilas de Mercadologia que havia elaborado para o colega Tachibana vender na faculdade em que lecionava e deu a eles. Na saída, antes de passarem pelo portão da casa que dava para a calçada, o supervisor virou-se e disse:

— Professor, em vinte anos de carreira em vendas, é a primeira vez que entro para vender livros e compro um.

6

COMÉRCIO EXTERIOR PARA PEQUENOS NEGÓCIOS

Milton de Abreu Campanario
Gilberto Marzochi
Maurício Sanitá de Azevedo

*"Boa sorte é o que acontece quando a
oportunidade encontra o planejamento."*
THOMAS A. EDISON

Objetivos do capítulo

Apresentar como inserir a pequena empresa no mercado internacional. Mostrar os conceitos básicos sobre comércio exterior, as formas de organização para atuar no segmento de exportação, o roteiro básico para se exportar, a legislação com destaque para os Direitos e Obrigações no Comércio Internacional (*Incoterms*).

Com as recentes mudanças no mundo, o profissional de comércio exterior é sempre solicitado nas empresas que querem estender suas fronteiras, pois é com o conhecimento dele que são viabilizadas a compra e a venda de produtos e serviços entre empresas e governos de diferentes países.

Esse profissional deve estar permanentemente atualizado com os acontecimentos internacionais (econômicos, políticos, conflitos armados, comportamentais) para caracterizar mercados consumidores ou empresas fornecedoras.

Comércio exterior

Nei, Rubens, Riza e Marilene, os novos sócios-proprietários da Inova Silk, estão enfrentando concorrência acirrada de empresas importadoras de material para *sign*. Os produtos principais são lonas e vinis para impressão, usados em fachadas de loja e para sinalização interna. Mesmo com reajuste na alíquota de importação, esses produtos entram no mercado com preços altamente competitivos. Clientes têm sugerido a eles que, como as grandes redes, passem também a importar tais produtos.

Os sócios que adquiriram a empresa recentemente se mostram favoráveis a isso, mas desconhecem os passos para certificar a Inova Silk dentro do Sistema Integrado de Comércio Exterior (Siscomex), e também não conhecem fornecedores externos que tenham regularidade no fornecimento de bons produtos. Por outro lado, temem comprar um contêiner e receber parte dele com produtos de baixa qualidade. A perda seria muito grande.

Os sócios deverão dar esse passo, que é um tanto arriscado? Tomarão empréstimos bancários para não comprometer o atual capital de giro, cada vez mais baixo, em razão de financiar clientes que atrasam com os pagamentos? Deverão esperar mais algum tempo para consolidar a empresa no mercado? Se decidirem que é a hora de importar, o que deverão fazer para dar passos acertados?

Essas e outras perguntas serão respondidas com as informações do presente capítulo.

Com conhecimento adquirido, dedique-se à ação!

Perigo à vista!

O comércio exterior tão somente funcionará se... a empresa se preparar e se planejar adequadamente para iniciar o processo de importação e exportação. Essa dinâmica é muito diferente do que se costuma fazer apenas no nível nacional, pois está se lidando com outras culturas. Há muitas variáveis envolvidas nesse tipo de comércio, como leis, regras fiscais, planos de incentivo, possibilidades de financiamentos, riscos, oportunidades, ameaças e instituições envolvidas. Quanto mais informação e análise, melhor!

Considerações iniciais

O trabalho do profissional de comércio exterior é bem dinâmico e envolve o contato com muitas áreas. Para pequenas empresas, devido à amplitude de ação, por vezes uma consultoria é bem-vinda para apoiar a decisão de partir ou não para o comércio internacional. Entre as funções desse profissional, estão:

- analisar as tendências dos mercados nacional e internacional;
- identificar as necessidades de seus clientes e fornecedores;
- identificar oportunidades de compra ou venda;
- elaborar estratégias de negócio e marketing;
- definir a logística, como frete e estocagem dos produtos importados ou exportados.[1]

O ingresso de empresas no comércio internacional requer um planejamento que aborde os aspectos mercadológicos, financeiros, legais e logísticos. O planejamento começa com a decisão de qual produto exportar ou importar. Parece uma decisão simples, mas envolve uma série de outras questões e análise de critérios, como qualidade do produto e adaptação ao mercado-alvo, pois cada mercado possui características e hábitos de consumo diferenciados, exigências de certificações internacionais, como a ISO, controles preventivos, inspeções etc.

Também devem ser consideradas questões como barreiras que o produto pode sofrer em outros mercados, modal de transporte, cláusulas contratuais envolvendo responsabilidades e direitos das partes envolvidas na transação, formação de preço de venda, contratação de câmbio e recebimento, entre outros.

---

[1] FedEx. *Comércio exterior*. Disponível em: <http://www.fedex.com/br/global/index1.html?gclid=jwK CAiA0IXQBRA2EiwAMODil0ubNqp8lJgenxFGJLf8BQfjK1d16fexjacrt7wLC58kylpa4TAD2RoCSr gQAvD_BwE>. Acesso em: 8 nov. 2017.

6.1 Exportações: como ingressar no comércio internacional

Certo dia, a direção da empresa percebe que seu produto é de boa qualidade e que haveria espaço no mercado internacional para ele.

Definido o produto que se pretende exportar, faz-se imprescindível a realização de uma pesquisa de mercado. Será que meu produto tem mesmo um mercado esperando por ele lá fora? O retorno valeira o investimento?

A pesquisa de mercado deve abordar critérios que ajudem na decisão de exportar/importar produtos, como fatores geográficos, sociopolíticos, econômicos, tecnológicos, logísticos, legais e culturais.

Vale destacar também o fator cultural, que é percebido a partir do momento em que se compreendem as diferenças de costumes, cultura e valores entre os países e que, em muitos casos, acabam se tornando uma surpresa indesejável. O desafio exige uma adaptação à cultura, às crenças e aos valores da sociedade do mercado-alvo, buscando assim atender suas necessidades e expectativas incorporando um valor cultural agregado que, por sua vez, torna-se uma importante vantagem.[2]

As feiras internacionais nada mais são do que eventos utilizados para promover produtos, procurando sempre aproximar a empresa de seu público-alvo. No entanto, para que a empresa obtenha sucesso em uma feira, é necessário observar o público-alvo para o qual a feira é voltada, ter um estande bem organizado, de forma a apresentar bem os produtos, e equipe preparada para atender clientes em potencial, o que envolve conhecimento do produto, domínio da língua estrangeira e material promocional.

Quanto aos aspectos legais, a empresa inicialmente precisa ter um registro, seja de exportador ou importador, conseguido com o Siscomex. Para obter o registro, a empresa deve encaminhar à Receita Federal o contrato ou estatuto social, cartão do CNPJ, CPF e identidade das pessoas a serem credenciadas a representarem-na perante a referida repartição pública.

Assuntos como a forma que a empresa pretende exportar, se pretende realizar uma exportação direta ou indireta, termos contratuais envolvendo as *Incoterms* (Termos de Comércio Internacional) e financiamentos, serão abordados com mais detalhes nos tópicos seguintes.

---

[2] ROVISCO, M. L. Onde começa a diferença? Apontamentos sobre minorias étnicas e diferença cultural nas sociedades contemporâneas. In: GARCIA, J. L. (Org.). *Portugal migrante*: emigrantes e imigrados, dois estudos introdutórios. Oeiras: Celta, 2000. p. 65-73.

6.1.1 Fases e documentos usados nos processos de exportação

No Quadro 6.1 são elencadas as fases necessárias para a consecução da exportação, bem como os documentos gerados e/ou exigíveis em cada fase da exportação.

Quadro 6.1 Procedimentos para ingressar no comércio internacional

Fase	Documento
Início da negociação com o potencial importador	Fatura Proforma ou *Pro-forma Invoice*
Transporte interno de mercadorias	Nota fiscal
Embarque para o exterior	Nota fiscal Registro de exportação Romaneio de embarque ou *Packing List* Conhecimento de embarque Conhecimento de embarque marítimo (*Bill of Lading* – B/L) Conhecimento de embarque aéreo (*Airway Bill* – AWB) Conhecimento de transporte rodoviário (CRT) Conhecimento de transporte ferroviário (TIF/DTA)
Negociação	Fatura comercial ou *Commercial Invoice* Conhecimento de embarque Carta de crédito Borderô Certificado ou apólice de seguro Romaneio de embarque ou *Packing List* Contrato de câmbio
Lançamentos fiscais e contábeis	Contrato de câmbio Comprovante de exportações (CE) emitido pelo Siscomex após o desembaraço da mercadoria Nota fiscal Certificado ou apólice de seguro Conhecimento de embarque Fatura comercial ou *Commercial Invoice*
Outros documentos que podem ser solicitados pelo importador	Certificado de origem Certificado fitossanitário, que assegura as condições sanitárias e de salubridade dos produtos Certificado de qualidade, que atesta a qualidade do produto exportado Certificado de inspeção, que assegura ter sido realizada a verificação da mercadoria antes do embarque e as suas boas condições

Fonte: elaborado pelos autores com base em CASTRO, J. A. *Exportação*: aspectos práticos e operacionais. 4. ed. São Paulo: Aduaneiras, 2001. p. 47.

6.1.2 Roteiro básico da exportação

A Figura 6.1 mostra um roteiro básico para se realizar a exportação.

Figura 6.1 Roteiro para realizar a exportação

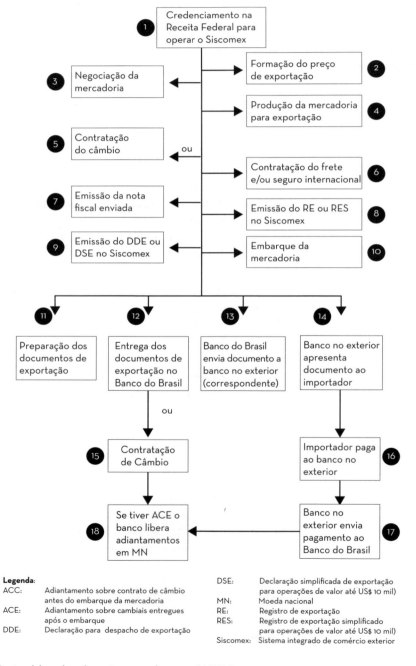

Legenda:
ACC: Adiantamento sobre contrato de câmbio antes do embarque da mercadoria
ACE: Adiantamento sobre cambiais entregues após o embarque
DDE: Declaração para despacho de exportação
DSE: Declaração simplificada de exportação para operações de valor até US$ 10 mil)
MN: Moeda nacional
RE: Registro de exportação
RES: Registro de exportação simplificado para operações de valor até US$ 10 mil)
Siscomex: Sistema integrado de comércio exterior

Fonte: elaborado pelos autores com base em CASTRO, 2001.

6.1.3 Formas de organização para atuar no segmento de exportação

Várias são as formas para ingressar no segmento de exportação do mercado externo, dentre os quais se destacam:

- **exportação individual:** muitas empresas exportam seus produtos diretamente, realizando todas as fases do processo de forma individualizada. Essas fases envolvem pesquisa de mercado, contato com clientes, negociação e expedição dos produtos. Quando a exportação é realizada de forma coletiva, os consórcios são tidos como uma opção de parceria para conquista de novos mercados;

- *trading company*: outra opção para ingressar no comércio internacional é através da exportação indireta, na qual a empresa não opera diretamente todas as fases do processo, ou seja, desde a produção até a entrega do produto ao importador. Nesse caso, pode-se utilizar os serviços de uma *trading company*, que é uma empresa comercial exportadora que se dedica a operações de compra e venda de bens e serviços na área do comércio exterior e do comércio interno, agindo por conta própria ou de terceiros;

- **consórcio de exportação**: um consórcio de exportação pode ser entendido como um agrupamento de empresas com interesses comuns, reunidas em uma entidade estabelecida juridicamente sem fins lucrativos, na qual as empresas participantes realizem trabalhos conjugados, e em cooperação, com objetivos comuns no que se refere a exportações.[3] A formação de consórcios de exportação permite o desenvolvimento de diversas atividades voltadas para as empresas agrupadas. Dentre elas destacam-se:

  - maior facilidade de acesso às entidades de crédito;

  - melhores condições nas negociações com os fornecedores, visto o volume de compra;

  - possibilidade de desenvolvimento de uma marca para os produtos exportados pelas empresas que compõem o consórcio;

  - participação conjunta em feiras internacionais e publicação de material promocional com custo reduzido;

  - rateio de despesas de exportação, como despachante aduaneiro, assessoria, pesquisa de mercado e frete, entre outros gastos; e

  - desenvolvimento em conjunto de projetos de capacitação e expansão, assim como certificações.

A formação de um consórcio de exportação tem início com a seleção das empresas que irão constituí-lo e de reuniões com as empresas de um mesmo setor. Em seguida, executa-se a fase relacionada com aspectos administrativos e jurídicos da constituição do grupo. O consórcio estará em pleno funcionamento após o início da comercialização

---

3   BRASIL. Ministério da Indústria, Comércio Exterior e Serviços. *Aprendendo a exportar*. Disponível em: <http://www.aprendendoaexportar.gov.br/index.php/como-exportar/2-uncategorised/353 simulador-de-preco-de-exportacao-2>. Acesso em: 8 nov. 2017.

dos produtos das empresas que o integram. Os consórcios de exportação apresentam--se como uma alternativa para as empresas de menor porte que têm potencial para lançar-se no comércio internacional, mas não possuem uma estrutura própria e individual para iniciar o processo de exportação (*pool de empresas*).

6.1.4 Direitos e obrigações no comércio internacional (*Incoterms*)

Incoterms (*International Commercial Terms* / Termos Internacionais de Comércio) servem para definir, dentro da estrutura de um contrato de compra e venda internacionais, as obrigações e os direitos recíprocos do exportador e do importador, estabelecendo um conjunto padrão de definições e determinando regras e práticas neutras. Por exemplo: Onde o exportador deve entregar a mercadoria? Quem paga o frete? Quem é o responsável pela contratação do seguro?[4] O Quadro 6.2 apresenta os *Incoterms* agrupados em quatro categorias por ordem crescente de obrigação do vendedor, que facilitam o seu entendimento e aplicação.

Quadro 6.2 Agrupamento dos *Incoterms*

Grupo	*Incoterms*	Descrição
E de Ex (Partida – Mínima obrigação para o exportador)	EXW – Ex Works	Mercadoria entregue ao comprador no estabelecimento do vendedor.
F de Free (Transporte principal não pago pelo exportador)	FCA – Free Carrier; FAS – Free Alongside Ship; FOB – Free on Board	Mercadoria entregue a um transportador internacional indicado pelo comprador.
C de Cost ou Carriage (Transporte principal pago pelo exportador)	CFR – Cost and Freight; CIF – Cost, Insurance and Freight; CPT – Carriage Paid To; CIP – Carriage and Insurance Paid To	O vendedor contrata o transporte, sem assumir riscos por perdas ou danos às mercadorias ou custos adicionais decorrentes de eventos ocorridos após o embarque e despacho.
D de Delivery (Chegada – Máxima obrigação para o exportador)	DAF – Delivered At Frontier; DES – Delivered Ex-Ship; DEQ – Delivered Ex-Quay; DDU – Delivered Duty Unpaid; DDP – Delivered Duty Paid	O vendedor se responsabiliza por todos os custos e riscos para colocar a mercadoria no local de destino.

Fonte: BANCO DO BRASIL. *Termos internacionais do comércio (Incoterms)*. Disponível em: <http://www.bb.com.br/docs/pub/dicex/dwn/IncotermsRevised.pdf>. Acesso em: 8 nov. 2017.

---

[4] BRASIL. Ministério da Indústria, Comércio Exterior e Serviços. *Termos internacionais de comércio (Incoterms)*. Disponível em: <http://www.mdic.gov.br/sistemas_web/aprendex/default/index/conteudo/id/23>. Acesso em: 8 nov. 2017.

6.2 Mecanismos de apoio às exportações

Os mecanismos de apoio às exportações envolvem entidades técnicas e financeiras que possuem, como objetivo, incentivar e apoiar empresas que pretendem lançar-se no comércio internacional, como também aquelas que já operam nesse mercado. Dentre as várias alternativas, destacam-se:[5]

- **Adiantamento sobre Contrato de Câmbio (ACC) e Adiantamento sobre Cambiais Entregues (ACE)**

Os bancos que operam com câmbio concedem aos exportadores Adiantamentos sobre Contratos de Câmbio (ACC) e Adiantamentos sobre Cambiais Entregues (ACE). Esses adiantamentos são antecipações, totais ou parciais, em moeda nacional, em valor correspondente ao pagamento que será efetuado por importador em futuro próximo ao exportador brasileiro.

Participam dessa ação as empresas que exportam direta ou indiretamente, como as que vendem para comerciais exportadoras, *trading companies*, consórcios e cooperativas.

Vale ressaltar a diferença entre os dois: o ACC é uma operação de empréstimo baseada na promessa do exportador de entregar no futuro, após o embarque da mercadoria, divisas de exportação ao banco financiador. Nesse caso, é obrigatório comprovar a exportação em valor equivalente ao emprestado. Quando voltado exclusivamente à comercialização externa (pós-embarque) o ACC passa a ser denominado no mercado como ACE, pelo fato de tradicionalmente ocorrer a emissão de um saque (título de crédito ou cambial), aceito pelo importador e entregue ao banco, pelo exportador, junto com os demais documentos e direitos sobre a venda a prazo.

6.2.1 BNDES-Exim

O BNDES-Exim[6] é um programa do Banco Nacional de Desenvolvimento Econômico e Social (BNDES), cujo objetivo é a expansão das exportações brasileiras mediante a criação de linha de crédito em condições competitivas com as linhas similares oferecidas no mercado internacional. O programa abriga todos os produtos exportáveis e os serviços a eles associados, exceto automóveis de passeio, *commodities* em geral (mercadorias negociadas em bolsas) e produtos de menor valor agregado, como celulose, açúcar e álcool, grãos, suco de laranja, minérios, animais vivos e também alguns bens intermediários. O exportador consegue o empréstimo do BNDES-Exim com as instituições financeiras credenciadas pelo BNDES, como bancos comerciais, bancos múltiplos, bancos de desenvolvimento, bancos de investimentos e financeiras. O programa do BNDES-Exim oferece três modalidades de financiamento para o exportador:

---

[5] As informações foram extraídas do site do Ministério da Indústria, Comércio Exterior e Serviços, 2017.

[6] BNDES. *Exim pós-embarque bens*. Disponível em: <https://www.bndes.gov.br/wps/portal/site/home/ financiamento/produto/exim-pos-emb-bens>. Acesso em: 8 nov. 2017.

- **pré-embarque**: mediante abertura de crédito fixo, essa modalidade financia a produção de bens a serem exportados em embarques específicos;
- **pré-embarque especial**: não há vinculação com embarques específicos nessa modalidade. No entanto, exige-se a fixação de um período predeterminado para a sua efetivação, e o financiamento alcança valor correspondente ao compromisso de acréscimo de exportação assumido pela empresa, que deve ser efetivado nos doze meses seguintes ao embarque;
- **pós-embarque**: é o financiamento da comercialização de bens e serviços no exterior. São aceitos tanto o *supplier's credit* quanto o *buyer's credit*.

6.2.2 Fundo de Garantia para a Promoção da Competitividade (FGPC)

O Fundo de Garantia para a Promoção da Competitividade (FGPC) foi criado com recursos do Tesouro Nacional e é administrado pelo BNDES. O objetivo desse fundo é facilitar o acesso ao crédito com as instituições financeiras nas operações para micro, pequenas e médias empresas que querem aumentar sua competitividade ou exportar. Os bancos credenciados pelo BNDES podem contratar financiamentos e compartilham com o Fundo de Aval o risco da operação, permitindo que os bancos exijam garantias menores do que as normalmente praticadas no mercado, além de estimular o interesse na oferta de crédito a essas empresas.

6.2.3 Câmbio simplificado (Simplex)

É a simplificação implementada pelo Governo Federal nos procedimentos operacionais de câmbio e comércio exterior, com o objetivo de permitir que o fechamento de câmbio das exportações realizadas até o limite de US$ 10 mil possa ser efetuado mediante simples assinatura do exportador (pessoa física ou jurídica) no boleto correspondente à operação. A transação, além de dispensar a exigência da formalização do contrato de câmbio no Sisbacen, reduz o número de campos e informações necessárias ao registro da exportação no Siscomex.

O pagamento dessas operações pode ser realizado, inclusive, com a utilização de cartão de crédito internacional emitido no exterior, assumindo a administradora do cartão a responsabilidade pelo câmbio.[7]

6.2.4 Programa de financiamento às exportações (Proex)

É um programa de financiamento instituído pelo Governo Federal a fim de permitir a exportação a prazo de bens e serviços nacionais, visando beneficiar diretamente os

---

[7] RECEITA FEDERAL DO BRASIL. *Controle cambial das operações de comércio exterior*. Disponível em: <http://idg.receita.fazenda.gov.br/orientacao/aduaneira/importacao-e-exportacao/controle-cambial-das-operacoes-de-comercio-exterior>. Acesso em: 8 nov. 2017.

exportadores brasileiros ou os importadores estrangeiros, a custos e prazos compatíveis com os praticados no mercado internacional.

O programa propicia às empresas brasileiras condições de competitividade no comércio exterior e contempla cerca de 8.500 itens, entre máquinas, equipamentos, componentes, bens de consumo, programas de computador (*softwares*), serviços de instalação, montagem e manutenção de máquinas no exterior e serviços em geral (estudos, projetos técnicos, consultoria etc.).

O valor das exportações pode ser financiado em até 100%, por prazos que variam de 6 meses a 10 anos. As parcelas do financiamento poderão ser mensais ou semestrais, iguais e sucessivas, admitindo-se, para operações de curto prazo, o pagamento único no vencimento final.

O programa é composto por duas modalidades de financiamento:

- **Proex-Financiamento**: destina-se ao financiamento direto ao exportador e é exclusividade do Banco do Brasil;

- **Proex-Equalização**: é financiada pelas instituições financeiras no país e no exterior, e o Proex paga parte dos encargos financeiros, tornando-os equivalentes àqueles praticados no mercado internacional.

Para obtenção do financiamento as empresas interessadas deverão formular suas propostas diretamente aos agentes financiadores, de acordo com a modalidade de preferência (Lei n. 10184/2001, Resolução Camex n. 21, de 2012).

6.2.5 *Export note*

Export Note são contratos de cessão de crédito de exportação, nos quais o exportador cede ao tomador, por meio de um título, os direitos creditícios de uma exportação a ser realizada no futuro. O banco atua como intermediador da operação, procurando no mercado um doador de recursos em moeda nacional, com quem se compromete a devolver o montante recebido, igualmente corrigido pela variação cambial do período, acrescido dos juros. Evidentemente, esses juros terão um percentual superior ao que será pago ao doador; a diferença será o ganho do banco na operação.

Vantagens da ***export note*** para exportadores e investidores:

a) O exportador deixa de depender de linhas bancárias de curto prazo para financiar suas vendas externas (o prazo pode chegar a 180 dias);

b) O prazo de financiamento, como colocado anteriormente, é maior do que as operações de ACC (os bancos não gostam de fazer ACC longo, embora a legislação o permita);

c) O investidor faz um *hedge* (proteção) de moeda estrangeira, protegendo seu patrimônio das oscilações cambiais.

A desvantagem é que, enquanto o ACC não necessita de operações de exportação identificadas para ser fechada, as *expor notes* exigem um contrato formalizado de venda ao exterior.

6.2.6 *Commercial papers*

São títulos destinados à obtenção de recursos para resolver os problemas de caixa da empresa. Eles são emitidos com prazos mínimos de dois a três anos e dependem de aprovação do Banco Central. Os custos são diferenciados porque dependem da garantia dos títulos. Os papéis com garantia bancária têm custo menor. Entretanto, os valores variam muito, pois é considerada a própria oferta interna de recursos em moeda nacional. Vale observar que, com a implantação do Plano Real, as taxas chegaram a ser quase negativas.

6.2.7 *Supplier's credit*

Esse financiamento é concedido pelo banco ao exportador mediante desconto das cambiais representativas de vendas a prazo. O exportador vende a prazo e as divisas também vão ingressar futuramente, isto é, nos respectivos vencimentos. O exportador é o responsável junto ao banco financiador pelo pagamento da cambial de exportação, condição de sacador ou de endossante. Considerando que o financiamento ao exportador é feito sob a forma de desconto de cambiais, o financiador pode exercer o direito de regresso contra o exportador/financiado.

6.2.8 *Buyer's credit*

É o financiamento concedido diretamente ao importador estrangeiro e requer a participação de um banco no exterior financiando a operação ao importador. O importador estrangeiro e seus avalistas, quando houver, são os responsáveis junto ao banco financiador pelo pagamento das cambiais de exportação. Não há qualquer vinculação do exportador às cambiais. A negociação é realizada com dispensa do direito de regresso sobre o exportador, motivo pelo qual ele não tem responsabilidade sobre o pagamento nem pelas cambiais.

6.2.9 Securitização das exportações[8]

Nesse financiamento, o exportador compromete seu fluxo de exportações para obter financiamento no exterior a custos mais baixos. Com base no contrato de exportação, o exportador emite um papel de, no mínimo, um ano de prazo, para buscar financiamento com os investidores institucionais estrangeiros e/ou instituições

---

[8] Esse mecanismo foi criado pela Circular n. 1.979, de 26 junho de 1991, do Banco Central do Brasil.

financeiras internacionais. Esse papel pode ser, por exemplo, a *floating rate note*, que são instrumentos de débito com taxa de juros variável, ajustada semestralmente e, nos Estados Unidos, vinculada às letras do Tesouro.

O investidor estrangeiro vai acompanhar os dados, que serão registrados em uma conta de passagem, na qual será contabilizada a receita auferida pelo exportador com a venda do produto no mercado internacional. Além disso, para facilitar o processamento dessas operações, os exportadores poderão abrir uma conta de depósito em moeda estrangeira no exterior (diferente da conta de passagem), e depositar os recursos necessários para o pagamento do principal, dos juros e dos encargos, conforme cronograma contratado no momento da colocação do papel.

Ao permitir as duas contas, o Banco Central do Brasil (BCB) considerou:

a) manter à disposição do investidor estrangeiro o demonstrativo financeiro do exportador;

b) evitar qualquer suspeita de inadimplência nos pagamentos. Essa conta não poderá ser movimentada pelo exportador, sendo usada para efetuar desembolsos comprometidos no esquema de captação.

6.2.10 Agência de Promoção de Exportações (Apex)

A Apex foi criada com o objetivo de apoiar a implementação da política de promoção comercial de exportações, tal como traçada pela Câmara de Comércio Exterior da Presidência da República (Camex), e está diretamente subordinada ao Conselho Deliberativo Nacional do Sebrae.

A fim de auxiliar a agência na execução coordenada das medidas consideradas prioritárias, a Apex conta com um Comitê Diretor de Promoção Comercial, integrado pelo Presidente do Conselho Deliberativo do Sebrae, pelo Secretário-Executivo da Camex e por representantes do Ministério das Relações Exteriores e do Ministério da Indústria, do Comércio e do Turismo, e ainda, por igual número de representantes do setor privado com atuação na área de comércio exterior indicados pela Camex. A Apex é a responsável pelas atividades de promoção comercial, uma das doze medidas de suporte do programa. Em relação ao Sebrae, a agência centraliza as ações de promoção comercial de exportações.

A **missão da agência** é desenvolver e apoiar programas de promoção comercial de exportação de produtos e serviços brasileiros, em especial os da micro, pequena e média empresas. A função essencial da agência é a busca de novos mercados para bens e serviços brasileiros e cooperar com o empresariado brasileiro para que ele possa exportar mais.[9]

---

[9] AGÊNCIA BRASILEIRA DE PROMOÇÃO DE EXPORTAÇÕES E INVESTIMENTOS (APEX BRASIL). Disponível em: <http://www.apexbrasil.com.br/home/index>. Acesso em: 8 nov. 2017.

6.2.11 Drawback

O *drawback* é um regime aduaneiro especial para importação de insumos e matérias-primas destinados à composição de produtos para exportação. É concedido às empresas exportadoras sob a forma de suspensão, isenção ou restituição de taxas e impostos, normalmente incidentes sobre importações normais.

Na forma de **suspensão**, o exportador precisa apresentar previamente um plano de importação conjugado com outro de exportação. Nesse caso, o exportador importa a matéria-prima sem o pagamento das taxas e impostos aduaneiros e terá um prazo para comprovar o cumprimento do plano de exportação apresentado. Os tributos contemplados com o benefício do *Drawback* nessa modalidade são os seguintes:

- Imposto de Importação (II);
- Imposto sobre Produtos Industrializados (IPI);
- Imposto sobre Operações Relativas à Circulação de Mercadorias e sobre Prestação de Serviços de Transporte Interestadual e Intermunicipal e de Comunicações;
- Adicional ao Frete para Renovação da Marinha Mercante (AFRMM);
- outras taxas que não correspondam à efetiva contraprestação de serviços realizados.

A **isenção** caracteriza-se pela dispensa do pagamento de impostos e taxas aduaneiras nas importações para reposição de estoques, referentes às matérias-primas utilizadas em produtos já exportados. Assim, após efetuar a venda externa, o exportador solicita a concessão do benefício para importar a mesma quantidade de matéria-prima que aplicou nos produtos exportados. Essa matéria-prima, apesar de isenta de tributação, poderá ser utilizada em produtos destinados ao mercado interno, uma vez que a tributação paga anteriormente fica transferida para essa importação. Os tributos são os mesmos previstos para a modalidade de suspensão.

O benefício da **restituição** ocorre quando o exportador utiliza, no processo de industrialização, matéria-prima importada pelos trâmites normais, ou seja, com pagamento normal da tributação. Após efetuar a exportação do seu produto industrializado, e não pretendendo repor o estoque de matéria-prima, o exportador solicita a restituição dos tributos pagos anteriormente, quando da sua importação.

Constitui-se, portanto, em um incentivo ao comércio exterior, pois visa proporcionar a redução dos custos dos produtos exportados e dar à empresa brasileira condições de competitividade com os similares de outros países. Basicamente, o *Drawback* contempla qualquer tipo de matéria-prima – por exemplo, um animal importado que, após o abate, seja industrializado e exportado. São beneficiárias desse regime as empresas industriais ou comerciais, assim entendidas como *trading companies*, constituídas ao amparo do Decreto-Lei n. 1.248/72, e as empresas comerciais exportadoras.

O exportador, ao se beneficiar desse regime, fica dispensado das seguintes exigências: transporte internacional obrigatório sob bandeira brasileira, observada a legislação específica, e exame de similaridade de seu produto.

Nas formas de **suspensão** e **isenção**, o Banco do Brasil, por delegação do Departamento de Operações de Comércio Exterior (Decex), atua como deferidor do benefício, competindo-lhe a análise completa do processo. Na modalidade de **restituição**, o benefício é analisado pela Delegacia da Receita Federal.

O pedido de concessão do benefício deve ser encaminhado à agência de comércio exterior do Banco do Brasil que, ao concedê-lo, fornece à empresa um documento denominado Ato Concessório (AC), no qual estão contidas todas as informações da concessão, inclusive o prazo para comprovação da exportação, que é de 30 dias após o término do prazo de validade constante no documento.

Situações impeditivas à concessão do benefício:

- importação de mercadorias utilizadas no processamento industrial de produtos destinados ao consumo da Zona Franca de Manaus e áreas de livre comércio;
- exportação com pagamentos em moeda nacional;
- importação com pagamento em moeda-convênio ou outras não conversíveis, contra importações cursadas em moeda de livre conversibilidade;
- importação de petróleo e seus derivados;
- exportações vinculadas à comprovação de outros regimes aduaneiros ou incentivos à exportação.

6.3 Importações: como ingressar no comércio internacional

A decisão de importar bens ou serviços do exterior deve ser precedida de minucioso levantamento de informações que permitam ao importador analisar, em relação ao produto ou serviço a ser importado do exterior, a conjuntura do mercado externo comparativamente com o interno. É imprescindível conhecer os aspectos fiscais, a política de importação brasileira e os procedimentos administrativos, que variam no âmbito das importações.

Recomenda-se, como **procedimento prévio para a tomada de decisão**, a reflexão sobre os seguintes aspectos: tendências internacionais, fornecedores (localização, distância, sistema de distribuição), normas de embalagem, especificações técnicas, ciclo de vida do produto, dados geográficos, econômicos, sociais e políticos, legislação de importação, estrutura de custos operacionais, entidades reguladoras de comércio exterior, meios de comunicação, paridade cambial e leis de proteção ao consumidor, dentre outros que vão surgindo no meio da pesquisa.

O planejamento logístico também deve ser considerado como importante fator que visa à adoção de medidas contínuas na busca por modais mais adequados de acordo com a infraestrutura da região ou tipologia da carga, a fim de reduzir os riscos e maximizar a economia nos valores gastos com frete (externo e interno), estoque, embalagem, alfândega, transbordos e embalagens, podendo assim se tornar um importante diferencial competitivo.[10]

6.3.1 Classificação das importações

As normas administrativas sobre importações estão contidas na Portaria Decex n. 8, arts. 19 a 27 e 29 a 32, de 13/05/1991, publicada no DO em 14 de maio de 1991 e na Portaria Secex n. 21/96 de 12 de dezembro de 1996, nas quais se classificam as importações da seguinte forma:

- **importações livres**: liberdade plena para importar, sem qualquer procedimento especial;
- **importações sujeitas a limitações ou procedimentos especiais**: são as importações que exigem anuência prévia de outros órgãos ou estão sujeitas a controles especiais;
- **importações suspensas**: são aquelas vetadas temporariamente pelo governo, atendendo ao interesse nacional;
- **importações proibidas**: são as importações não permitidas pela legislação brasileira.

6.3.2 Licenciamento

As referidas normas estabelecem, também, a obrigatoriedade de se obter o licenciamento para processar as importações, e o subdivide em automático e não automático.

- **automático**: o importador informa os dados da operação por meio da Declaração de Importação (DI), para fins de desembaraço aduaneiro, dispensando-se qualquer autorização prévia.
- **não automático**: quando o produto ou serviço exige autorização prévia ao embarque ou ao desembaraço aduaneiro. Essa autorização é obtida por meio do Siscomex – Módulo Licença de Importação (LI).

6.3.3 Documentos

Além dos documentos eletronicamente emitidos pela Siscomex, há outros documentos que o importador deve providenciar. Entre eles, o Certificado Digital que será usado

---

[10] SOUZA, R.; SOUZA, G. A logística internacional e o comércio exterior brasileiro: modais de transporte, fluxos logísticos e custos envolvidos. SEGeT, 23 a 25 out. 2013. Resende. *Anais...* Rio de Janeiro: Resende, 2013.

posteriormente para completar as informações solicitadas no site: <https://portalunico.siscomex.gov.br/portal/>.

Outros exemplos:

a) Licença de Importação (LI)

Exigida quando se trata de mercadoria ou operação sujeita a controle especial do órgão licenciador (Secex) ou de qualquer outro órgão anuente. A relação das mercadorias sujeitas à emissão da "LI" pode ser obtida diretamente no Siscomex, pela tabela "Tratamento Administrativo". Independentemente da mercadoria comercializada, será exigida a licença de importação nos seguintes casos:

- mercadorias amparadas pelo regime aduaneiro especial (*Drawback*);
- mercadorias sujeitas à obtenção de cota tarifária ou não;
- mercadorias destinadas à Zona Franca de Manaus e às áreas de livre comércio;
- mercadorias sujeitas a exame de similaridade;
- mercadorias de material usado;
- mercadorias sob forma de arrendamento mercantil (*Leasing*);
- mercadorias sem cobertura cambial.

b) Declaração de Importação (DI)

É um conjunto de informações sobre as mercadorias em processo de desembaraço alfandegário, com fins estatísticos, cambiais e tributários. O seu preenchimento pode ser realizado pelo importador ou por seu representante legal.

> **Importante!** Atualmente, o recolhimento dos impostos federais é feito *on-line* pelo Siscomex, por ocasião do registro da DI, mediante débito automático na conta bancária do importador.

c) Declaração Simplificada de Importação (DSI)

É um documento eletrônico destinado ao despacho aduaneiro de importação para os seguintes bens, dentre outros: importação de valor inferior a US$ 10 mil; bens recebidos a título de doação por órgão público ou entidade de assistência social; bagagem desacompanhada.

d) Comprovante de Importação (CI)

Documento que tem por finalidade atestar o cumprimento das exigências fiscais e a liberação da mercadoria pelo auditor da Receita Federal.

e) Registro de Operações Financeiras (ROF)

Documento exigido para as importações com prazo de pagamento superior a 360 dias.

f) Fatura *pro forma (pro-forma invoice)*

É emitida pelo exportador, em formulário próprio, de preferência em inglês ou no idioma do país importador, observada a legislação desse país. Representa a negociação da operação comercial e sua finalidade é firmar compromisso de compra e venda entre as partes, devendo mencionar as principias características da venda: dados do exportador e do importador, descrição da mercadoria, preço, condição de venda, forma de pagamento, data provável de embarque, domicílio bancário e outras especificações que se acharem necessárias.

Quadro 6.3   Modelo de fatura proforma

FATURA *PRO FORMA*	
	PROFORMA INVOICE:
Date:	**To:** **Your ref:**
MANUFACTURER:	
	Total net weight: **Means of transport:**

Delivery	Loading port	Destination	Payment condition	

Qty	Unit	Description	Unit. price	Extension

Fonte: SEBRAE NACIONAL. *Documentos necessários para a empresa que deseja exportar*. 9 nov. 2015. Disponível em: <https://www.sebrae.com.br/sites/PortalSebrae/artigos/documentos-necessarios-para-a-empresa-que-deseja-exportar,56699e665b182410VgnVCM100000b272010aRCRD>. Acesso em: 8 nov. 2017.

g) Fatura comercial *(commercial invoice)*

De emissão do exportador em formulário próprio, de preferência em inglês ou no idioma do país importador, observada a legislação desse país. Sua finalidade é formalizar a transferência da propriedade da mercadoria para o comprador, devendo mencionar as principais características da venda, o domicílio bancário e acompanhar a mercadoria até o seu destino.

h) Conhecimento de embarque

Documento emitido pela empresa transportadora ou por seu agente. Representa o contrato de transporte, o comprovante de embarque e de entrega da mercadoria. Esse documento confere ao consignatário o direito de posse da mercadoria no destino e deve conter sempre o nome do embarcador e do consignatário, locais de embarque e de destino, descrição da mercadoria, valor e forma de pagamento do frete, local e data de emissão e número de originais emitidos, entre outros.

i) Letra de câmbio ou saque *(bill of exchange)*

É um título financeiro emitido por um credor (exportador) ou banco contra um devedor (importador ou banco), com ordem expressa de que seu valor seja pago ao beneficiário indicado ou à sua ordem, mediante endosso, no prazo, data e local determinados.

6.3.4 Aspectos cambiais

De acordo com legislação brasileira, as pessoas físicas e jurídicas não podem manter conta corrente bancária em moeda não nacional, nem mesmo manusear em seus caixas moedas estrangeiras. Isso implica a obrigatoriedade de efetuar a conversão (troca) da moeda estrangeira em moeda nacional quando recebida em operações, ou a conversão (troca) da moeda nacional em moeda estrangeira para pagamentos de obrigações no exterior. Essa troca caracteriza o que o mercado cambial denomina de operação de câmbio.

O pagamento de importação brasileira deve ser efetuado por meio de uma operação de câmbio realizada entre o importador e um banco autorizado a operar em câmbio, lastreada em um contrato de compra e venda de moeda estrangeira denominado "Contrato de Câmbio". Por meio desse contrato é feita a conversão da moeda nacional em moeda estrangeira, e o banco contratante se obriga a efetuar a remessa dos recursos negociados em moeda estrangeira ao beneficiário da operação no exterior.

No comércio exterior, as modalidades de pagamentos são livremente negociadas entre exportador e importador.

De acordo com o Banco Central,[11] as importações brasileiras podem ser pagas por meio de:

a) operação de câmbio contratada com agente autorizado a operar no mercado de câmbio pelo Banco Central, observado o limite de até US$ 100 mil quando conduzida por sociedades de crédito, financiamento e investimento, sociedades corretoras de câmbio ou de títulos e valores mobiliários e sociedades distribuidoras de títulos e valores mobiliários, autorizadas a operar no mercado de câmbio;

---

[11] BANCO CENTRAL DO BRASIL. *Importação e exportação*. Disponível em: <http://www.bcb.gov.br/pre/bc_atende/port/expImp.asp#11>. Acesso em: 9 nov. 2017.

b) cartão de uso internacional;

c) vale postal internacional, nas operações até o valor equivalente a US$ 50 mil, observada a regulamentação dos Correios;

d) crédito à conta em moeda nacional que o exportador estrangeiro mantenha no Brasil;

e) recursos mantidos no exterior, a título de disponibilidade própria. Caso o pagamento seja efetuado por exportador brasileiro que mantenha receitas de exportação no exterior, devem ser observadas as disposições da Receita Federal do Brasil a respeito da Declaração sobre a Utilização dos Recursos em Moeda Estrangeira Decorrentes do Recebimento de Exportações (Derex);

f) empresas facilitadoras de pagamentos internacionais. Nesses casos, os pagamentos são somente efetuados mediante o uso de cartão de crédito internacional.

6.3.5 Aspectos tributários

As operações de importação estão sujeitas aos seguintes tributos:

a) Imposto de Importação (II)

- Fato gerador: a entrada da mercadoria estrangeira no território nacional.
- Base de cálculo é o valor CIF (valor da mercadoria + frete internacional + seguro internacional): alíquota específica indicada na TEC (Tarifa Externa Comum).
- Taxa cambial: obtida no Siscomex quando da formulação da DI.
- Pagamento: realizado automaticamente pelo Siscomex, a débito de conta do importador, antes do registro da DI.

b) Imposto sobre Produtos Industrializados (IPI)

- Fato gerador: a entrada da mercadoria estrangeira no território brasileiro.
- Considerações: a isenção do II implica a isenção do IPI na importação.
- Base de cálculo: valor CIF + II. A alíquota é obtida pela tabela TI PI.
- Pagamento: realizado automaticamente pelo Siscomex, a débito de conta do importador, antes do registro da DI.

c) Imposto sobre Circulação de Mercadorias e Serviços (ICMS)

Imposto sobre Operações relativas à Circulação de Mercadorias e sobre Prestação de Serviços de Transporte Interestadual e Intermunicipal e de Comunicação.

- Fato gerador: a entrada da mercadoria importada no estabelecimento do importador.
- Base de cálculo: valor CIF + II + IPI – Alíquota, conforme regulamento de cada Estado.
- Pagamento: feito antes do registro da Declaração de Importação no Siscomex, ou de acordo com a legislação estadual.

6.3.6 Regime de Tributação Simplificada (RTS)

É uma alternativa ao regime comum de tributação, disponível para algumas situações peculiares. O RTS possibilita importar bens por via postal ou encomenda aérea internacional, no valor de até US$3 mil (ou o equivalente em outra moeda), mediante o pagamento somente do Imposto de Importação (II), calculado à alíquota única de 60%. A classificação tarifária dos produtos importados não é levada em consideração na aplicação desse percentual. A base de cálculo é o preço de aquisição do bem, acrescido dos valores pagos pelo destinatário para transporte e seguro.

Optando-se pelo RTS, não há a cobrança do Imposto sobre Produtos Industrializados (IPI). A remessa pode ser destinada a pessoa física ou jurídica. Quando o destinatário e o remetente são pessoas físicas, ficam isentos de impostos sobre os bens relativos à remessa postal internacional no valor de até US$ 50.

O Regime de Tributação Simplificado não contempla os seguintes itens: bebidas alcoólicas, fumo e seus derivados (capítulo 24 da Nomenclatura Comum do Mercosul – NCM).

Considerações finais

É importante que o empreendedor tenha uma visão ampla de importação e exportação, e saiba que algumas situações podem atrapalhar o comércio exterior. Talvez o primeiro entrave no que diz respeito às importações seja a preocupação com a qualidade dos produtos comprados, ou talvez o medo de sair da zona de conforto para buscar algo novo, diferente do convencional.

O mesmo acontece com as exportações. É preciso uma sinergia entre a cadeia produtiva. Alguns países estão bem mais avançados nas exigências para se comprar ou vender um determinado produto, é o caso dos produtos alimentícios, sucos de frutas, carnes, alimentos em geral.

Para pequenas empresas, existem oportunidades ainda inexploradas por outros mercados, como as indústrias ceramistas de Porto Ferreira/SP. É necessário que as indústrias brasileiras invistam em inovação para que não percam mercado para países promissores com custos menores.

Dessa forma, recomenda-se buscar informações com os mais diversos profissionais qualificados, contadores, advogados e especialistas sobre internacionalização. Recomenda-se também a participação em feiras especializadas, feiras de negócios e a participação em eventos ligados aos propósitos da organização ou dos materiais que se pretendem importar ou exportar. Visitas internacionais também são recomendadas, assim como parcerias entre órgãos de fomento ao ensino e à pesquisa.

Questões

1. Relacione as fases e os respectivos documentos necessários para ingressar no comércio exterior.
2. O que são *Incoterms*?
3. Por que os consórcios de exportação são uma boa alternativa para pequenos negócios?
4. Regime de Tributação Simplificado: quais os seus fundamentos?
5. Como são classificadas as importações pela legislação brasileira?

Dicas dos Consultores

1. O empreendedor deve cercar-se de todos os cuidados possíveis quando se tratar de comércio exterior.
2. No início, adquira produtos de importadores, para sentir o mercado para aqueles produtos.
3. Visitar feiras setoriais para fazer contatos com fornecedores externos e seus representantes. No encontro, levantar informações sobre produtos oferecidos, preços praticados com todas as taxas e despesas de transporte etc.
4. Solicitar contatos de dois clientes que já importam há algum tempo o produto para verificar, na prática, o prazo de entrega, a qualidade do produto entregue na porta etc.
5. Conversar com clientes já existentes para levantar referências e fazer outros questionamentos.
6. Procurar orientação do contador para fazer um plano de exportação.
7. Perguntar aos clientes do que mais necessitam, e o preço que tem sido cobrado.
8. Crescer paulatinamente neste setor sem superestocar mercadoria.
9. Falar com o contador para se certificar sobre os impostos que terá que recolher, e verificar em qual modalidade de recolhimento de taxas e impostos a empresa se enquadrará.
10. Solicitar do contador uma consultoria especializada em comércio exterior para orientar sobre a documentação necessária para habilitação da empresa em importação.

Referências

AGÊNCIA BRASILEIRA DE PROMOÇÃO DE EXPORTAÇÕES E INVESTIMENTOS (APEX BRASIL). Disponível em: <http://www.apexbrasil.com.br/home/index>. Acesso em: 8 nov. 2017.

BANCO CENTRAL DO BRASIL. *Importação e exportação*. Disponível em: <http://www.bcb.gov.br/pre/bc_atende/port/expImp.asp#11>. Acesso em: 9 nov. 2017.

BANCO DO BRASIL. *Termos internacionais do comércio (Incoterms)*. Disponível em: <http://www.bb.com.br/docs/pub/dicex/dwn/IncotermsRevised.pdf>. Acesso em: 8 nov. 2017.

BIZELLI, J. S.; BARBOSA, R. *Noções básicas de importação*. São Paulo: Edições Aduaneiras, 2002.

BNDES. *Exim pós-embarque bens*. Disponível em: <https://www.bndes.gov.br/wps/portal/site/home/financiamento/produto/exim-pos-emb-bens>. Acesso em: 8 nov. 2017.

BNDES. *Fundo de Garantia para a Promoção da Competitividade (FGPC)*. Disponível em: <https://www.bndes.gov.br/wps/portal/site/home/instituicoes-financeiras-credenciadas/fgpc-fundo-aval>. Acesso em: 8 nov. 2017.

BRASIL. Lei n. 10.184/2001. Dispõe sobre a concessão de financiamento vinculado à exportação de bens ou serviços nacionais, e dá outras providências. Disponível em: <http://www.planalto.gov.br/ccivil_03/Leis/LEIS_2001/L10184.htm>. Acesso em: 8 nov. 2017.

BRASIL. Ministério da Indústria, Comércio Exterior e Serviços. *Termos internacionais de comércio (Incoterms)*. Disponível em: <http://www.mdic.gov.br/sistemas_web/aprendex/default/index/conteudo/id/23>. Acesso em: 8 nov. 2017.

BRASIL. Ministério da Indústria, Comércio Exterior e Serviços. *Aprendendo a exportar*. Disponível em: <http://www.aprendendoaexportar.gov.br/index.php/como-exportar/2-uncategorised/353-simulador-de-preco-de-exportacao-2>. Acesso em: 8 nov. 2017.

BRASIL. Ministério da Indústria, Comércio Exterior e Serviços. Câmara de Comércio Exterior (CAMEX). Resolução CAMEX n. 21, de 2012. *1ª Agenda regulatória de comércio exterior do Brasil 2018/2019*. Disponível em: <http://www.camex.gov.br/62-resolucoes-da-camex/em-vigor/1064-resolucao-n-21-de-04-de-abril-de-2012>. Acesso em: 8 nov. 2017.

BRASIL. Ministério da Indústria, Comércio Exterior e Serviços. Programa de Financiamento à Exportação (PROEX). *Financiamento e garantia as exportações*. Disponível em: <http://www.mdic.gov.br/comercio-exterior/financiamento-e-garantia-as-exportacoes>. Acesso em: 8 nov. 2017.

CASTRO, J. A. *Exportação*: aspectos práticos e operacionais. 4. ed. São Paulo: Aduaneiras, 2001.

____.. *Financiamentos à exportação e seguro de crédito*. 2. ed. São Paulo: Aduaneiras, 2002.

FedEx. *Comércio exterior*. Disponível em: <http://www.fedex.com/br/global/index1.html?gcl id=CjwKCAiAoIXQBRA2EiwAMODiIoubNqp8lJgenxFGJLf8BQfjK1d16fex jacrt7 wLC58kylpa4TAD2RoCSrgQAvD_BwE>. Acesso em: 8 nov. 2017.

MARZOCHI, G. *A exportação como estratégia para o desenvolvimento da região de São João da Boa Vista*. Dissertação (Mestrado). Centro Universitário Moura Lacerda. Ribeirão Preto, 2003.

RECEITA FEDERAL DO BRASIL, *Controle cambial das operações de comércio exterior*. Disponível em: <http://idg.receita.fazenda.gov.br/orientacao/aduaneira/importacao-e-exportacao/controle-cambial-das-operacoes-de-comercio-exterior>. Acesso em: 8 nov. 2017.

___. *Visão Geral do Módulo Siscomex Declaração de Importação Web*. Disponível em: <http://idg.receita.fazenda.gov.br/orientacao/aduaneira/manuais/despacho-de-importacao/ sistemas/siscomex-importacao-web/declaracao-de-importacao/visao-geral-do-modulo-siscomex-declaracao-de-importacao-web-1>. Acesso em: 8 nov. 2017.

___. *Regime de tributação simplificada*. Disponível em: <http://idg.receita.fazenda.gov. br/orientacao/aduaneira/manuais/despacho-de-importacao/topicos-1/remessa-postal-internacional-rpi-e-remessa-expressa-re/remessa-postal-internacional-rpi/com-pagamento-do-imposto/regime-de-tributacao-simplificada-rts>. Acesso em: 8 nov. 2017.

ROCHA, P. C. A. *Regulamento aduaneiro*. São Paulo: Aduaneiras, 1997.

ROQUE, L. Comércio internacional: um estudo das principais dificuldades encontradas pelas empresas brasileiras no comércio exterior. *Revista Conteúdo*, v. 1, n. 3, Capivari, jan./jul. 2010.

ROVISCO, M. L. Onde começa a diferença? Apontamentos sobre minorias étnicas e diferença cultural nas sociedades contemporâneas. In: GARCIA, J. L. (Org.). *Portugal migrante*: emigrantes e imigrados, dois estudos introdutórios. Oeiras: Celta, 2000. p. 65-73.

SEBRAE NACIONAL. *Documentos necessários para a empresa que deseja exportar*. 9 nov. 2015. Disponível em: <https://www.sebrae.com.br/sites/PortalSebrae/artigos/documentos-necessarios-para-a-empresa-que-deseja-exportar,56699e665b182410VgnVCM100000b272 010aRCRD>. Acesso em: 8 nov. 2017.

SISCOMEX. Portal único. Disponível em: <http://portal.siscomex.gov.br/>. Acesso em: 8 nov. 2017.

SOUZA, R.; SOUZA, G. A logística internacional e o comércio exterior brasileiro: modais de transporte, fluxos logísticos e custos envolvidos. SEGeT, 23 a 25 out. 2013. Resende. *Anais...* Rio de Janeiro: Resende, 2013.

VAZQUEZ, J. L. *Comércio exterior brasileiro*. 5. ed. São Paulo: Atlas, 1999.

parte III

ALIANÇAS ESTRATÉGICAS, PARCERIAS E PROJETOS INSTITUCIONAIS

"Entrava Abrão no ano noventa e nove de sua idade, quando o Senhor lhe apareceu e lhe disse: Eu Sou o Todo--Poderoso; anda na minha presença, e sê perfeito. Eu farei aliança contigo, e te multiplicarei infinitamente."

GÊNESIS 17: 1-2

Capítulo 7
CONVIVENDO EM REDES DE EMPRESAS

Capítulo 8
CENTRAIS DE NEGÓCIOS NO VAREJO

Capítulo 9
INCUBADORAS DE EMPRESAS, POLOS E PARQUES TECNOLÓGICOS E ARRANJOS PRODUTIVOS LOCAIS

O jeito de Elias

Na década de 1980, a compra de armarinhos para a Roseart era feita na rua 25 de Março e região. Tudo ia tão bem até que, numa fatídica sexta-feira "explodiu uma bomba": o presidente José Sarney acabava de anunciar em rede nacional de rádio e televisão o Plano Cruzado.

O país virou do avesso. A 25 de Março (em sua maioria comerciantes árabes), nem se fale. Viaturas desceram a Ladeira Porto Geral como se estivesse acontecendo uma manifestação estudantil que teria de ser contida. Só que ocorria um fato inédito no país: agora o inimigo a ser atacado era o lojista que estivesse com uma "arma na mão", a etiquetadora de preços, remarcando os valores dos produtos. A milícia contratada (e de graça) eram os fiscais do Sarney. Tragicômico, mas aconteceu!

Salim estava na loja principal dos Armarinhos Rubi e presenciou uma cena bizarra. O filho do sr. Elias, que gerenciava a loja, tentava explicar para o pai o que estava ocorrendo. O velho, com seus 65 anos, não entendia nada.

— *Filha, como tabelar breço de mercadoria que sobe todo dia. Governo filho duma b.....a!*

— Calma, pai, desse jeito o senhor vai ter um ataque. Muita calma!

O velho não se conformava. Pulava e dava murro no balcão. A cena era imperdível.

Para desgraça dos comerciantes, os fiscais do Sarney iam a supermercados, lojas de departamentos, anotavam os preços em papéis, cadernetas, cadernos, agendas etc. A televisão não parava de mostrar cenas jamais vistas no mundo. Uma verdadeira loucura! Embora Salim estivesse ali, de certa forma até se divertindo, se preocupava, pois como iria fazer com os valores que estavam anotados em suas tabelas de preço na Roseart?

Sempre se pautando pelo que os mestres e doutores lhe ensinavam, e o que os autores de livros propunham em termos de estratégias, sabia também da importância da experiência vinda dos mercadores orientais. Quantas estratégias tinham de aprender com eles! Sorver o seu conhecimento era tudo o que mais queria. Esperou o sr. Elias se acalmar. Aproximando-se, perguntou:

— Sr. Elias, o que faremos agora?

— *Salim, num se breocube. Nós dá jeito.*

No mês seguinte, Salim retornou à 25 de Março. A primeira loja a visitar foram os Armarinhos Rubi e a primeira pessoa a conversar, o sr. Elias.

Afinal, o que ele aprontou desta vez? Como saiu-se dessa? O que ele quis dizer com "nós dá jeito"?

Os Armarinhos Rubi, aquela potência do comércio, o maior distribuidor de lãs Pinguim da 25 de Março, mais parecia uma loja falida. As prateleiras, com muitos espaços vazios, traziam apenas um pacote (uns novelos de cada cor) de lã. Essa quantidade não daria para fazer nem um pulôver infantil. Logo pensou: "Que desastre causou este Plano Cruzado. Falir um gigante como este atacadista".

Assim que o viu, o sr. Elias o chamou em um canto e disse:

— *Salim, vamos tomar cafezinea no cuzínea.*

Foi preocupado, pois os olhos do turcão brilhavam e o seu sorriso estava um tanto estranho. Em todo caso, arriscou. Foi com ele ao fundo da loja quando, de repente, deparou com um estoque gigantesco de lã e outros produtos.

— *Salim, num falei brá você que nós dá jeito. Beça o que quiser. Só que como baguei mais caro bor mercadoria num bóço vender bela mesma brêço.*

De fato, o sr. Elias deu jeito.

7

CONVIVENDO EM REDES DE EMPRESAS

Fábio Müller Guerrini
Ronie Galeano
Mário Sacomano Neto

"O futuro das organizações e das nações dependerá cada vez mais de sua capacidade de aprender coletivamente."

PETER SENGE

Objetivos do capítulo

Demonstrar a importância de redes de empresas como um instrumento de gestão estratégica de negócios para sobrevivência das pequenas empresas. Mostrar as dificuldades em atuar em um ambiente cercado de concorrentes.

As redes de negócios fazem que várias organizações de diferentes ramos busquem motivações complementares para manter e aumentar a competitividade, buscando o gerenciamento da incerteza estratégica e o compartilhamento de riscos.

Uma solução

Joaquim trabalhou dez anos em uma loja de conserto de sapatos em Araraquara. Aprendeu a consertar e fazer sapatos masculinos e femininos. Nesses últimos anos, ele tem usado seu capricho e sua criatividade, o que lhe permitiu conseguir ao longo do tempo um público fiel. Agora, ele quer aproveitar melhor suas habilidades e fabricar sapatos em série para vender em lojas.

Um amigo o aconselhou a se mudar para a cidade de Jaú, que é o polo nacional do calçado feminino. É uma decisão delicada, uma vez que ele mora em casa própria e teria de procurar escola para os seus filhos, que estão com 8 e 10 anos. Sua esposa concorda em ir com ele, mas sabe que terá de morar em uma cidade em que não conhece ninguém.

Se você estivesse na situação do Joaquim, você se mudaria para Jaú para montar a fábrica, sem conhecer ninguém? Ou ficaria onde está, trazendo profissionais de Jaú para se fixar em Araraquara e trabalhar na sua fábrica? Formaria sua própria mão de obra com profissionais do ramo, consertadores como ele, propiciando a eles cursos internos?

Dedique alguns minutos para conhecer os conceitos apresentados neste capítulo. Eles o auxiliarão a responder a esses questionamentos.

Com conhecimento adquirido, dedique-se à ação!

Redes de empresas tão somente funcionarão se... houver aumento da competitividade via integração tecnológica; redução dos custos em função dos diferentes ramos tecnológicos; construção de competências de classe mundial; união entre empresas como forma de fixação de marcas; aumento na velocidade de entrada e criação de um produto novo, pois a primeira empresa a introduzir um novo produto no mercado desfruta de uma posição dominante e passa a auferir lucros extraordinários, enquanto essa inovação não se difundir entre os concorrentes.

Conviver em redes só funciona quando o gestor decide mudar seu conceito de forças negativas concorrenciais para forças colaborativas em prol de toda a rede, compartilhando conhecimentos diversos que permitem a todos crescer e se desenvolver, buscando o ganho mútuo das empresas da rede e de toda a coletividade ao redor desta.

Considerações iniciais

A cooperação produtiva, tecnológica ou de serviços entre micro, pequenas e médias empresas representa uma alternativa para a obtenção de ganhos coletivos entre os atores. As alianças estratégicas, redes de empresas, *clusters,* organizações virtuais, incubadoras, arranjos produtivos locais, condomínios e consórcios representam algumas formas alternativas de coordenação e gestão de recursos complementares.

O cenário econômico brasileiro passa por grandes dificuldades, impactando negativamente o sistema produtivo. As micro, pequenas e médias empresas que são responsáveis em gerar grande parte dos empregos são diretamente afetadas, e pelo fato de muitas dessas empresas não terem um forte capital para se manter no mercado, acabam falindo e gerando desemprego, provocando um caos social. Uma das formas para tentar amenizar futuros problemas é a cooperação.

"A relevância deste conceito de estrutura em rede decorre de sua capacidade em captar a crescente sofisticação das relações interindustriais que caracteriza a dinâmica econômica contemporânea".[1] Britto coloca que a análise das redes tem contribuído para a análise de diferentes temas, como:

- alianças estratégicas e outras formas de cooperação produtiva e tecnológica;
- programas de cooperação específicos. Interação para viabilizar uma determinada inovação;
- sistemas flexíveis de produção com base em relações estáveis de cooperação entre empresas atuantes em determinado ramo de atividade;
- distritos industriais com base na aglomeração espacial de empresas e outras instituições que interagem entre si no âmbito de determinada região;
- sistemas nacionais de inovação com base na especialização e interação de diversos tipos de agentes envolvidos com a realização de atividades inovadoras;
- processos de subcontratação e terceirização realizados por empresas especializadas em determinadas atividades. São relações que se estruturam nas chamadas redes verticais no interior da cadeia produtiva (ex.: relação montadora e fornecedores de autopeças) com autoridade legítima para resolver disputas entre os atores.[2]

Conforme Amato Neto,[3] na formação de redes interfirmas, identificam-se três variáveis determinantes: a diferenciação, a interdependência interfirmas e a flexibilidade. Quando relacionada a uma rede, a diferenciação pode prover aos

---

[1] BRITTO, J. Redes de cooperação entre empresas. In: KUPFER, D. *Economia industrial*: fundamentos teóricos e práticos no Brasil. Rio de Janeiro: Campus, 2002. p. 346.

[2] PODOLNY, J. M.; PAGE, K. L. Network forms of organization. *Annual Review of Sociology*, v. 24, p. 57-76, 1998.

[3] AMATO NETO, J. *Redes de cooperação e clusters competitivos*. São Paulo: Atlas, 2000.

seus participantes benefícios inovadores. O mesmo não ocorre para uma firma isolada, dado que a diferenciação pode, nesse caso, gerar elevação em seus custos.[4]

A atuação das micro, pequenas e médias empresas em rede pode tornar possível não só a troca de conhecimentos, mas também a transferência de conhecimentos entre as redes. Sacomano Neto, Corrêa e Truzzi[5] afirmam que a transferência de conhecimento como uma fonte importante para o crescimento competitivo das organizações ocorre por meio de processos de socialização, educação e aprendizado. Em um estudo realizado entre as montadoras de veículos e os fornecedores de autopeças, os atores concluíram que há novos formatos de aquisição de conhecimentos e de processos de aprendizagem entre as organizações, e que elas transferem competências entre si e demonstram ganhos reais de desempenho – além de promoverem conhecimentos em tecnologias e envolverem pessoas, recursos e conhecimentos para ambientes externos à organização. Ressaltam, ainda, que esses tipos de arranjos produtivos geram o aumento da eficiência organizacional, criam novas fontes de valor e outras formas de obter informações que geram conhecimentos a todos os atores.

7.1 Os arranjos produtivos locais: uma alternativa para as micro, pequenas e médias empresas

Afinal, o que é um arranjo produtivo local? Qual é a sua definição? Os arranjos produtivos locais trazem grandes benefícios para as micro, pequenas e médias empresas que fazem parte dele. Porter[6] chama a atenção para a importância da estratégia competitiva para uma organização e, acima de tudo, para os benefícios ocorridos com a competitividade, que pode ser gerada por uma união entre concorrentes. Um fator importante nesse contexto é o da evolução tecnológica para as organizações.[7] Segundo Schumpeter,[8] a inovação tem muita importância para o lucro de uma organização, dado que causa uma diferenciação, possibilitando à organização um poder de troca e novos campos de atuação.

Os arranjos produtivos locais não só constituem um tipo específico de rede, mas em razão de sua complexidade e abrangência, podem incluir várias modalidades de redes organizacionais.

---

[4] GALEANO, R. *Estratégias das empresas do arranjo produtivo local de Apucarana*. Dissertação de Mestrado (Faculdade de Administração). Universidade Metodista de Piracicaba, 2006.

[5] SACOMANO NETO, M. S.; CORRÊA, D. A.; TRUZZI, O. M. S. Transferência de conhecimento em redes de empresas: um estudo em uma planta modular da indústria automotiva. *Revista Economia & Gestão*, v. 15, n. 41, p. 33-56, 2015.

[6] PORTER, M. *Competitive strategy*. New York: The Free Press, 1980.

[7] SCHUMPETER, J. A. *A teoria do desenvolvimento econômico*. São Paulo: Nova Cultural, 1988. (Os Economistas).

[8] SCHUMPETER, 1988.

De acordo com Lastres e Cassiolato,[9] os aglomerados ou arranjos produtivos locais são definidos como **aglomerações territoriais de agentes econômicos, políticos e sociais** – com foco em um conjunto específico de atividades econômicas que apresentam vínculos mesmo que incipientes. Geralmente envolvem a participação e a interação de empresas que podem ser desde produtoras de bens e serviços finais até fornecedoras de insumos e equipamentos, prestadoras de consultoria e serviços, comercializadoras, clientes, entre outros e suas variadas formas de representação e associação. Incluem, também, diversas outras instituições públicas e privadas voltadas para formação e capacitação de recursos humanos, como escolas técnicas e universidades; pesquisa, desenvolvimento e engenharia; política, promoção e financiamento.

Segundo Cassiolato, Lastres e Stallivieri,[10] o termo APL tem sido muito utilizado por grupos de pesquisa preocupados em entender os processos de desenvolvimento característicos do estágio atual do capitalismo, como também por inúmeras agências de políticas públicas e privadas que têm a incumbência de promover o desenvolvimento da produção de bens e serviços. Os autores afirmam que, no Brasil, as políticas de apoio e desenvolvimento regional têm incorporado de forma crescente este conceito, mas ressaltam que, apesar de a nomenclatura ser comum, ainda se encontram significativas diferenças conceituais, levando a diferentes perspectivas analíticas e, mais importantes a proposições de política completamente distintas.

Como destacado por Amato Neto,[11] a formação e o desenvolvimento de redes acontecem não só nos países industrializados, como Itália, Japão, Alemanha, mas também em países emergentes como México, Chile, Argentina e Brasil. Para Cassiolato, Lastres e Stallivieri,[12] nos países industrializados, os sistemas produtivos locais de pequenas e médias empresas incorporaram tecnologias de ponta, estruturas organizacionais modernas e novos vínculos com o entorno socioeconômico.

A inserção no APL não se dá ao acaso, ou seja, pura e simplesmente pelo desenvolvimento natural de um arranjo do ponto de vista da sua dinâmica de crescimento, como é o caso de vários arranjos que se constituíram através do tempo (APL de cerâmica de Santa Gertrudes, de calçados de Franca e Jaú, de móveis de Mirassol) sem uma preocupação maior de políticas públicas no sentido de dar a esses arranjos um desenvolvimento sustentável. Talvez isso possa ser explicado pela baixa tradição exportadora do país, ou seja, preocupados com o mercado interno, muitos arranjos tiveram um crescimento tímido.

---

[9] LASTRES, H. M. M.; CASSIOLATO, J., E. *Políticas para promoção de arranjos produtivos e inovativos locais de micro e pequenas empresas*: conceito vantagens e restrições do equívoco usuais. In: Rede de Pesquisa em Sistemas Inovativos Locais (RedeSist). Rio de Janeiro: Uerj, 2003.

[10] CASSIOLATO, J. E.; LASTRES, H. M. M.; STALLIVIERI, F. *Arranjos produtivos locais*: uma alternativa para o desenvolvimento. Experiências de políticas. Rio de Janeiro: E-papers, 2008. v. 2.

[11] AMATO NETO, 2000.

[12] CASSIOLATO; LASTRES; STALLIVIERI, 2008.

Outros, com vocação mais exportadora, foram sempre guiados pelo leme da conjuntura externa, ou seja, sujeitos a variáveis como flutuação cambial, em alguns anos exportando a contento e em outros períodos amargando baixa considerável, fato que levou muitos negócios à falência. Dessa forma, **o APL é uma ótima oportunidade para que as micro, pequenas e médias empresas consigam se manter no mercado**.

Para Lastres e Cassiolato,[13] os arranjos e sistemas produtivos e inovativos locais são conjuntos de atores econômicos, políticos e sociais que interagem com produtores de bens e serviços finais, fornecedores de matérias-primas, equipamentos, outros insumos e distribuidores que pertencem à cadeia produtiva. Destacam-se também as organizações voltadas à formação e treinamento de recursos humanos, informações, pesquisa, desenvolvimento e engenharia, trabalhadores, associações, sindicatos e organizações de apoio. Dentro das políticas de apoio aos APLs no Brasil, os autores destacam que houve importantes avanços nos últimos anos com a possibilidade de aperfeiçoamento em ao menos quatro direções. A primeira é a visão sistêmica, a segunda refere-se à ênfase à inovação, a terceira diz respeito às ações concretas que ajudam a mitigar desequilíbrios, ou seja, suavizar em vez de reforçá-los e, por último, apoiar os atores, as atividades e regiões geralmente excluídas das agendas políticas.

Esta afirmação vem ao encontro à de Kon,[14] que fala sobre o papel das políticas públicas para estimular os arranjos produtivos locais, pois declara que é preciso uma grande mobilização do setor privado, por meio de intervenções para estímulo e apoio à criação dessas redes, a conscientização e a formação de empresários e outros atores locais e o desenvolvimento dos recursos humanos e a flexibilização no mercado de trabalho.

Para estimular e apoiar a formação de capital social, a autora cita que a única forma é por meio de:

- ligações entre as diferentes partes dessas redes;
- vínculo entre os agentes produtores e consumidores, e entre dirigentes e funcionários;
- desenvolvimento tecnológico e de gestão organizacional;
- criação de ambiente institucional favorável e de vínculos das instituições com os agentes produtivos;
- coordenação entre etapas de trabalho entre vários agentes;
- acompanhamento e controle da aplicação das políticas de trabalho, de gênero e setoriais;
- oferta de infraestrutura de transportes, comunicações, rede de instituições de pesquisa, planejamento, centros tecnológicos, de assessoria técnica, legal e de comercialização;
- contribuição dos agentes locais para que o objetivo dos APLs seja alcançado, cada um contribuindo para isso.

---

[13] LASTRES; CASSIOLATO, 2003.

[14] KON, A. APLs como instrumentos das políticas de desenvolvimento produtivo. Industrial e inovação. In: ENCONTRO DE APLS DO ESTADO DE SÃO PAULO, 3º, 2008, São Paulo. *Anais...* São Paulo, 2008.

As empresas são as responsáveis por conscientizar sobre a função e as vantagens dos APLS e pela integração efetiva nas atividades conjuntas; o setor público, por criar políticas sociais e de apoio à produção, pelo fornecimento de serviços que ampliem elementos constitutivos do capital social, como reciprocidade entre agentes, intercâmbio e solidariedade, e pelo controle social da distribuição de recursos; apoio familiar e extrafamiliar e as associações de classe por facilitar o acesso à informação e divulgação sobre a função e as vantagens dos APLs e também por executar ações de apoio à integração de seus associados nos APLs. Nos últimos anos, têm-se buscado algumas soluções que melhorem o desempenho das micro, pequenas e médias empresas. Muitas estratégias são discutidas com o objetivo de fazer que ganhem competitividade no mercado e consigam sobreviver às fortes pressões que acontecem no seu dia a dia.

Para que o desenvolvimento local ocorra, alguns pontos são extremamente essenciais. Segundo Machado,[15] para haver um desenvolvimento local é preciso existir a oferta de matéria-prima e demais insumos, uma capacitação adequada nas áreas em que estão sendo utilizadas e uma disponibilidade de capital social adequado.

As organizações estão buscando cada vez mais um espaço no mercado globalizado e as micro, pequenas e médias empresas fazem parte disso. Algumas estratégias precisam ser traçadas para que alcancem os objetivos propostos e esperados. Porém, a competitividade e a inovação dependem de fatores como análise dos ambientes, reestruturação tecnológica, políticas diferenciadas de atendimento ao cliente, criação e envolvimento de outros departamentos, melhor qualificação da mão de obra para, assim, buscar seu espaço e firmar-se no mercado. Sem questionar os modelos econômicos existentes, acredita-se que uma das formas de se conseguir o desenvolvimento são os **aglomerados locais**, conhecidos como arranjos produtivos locais. Para Lastres e Cassiolato,[16] o termo **aglomeração** tem como aspecto central a proximidade territorial de agentes econômicos, políticos e sociais (empresas e outras instituições e organizações públicas e privadas), não importando, no caso, se a aglomeração é produtiva, científica, tecnológica e/ou inovadora.

Deve ser entendida a inovação como um instrumento de geração e apropriação de rendas transitórias de monopólio. Longe de poder ser considerada como uma invenção, a inovação constitui-se pela "realização de novas combinações" no processo produtivo.[17] **Os arranjos produtivos locais procuram criar e adotar estratégias inovadoras para que um determinado segmento tenha um desenvolvimento progressivo**.

Para o bom desenvolvimento dos arranjos produtivos locais faz-se necessário um envolvimento local com todos os participantes desse desenvolvimento. A presença de universidades, prefeitura e comunidade é de fundamental importância para que

---

[15] MACHADO, S. A. *Dinâmica dos arranjos produtivos locais*: um estudo de caso em Santa Gertrudes, a nova capital da cerâmica brasileira. 2003. 145f. Tese (Doutorado) – Departamento de Engenharia de Produção – Universidade de São Paulo, São Paulo, 2003.

[16] LASTRES; CASSIOLATO, 2003.

[17] SCHUMPETER, 1988.

haja um crescimento do setor. Esse envolvimento ocorre em Maringá. Adiante, um tópico explicará como os diferentes agentes atuam em parceria para desenvolver o APL. As micro e pequenas empresas veem suas chances de sobrevivência e crescimento, obtendo uma fonte geradora de vantagens competitivas.

As vantagens competitivas não surgiram da vontade ou de alguma decisão dos lojistas, mas sim do resultado da concentração de lojas vizinhas. Vale a pena ressaltar que as vantagens mencionadas são do conjunto das lojas do *cluster* sobre outras lojas isoladas geograficamente, isto é, lojas que estão fora do *cluster*. Há algumas características de *cluster* em que Schumpeter[18] cita que os *clusters* industriais, de serviços ou os agroindustriais podem ser de simplicidade equivalente a lojas comerciais nas grandes cidades e podem apresentar algumas características de complexidade maiores, após uma longa evolução medida em decênios.

Muitos estados possuem políticas públicas para que haja um desenvolvimento local por meio dos arranjos produtivos. Muitas cidades, regiões e estados se beneficiam dessas ações, pois elas geram emprego e renda e, consequentemente, impostos. As mudanças ocorridas nos últimos 20 anos têm permitido a diversas regiões do Brasil um grande avanço nas pesquisas sobre os arranjos produtivos locais e o surgimento de aglomerações de empresas localizadas com grande ênfase às micro e pequenas empresas.

Junto a este processo surge maior competitividade e desenvolvimento econômico e social. Lastres e Cassiolato[19] destacam ainda uma transformação maior e ainda mais radical, citando como o ser humano aprende, pesquisa, produz, trabalha, consome, se diverte e exerce a cidadania. Acompanhando a difusão do novo padrão, desenvolvem-se novas práticas de produção, comercialização e consumo de variados bens e serviços, de cooperação e competição entre os agentes, de circulação e de valorização do capital, assim como de novos formatos e estratégias institucionais crescentemente intensivos em informação e conhecimento.

Tais práticas apoiam-se, por sua vez, em novos conhecimentos e competências, em novos aparatos e tecnologias, novas formas de inovar e organizar o processo produtivo, exigindo também a necessidade de novas abordagens. Tudo isso acompanhado de mudanças significativas tanto nas organizações produtoras de bens e serviços (por exemplo, o surgimento das empresas virtuais), como naquelas encarregadas de atividades de ensino, pesquisa e desenvolvimento, política, financiamento etc.

Amaral Filho[20] cita que, a exemplo de outras áreas das ciências sociais em geral, o conhecimento em torno da economia regional e seu desenvolvimento experimentou grandes deslocamentos de paradigmas. A Tabela 7.1 mostra o apoio estadual aos APLs.

---

[18] SCHUMPETER, 1988.

[19] LASTRES; CASSIOLATO, 2003.

[20] AMARAL FILHO, J. Trajetórias de desenvolvimento local e regional: uma comparação entre as regiões do Nordeste Brasileiro e a Baixa Califórnia, México. In: SEMINÁRIO INTERNACIONAL DE GLOBALIZAÇÃO, TRANSFORMAÇÕES ESTRUTURAIS, DESENVOLVIMENTO LOCAL E REGIONAL, UM OLHAR SOBRE O NORDESTE BRASILEIRO, 2008, Fortaleza. *Anais...* Fortaleza, 28-30 out. 2008.

Tabela 7.1 Arranjos produtivos locais apoiados pelos Estados em 2009

APLs/Estados	N. de APLs	
	Apoiados	% do total de apoiados
Rio Grande do Sul	33	7,75%
Santa Catarina	69	16,20%
Paraná	22	5,16%
São Paulo	27	6,34%
Minas Gerais	34	7,98%
Rio de Janeiro	69	16,20%
Espírito Santo	18	4,23%
Goiás	59	13,85%
Mato Grosso do Sul	95	22,30%
Total	426	100%

Fonte: CASTRO, S. D. (Coord.). Os arranjos produtivos locais (APLs) em Goiás: mapeamento, metodologia de identificação e critérios de seleção para políticas de apoio. In: ___. *Primeiro Relatório da Pesquisa análise do mapeamento e das políticas para arranjos produtivos locais no Sul, Sudeste e Centro-Oeste do Brasil*. Florianópolis: UFSC, 2009. (Convênio/Contrato Fepese-BNDES).

7.2 Redes de pequenas e médias empresas

As pequenas e médias empresas (PMEs) brasileiras têm enorme relevância na geração de empregos e de inovações. Dados do Sebrae mostram que pequenos negócios respondem por mais de um quarto do Produto Interno Bruto (PIB) brasileiro. Juntos, os cerca de 9 milhões de micro e pequenas empresas no País representam 27% do PIB, um resultado que vem crescendo nos últimos anos. Do ponto de vista do emprego, esses pequenos negócios respondem por 52% dos empregos com carteira assinada do país.[21]

Entretanto, muitas PMEs têm dificuldades de modernização para se destacar em um contexto de alta competição. Dados sobre a mortalidade das PMEs ilustram a difícil realidade enfrentada por essas empresas.

O terceiro relatório do Sebrae sobre Sobrevivência das Empresas no Brasil[22] apresenta uma evolução favorável no que diz respeito à sobrevivência das pequenas empresas. Tomando como base o ano de fundação dessas empresas, constatou-se que

[21] SERVIÇO BRASILEIRO DE APOIO ÀS MICRO E PEQUENAS EMPRESAS (SEBRAE). *Micro e pequenas empresas geram 27% do PIB do Brasil*, jul. 2014. Disponível em: <http://www.sebrae.com.br/sites/PortalSebrae/ufs/mt/noticias/micro-e-pequenas-empresas-geram-27-do-pib-do-brasil,ad0fc70646467410VgnVCM2000003c74010aRCRD>. Acesso em: 17 nov. 2017.

[22] SERVIÇO BRASILEIRO DE APOIO ÀS MICRO E PEQUENAS EMPRESAS (SEBRAE). *Sobrevivência das empresas no Brasil*, out. 2016. Disponível em: <https://m.sebrae.com.br/Sebrae/Portal%20Sebrae/Anexos/sobrevivencia-das-empresas-no-brasil-102016.pdf>. Acesso em: 17 nov. 2017.

as fundadas em 2012 apresentaram uma sobrevida maior que as que foram fundadas nos anos anteriores (2008 a 2011). Vide Tabela 7.2.

Tabela 7.2   Sobrevivência das empresas no Brasil

Ano de constituição da empresa	Taxa de sobrevivência	Taxa de mortalidade
2008	54,2%	45,8%
2009	55,4%	44,6%
2010	76,2%	23,8%
2011	75,8%	24,2%
2012	76,6%	23,4%

Fonte: SEBRAE, 2016.

O relatório Sebrae destaca ainda os motivos desse avanço: evolução do salário mínimo (SM) real; evolução da taxa de desemprego; evolução positiva da legislação voltada para os pequenos negócios: Lei Complementar n. 123 e implantação e ampliação do Simples Nacional; criação da figura do Microempreendedor Individual (MEI).

O relatório mostra ainda os fatores que diferenciam empresas ativas das inativas:

- **fatores situacionais antes da abertura:** condição anterior do empresário, experiência anterior do empresário; motivação para abrir o negócio;

- **fatores ligados ao planejamento:** tempo médio de planejamento antes de abrir a empresa; recursos utilizados;

- **fatores ligados à gestão do negócio:** capacitação da mão de obra e dos sócios, aperfeiçoamento sistemático de produtos e serviços, atendendo às necessidades dos clientes, atualização com respeito a novas tecnologias do setor, acompanhamento da evolução dos resultados, diferenciação de produtos e serviços;

- **fatores em gestão empresarial:** capacitação do empreendedor em gestão do negócio.

Tais fatores são mais bem compreendidos e muito mais utilizados por empresas situadas em redes organizacionais que empresas que trabalham de forma isolada.

Citamos o caso dos polos industriais. No Brasil, vários exemplos são destacados por Amato Neto,[23] como o polo das indústrias de calçados do Vale dos Sinos, o polo calçadista de Franca, Birigui e Jaú, o polo têxtil de Americana, o polo de alta tecnologia de São Carlos, o polo da indústria de cerâmica de Santa Gertrudes, Mogi Guaçu e Porto Ferreira, o condomínio virtual de Ourinhos, o polo da indústria de joias e bijuterias

---

[23] AMATO NETO, 2000.

de Limeira, o polo de móveis de madeira de Votuporanga,o polo de confecções de São José do Rio Preto e de Santos e o polo de produção de derivados da mandioca em Cândido Motta. Esses são alguns exemplos do potencial coletivo em vários dos arranjos produtivos já difundidos no Brasil.

Existem diversas formas organizacionais alternativas para as pequenas e médias empresas. Conforme informações do Sebrae[24] e de outros autores, há pelo menos oito formas de governança alternativa e diretamente relacionadas com as micro, pequenas e médias empresas.

O recorte do espaço geográfico do consórcio de empresas aproxima-se da ideia de associativismo, em que a pequena empresa não precisa tornar-se uma grande empresa e trabalhar em conjunto e de forma integrada com um mesmo objetivo ou de forma independente. O consócio funciona como um instrumento de integração entre as partes. Diversos facilitadores geram ganhos coletivos, como transporte, serviços, água, luz, restaurantes, entre outros aspectos que variam conforme as necessidades das empresas envolvidas.

As **redes de empresas** são formadas por grupos de organizações (formais ou informais) com interesses comuns em ampliar as vantagens competitivas de um determinado segmento ou setor. Nas redes de empresas, as parcerias podem proporcionar aumento de competitividade, produtividade, redução de custos, acesso a investimentos, informações, tecnologias, novos recursos, mercados, programas governamentais, certificações e até mesmo a ampliação do poder de barganha em compras e comercialização.

A **cooperativa** é outra forma alternativa de governança para as pequenas e médias empresas. É uma sociedade de no mínimo 20 pessoas físicas que se unem voluntariamente para satisfazer necessidades e interesses em comum por intermédio de uma empresa de propriedade coletiva e democraticamente gerida e sem fins lucrativos.

A **associação** é uma sociedade civil sem fins lucrativos. Por meio dessa organização, grupos e pessoas ou entidades buscam trabalhar por interesses comuns, sejam eles econômicos, sociais, filantrópicos, científicos, políticos ou culturais.

Os **arranjos produtivos locais (APL)** também representam grande papel de integração das pequenas e médias empresas. Nos APLs, as empresas estão localizadas em um mesmo território e atuam em um mesmo segmento. Essas empresas mantêm algum vínculo de cooperação e integração entre si. Os APLs compreendem um recorte do espaço geográfico que apresenta identidades coletivas entre os atores.

Os *clusters* são caracterizados "como a concentração setorial e geográfica de empresas".[25] Os *clusters* são formados somente quando ambos os aspectos, setorial e geográfico, estão concentrados.

---

[24] NETO, M. S.; FARAH, O. E.; GIULIANI, A. C.; PIZZINATTO, N. K. *Redes de micro pequenas e médias empresas*. Centro Universitário Municipal de Franca (Uni FACEF), São Paulo, Franca, 2005. Disponível em: <http://legacy.unifacef.com.br/quartocbs/arquivos/12.pdf>. Acesso em: jun. 2018. (artigo) .

[25] AMATO NETO, 2000, p. 53.

As **empresas virtuais** são caracterizadas como uma cooperação temporária entre várias empresas com competências distintas e complementares, capazes de explorar uma oportunidade específica de negócios.[26]

Essas formas de governança são alternativas importantes para as micro, pequenas e médias empresas. Cada tipo tem suas vantagens e desvantagens. Estudos exploratórios nesses arranjos são importantes e necessários no sentido de apontar características e tendências.

Considerações finais

As redes de pequenas e médias empresas constituem um avanço significativo na forma de pensar o sistema produtivo. As formas de governança em redes de empresas suscitam diversas questões com relação às alianças estratégicas, formas de cooperação produtiva e tecnológica, programas de cooperação específicos para viabilizar uma determinada inovação, sistemas flexíveis de produção baseados em relações estáveis de cooperação, distritos industriais baseados na aglomeração espacial de empresas, associativismo, entre outros aspectos.

A adoção de formas de governança alternativa por meio da cooperação produtiva e tecnológica é factível no sentido de responder às demandas do ambiente e à alta competitividade impostas pela crescente customização de produtos. Os riscos e o elevado volume de investimentos demandados por alguns setores podem ser mais facilmente viabilizados por redes de empresas. As vantagens competitivas e os ganhos coletivos são diversos.

A análise das redes também ganhou muito espaço nos últimos anos. Esse conjunto teórico pode ajudar a entender os limites e possibilidades de ganhos coletivos em redes de pequenas e médias empresas. Há um consenso sobre a necessidade de conciliar a análise das redes com os estudos sobre as formas de governança.[27]

Essas questões auxiliam os empresários a repensar a possibilidade de participação em alianças estratégicas e outras formas de cooperação produtiva e tecnológica em busca de ganhos coletivos. O texto também chama a atenção para a necessidade de apoio e elaboração de políticas públicas adequadas ao contexto de desenvolvimento e cooperação das PMEs.

---

[26] PIRES, S.R.I. *Gestão da cadeia de suprimentos (Supply Chain Management)*. Conceitos, estratégias e casos. São Paulo: Atlas, 2004.

[27] SACOMANO NETO, M. *Redes*: difusão do conhecimento e controle – um estudo de caso na indústria brasileira de caminhões. 2004. Tese (Doutorado) – Departamento de Engenharia de Produção, 2004. Universidade Federal de São Carlos, São Carlos, 2004.

Questões

1. Quais as vantagens proporcionadas pelas parcerias quando se participa de uma rede de empresas?
2. Qual a definição dada por Lastres e Cassiolato[28] sobre arranjos e sistemas produtivos e Inovativos locais?
3. Cite algumas formas de alianças estratégicas que as pequenas empresas podem utilizar para sobreviver num ambiente altamente competitivo.
4. Cite alguns exemplos de polos industriais existentes no Brasil.

Dicas dos consultores

Vê-se que as redes de empresas são formadas por grupos de organizações com interesses comuns em ampliar as vantagens competitivas de um determinado segmento ou setor. Nas redes de empresas, as parcerias podem proporcionar aumento de competitividade e produtividade, redução de custos, acesso a investimentos, informações, tecnologias, novos recursos, mercados, programas governamentais, certificações e até mesmo a ampliação do poder de barganha em compras e comercialização.

Para você que pertence a uma incubadora de empresas, participa de um arranjo produtivo local ou se localiza em algum polo industrial, é necessário:

1. interagir ao máximo com os parceiros: concorrentes, fornecedores, clientes, universidades e institutos de pesquisa;
2. participar de encontros setoriais e trocar experiências;
3. participar de feiras do segmento;
4. comparecer às reuniões que são agendadas pela governança;
5. ler todos os documentos que são passados, pois no momento oportuno eles terão seu valor;
6. não se envolver com a diretoria da governança ocupando algum cargo e deixando a desejar a gestão da sua empresa. Só o faça quando tiver pessoas que possam substituí-lo adequadamente;
7. participar e incentivar seus colaboradores a participarem de treinamentos.

Se sua empresa é independente e não se encontra em nenhuma dessas situações:
- procure, assim mesmo, realizar sempre que possível os contatos com seus *stakeholders*, mesmo que não estejam no mesmo espaço geográfico;
- não participar de uma incubadora, polo, associativismo, arranjo produtivo local não é fator impeditivo para fazer tais ações que, com certeza, trarão benefícios e, principalmente, novas oportunidades.

Lembre-se: informação é a moeda mais forte do empreendedor bem-sucedido e da empresa autossustentável!

---

[28] LASTRES; CASSIOLATO, 2003.

Referências

AMARAL FILHO, J. Trajetórias de desenvolvimento local e regional: uma comparação entre as regiões do Nordeste Brasileiro e a Baixa Califórnia, México. In: SEMINÁRIO INTERNACIONAL DE GLOBALIZAÇÃO, TRANSFORMAÇÕES ESTRUTURAIS, DESENVOLVIMENTO LOCAL E REGIONAL, UM OLHAR SOBRE O NORDESTE BRASILEIRO. *Anais...* Fortaleza, 28-30 out. 2008.

AMATO NETO, J. *Redes de cooperação e clusters competitivos.* São Paulo: Atlas, 2000.

BRITTO, J. Redes de cooperação entre empresas. In: KUPFER, D. *Economia industrial:* fundamentos teóricos e práticos no Brasil. Rio de Janeiro: Campus, 2002.

CASSIOLATO, J. E.; LASTRES, H. M. M.; STALLIVIERI, F. *Arranjos produtivos locais:* uma alternativa para o desenvolvimento. Experiências de políticas. Rio de Janeiro: E-papers, 2008. v. 2.

CASTRO, S. D. (Coord.). Os arranjos produtivos locais (APLs) em Goiás: mapeamento, metodologia de identificação e critérios de seleção para políticas de apoio. In: ___. *Primeiro Relatório da Pesquisa análise do mapeamento e das políticas para arranjos produtivos locais no sul, sudeste e centro-oeste do Brasil.* Florianópolis: UFSC, 2009. (Convênio/Contrato Fepese-BNDES).

GALEANO, R. Estratégias das empresas do arranjo produtivo local de Apucarana. Dissertação de Mestrado (Faculdade de Administração). Universidade Metodista de Piracicaba, 2006.

GRANDORI, A.; SODA, G. Inter-firm networks: antecedents, mechanisms and forms. *Organization Studies*, v. 16, n. 2, p. 183-214, 1995.

HAGE, J.; ALTER, C. A typology of interorganizational relationships and network. In: HOLLINGSWORTH, J. R.; BOYER, R. *Contemporary capitalism.* Cambridge: Cambridge University Press, 1997.

HOLLINGSWORTH, J. R.; BOYER, R. *Contemporary capitalism:* the embeddedness of institutions. Cambridge: Cambridge University Press, 1997.

KON, A. APLs como instrumentos das políticas de desenvolvimento produtivo. Industrial e inovação. In: ENCONTRO DE APLS DO ESTADO DE SÃO PAULO, 3º, 2008, São Paulo. *Anais...* São Paulo, 2008.

LASTRES, H. M. M.; CASSIOLATO, J., E. Políticas para promoção de arranjos produtivos e inovativos locais de micro e pequenas empresas: conceito vantagens e restrições do equívoco usuais. In: Rede de Pesquisa em Sistemas Inovativos Locais (RedeSist). Rio de Janeiro: Uerj, 2003.

MACHADO, S. A. *Dinâmica dos arranjos produtivos locais:* um estudo de caso em Santa Gertrudes, a nova capital da cerâmica brasileira. 2003. 145f. Tese (Doutorado) – Departamento de Engenharia de Produção, Universidade de São Paulo, São Paulo, 2003.

MARTINS, S. da S. *Arranjos produtivos locais no Brasil*: um estudo exploratório dos arranjos do setor têxtil. 2008. 85f. Dissertação (Mestrado) Faculdade de Gestão e Negócios, Universidade Metodista de Piracicaba, Unimep, Piracicaba, 2008.

NETO, M. S.; FARAH, O. E.; GIULIANI, A. C.; PIZZINATTO, N. K. *Redes de micro pequenas e médias empresas*. Centro Universitário Municipal de Franca (Uni FACEF), São Paulo, Franca, 2005. Disponível em: <http://legacy.unifacef.com.br/quartocbs/arquivos/12.pdf>. Acesso em: jun. 2018. (artigo)

NOHRIA, N. Is the network perspective a useful way of studing organizations? In: NOHRIA, N.; ECCLES, R. G. *Network and organizations*. Boston: Harvard Business School Press, 1992.

PIORE, M.; SABEL, C. *The second industrial divide: possibilities for prosperity*. New York: Basic Book, 1984.

PIRES, S. R. I. *Gestão da cadeia de suprimentos (Supply Chain Management)*. Conceitos, estratégias e casos. São Paulo: Atlas, 2004.

PODOLNY, J. M.; PAGE, K. L. Network forms of organization. *Annual Review of Sociology*, v. 24, p. 57-76, 1998.

PORTER, M. *Competitive strategy*. New York: The Free Press, 1980.

POWELL, W. W. Neither market nor hierarchy: network forms of organizations. *Research in Organizational Behavior*, v. 12, p. 295-336, 1990.

SACOMANO NETO, M. *Redes: difusão do conhecimento e controle: um estudo de caso na indústria brasileira de caminhões*. 2004. Tese (Doutorado) — Departamento de Engenharia de Produção, Universidade Federal de São Carlos, São Carlos, 2004.

SACOMANO NETO, M. S.; CORRÊA, D. A.; TRUZZI, O. M. S. Transferência de conhecimento em redes de empresas: um estudo em uma planta modular da indústria automotiva. *Revista Economia & Gestão*, v. 15, n. 41, p. 33-56, 2015.

SCHUMPETER, J. A. *A teoria do desenvolvimento econômico*. São Paulo: Nova Cultural, 1988. (Os Economistas).

SERVIÇO BRASILEIRO DE APOIO ÀS MICRO E PEQUENAS EMPRESAS (SEBRAE). *Micro e pequenas empresas geram 27% do PIB do Brasil*, jul. 2014. Disponível em: <http://www.sebrae.com.br/sites/PortalSebrae/ufs/mt/noticias/micro-e-pequenas-empresas-geram-27-do-pib-do-brasil,ad0fc70646467410VgnVCM2000003c74010aRCRD>. Acesso em: 17 nov. 2017.

___. *Sobrevivência das empresas no Brasil*, out. 2016. Disponível em: <https://m.sebrae.com.br/Sebrae/Portal%20Sebrae/Anexos/sobrevivencia-das-empresas-no-brasil-102016.pdf>. Acesso em: 17 nov. 2017.

WILLIAMSON, O. E. *Mechanisms of governance*. New York: Oxford University Press, 1996.

As compras de Najla

Fazer compras com Najla era uma aventura. Na 25 de Março, ela comprava brinquedos. No Pari, utilidades domésticas: alumínios, louças e plásticos. No Tremembé, cavalinhos e carrocinhas de brinquedo. Em São Caetano do Sul, cerâmica.

Chegava a demorar de três a cinco dias em São Paulo para completar as compras. Salim ia junto. As compras de brinquedos eram muito demoradas. Gastava meio dia só com essa tarefa. Ele, ainda uma criança, quando cansava, encostava-se no primeiro canto da loja e, algumas vezes, dormia.

Najla acumulava os pacotes em uma loja e, ao final das compras, dava sinal para um táxi parar. Colocava apenas um pacote na calçada, pois os taxistas não gostavam de levar muito volume e, por vezes, cobravam para transportar cada um, além da corrida.

Quando o táxi parava, lá vinha Salim com mais pacotes. O motorista ficava muito bravo, mas Najla, antes que ele desistisse, já tinha colocado pelo menos uns dois pacotes no porta-malas do carro.

Lá iam os dois para a estação ferroviária Júlio Prestes. A plataforma era imensa. Parecia que não acabava nunca. Carregadores se ofereciam para transportar os pacotes até o trem. Imagine se Najla pagava carregador! Pedia para que o filho ficasse perto dos pacotes e pedia ajuda às pessoas que ali passavam. Quando os pacotes estavam próximos de alguma porta do trem, os recolhia para o seu interior.

O maior problema era descarregar todas as compras. Por três cidades antes de Cerqueira César as pessoas já iam passando os pacotes até chegar ao hall de embarque e desembarque do trem. Najla pedia para que, assim que descessem do trem, imediatamente as pessoas fossem quase "jogando" os pacotes na plataforma, pois a parada era muito curta.

Era uma verdadeira aventura trabalhar com tanta rapidez! Mas valia a pena. Aquelas novidades iriam satisfazer seus clientes e, assim, Najla obteria mais lucro com um maior volume de vendas.

8
Centrais de negócios no varejo

Luciana Passos Marcondes
Marina Ariente
Márcia Cristina Alves

"Estamos frequentemente diante de uma série de grandes oportunidades brilhantemente disfarçadas de problemas insolúveis."
Autor desconhecido

Objetivos do capítulo

Mostrar ao empreendedor que pequenos negócios no varejo podem conviver em ambientes extremamente predatórios, dominados por grandes redes, se ingressarem em uma central de negócios. Apresentar diversas centrais de negócios em diferentes ramos. Oportunizar a análise das vantagens e desvantagens dessa nova modalidade de alianças estratégicas.

Uma nova modalidade de aliança estratégica mostra ao empreendedor a força que ele pode vir a ter ao conviver com outros empreendedores dispostos a partilhar o conhecimento para sobreviver em um mercado altamente competitivo.

Compartilhar conhecimento

Luana e Pietra, donas de uma pequena farmácia na cidade de Apucarana, foram convidadas a participar de uma central de negócios no seu segmento: a Farmarede. Sem conhecimento sobre esta modalidade de aliança estratégica, mas cientes das dificuldades com a concorrência das grandes farmácias, decidiram participar de uma palestra sobre o assunto na Associação Comercial e Industrial da cidade.

Dúvidas e desconfianças as acompanharam o tempo todo, pois era estranho participar de um encontro com concorrentes do mesmo porte, que conviviam no mesmo bairro e agora estavam ali, participando das mesmas discussões. Elas tinham a crença de que concorrente é aquele que tira parte de seu lucro. No entanto, decidiram consultar os professores doutores em Administração da Universidade Federal de Apucarana.

Coincidentemente, o encontro foi com dois docentes cujas dissertações e teses convergiam para redes de empresas, alianças estratégicas e arranjos produtivos locais. Eles falaram das vantagens e desvantagens de participar de uma central de negócios, as aconselharam a analisar melhor tudo o que ouviram na palestra e indicaram mais algumas leituras e trabalhos específicos sobre centrais de negócios no segmento farmacêutico. Também as orientaram a visitar associados de outras cidades, para reforçar uma decisão bem alicerçada.

Como consultor, você as aconselharia a participar desta rede de negócios? Em vez de entrar na rede, buscaria um sócio capitalista para aumentar os investimentos e abrir filiais em mais dois bairros da cidade? Dedique alguns minutos para conhecer os conceitos apresentados neste capítulo. Eles o auxiliarão para responder a estes questionamentos.

Com conhecimento adquirido, dedique-se à ação!

 Buscar o novo, o diferente, o inovativo, mudar posturas, se capacitar e privilegiar o bem comum buscando o desenvolvimento coletivo... são atitudes que trazem ganhos incomensuráveis. Tudo isso tem feito que pequenos negócios se fortaleçam cada vez mais ocupando mercados antes dominados por grandes empresas de varejo.

Considerações iniciais

Devido ao ambiente de incertezas e rápidas mudanças, as organizações empresariais têm adotado estratégias de adaptação, ou até mesmo de antecipação às necessidades dos clientes, às incertezas da concorrência, dos fornecedores, das mudanças nas leis e normas governamentais e às frequentes transformações que ocorrem no mundo dos negócios e na política internacional.

O sucesso na gestão dos pequenos negócios pode ser muito influenciado pelo perfil pessoal e pela capacidade administrativa de seus proprietários, pelo seu caráter inovador e sensibilidade às exigências do mercado, proporcionando atendimento personalizado ao consumidor e flexibilidade em constituir arranjos organizacionais, e valorizando a estrutura simples e dinâmica da organização.

Diante dos desafios a que estão expostos e objetivando permanecer no mercado, uma das estratégias dos pequenos varejistas é a formação de associações entre si, ou com grandes atacadistas, buscando não somente custos mais baixos na reposição dos estoques, como também uma maior eficiência administrativa e operacional.

Por meio do associativismo, muitas empresas menores estão obtendo vantagens que essa forma organizacional proporciona: aumento do poder de barganha em compras e comercialização, troca de experiências, maior acesso à informação e tecnologia, acesso a novos mercados e fornecedores, redução de custos e acesso a instituições e programas governamentais.

Observa-se, em um primeiro momento, que estar dentro dessas associações propicia facilidades junto a fornecedores que, de outra forma, ou seja, trabalhando individualmente, sem estar associado, se tornaria mais difícil. Diversas redes foram instituídas como uma central de compras e, posteriormente, expandiram seu foco de atuação.

O **associativismo** pode abranger as mais diversas iniciativas, tais como: cartão fidelidade, cartão de crédito, campanhas de marketing, assessoria jurídica e contábil, marca própria, automatização, treinamento de funcionários, e mesmo a centralização da seleção e administração de recursos humanos.

No Brasil, o fenômeno associativista expande-se em vários segmentos, como o farmacêutico, papelarias, materiais de construção, varejo de autopeças e supermercadista. No mundo, aproximadamente 50% dos estabelecimentos comerciais estão integrados às centrais de negócios.

Este capítulo pretende apresentar ao leitor um panorama atualizado das micro e pequenas empresas no Brasil, suas dificuldades organizacionais, bem como a legislação atual e as propostas de melhoria para o setor. O capítulo visa, ainda, expor a experiência das centrais de negócios em alguns segmentos de mercado, analisando o perfil de atuação de redes de associativismo e as vantagens para as micro e pequenas empresas.

8.1 Classificação e tipologia das micro, pequenas e médias empresas (MPME) no Brasil

No Brasil, as empresas podem ser classificadas como micro, pequena, média ou grande empresa, classificação que leva em conta o faturamento, número de funcionários, ativo, passivo, valor da marca ou vários fatores conjuntos.

A Resolução Mercosul GMC 90/93, que institui a política de apoio às MPME, traz os parâmetros de definição para as empresas dos setores de indústria, comércio e serviços. A Tabela 8.1 mostra a classificação das empresas no Mercosul.

Tabela 8.1   Classificação das MPME no Mercosul

	Microempresa		Pequena empresa		Média empresa	
	Indústria	Comércio e Serviço	Indústria	Comércio e Serviço	Indústria	Comércio e Serviço
N. de empregados	1 - 10	1 - 5	11 - 40	6 - 30	41 - 200	31 - 80
Faturamento anual (US$)	400 mil	200 mil	3,5 milhões	1,5 milhões	20 milhões	7 milhões

Fonte: BRASIL. Ministério do Desenvolvimento, Indústria e Comércio (MDIC). Micro, pequenas e médias empresas: definições e estatísticas internacionais, 2002. Disponível em: <http://www2.camara.leg.br/a-camara/documentos-e-pesquisa/fiquePorDentro/temas/temas-anteriores-desativados-sem-texto-da-consultoria/propagandaeleitoral/pdf/defineMPE.pdf>. Acesso em: 16 nov. 2017.

Conforme a Resolução, as MPME não deverão estar controladas por outra empresa ou pertencerem a um grupo econômico que, em seu conjunto, superou os valores estabelecidos. Além disso, deixarão de pertencer à condição de MPME se durante dois anos consecutivos superarem os parâmetros estabelecidos.

Segundo o Ministério do Desenvolvimento, Indústria e Comércio, além dos parâmetros Mercosul utilizados para fins de apoio creditício à exportação, há ainda as definições do Estatuto da Microempresa e Empresa de Pequeno Porte (Lei n. 9.841/99) e do Simples (Lei n. 9.317/96), que utilizam o critério de receita bruta anual, além dos critérios utilizados pela Rais/TEM (Relação Anual de Informações Sociais) e pelo Sebrae, nos quais o tamanho é definido pelo número de empregados. O Quadro 8.1 demonstra as classificações das empresas no Brasil.

Quadro 8.1   Classificação das MPME no Brasil

	Microempresa	Pequena empresa	Média empresa
Estatuto MPE Receita bruta anual	R$ 244.000,00	R$ 1.200.000,00	-
Simples Receita bruta anual	R$ 120.000,00	R$ 1.200.000,00	-
Rais/TEM Número de empregados	0 - 19	20 - 99	100 - 499
Sebrae Indústria	0 - 19	20 - 99	100 - 499
Sebrae Comércio e serviços	0 - 9	10 - 49	50 - 99

Fonte: MDIC, 2002.

No entanto, um sistema de simplificação tributária, o Simples,[1] prevê restrições à inclusão de inúmeros segmentos de MPME, não se aplicando, pois, a todo universo de MPMEs no Brasil. Deve-se considerar este fato ao se trabalhar com as estatísticas obtidas por meio deste sistema.

As micro e pequenas empresas ocupam papel importante na economia globalizada, destacando-se o acesso da população às oportunidades de empregos, a geração de grande parte dos postos de trabalho, as oportunidades de geração de renda e o desenvolvimento econômico do país.

No Brasil, por exemplo, até 2013 foram contabilizados 6,4 milhões de estabelecimentos. Desse total, 99% são micro e pequenas empresas (MPE). As MPEs respondem por 52% dos empregos com carteira assinada no setor privado (16,1 milhões).[2]

8.1.1   Histórico das micro e pequenas empresas no Brasil

Na Constituição de 1988, o art. 170 insere as MPE nos princípios gerais da ordem econômica, garantindo tratamento favorecido a essas empresas, orientando, no

---

[1]   O Simples Nacional é um regime tributário diferenciado, simplificado e favorecido previsto na Lei Complementar n. 123, de 2006, aplicável às microempresas e às empresas de pequeno porte, a partir de 01.07.2007. A lei estabelece normas gerais relativas às microempresas e às empresas de pequeno porte no âmbito dos Poderes da União, dos Estados, do Distrito Federal e dos Municípios, abrangendo não só o regime tributário diferenciado (Simples Nacional), como também aspectos relativos às licitações públicas, às relações de trabalho, ao estímulo ao crédito, à capitalização e à inovação, ao acesso à justiça, dentre outros. Disponível em: <http://www8.receita.fazenda.gov.br/simplesnacional/perguntas/perguntas.aspx>. Acesso em: 12 nov. 2017.

[2]   SERVIÇO BRASILEIRO DE APOIO ÀS MICRO E PEQUENAS EMPRESAS (SEBRAE-SP). *Pequenos negócios em números*, 09 out. 2017. Disponível em: <https://www.sebrae.com.br/sites/PortalSebrae/ufs/sp/sebraeaz/pequenos-negocios-em-numeros,12e8794363447510VgnVCM1000004c00210aRCRD>. Acesso em: 16 nov. 2017.

art. 179, "as administrações públicas a dispensar tratamento jurídico diferenciado ao segmento, visando a incentivá-las pela simplificação ou redução das obrigações administrativas, tributárias, previdenciárias e creditícias, por meio deles".[3]

A primeira medida legal no Brasil estabelecendo apoio às empresas de pequeno porte, segundo o Sebrae, foi definida em 1984 com a instituição do Estatuto da Microempresa, pela Lei n. 7.256, contemplando apoio ao segmento nas áreas administrativa, tributária, previdenciária e trabalhista. Em 1994, um segundo estatuto foi aprovado prevendo tratamento favorecido nos campos trabalhista, previdenciário, fiscal, creditício e de desenvolvimento empresarial.

Em 1996, com a implantação do Simples, por meio da aprovação da Lei n. 9.317/1996, foram incluídas as pequenas empresas como beneficiárias da tributação simplificada e ampliou-se a relação de impostos e contribuições incluídos no benefício de arrecadação única. Com o objetivo de diminuir a carga tributária e incentivar a formalização de empresas, muitos estados e municípios adotaram regimes simplificados de tributação para as MPE. Em 1999, por meio da Lei n. 9.841/99, foi aprovado um novo Estatuto da Microempresa e da Empresa de Pequeno Porte, retirando determinadas exigências como a subscrição por advogado do ato constitutivo e a apresentação de algumas certidões negativas. Diversas outras ações de apoio estão previstas, mas ainda aguardam implementação.

A partir de janeiro de 2018, os limites da receita bruta, cujos valores são adotados para conceituar as MPE, foram atualizados para:

- **Microempresa**: receita bruta anual igual ou inferior a R$ 360.000,00 (trezentos e sessenta mil reais).
- **Empresa de pequeno porte**: receita bruta anual superior a R$ 360.000,00 e igual ou inferior a R$ 4.800.000,00 (quatro milhões e oitocentos mil reais).
- **MEI: Microempreendedor individual**: receita bruta anual de até R$ 81.000,00 (oitenta e um mil reais).

Com o advento da Lei do Simples Nacional e da Lei Complementar n. 123/2006, LC n. 128/2008, o Governo Federal adota os critérios estabelecidos no Estatuto da Microempresa e Empresa de Pequeno Porte em diversos programas de crédito em apoio às MPEs e também para o enquadramento no regime simplificado de tributação do Simples.

Nos estados, em diversos regimes simplificados de tributação também são utilizados os limites de valor do Estatuto, enquanto outros Estados utilizam limites próprios, adaptados à situação econômica e fiscal própria.

---

[3] SERVIÇO BRASILEIRO DE APOIO ÀS MICRO E PEQUENAS EMPRESAS (SEBRAE). *Lei geral das micro e pequenas empresas*: entenda as diferenças entre microempresa, pequena empresa e MEI. Disponível em: <https://www.sebrae.com.br/sites/PortalSebrae/artigos/entenda-as-diferencas-entre-microempresa-pequena-empresa-e-mei,03f5438af1c92410VgnVCM100000b272010aRCRD>. Acesso em: 12 nov. 2017.

8.1.2 Lei Geral da Micro e Pequena Empresa[4]

A Lei Geral da Micro e Pequena Empresa tem por objetivo promover a competitividade das Microempresas (ME) e Empresas de Pequeno Porte (EPP) por meio de tratamento jurídico diferenciado, simplificado e favorecido às empresas desse segmento.

A Lei Geral tem sido um importante instrumento para o país na geração de emprego, distribuição de renda, inclusão social, redução da informalidade, incentivo à inovação tecnológica e fortalecimento da economia, beneficiando toda a sociedade brasileira.

Compete aos pequenos negócios no Brasil atuarem como geradores de receitas tributárias, pois esse segmento é eficiente na geração de tributos, dinamizando a economia. Tratar o segmento, pura e simplesmente, como fonte arrecadadora de impostos compromete sua competitividade, inibindo seu papel de forte gerador de emprego e renda.

A Lei Geral da Micro e Pequena Empresa tem como objetivos estabelecer um tratamento diferenciado e simplificado no âmbito da União, Estados, municípios e Distrito Federal; estimular a formação, a constituição, o funcionamento e o desenvolvimento das microempresas e empresas de pequeno porte; racionalizar e simplificar procedimentos tributários por meio de recolhimento unificado de impostos e contribuições da União, dos Estados, dos municípios e do Distrito Federal por meio de um sistema único de arrecadação, de âmbito nacional, com repasse de receita automático e incondicionado aos entes federados; criar o cadastro integrado e unificado de dados e informações visando à desburocratização e simplificação da abertura, funcionamento e baixa de empresas; simplificar as relações de trabalho; facilitar o acesso ao crédito, a novos mercados e à tecnologia e estimular o associativismo e a utilização de mediação e arbitragem na solução de conflitos.

O Quadro 8.2 compara como estão regulamentadas hoje as MPEs e o que muda com a Lei Geral da Micro e Pequena Empresa.

Quadro 8.2 Comparativo da legislação atual com a lei geral

Característica	Como é hoje	O que muda
O alcance da Lei	União, Estados e municípios possuem legislações distintas	Abrangerá as três esferas do poder público
Conceito	Multiplicidade de conceitos	Conceito único e ampliação dos limites de enquadramento e permissão por parte dos prestadores de serviços de opção

continua

---

[4] PORTAL DA LEI GERAL DA MICRO E PEQUENA EMPRESA. O que é a Lei Geral? *Lei Geral*, Brasília, 2006. Disponível em: <http://www.leigeral.com.br/o-site/o-que-e-a-lei-geral>. Acesso em: 16 nov. 2017.

continuação

Cadastro unificado	Obrigatoriedade de inscrição em mais de dez órgãos e apresentação de mais de 90 documentos	Registro simplificado dos atos constitutivos
Regime tributário – Simples Geral Quem pode aderir	Existem muitas restrições ao ingresso ao Simples	Utilização de um modelo flexível com restrições mínimas
Estímulo ao crescimento da ME e da EPP	Utilização de alíquotas em forma de degraus	A tributação passa a ser realizada com base em um sistema progressivo e linear
Pagamento de tributos	Necessidade de calcular diversos tributos e preencher diversas guias federais, distritais, estaduais e municipais	O Simples Geral engloba contribuições, taxas e impostos federais, distritais, estaduais e municipais
Alíquotas	A tributação é definida pelo acúmulo do faturamento	Incorporação das melhores práticas utilizadas no País
Cálculo do imposto	Está baseado na receita acumulada dentro do exercício fiscal	A base de cálculo será a receita bruta mensal
Desburocratização	Média de 152 documentos para se abrir uma pequena empresa no Brasil	Unificação em torno do CNPJ como registro geral, e redução de exigências de documentos
Exportações	Empresas optantes pelo Simples são tributadas sobre toda a sua receita, inclusive exportações	Desoneração das exportações por parte de ME e EPP
Compras governamentais	Não há dispositivo com preferências para as ME e EPP	Fixa limite preferencial de R$ 50 mil para compras de ME e EPP
Desburocratização no campo trabalhista	As ME e EPP são isentas das obrigações como quadro de horários e livro de inspeção, mas são obrigadas a depositar os mesmos valores exigidos para as médias e grandes empresas e não têm assessoria ou estímulo no cumprimento dos programas de segurança e medicina do trabalho	• Assessoria do poder público no cumprimento dos programas de segurança e medicina do trabalho • Estímulo à formação de consórcios para serviços de segurança e medicina do trabalho. • Dispensa de apresentação de Rais, afixação de quadro e horários, anotações de férias de empregados em livro especial e Livro de inspeção do trabalho
Associativismo	As ME e EPP consorciadas têm de pagar todos os tributos devidos em duplicidade e não possuem personalidade jurídica para negociar em nome próprio	Criação do Consórcio Simples, que passará a ter isenção tributária nos negócios de compra e venda de bens e serviços, e nas entradas e saídas de bens e serviços que tenham seus integrantes como remetentes ou destinatários.

continua

continuação

Estímulo ao crédito	• As SCM e Oscip pagam os tributos em todas as suas operações • As cooperativas de crédito estão sujeitas ao recolhimento da CSLL, PIS e Cofins	• As operações de crédito das SCM e Oscip com ME e EPP não sofrerão incidência de tributo • Cooperativas de crédito onde participem ME e EPP não estarão sujeitas à incidência de CSLL
Estímulo à inovação	Não há limite fixado para aplicação de recursos de tecnologia nas ME e EPP	A Lei determinará que no mínimo, 20% dos recursos de tecnologia de todos os órgãos da esfera federal, estadual e municipal deverão ser destinados à ME e EPP
Acesso à justiça	Não existe nenhum instrumento que facilite ou estimule o acesso aos processos de conciliação prévia, mediação ou arbitragem	Faculta o uso dos Juizados Especiais Cíveis às ME, além de fomentar a utilização dos institutos de conciliação prévia, mediação e arbitragem para a solução de conflitos
Regras civis e empresariais	• Não há definição no Código Civil acerca do pequeno empresário • O empresário individual responde sempre com seus bens pessoais pelas dívidas da empresa • As ME e EPP devem cumprir toda a burocracia imposta pelo NCC, da mesma forma que as demais empresas • Os créditos da ME e EPP em falências e recuperações judiciais não têm qualquer vantagem sobre os demais créditos	• Define o que é o pequeno empresário para fins do novo Código Civil • Cria a figura do empresário individual com responsabilidade Ltda. • Desobriga as ME e EPP da realização de reuniões e assembleias, bem como a publicação de quaisquer atos da empresa • As ME e EPP terão prioridade de recebimento de seus créditos em falências e recuperações judiciais em relação a outros credores, salvo os de natureza trabalhista e decorrentes de acidentes de trabalho
Parcelamento de débitos	Os optantes do Simples não podem parcelar débitos. Os demais podem parcelar em até 60 meses	As ME e EPP poderão refinanciar seus débitos tributários

Fonte: BRASIL, 2006, 2008.

8.1.3 Os maiores obstáculos dos pequenos e médios empresários brasileiros

No Brasil, 470 mil empresas são criadas a cada ano e quase a metade destas encerram as suas atividades antes de completarem o segundo ano de vida, causando uma perda anual de faturamento estimada em R$ 6 bilhões.

Em estudo publicado pela revista *Exame*,[5] foi realizado um amplo levantamento com mais de 100 pequenos e médios empresários brasileiros, em 27 ramos de atividades. As pesquisas foram realizadas com fundadores, sócios e executivos de companhias com faturamento anual de até R$ 100 milhões anuais e com quadro de funcionários entre 14 e 388 pessoas, em média.

O Quadro 8.3 apresenta uma relação dos principais obstáculos verificados na pesquisa, citados pelos pesquisados.

Quadro 8.3   Os obstáculos dos pequenos e médios empresários brasileiros

Ordem	Obstáculos	Característica
01	Impostos altos	A carga tributária brasileira alcança 36% do PIB
02	Falta de acesso ao crédito	Os bancos exigem garantias que esses empresários não têm condições de dar
03	Falta de conhecimento em administração	Um terço dos empresários não domina técnicas básicas de gestão
04	Altas taxas de juros	O Brasil pratica a maior taxa real de juros do mundo, de 14% ao ano
05	Falta de incentivo fiscal	Ausência de uma estrutura no Estado de apoio aos pequenos e médios empresários
06	Pessoal desqualificado	Dificuldade em treinar e reter talentos, que são atraídos pelas grandes empresas
07	Concorrência informal	A informalidade é estimada em 40% do PIB
08	Leis trabalhistas ultrapassadas	Falta flexibilidade e os encargos chegam a 101%
09	Grande burocracia pública	Estudos apontam o Brasil como o país mais burocrático do mundo
10	Acompanhar a evolução mundial	Dificuldade de produzir produtos inovadores para a economia globalizada
11	Importar e exportar	Burocracia e impostos atrasam a internacionalização
12	Falta de clareza	Dificuldade para definir o foco de atuação no mercado

Fonte: EXAME PME, 2005. p. 13.

Os principais problemas citados na pesquisa são obstáculos ao crescimento, que todos os micro, pequenos e médios empresários brasileiros enfrentam em algum

---

[5] EXAME. Os maiores obstáculos dos pequenos e médios empresários brasileiros. *Revista Exame* PME, São Paulo, out. 2005. p. 13. Edição especial.

momento na trajetória de suas empresas. Segundo Paulo Veras, diretor da Endeavor, ONG (Organização Não Governamental) que tem como objetivo incentivar o empreendedorismo, "são muitas pedras no caminho. Ainda assim, é fundamental notar que muitos empreendedores conseguem, nesse ambiente difícil, superar os desafios do crescimento".

De acordo com a pesquisa, 63% dos entrevistados afirmaram enfrentar problemas com o acesso ao crédito, segundo obstáculo mais citado pelos empresários. Em 2005, o Banco Nacional de Desenvolvimento Econômico e Social – BNDES emprestou pouco mais de R$ 8 bilhões às empresas de pequeno e médio porte. No ano anterior, já haviam sido emprestados mais de R$ 12 bilhões.

A alternativa para a captação de recursos, segundo a reportagem, são os fundos de investimentos em capital de riscos, *Venture Capital,* que estão sendo atraídos para investir em seus empreendimentos.

A dificuldade em se relacionar com o mercado externo por falta de estrutura está sendo vencida com a união entre fornecedores e clientes. Por não conseguir atender às exigências de garantias reais pelos bancos particulares e pelo BNDES, muitos empresários estão conseguindo financiamentos por meio de dilatação nos prazos de pagamentos de matéria-prima.

Segundo dados da reportagem, as pequenas e médias empresas foram responsáveis por mais de 85% do crescimento da base de exportadores brasileiros nos últimos sete anos. Hoje no País, há quase 20 mil empresas exportadoras, sendo que 10 mil começaram a comercializar com o mercado externo nesse período.

A dificuldade em definir o foco de atuação no mercado foi apontada como um dos principais obstáculos ao crescimento das pequenas e médias empresas. A consequência da falta de clareza no negócio, segundo a reportagem, pode vir a ser a participação nas estatísticas das altas taxas de mortalidade do setor, enquanto para as grandes, a perda de foco pode levar ao encolhimento, à perda de rentabilidade e, em caso extremos, à falência.

A falta de conhecimento em gestão, o terceiro ponto mais apontado pelos empresários na pesquisa, é em razão de que muitos dos pequenos e médios empresários do País tornam-se empreendedores por acaso, por meio de oportunidades de mercado ou por terem sido demitidos da empresa onde trabalhavam. Com isso, os empreendedores vão aprender a gerenciar uma empresa quando já estão atuando como empresários.

8.2 Associativismo: conceitos, motivações e tipologia

Associativismo pode ser definido como uma forma de cooperativismo, no qual a sociedade se organiza por meio de ajuda mútua para resolver diversos problemas relacionados ao seu dia a dia. Embora pareça contraditório, os empreendedores de um mesmo segmento vão se encontrando em reuniões realizadas por associações comerciais, sindicatos, entidades, feiras e vão trocando informações, telefones, e-mails,

WhatsApp. O empreendedor que quer crescer não fica esperando a informação chegar ao seu negócio, ele vai em busca dela.

Segundo a Política Nacional de Cooperativismo, as pessoas de uma sociedade cooperativista se obrigam reciprocamente a contribuir com bens ou serviços para o exercício de uma atividade econômica, de proveito comum, sem objetivo de lucro. A única diferença significativa entre o associativismo e o cooperativismo não reside na conceituação, mas na maneira pela qual as associações e cooperativas são estruturadas do ponto de vista legal.

8.2.1 Centrais de negócios

A globalização dos mercados e o ritmo acelerado do progresso tecnológico impõem a necessidade de compartilhar recursos e experiências entre as organizações. Dessa forma, micro e pequenas empresas poderão reduzir os efeitos de problemas como produção insuficiente, baixo volume de vendas, ausência de economia de escala e barreiras de mercado.[6]

Entre as diversas motivações que levam as empresas ao associativismo, destacam-se a busca da solução de problemas comuns, a impossibilidade de produção individual, a afinidade entre os participantes, a busca de sinergia, a divisão de custos, as necessidades sociais, a busca de independência e a convergência de interesses.

O trabalho em conjunto pode abranger as mais diversas iniciativas, tais como: cartão fidelidade, cartão de crédito, campanhas de marketing, assessoria jurídica e contábil, marca própria, automatização, treinamento de funcionários e a centralização da seleção e administração dos recursos humanos.

O associativismo possibilita o acesso a muito mais recursos do que qualquer empresa ou profissional obtém de forma isolada. Entretanto, as barreiras culturais entre os empresários independentes e a garantia de preservação dos interesses de todos são os grandes obstáculos a serem vencidos.[7]

Muitas empresas menores têm buscado, por meio do associativismo, tirar proveito das vantagens que essa estrutura organizacional proporciona. As associações nasceram, inicialmente, para formar uma central de compras, com o objetivo de reduzir custos na aquisição de mercadorias, possibilitando o repasse da redução para os clientes finais. Posteriormente, expandiram seu foco de atuação para as áreas comercial, financeira, marketing, recursos humanos, assessoria jurídica e contábil.

---

[6] SERVIÇO BRASILEIRO DE APOIO ÀS MICRO E PEQUENAS EMPRESAS (SEBRAE). *Cartilha sobre centrais de negócios*. 2002. Disponível em: <https://www.sebrae.com.br/sites/PortalSebrae/artigos/o--que-sao-centrais-de-negocios,db40438af1c92410VgnVCM100000b272010aRCRD>. Acesso em: 12 nov. 2017.

[7] SAAB, W. G. L.; GIMENEZ, L. C. P.; RIBEIRO, R. M. Supermercados no Brasil: o movimento das empresas menores. *BNDES Setorial*, n. 24, dez. 2000.

Conforme Ghisi, Camargo e Martinelli,[8] a primeira rede de compras de supermercados do Brasil foi formada em 1981, na cidade de Vitória (ES). Em 1998 havia, aproximadamente, 30 redes de compras no Brasil. Em São Paulo, a primeira rede surgiu em 1994, e o sucesso das primeiras experiências de redes associativistas de supermercados de pequeno e médio porte acabou impulsionando o surgimento de iniciativas semelhantes em outras áreas e setores como farmácias, material de construção, açougues, panificadoras e autopeças, entre outros.

Embora as primeiras centrais tenham surgido no início dos anos 1980 para fazer frente à chegada das corporações internacionais e ao processo de concentração do mercado, foi somente a partir das pesquisas realizadas para o 1º Enacen – Encontro Nacional de Centrais de Negócios – realizado em maio de 2003 em São Paulo, que o associativismo começou a ser conceituado no Brasil.[9] A experiência brasileira baseou-se no conjunto de orientações e pesquisas contidas no *Livro Verde,* desenvolvido pela Associação Espanhola de Centrais de Compras e Serviços (Anceco) e na Ugal, principal entidade de centrais europeia.[10]

A mais significativa diferença entre os conceitos envolve o próprio nome genérico da instituição. No âmbito internacional, a terminologia adotada é Centrais de Compras. No Brasil, buscou-se uma terminologia mais moderna e abrangente por agregar a visão dos serviços em duas dimensões: a que envolve empresas prestadoras de serviços e a formação de redes de empresas com o objetivo de prestar serviços aos associados.

As centrais de negócios no Brasil oferecem, além da possibilidade de compras conjuntas, treinamentos e palestras, outros serviços de orientação: financeira, logística, abastecimento, padronização, *layout* etc. Além disso, no Brasil, é permitido o ingresso nas centrais de negócios de diferentes sistemas de organizações dos associados, tais como sociedades anônimas ou sociedades limitadas.

Em razão da grande importância e repercussão que essas organizações têm no cenário econômico mundial e sua crescente participação no mercado brasileiro, é necessário estabelecer critérios de funcionamento e diferenciação das centrais de negócios em relação a outras formas de cooperação e alianças comerciais.

Por não se caracterizarem como cooperativas, consórcios e franquias, as centrais de negócios foram classificadas inicialmente como entidades sem fins lucrativos, também afetadas pelas mudanças do novo código cível. Atualmente são consideradas entidades sem fins econômicos, o que ainda não condiz com a atividade praticada.[11]

---

[8] GHISI, F. A.; CAMARGO, S. H. C. R. V.; MARTINELLI, D. P. Redes de compras de supermercados de pequeno e médio porte: um estudo multicaso no interior do estado de São Paulo. In: FELISONI, C.; SILVEIRA, J. A. G. da. (Coord.). *Varejo competitivo.* São Paulo: Atlas, 2003. v. 7.

[9] SOUZA, M. G. *Centrais de negócios:* uma revolução no varejo e na distribuição. São Paulo: Edições Inteligentes, 2004.

[10] LA ASSOCIACION NACIONAL DE CENTRALES DE COMPRA Y SERVICIOS (ANCECO). *Libro verde de centrales de compra e servicios.* Disponível em: <http:/anceco.com>. Acesso em: 12 nov. 2017.

[11] SOUZA, 2004.

A principal dificuldade provocada pela falta de legislação própria é a bitributação. Segundo Furlan,[12] para aprimorar a logística e até obter mais descontos com o fornecedor, algumas centrais têm intenção de construir depósitos que sirvam a todos os filiados. Dessa forma, atualmente, seria necessária a emissão de duas notas fiscais, obrigando o empresário a recolher os impostos duas vezes.

A Anceco define uma **central de negócios** como um

> operador que, dispondo de recursos econômicos e personalidade jurídica própria, tem como objetivo desenvolver atividades e prestar serviços às empresas independentes que, com espírito de cooperação, tenham-se associado à sua organização mediante uma regulamentação interna, para melhorar sua posição competitiva no mercado. É toda e qualquer iniciativa que visa, através da união de forças e ações conjuntas de empresas independentes, superar dificuldades, incrementar oportunidade e gerar benefícios.[13]

Alguns elementos comuns caracterizam uma central de negócios:

a) ser um operador com pessoa jurídica própria assumindo direitos e obrigações;

b) ser um operador com recursos econômicos próprios, estrutura física, recursos humanos e materiais suficientes para prestar serviços com garantia e eficiência;

c) ter suas atividades direcionadas a um grupo de empresas independentes associadas, legalmente constituídas e subordinadas à legislação comercial;

d) possuir amplo espírito de cooperação;

e) possuir um documento que regulamenta as relações internas, estabelecendo direitos e obrigações de cada associado, definindo os mecanismos de controle de cumprimento dos referidos direitos e obrigações;

f) as relações entre as centrais e seus fornecedores se estabelecem mediante uma regulamentação específica de cada central;

g) a finalidade central das centrais é melhorar a posição competitiva de seus associados independentes por meio de ganhos de economia em escala e troca de informações;

h) possuir capacidade de negociação conjunta, garantias de transações e possibilidade de pagamento centralizado;

i) a oferta de atividades e serviços deve estar organizada e aprovada e a central deve possuir mecanismos de comunicação constante com seus associados.[14]

---

[12] FURLAN, M. Centrais de negócios brigam pela legalidade. *O Estado de S. Paulo*, São Paulo, 23 set. 2003. Painel de Negéocios, p. 5.

[13] ANCECO, 2017.

[14] ANCECO, 2017.

Não são consideradas centrais de negócios as cooperativas, redes de filiais, associações de comércio ou empresariais e franquias, pois possuem regulamentação específica que regulam suas atividades.

Por não possuírem uma legislação específica para regulamentar a atividade, as centrais de negócios devem elaborar, manter e gerir sistematicamente os documentos internos, estabelecendo regras, comunicações e procedimentos em suas relações com os associados, fornecedores e demais envolvidos.

O regulamento interno, terminologia usualmente adotada, cria e define os direitos e os deveres dos participantes e dos gestores da central. Dependendo da proposta da associação, podem-se adotar outras terminologias como Contrato de Adesão ou Contrato para Faturamento Centralizado. Independentemente da terminologia adotada, esse documento estabelece o vínculo de união da central com os empresários independentes associados.[15]

8.2.2 Resultados de estudos realizados sobre centrais de negócios no Brasil

A seguir, serão comentados alguns estudos, objetos de pesquisas sobre o tema associativismo, em vários setores do varejo brasileiro.

a) Redes associativas no varejo farmacêutico

Em estudo realizado por Kinouchi[16] sobre as estratégias das redes associativas de varejo farmacêutico no interior do Estado de São Paulo, o autor faz um relato sobre o surgimento desse tipo de organização nesse segmento. Segundo o autor, em 1993, na cidade de Maringá, interior do Estado do Paraná, houve a primeira tentativa de se formar uma rede associativa de varejo farmacêutico no Brasil por meio de um acordo experimental entre um grupo de farmácias independentes e uma distribuidora de medicamentos.

O acordo previa a concessão, por parte da distribuidora, de uma cesta de medicamentos com descontos especiais, em troca de um volume de compras mensal garantido pelas farmácias e drogarias. Posteriormente, em 1994, essa aliança estratégica deu origem à Rede Maxifarma, sediada nesta mesma cidade. Antes, porém, em abril do mesmo ano, surge oficialmente a primeira rede brasileira associativa do varejo farmacêutico, na cidade de São José do Rio Preto, interior do Estado de São Paulo. A Multidrogas, no entanto, inicia suas operações apenas em novembro. Em fevereiro de 1995, foi fundada em São José do Rio Pardo, também no Estado de São Paulo, a Rede Netfarma, com aproximadamente 20 sócios fundadores.

---

[15] SOUZA, 2004.

[16] KINOUCHI. S. R. *Redes de empresas:* um estudo sobre as estratégias das redes associativas de varejo farmacêutico no interior do estado de São Paulo. 2005. 88f. Dissertação (Mestrado) – Universidade Metodista de Piracicaba, Unimep, Piracicaba, 2005.

Em abril desse mesmo ano, foi fundada em Campinas, com oito sócios fundadores, a Rede Farmáxima. Em abril de 1997, na cidade de Piracicaba, interior do Estado de São Paulo, é fundada a Rede Farmavip. Por meio do estudo do autor, nota-se o florescimento do fenômeno das experiências associativas no interior do Estado de São Paulo. Atualmente, as redes associativas do varejo farmacêutico são representadas por todo o território brasileiro pela Federação Brasileira das Redes Associativistas de Farmácias (Febrapar), fundada em fevereiro de 2000, congregando 25 redes, totalizando mais de 3 mil estabelecimentos comerciais, espalhados por 16 Estados e 900 municípios.

No Estado de São Paulo, as redes associativas são representadas pela Federação Paulista das Farmácias e Drogarias Independentes (Faesp), congregando oito redes de farmácias, localizadas em mais de 250 municípios. A amostra pesquisada pelo autor alcançou 96 proprietários das redes Netfarma, Multidrogas, Farmavip e Farmáxima, representando 134 pontos de venda do universo de 184 lojas.

No que se refere aos ganhos competitivos, a pesquisa mostrou que, para os associados estudados, há uma concordância explícita quanto aos benefícios relacionados à área de marketing, com o uso de uma marca mais forte e atividades de promoção de vendas, bem como acesso a treinamentos de proprietários e funcionários e a troca de experiência entre os associados.

A pesquisa identificou que 74% dos entrevistados apontam que a participação em uma rede associativa é eficiente como ferramenta de melhoria do nível competitivo de suas empresas. Para os 26% restantes, a pesquisa apontou que a melhoria é parcial. Quanto à visão dos negócios, 89% dos entrevistados opinaram que a participação em uma associação foi de imensa valia como forma de desenvolvimento profissional, sendo esse desenvolvimento apontado em treinamentos operacionais e gerenciais e trocas de experiências entre os associados.

b) Redes associativas no varejo de materiais para construção

Na pesquisa realizada por Bonassi[17] sobre o fenômeno de agrupamento de pequenas empresas, o autor observou as principais características da Associação Regional de Empresas de Materiais de Construção da Alta Mogiana/Rede Construlíder (Aremac-AM) por representar uma forma inovadora de arranjo de empresas independentes, principalmente pela dispersão geográfica.

A central de negócios, objeto desse estudo, foi constituída em agosto de 2001, agregando 16 empresas de varejo de material de construção, pertencentes à microrregião de Ribeirão Preto, interior do Estado de São Paulo. A iniciativa foi motivada após um grupo de empresários obter conhecimento da existência e do sucesso

---

[17] BONASSI, F. A. *Caracterização da Associação Regional de Empresas de Materiais de Construção da Alta Mogiana/Rede Construlíder*. 2005. 173f. Dissertação (Mestrado) – Faculdade de Ciências Econômicas, Administrativas e Contábeis de Franca, Unifacef, Franca, 2005.

das redes Construvip (Piracicaba-SP), Construvem (Araraquara-SP) e Construir e Total (São Paulo-SP).

No início, em 2005, constituída por 33 lojas pertencentes a 30 empresários, a rede Construlíder possuía um gestor com várias atribuições executivas, com grande experiência anterior em compras na indústria de construção civil e um consultor especialista no segmento para prestar consultorias gerenciais às empresas do grupo. Por meio da pesquisa, buscou-se responder à questão sobre qual a percepção de pequenos empresários de varejo de material para construção sobre sua participação na Rede Construlíder e qual a sua classificação científica como agrupamento de pequenas empresas.

A pesquisa constatou que 72% dos estabelecimentos estão no mercado há mais de 10 anos, e 76% são enquadrados juridicamente como Empresa de Pequeno Porte (EPP), com faturamento anual entre R$ 244 mil e R$ 1,2 milhão. Destaca-se a perspectiva de se obterem vantagens no poder de compra junto aos fornecedores como a principal razão para a entrada dos lojistas na rede. Sobre as principais estratégias adotadas pelas empresas para concorrer em seus mercados, pergunta na qual se permitiu mais de uma resposta, 35% dos entrevistados apontaram o atendimento personalizado, 28% o preço menor e 24,5% as entregas rápidas, como principais itens para competição.

Quanto à percepção de mudanças ocorridas com a empresa após a entrada desta na associação, destacam-se a contratação de mais funcionários em 85% das lojas pesquisadas; a ampliação da área de comercialização e da área de estocagem de mercadorias em 70%; a ampliação da linha de produtos comercializados em 85%; o crescimento nas vendas em 88,5% e a obtenção de maior lucro em 80% das lojas pesquisadas.

Em relação à difusão periódica de informações pela associação aos associados, a pesquisa demonstrou que 96% dos entrevistados estão satisfeitos com a atuação da gestão da associação; para 66,5% dos associados entrevistados, a associação promove esforços para obter atração de investimentos e parceiros externos para alianças que complementem as competências da rede.

Com referência ao serviço de negociação centralizada desenvolvido pela associação, 100% dos entrevistados mostraram-se satisfeitos com seu desenvolvimento. Dos associados, 88,5% aprovam as sucessivas visitas a feiras de negócios e aos fornecedores promovidas pela rede. A realização de serviços de consultorias para orientação gerou 70% de satisfação entre os pesquisados.

Sobre a promoção de pesquisas de mercado realizada pela associação, 96% dos associados estão insatisfeitos, pois essa expectativa ainda não foi atendida até o momento. Ainda se tratando de insatisfação, para 92% dos entrevistados, a associação ainda não promoveu a articulação para oferta de crédito aos lojistas junto aos bancos.

Em relação à logística, 85% dos entrevistados são a favor da criação de um centro de armazenagem e distribuição, o que ainda não ocorreu. Setenta por cento dos associados entrevistados estão insatisfeitos com a associação quanto à periodicidade de realização dos treinamentos. No entanto, a pesquisa mostra que 60% dos entrevistados tiveram acesso a treinamentos após o ingresso na rede.

c) Redes associativas no setor supermercadista na região de Piracicaba

Wilder[18] investigou o motivo da formação das associações de redes independentes e como estas constituem uma estratégia para melhorar a competitividade de pequenos supermercados e redes independentes, levando-se em conta as principais mudanças na estrutura, conduta e desempenho que o setor supermercadista apresentou nos últimos anos. A investigação foi realizada em duas associações de pequenos supermercados com sede nas cidades de Piracicaba e Limeira, no interior do Estado de São Paulo. Foram entrevistados 20 associados, sendo 8 da Rede Economize e 12 da Rede Econômica.

Fundada em 1999, a Rede Econômica buscou selecionar as melhores lojas em diferentes bairros para que não houvesse rivalidade direta entre estas. O intuito original da associação era a compra em conjunto, fato que ocorreu por alguns meses. Porém, logo foi descartada, devido à bitributação de impostos como Contribuição para Financiamento da Seguridade Social (Cofins), Programa de Integração Social (PIS) e da Contribuição Provisória sobre Movimentação ou Transmissão de Valores e de Crédito e Direito de Natureza Financeira (CPMF).[19]

Em razão desses impostos, os descontos obtidos pela compra conjunta eram menores do que os custos dos tributos. Além disso, segundo a pesquisa, os preços dos atacadistas são próximos aos das indústrias na venda direta. Isso ocorre devido ao volume comprado pelos atacadistas ser muito maior do que a quantidade que a rede adquire e, ainda, as indústrias os procuram para completarem a cota de venda mensal, dando-lhes descontos maiores. Diante do problema, a associação buscou alternativas de serviços para justificar sua existência. Dentre os serviços, destacam-se a implantação de um cartão de crédito com o nome da rede, que é administrado por uma financeira; a realização de propaganda conjunta em jornais, rádios e tabloides; a utilização de uma bandeira comum; a realização de negociações centralizadas e a promoção de palestras para associados e funcionários dos supermercados, visando motivá-los a melhorar a qualidade de atendimento aos clientes.

---

[18] WILDER, A. *Mudanças no setor supermercadista e a formação de associações de pequenos supermercados.* 2003. 189f. Dissertação (Mestrado) – Escola Superior de Agricultura "Luiz de Queiroz", Universidade de São Paulo, Piracicaba, 2003.

[19] N. R.: A CPMF foi criada em 1996 e seria cobrada por dois anos, por meio da Lei n. 9.311/1996. Era um imposto que incidia sobre todas as movimentações financeiras realizadas em instituições bancárias. O objetivo de sua cobrança era recolher o dinheiro e investir no atendimento da rede pública de saúde. Depois de muitas críticas e protestos, a CPMF foi extinta ao final de 2007. Disponível em: <http://www.portaltributario.com.br/tributario/imposto_cpmf.htm>. Acesso em: jul. 2017.

As negociações centralizadas possibilitaram, segundo a pesquisa, a realização de acordos de fidelização com os fornecedores, que destinam uma verba sobre o valor total mensal faturado para os associados – chamada de taxa de fidelização, que é repassada para a associação –, além de se comprometerem a praticar o preço de mercado dos seus produtos. Em contrapartida, os associados obrigam-se a comprar os produtos do fornecedor durante o período do contrato. A Rede Economize, com sede em Piracicaba, iniciou suas atividades em 1998, com oito associados e dez lojas, atuando nas cidades de Piracicaba, Iracemápolis, Rio das Pedras, Tietê e Rio Claro, todas no interior do Estado de São Paulo. A maioria dos estabelecimentos (75%) tem até quatro *check-outs,* com faturamento até R$ 300 mil mensais. Segundo a pesquisa, a associação chegou a ser representada por 18 lojas, mantendo um grande nível heterogêneo entre os integrantes, possuindo um associado com 4 lojas que chegava a participar com 50% das compras da rede. Essa disparidade e as diferenças na gestão do negócio geraram atritos internos, pois os maiores sentiam-se prejudicados por contribuírem mais para o volume de compra da associação e, mesmo assim, usufruírem os mesmos direitos e deveres dos outros associados.

Nesse período, ainda, o rateio dos custos com a associação era baseado no valor dos produtos adquiridos pelo associado por intermédio da associação, ou seja, quem comprava mais, pagava mais. Esses fatores resultaram na saída de alguns associados ao longo do tempo. A associação realizou compras em conjunto até o final de 2001. Nesse período, chegou a ter seis funcionários e a manter um centro de distribuição em Piracicaba, onde eram recebidas as mercadorias compradas, que posteriormente eram faturadas e distribuídas às lojas. Porém, impostos como o PIS e a Cofins não estavam sendo recolhidos, o que os obrigou a reorganizarem a associação, ocasião em que tiveram que negociar a dívida com a Receita Federal.

Com a desestruturação da rede, devido ao problema fiscal, muitos fornecedores deixaram de atendê-la, pois os pedidos tinham de ser faturados individualmente e, em geral, não alcançavam as quantidades mínimas exigidas, fazendo que as vantagens da compra conjunta não compensassem os custos tributários. Com isso, a associação enfrentou dificuldades financeiras devido à perda da verba para propaganda patrocinada pelos fornecedores. Após a reestruturação, a rede voltou a realizar negociações em conjunto com cerca de 20 fornecedores fidelizados, que forneciam em torno de 200 itens.

Entre as principais razões para participar da associação, os integrantes das redes apontaram os altos custos de propaganda, aumento da concorrência, dificuldade em adquirir os produtos, altos custos de compra da mercadoria, distanciamento da indústria, obtenção de acesso às novas tecnologias, quedas nas vendas e falta de treinamento dos funcionários. Os resultados da pesquisa foram:

- houve redução nos custos dos produtos adquiridos em no mínimo 2,1%;
- não houve redução do número de funcionários, mesmo com a centralização das compras;

- esperava-se uma redução nos níveis de estoque em razão das compras mais frequentes, o que de fato não ocorreu devido à cultura adquirida nos tempos da inflação alta, segundo um dos presidentes da associação;

- devido a melhores controles de estoque, houve redução nas faltas de produtos nas prateleiras;

- a maioria dos associados conseguiu reduzir em até 6% os preços dos produtos vendidos, tornando-se mais competitivos;

- a maioria dos supermercados alegou melhora na qualidade dos produtos, que está relacionada, principalmente, aos produtos perecíveis;

- a melhora no atendimento foi apontada por todos os associados, em razão das palestras realizadas pelas associações aos seus membros;

- houve um aumento médio percentual no faturamento dos supermercados em até 10% após a entrada na associação. Isso pode ser creditado, principalmente, em razão do tabloide de oferta e ao cartão das redes.

Para o autor, os membros dessas redes organizaram-se em associações e realizaram ações coordenadas visando obter benefícios particulares, que individualmente não teriam, como a confecção de tabloides ou encartes e melhores condições de negociação com os fornecedores, entre outros.

d) Redes associativas no setor supermercadista no interior do Estado de São Paulo

Em uma investigação no mesmo segmento, Andia[20] fez um estudo do composto de marketing em quatro redes associativas no segmento varejista de pequenos supermercados, que operam em 41 municípios do interior do Estado de São Paulo. A metodologia utilizada para responder às questões de pesquisa e atingir os objetivos propostos consta da realização de uma pesquisa de campo conclusivo-descritiva, com uma amostra de 61 empresas associadas.

Os supermercados pesquisados e suas respectivas redes enquadram-se como *acordos de cooperação*, uma vez que não há investimentos de capital comuns entre as empresas. Segundo a pesquisa, há apenas um acordo para aquisição de mercadoria, por meio de uma central de compras, nas quatro redes pesquisadas e uma central de compras e distribuição na rede C, bem como investimentos operacionais como uma divulgação para a rede. A pesquisa concluiu que as "aglutinações" de supermercados pesquisados se caracterizam como uma rede flexível de pequenas empresas do setor varejista espalhadas geograficamente. Seus membros possuem

---

[20] ANDIA, L. F. *Um estudo do composto de marketing em redes de pequenos supermercados no interior do Estado de São Paulo*. 2005. Dissertação (Mestrado) – Faculdade de Ciências Econômicas, Administrativas e Contábeis de Franca, Unifacef, Franca, 2005.

interesses comuns e há grande independência entre os participantes, sendo a confiança a base de sustentação do grupo. A motivação inicial para a formação dessas redes foi o sistema de compras conjuntas.

As alianças estratégicas adotadas ocorrem por meio de um acordo de cooperação e sem participação acionária dos membros, tendo como objetivo o fortalecimento do grupo quanto ao poder de negociação com seus fornecedores, permitindo uma comunicação cooperativa com seus clientes. Quanto às **estratégias de produtos**, concluiu-se que a participação dos supermercados nas redes resultou em uma alteração do composto de produtos, aumentando sua amplitude e sua profundidade. Quanto à estratégia de marcas próprias, apenas duas redes as desenvolveram, configurando uma estratégia de **trading-down**, que consiste em acrescentar um produto ou uma linha de produto popular com o objetivo de atingir uma faixa mais baixa do mercado. Em relação ao número de departamentos, apenas um terço dos supermercados aumentou a quantidade, adequando-se aos demais supermercados da rede e ampliando, assim, seu *mix* de produtos. Portanto, quanto a esse item do composto mercadológico concluiu-se que não foi constatada a padronização de departamentos, produtos e seções entre os supermercados participantes.

Quanto às **estratégias de precificação**, a pesquisa concluiu que é o item mais frágil do composto de marketing, uma vez que as redes negociam boa parte do *mix* de produtos, porém, vendem somente 30 itens com o mesmo preço, o que demonstra claramente as dificuldades em se adotarem preços comuns entre os participantes das redes.

No que se refere à questão de descontos, segundo Andia (2005), as redes possuem grande poder de barganha "a montante" da cadeia e baixa interferência "a jusante". Apesar dessas dificuldades, a maioria dos participantes das redes concorda que os consumidores percebem seus preços como menores em relação a seus concorrentes. Portanto, a pesquisa concluiu que esse item pode ser mais bem explorado pelos participantes por meio de apuração de custos individualmente, trocas de experiências entre os membros e aumento dos itens negociados e adquiridos dos fornecedores.

Quanto às **estratégias de promoção**, as ferramentas de marketing mais utilizadas pelos participantes são a propaganda e as promoções de vendas. Em relação à propaganda, a estratégia adotada é o uso da propaganda cooperativa horizontal, com o objetivo de baixar o custo para o associado.

As redes utilizam as **propagandas** com o intuito de persuadir os clientes, e o tipo de mídia utilizado dentro e fora da loja por todos os supermercados, independentemente da rede, são os panfletos de ofertas, seguidos de publicidade veiculada em emissoras de radiodifusão. Alguns estabelecimentos utilizam o *outdoor* e outros, o jornal e a TV, sendo que a frequência varia conforme o porte do supermercado.

As **promoções de vendas** são utilizadas com grande frequência pelos participantes. Os tipos de promoções mais comuns são: eventos em datas comemorativas, sorteios, vale-brinde e o cartão fidelidade. A pesquisa concluiu que esse item do composto de marketing encontra-se bem estruturado pelas redes, pois as mídias estão adequadas ao público-alvo e as promoções de vendas têm auxiliado consideravelmente os empresários no sentido de aumentar as vendas.

Em relação às **estratégias de distribuição** adotadas, as redes possuem uma central de compras com o objetivo de aumentar o poder de barganha com seus fornecedores, equilibrando as forças de negociação. Quanto à central de distribuição, apenas uma rede a possui; as demais utilizam a negociação com seus fornecedores para entrega ou o fazem com frota própria. Apesar de ser um item pouco explorado na pesquisa, conclui-se que o grande fator aglutinador das empresas na formação de rede é a compra conjunta, e que deve ser mais bem explorada pelos participantes, aumentando o número de itens negociados com seus fornecedores.

Quanto à estratégia de **apresentação de loja,** a pesquisa observou que em praticamente metade dos supermercados pesquisados houve uma alteração na área de vendas, com adequações necessárias para participação mais efetiva da rede. Em relação às técnicas *de merchandising* e *visual merchandising*, concluiu-se que são importantes aliados nas vendas, devendo-se zelar pelo seu uso correto. As formas mais comuns utilizadas são: ponto de gôndolas, técnicas de degustação, brindes e música. Quanto ao *layout* interno, nota-se que, apesar de mudanças quanto à substituição ou disposição das gôndolas, à iluminação e à pintura interna com as cores das redes, esses são itens poucos explorados e considerados não tão relevantes pelos participantes. As alterações nas fachadas foram os itens de maior mudança das empresas participantes.

Referindo às estratégias de **recursos humanos**, a pesquisa apontou que, apesar de ser algo estratégico e muito relevante para empresas de varejo, esse é o item do composto de marketing em que a rede tem menor influência sobre seus associados. Quanto à questão de recrutamento e seleção, poucas são as empresas que contam com o auxílio de profissionais da própria rede, sendo que os supermercados de menor porte (dois e três *check-outs*) são os maiores beneficiados.

Com relação à utilização de técnicas de seleção, poucos utilizam técnicas apuradas como dinâmicas de habilidade, atitudes e personalidade. As formas mais comuns de seleção utilizadas são: referências, análise de fichas cadastrais e entrevista com os proprietários. Quanto ao item treinamento, normalmente este é realizado durante a execução do serviço. A interferência da rede só aparece nos treinamentos de funcionários mais antigos. Nesse sentido, a rede oferece capacitação técnica e motivacional para seus colaboradores.

No tocante à avaliação de desempenho, essa também não é uma prática comum entre os supermercados associados. Quando ocorre, tem como objetivo fornecer retorno ao funcionário sobre seu comportamento. Quanto aos benefícios oferecidos aos funcionários, concluiu-se que não é uma prática comum, uma vez que mais da metade dos associados não oferece benefício algum além dos exigidos por lei.

Considerações finais

O associativismo caracteriza-se como uma estratégia de crescimento baseada nas características de oportunidades mais atraentes que podem gerar uma vantagem competitiva. Ele vem sendo utilizado como estratégia de sobrevivência para pequenas empresas, que buscam, em conjunto, não somente o poder de barganha reservado às grandes corporações, mas também o envolvimento em estratégias promocionais que ativam o mercado e nas quais, sozinhas, não teriam condições financeiras de investir. A união dos pequenos varejistas em associações talvez seja a principal estratégia a ser adotada para que estes se mantenham no mercado e façam frente às grandes redes varejistas, conquistando e mantendo a preferência dos consumidores locais.

Uma empresa sozinha não sobreviverá por muito tempo, ela necessita de pessoas comprometidas e de parceiros estratégicos. Por isso, recomenda-se entrar em uma rede, principalmente se esta estiver no início, em fase de reuniões de criação. Lembre--se: oportunidades não aparecem sempre. Então existem vantagens maiores para os fundadores de uma rede.

Tudo é custo em uma empresa. Algumas redes de compras vendem a chamada "joia", uma importância a ser paga para fazer parte daquele grupo. Se você fizer parte da sua formação, provavelmente não pagará a "joia". É mais vantajoso conseguir entrar no começo da rede, pois os custos serão menores e os resultados certamente serão bem melhores do que os esperados.

As vantagens de se fazer parte de uma rede de compras são as trocas de informações entre os membros e a redução de custos para o grupo, principalmente em "ganhos coletivos", impossíveis de ser alcançados por uma única empresa; outra vantagem é a redução de custos com treinamentos de funcionários, assim como equipes mais bem preparadas para o atendimento ao cliente, padronização nos serviços prestados ao cliente, poder de negociação com parceiros, fornecedores e integração da logística.

Questões

1. Qual o perfil necessário para o gestor de uma empresa varejista independente ter sucesso na participação em uma central de negócios?

2. Qual o papel dos fornecedores entre os *players* envolvidos em uma central de negócios?

3. A promulgação da Lei Geral da Micro e Pequena Empresa trará benefícios para o desenvolvimento das redes associativistas? Por quê?

4. Quais as características comuns que podem ser identificadas nas centrais de negócios estudadas neste capítulo?

5. Sucesso na Europa e nos Estados Unidos, o associativismo é uma garantia de sobrevivência e crescimento para as micro e pequenas empresas no Brasil?

Dicas dos consultores

1. Antes de fazer parte de uma central de negócios, o empreendedor deve conhecer trabalhos acadêmicos que pesquisaram sobre as centrais de negócios.
2. Conversar com associados da central específica do seu segmento.
3. Conscientizar-se de que vai fazer parte de uma experiência em que as trocas de conhecimento serão necessárias e que sua empresa vai se beneficiar com informações recebidas e, portanto, terá de prestar informações ao grupo para que ideias coletivas tragam benefício conjunto. É um jogo de ganha-ganha para todos, e não de "somente eu quero ganhar".
4. Não só participar para se beneficiar de compras conjuntas, mas de tudo aquilo que uma central de negócios em estágio mais avançado proporciona: troca de experiências e ganhos nas áreas comercial, financeira, marketing, recursos humanos, assessoria jurídica e contábil.
5. Deverá também o empreendedor treinar seus colaboradores no sentido de que sejam colaboradores com o sistema. Para tanto, envolvê-los em treinamentos promovidos pela central, assim como participar em reuniões para que se tire o máximo proveito.
6. Buscar não só os benefícios da central, como também em tudo aquilo que envolve a capacitação de seus funcionários em todas as áreas da empresa.

Lembrar-se sempre de que treinamento e capacitação são investimentos e não despesas e custos.

Referências

ANDIA, L. F. *Um estudo do composto de marketing em redes de pequenos supermercados no interior do Estado de São Paulo*. 2005. Dissertação (Mestrado) – Faculdade de Ciências Econômicas, Administrativas e Contábeis de Franca, Unifacef, Franca, 2005.

BONASSI, F. A. *Caracterização da Associação Regional de Empresas de Materiais de Construção da Alta Mogiana/Rede Construlíder*. 2005, 173f. Dissertação (Mestrado) – Faculdade de Ciências Econômicas, Administrativas e Contábeis de Franca, Unifacef, Franca, 2005.

BRASIL. *Lei complementar n. 123*, de 14 de dezembro de 2006. Disponível em: <http://www.planalto.gov.br/ccivil_03/leis/LCP/Lcp123.htm>. Acesso em: 12 nov. 2017.

____. *Lei complementar n. 128*, de 19 de dezembro de 2008. Disponível em: <http://www.planalto.gov.br/ccivil_03/leis/LCP/Lcp128.htm>. Acesso em: 12 nov. 2017.

____. Ministério do Desenvolvimento, Indústria e Comércio (MIDC). *Micro, pequenas e médias empresas*: definições e estatísticas internacionais, 2002. Disponível em: <http://www2.camara.leg.br/a-camara/documentos-e-pesquisa/fiquePorDentro/temas/temas-anteriores-desativados-sem-texto-da-consultoria/propagandaeleitoral/pdf/defineMPE.pdf>. Acesso em: 16 nov. 2017.

CIMENTO ITAMBÉ. *Pesquisa decifra perfil do empreendedor*. Disponível em: <http://www.cimentoitambe.com.br/pesquisa-decifra-perfil-do-empreendedor-brasileiro/>. Acesso em: 12 nov. 2017.

EXAME. Os maiores obstáculos dos pequenos e médios empresários brasileiros. *Revista Exame PME*, São Paulo, out. 2005. p. 13. Edição especial.

FURLAN, M. Centrais de negócios brigam pela legalidade. *O Estado de S. Paulo*, São Paulo, 23 set. 2003. Painel de Negócios, p. 5.

GHISI, F. A.; CAMARGO, S. H. C. R. V.; MARTINELLI, D. P. Redes de compras de supermercados de pequeno e médio porte: um estudo multicaso no interior do estado de São Paulo. In: FELISONI, C.; SILVEIRA, J. A. G. da. (Coord.). *Varejo competitivo*. São Paulo: Atlas, 2003. v. 7.

KINOUCHI. S. R. *Redes de empresas*: um estudo sobre as estratégias das redes associativas de varejo farmacêutico no interior do estado de São Paulo. 2005, 88f. Dissertação (Mestrado) – Universidade Metodista de Piracicaba, Piracicaba, 2005.

LA ASSOCIACION NACIONAL DE CENTRALES DE COMPRA Y SERVICIOS (ANCECO). *Libro verde de centrales de compra e servicios*. Disponível em: <http:/anceco. com>. Acesso em: 12 nov. 2017.

PORTAL DA LEI GERAL DA MICRO E PEQUENA EMPRESA. O que é a Lei Geral? *Lei Geral*, Brasília, 2006. Disponível em: <http://www.leigeral.com.br/o-site/o-que-e-a-lei-geral>. Acesso em:16 nov. 2017.

SAAB, W. G. L.; GIMENEZ, L. C. P.; RIBEIRO, R. M. Supermercados no Brasil. O movimento das empresas menores. *BNDES Setorial*, n. 24, dez. 2000.

SERVIÇO BRASILEIRO DE APOIO ÀS MICRO E PEQUENAS EMPRESAS (SEBRAE). *Associativismo na comercialização*. Brasília, 2002.

___. Lei geral das micro e pequenas empresas: entenda as diferenças entre microempresa, pequena empresa e MEI. Disponível em: <https://www.sebrae.com.br/sites/PortalSebrae/artigos/entenda-as-diferencas-entre-microempresa-pequena-empresa-e-mei,03f5438af1c9 2410VgnVCM100000b272010aRCRD>. Acesso em: 12 nov. 2017.

___. Cartilha sobre centrais de negócios. 2002. Disponível em: <https://www.sebrae.com. br/sites/PortalSebrae/artigos/o-que-sao-centrais-de-negocios,db40438af1c92410VgnVCM1 00000b272010aRCRD>. Acesso em: 12 nov. 2017..

SERVIÇO BRASILEIRO DE APOIO ÀS MICRO E PEQUENAS EMPRESAS (SEBRAE-SP). *Pequenos negócios em números*, 09 out. 2017. Disponível em: <https://www.sebrae.com.br/sites/PortalSebrae/ufs/sp/sebraeaz/pequenos-negocios-em-numeros,12e8794363447510Vg nVCM1000004c00210aRCRD>. Acesso em: 16 nov. 2017.

___. *Legislação básica da micro e pequena empresa*. Brasília. Disponível em: <http://www.sebrae.com.br/sites/PortalSebrae/sebraeaz/lei-geral-completa-10-anos-e-beneficia-milhoes-deempresas,baebd455e8d08410VgnVCM2000003c74010aRCRD?q=Legisla%C3 %A7%C3%A3o+b%C3%A1sica+da+micro+e+pequena+empresa#this>. Acesso em: jul. 2017.

___. *Lei geral das micro e pequenas empresas*. O que muda para as empresas. Brasília. Disponível em: <http://www.leigeral.com.br/o-site/o-que-e-a-lei-geral>. Acesso em: jul. 2017.

SISTEMA DE INFORMAÇÃO DE COMÉRCIO EXTERIOR (SICE). *Políticas de apoio às micro, pequenas e médias empresas do Mercosul - etapa II*. Disponível em: <http://www.sice.oas.org/trade/mrcsrs/resolutions/res5998p.asp>. Acesso em: jul. 2017.

SOUZA, M. G. *Centrais de negócios*: uma revolução no varejo e na distribuição. São Paulo: Edições Inteligentes, 2004.

WILDER, A. *Mudanças no setor supermercadista e a formação de associações de pequenos supermercados*. 2003. 189f. Dissertação (Mestrado) – Escola Superior de Agricultura "Luiz de Queiroz", Universidade de São Paulo, Piracicaba, 2003.

Vendas no Mackenzie

Em 26 de dezembro de 1969, Salim saiu do interior de São Paulo para tomar posse como auxiliar de escrita do Banco do Brasil na agência Centro da capital. Cursou o primeiro ano de Ciências Biológicas em Botucatu. Em 1970, transferiu o curso para a Universidade Mackenzie.

De tanto seu cunhado Marcos, com quem morava, o aconselhar a cursar Economia, pois poderia "subir" na carreira bancária, acatou sua sugestão. Conseguiu uma bolsa em um cursinho, pois pretendia entrar na USP. Nem chegou a prestar a Fuvest, pois passou no vestibular de uma extinta faculdade denominada D. Pedro, que se localizava atrás da Faculdade de Direito do Largo São Francisco.

Em 1971, participando de dois cursos superiores pagos, a situação financeira começou a dar sinais de desgaste. Sentiu suas finanças diminuírem drasticamente. Começou, então, a vender relógios, perfumes e todo o tipo de bugiganga que comprava na Galeria Pagé. Seus clientes eram os colegas do banco e dizia para eles que os produtos eram provenientes da Zona Franca de Manaus; o Paraguai ainda era pouco conhecido por aqui.

Salim ainda tinha de conquistar clientela junto aos seus colegas universitários, mas ficava constrangido em vender esses produtos. Depois de uma semana pensando em uma estratégia, ele foi até o fornecedor de livros de seu irmão, comprou algumas coleções e foi tentar vender aos colegas.

Chegou mais cedo para a aula, colocou as coleções nos últimos bancos da sala e divulgava para os que iam chegando. Os colegas acharam muita graça. Aquilo mais parecia uma banca de ambulante que uma sala de aula. Conseguiu vender apenas um livro naquele dia, mas se deu por satisfeito por ser a primeira tentativa. De repente, a professora adentrou, viu a cena e deu risada.

Decorridos os primeiros 20 minutos de aula, e como não conseguia o silêncio necessário para continuar dando a matéria (alguns colegas faziam perguntas sobre os livros), ela veio até Salim. Ele sentiu por um momento que ficaria reprovado naquela disciplina.

— Salim, quanto é esta coleção do Machado de Assis?

— Só Cr$ 50,00, professora. Considerando que é para a senhora, tem 20% de desconto.

— Vou ficar com ela.

Ao fazer o cheque e pedir para ele recolher todos os livros, completou:

— Salim, agora posso dar minha aula?

— Mande bala, professora. Já estou prestando atenção.

9

INCUBADORAS DE EMPRESAS, POLOS E PARQUES TECNOLÓGICOS E ARRANJOS PRODUTIVOS LOCAIS

Sérgio Perussi Filho
Osvaldo Elias Farah
Marly Cavalcanti

*"Algo só é impossível até que alguém
duvide e acabe provando o contrário."*

ALBERT EINSTEIN

Objetivos do capítulo

Apresentar os conceitos que definem ambientes que auxiliam e fomentam a atividade empreendedora e de inovação. Conhecer as vantagens de participar de uma incubadora de empresas.

Incubadora de empresas é uma das formas de estimular o empreendedorismo, pois fortalece e prepara pequenas empresas para sobreviver no mercado. É um local especialmente criado para abrigar pequenas empresas, oferecendo estrutura configurada para estimular, agilizar e favorecer a transferência de resultados de pesquisa para atividades produtivas.

Obtendo respostas

Valeriano é aluno de um curso de engenharia mecânica e pesquisador em nível de iniciação científica. Descendente de espanhóis, sempre foi orientado pelos pais a empreender, a ter um negócio próprio. E, de fato, ele também pensa da mesma maneira: quer ser um empreendedor, inovar. Como vem desenvolvendo um trabalho de iniciação científica, com bolsa de estudo governamental, sempre diz que quer um dia gerar empregos, em vez de procurar emprego.

Assim, ele tem focado seu estudo e projeto com o objetivo de, ao se formar, iniciar uma empresa de base tecnológica (EBT) com o fruto de seus conhecimentos e esforços de pesquisa. Como está no terceiro ano de um curso de cinco anos, já está pesquisando como tornar o seu sonho uma realidade. De família simples, de pouco patrimônio econômico – talvez até por isso seja incentivado a empreender, tendo em vista as maiores possibilidades de criar riqueza –, tem vários obstáculos à frente.

O que mais tem lhe atraído a atenção é quanto ao local de localização de seu futuro empreendimento. Conversando com um amigo, Willi, sobre o assunto, foi orientado a buscar informações sobre as facilidades que ele poderá obter localizando a sua empresa em uma incubadora de empresas, que geralmente existe em polos tecnológicos, o que caracterizava de fato a cidade onde estudava. Depois dessa conversa, Valeriano se pôs a indagar: O que é uma incubadora de empresa? O que é um polo tecnológico? Será que é mesmo vantagem situar minha empresa nesse ambiente?

Auxiliar Valeriano a obter respostas a estas questões é um dos objetivos deste capítulo. Dedique alguns minutos para conhecer os conceitos apresentados aqui.

Com conhecimento adquirido, dedique-se à ação!

A incubadora tão somente auxiliará se... for para as empresas que buscam receber suporte gerencial, administrativo e mercadológico, e apoio técnico para o desenvolvimento do seu produto. Com isso, o empreendimento pode ser acompanhado desde a fase de planejamento até a consolidação de suas atividades, com a consultoria de especialistas.

Considerações iniciais

A implantação de uma empresa exige do empreendedor a tomada de uma série de decisões quanto à alocação adequada dos recursos, normalmente escassos, e também quanto ao agrupamento de competências na montagem da equipe que irá dirigir o novo empreendimento. A minimização dos riscos de insucesso depende muito das decisões estratégicas tomadas pelo empreendedor quando do desenvolvimento das etapas do plano de negócios, que envolve questões relacionadas à definição do local de implantação do empreendimento, à montagem da equipe e às necessidades de apoio, entre outras.

Via de regra, durante a fase inicial de implantação da empresa, os empreendedores encontram-se sob forte ansiedade, cujo efeito, entre outros, pode ser a perda de criatividade e o desvio das atenções do foco principal, que é tornar a empresa bem-sucedida no mercado. Afinal, apesar de todo o processo de planejamento do empreendimento, via formalização do Plano de Negócio, que visa reduzir as incertezas quanto ao seu sucesso, sempre restarão dúvidas quanto à capacidade de se levar o processo de implantação da empresa a bom termo. Assim, é de se esperar que, num ambiente mais amigável, essa ansiedade seja reduzida, liberando o empreendedor para focar sua atenção exclusivamente no desenvolvimento do negócio, que reside de forma prioritária no desenvolvimento do produto e na compreensão das forças competitivas que agem no mercado a ser explorado.

Além das questões relacionadas com a redução da ansiedade do empreendedor, mais acentuada na fase pré-operacional e durante a fase inicial de implantação da empresa, outro fator fundamental é a redução dos investimentos necessários para o início das operações. No Brasil, nos Estados Unidos, na Europa, em Bangladesh ou em qualquer outra parte do mundo, os empreendedores normalmente possuem recursos escassos para iniciar o negócio de forma confortável. De fato, na maioria das vezes os recursos são insuficientes para financiar todas as ações iniciais projetadas pelo empreendedor. Assim, a busca de soluções que minimizem o uso de recursos para os investimentos iniciais é de fundamental importância, uma vez que essa redução de recursos para investimentos em instalações, máquinas, equipamentos e acessórios pode liberar recursos para formação de capital de giro, elemento fundamental para a sustentação dos negócios na fase inicial.

Uma decisão que poderá levar o empreendedor a reduzir significativamente sua ansiedade e as necessidades de recursos, além de poder dispor de suporte no desenvolvimento de suas habilidades técnico-gerenciais, é localizar sua empresa em uma incubadora de empresas. Além disso, caso seja uma empresa de base tecnológica, que tem em seu produto/serviço ou processo a incorporação e/ou a utilização de tecnologias recentes ou não convencionais e a necessidade de funcionários com alto grau de conhecimento científico-tecnológico, a opção pelo empreendedor de localizar a sua empresa em um polo tecnológico pode ser uma decisão estratégica de fundamental importância para o sucesso da empresa.

9.1 Pequenas empresas

É de senso comum que, quando se pensa em uma empresa nascente, logo vem à mente uma empresa de pequeno porte. Apesar de os parques tecnológicos também possuírem em seu ecossistema empresas de base tecnológicas maduras, de fato, uma parcela significativa é composta por empresas de pequeno porte; e, nos casos dos parques, há também empresas exclusivamente de base tecnológica, as denominadas "empresas de base tecnológica (EBTs)". Assim, faz-se necessário introduzir alguns conceitos acerca dessas empresas. Sobre os Parques Tecnológicos, a conceituação virá mais adiante e fará sentido, pois nesse momento se menciona acerca de sua exclusividade em atrair e manter somente EBTs.

Nem toda pequena empresa é igual. Existem as empresas industriais, as comerciais e as de serviços, além das pequenas organizações dos setores públicos, privado e organizações não governamentais, a maioria envolvida com a área de serviços. Há, ainda, as pequenas empresas verticalizadas, que realizam todas ou quase todas as atividades da cadeia produtiva, desde a extração e fabricação de suas matérias-primas até a venda de seus produtos aos consumidores finais, realizando atividades mais complexas dada a maior quantidade de interações **a montante** e **a jusante** da cadeia produtiva, o que implica administrar uma variedade muito mais ampla de atividades da cadeia de suprimentos.

Há também aquelas que se situam a montante da cadeira produtiva, como pequenas fornecedoras, e as que se situam a jusante da cadeia produtiva, como os pequenos distribuidores e varejistas. Outra possibilidade é a existência de uma pequena empresa que está diretamente vinculada a somente uma grande empresa, situando-se a montante da cadeia produtiva. Nesse caso, suas atividades poderão ser mais restritas, uma vez que provavelmente estará trabalhando com projetos desenvolvidos pela empresa a jusante (uma grande empresa, por exemplo, mas não somente), a qual tem o domínio do mercado final. Assim, essa pequena empresa estará praticamente trabalhando como se fosse "uma seção" da empresa a jusante, realizando apenas a produção, por meio da alocação de recursos (máquinas, pessoas, sistemas) e da liderança e controle do processo, visto que o projeto do produto e a estratégia geral foram desenvolvidos pela empresa contratante.

Além dessas pequenas empresas, com suas especificidades operacionais e administrativas, outro tipo de pequena empresa merece atenção especial: a empresa de base tecnológica (EBT), muitas vezes também denominada "empresa de alta tecnologia". Em sua maioria, essas empresas são criadas como *spin off* de laboratórios universitários, empresas formadas por empreendedores que participaram diretamente da pesquisa que as originaram por meio da inovação de produtos e serviços. É nesse ambiente universitário que a futura empresa acaba contando, em sua equipe, com profissionais graduados em cursos universitários, além de alguns mestres, doutores e pós-doutores. Assim, pode-se conceituar que uma empresa EBT é caracterizada como uma empresa que realiza atividades de pesquisa e desenvolvimento (P&D) e atua em setores emergentes da economia, dado que os conhecimentos aplicados em seus produtos e serviços são fortemente vinculados a descobertas científicas mais recentes. Essas empresas EBTs, por atuarem em setores emergentes da economia, têm características diversas das denominadas **empresas tradicionais**, as quais atuam em setores econômicos considerados maduros. O Quadro 9.1 apresenta as diferenças entre esses dois tipos de empresas.

Quadro 9.1 Diferenças entre empresas tradicionais (ET) e empresas de base tecnológica (EBT)

Empresas Tradicionais (ET)	Empresas de Base Tecnológica (EBT)
Atuam em setores tradicionais maduros	Atuam em setores emergentes: novas indústrias e novos setores da economia
Pouca ou inexistente atividade de PDI	Intensa atividade de PDI
Parcerias com universidades praticamente inexistentes ou pouco frequentes	Intensa cooperação com universidades e institutos de pesquisas
Atividades mais simples e mais homogêneas	Atividades mais complexas e mais heterogêneas
Funcionários com qualificação padrão de mercado	Funcionários mais especializados
Paga salários de mercado	Procura pagar salários que atraiam talentos
Maior rotatividade de mão de obra	Menor rotatividade de mão de obra
Horários de trabalho no padrão de mercado	Horários de trabalho mais flexível
Linha de produtos mais rígida	Linha de produtos mais flexível
Tempo mais curto para desenvolvimento de produtos	Tempo mais longo para desenvolvimento de produtos
Menor apoio governamental em questões de financiamento das atividades (acontece via mercado)	Maior apoio dos governos via financiamentos mais específicos
Menor tendência, na média, de relacionamento internacional	Tendência de maior relacionamento internacional
Capital é o principal insumo	Criatividade e conhecimento científico-tecnológico são os principais insumos
Clientes e fornecedores mais homogêneos	Clientes e fornecedores mais heterogêneos

Fonte: elaborado pelos autores.

Muitas EBTs nascem com equipes de empreendedores, o que as faz, dos pontos de vista societário e de governança, diferentes das pequenas empresas familiares. Esse aspecto está na raiz de fazê-las muito parecidas com as grandes empresas, visto que a governança com característica de grande empresa deve ser implantada para evitar conflitos de interesses entre os sócios e, portanto, conseguir regulamentar adequadamente o seu funcionamento desde o início. A grande vantagem dessa nova organização é possuir a flexibilidade típica das pequenas empresas nos seus aspectos operacionais e de relacionamento direto entre empreendedor e colaboradores.

Outro aspecto das EBTs é a oportunidade de atuar em mercados internacionais, pelo fato de que muitas EBTs têm, em suas especificidades de projetos e produtos, o mercado internacional como um dos seus alvos. Outro aspecto que reforça essa oportunidade de internacionalização de suas relações comerciais é que, muitas vezes, essas empresas têm vínculos de negócios com clientes de subsidiárias de empresas internacionais localizadas no Brasil. Um terceiro fator é de que "investidores anjos" buscam nas universidades as *startups* para aplicarem seus recursos financeiros e auferirem lucros. Muitos desses investidores são de outros países.

9.2 Incubadoras de empresas

9.2.1 Histórico

De forma ampla, as incubadoras de empresas são ambientes construídos ou adaptados com o fim específico de acomodar empresas em fase inicial de operação. Nesse local, os empreendedores encontrarão uma série de facilidades físicas e serviços de apoio que irão propiciar um processo muito mais rápido de inserção da empresa no ambiente competitivo empresarial.

O conceito de incubadora de empresas, como hoje é conhecido, foi introduzido de forma pioneira na Inglaterra e nos Estados Unidos. Em Londres, surgiu em meados da década de 1970, quando uma série de edifícios localizados na região urbana foi readaptadas para acomodar pequenas empresas.[1] Nos Estados Unidos, o mesmo movimento deu-se no início dos anos 1980, com a criação das primeiras incubadoras de empresas nos Estados de Nova York, Geórgia, Colorado, Pensilvânia, Texas e Illinois, entre outros.[2]

No Brasil, as primeiras incubadoras de empresas surgiram no ano de 1984, como resultado de uma ação do Conselho Nacional de Desenvolvimento Científico e Tecnológico (CNPq) para o fortalecimento dos mecanismos de apoio ao desenvolvimento da inovação no Brasil. A primeira incubadora de empresas localizada em instalações adaptadas foi a da Fundação Parque de Alta Tecnologia de São Carlos, no Estado de São Paulo, cuja operação iniciou-se no ano de 1985. Entretanto, a primeira incuba-

---

[1] NABARRO, R. et al. *Managing workspaces*: good practice in urban regeneration. London: Her Majesty´s Stationery Office, 1986.

[2] SMILOR, R. W.; GILL JR., M. D. *The new business incubator*: linking talent, technology, capital and know-how. Lexington, USA: Lexington Books, 1986.

dora construída especificamente para esta finalidade – ou seja, não sendo adaptação de edifício já existente, mas sim a construção de prédio com características próprias para receber empresas em criação – foi a incubadora do Centro de Desenvolvimento de Indústria Nascente, o Cedin, também em São Carlos. Nessa mesma época, ações para a implantação de incubadoras foram desenvolvidas em Campina Grande (Paraíba), em Manaus (Amazonas), em Santa Maria (Rio Grande do Sul) e em Joinville (Santa Catarina), nas quais o CNPq entendia existirem melhores condições para fomentar o surgimento de empresas de base tecnológica.

As incubadoras podem ser entendidas sob duas perspectivas: a primeira relacionada com o aproveitamento de prédios antigos (fábricas, depósitos, prédios situados em regiões decadentes, ou seja, com foco de empreendimento imobiliário); a segunda, ao contrário, tem o foco principal no desenvolvimento de ambiente propício para o surgimento de novas empresas, com instalações mais modernas e foco fortalecido na prestação de serviços aos empreendedores.[3]

A primeira, de interesse tipicamente imobiliário, tem como objetivo reaproveitar edifícios antigos, que por meio de readaptações, podem se tornar ambientes propícios para a fase inicial do nascimento de novas empresas. Nessa perspectiva, o principal objetivo é tornar o imóvel novamente rentável, por meio do recebimento de aluguéis pela cessão de espaços. Reflexo dessa perspectiva é a revalorização do imóvel e a recuperação de áreas muitas vezes degradadas, com efeito direto sobre a recuperação do valor do patrimônio não só dos proprietário do imóvel como também dos outros imóveis que estão localizados na região.

A segunda perspectiva é mais diretamente relacionada com o apoio direto ao desenvolvimento regional. Nesse caso, as instalações são construídas especificamente para abrigar empresas nascentes e têm como objetivo principal a renovação do tecido empresarial local, pelo apoio direcionado às ações de inovações por meio da criação de novas empresas, estimulando o talento dos empreendedores, a transferência de tecnologias das universidades e institutos de pesquisas, o fornecimento de capital de risco, a assessoria administrativa e comercial. **Localizar a empresa em uma incubadora de empresas proporciona ao empreendedor mais tempo e condições para dedicar-se com atenção aos aspectos comerciais do negócio**.

A Associação Nacional de Entidades Promotoras de Empreendimentos de Tecnologia Avançadas (Anprotec) define incubadora de empresas como "empreendimentos que oferecem espaço físico, por tempo limitado, para a instalação de empresas de base tecnológica e/ou tradicional, e que disponham de uma equipe técnica para dar suporte e consultoria a estas empresas". Para Medeiros et al.[4]

---

[3] SMILOR; GILL JR, 1986.

[4] MEDEIROS, J. A. et al. *Pólos, parques e incubadoras*: a busca da modernização e competitividade. Brasília: CNPq, 1992.

Incubadoras são um núcleo que abriga microempresas de base tecnológica em um espaço físico comum, subdividido em módulos e localizado próximo a instituições de ensino e pesquisa, objetivando se beneficiar dos seus recursos humanos e materiais.

De forma prática, uma incubadora de empresas oferece as seguintes facilidades para os empreendedores e suas empresas:

Figura 9.1 Facilidades e serviços oferecidos pelas incubadoras de empresas

Fonte: MEDEIROS, 1992. p. 6.

Todas essas facilidades proporcionam as seguintes vantagens para as empresas instaladas em incubadoras:

- **diminuem os investimentos iniciais necessários**: o uso compartilhado de recursos reduz a necessidade de investimentos pelo empreendedor.
- **diminuem os custos operacionais**: o uso de recursos e serviços compartilhados reduz a necessidade de contratação de pessoal. Esse é o caso dos serviços de secretaria, de vigilância e de reprografia, entre outros. Também o aluguel do espaço tende a ser relativamente mais em conta para o empreendedor, uma vez que muitas incubadoras possuem planos de aluguéis subsidiados. Isso significa que a relação custo-benefício tende a ser favorável para o empreendedor, pois, na maioria das vezes, além de pagar um valor menor de aluguel que pagaria em outro local, recebe muito mais benefícios quando comparado ao aluguel de uma unidade isolada em algum lugar da cidade.

- **proporcionam possibilidade de foco no negócio**: a administração das instalações é realizada pela administração da incubadora, o que possibilita ao empreendedor dedicar mais tempo ao foco do negócio, principalmente os aspectos relacionados com o desenvolvimento do produto e do mercado. Isso proporciona melhor clima de criatividade e liberdade.

- **oferecem meio para a interação e criação de sinergia com outras empresas localizadas na incubadora**: a interação com outros empreendedores é muito importante, uma vez que a troca de experiências e a solução de problemas com outros empreendedores aceleram o processo de aprendizagem do empreendedor. A criação de sinergia advém da possibilidade de produção e comercialização de produtos complementares e mesmo a formulação de estratégias de atuação conjunta no mercado.

- **reduzem o tempo de transferência de tecnologia das universidades e institutos de pesquisa para as empresas**: devido à proximidade e ao clima receptivo para essas ações.

- **aceleram o tempo de aprendizagem**: pela assessoria prestada por profissionais das áreas de consultoria e treinamento que normalmente são parceiros da incubadora.

- **propiciam imagem e credibilidade**: a empresa acaba tendo a sua imagem associada ao ambiente da incubadora. Assim, uma incubadora bem administrada acabará transferindo a possibilidade de a empresa também "vender" uma imagem de profissionalismo. Um caso oposto seria o de uma empresa instalada em um "fundo de quintal" ou em um pequeno barracão isolado em um "canto" da cidade sem infraestrutura adequada.

Por outro lado, a incubadora traz alguns importantes benefícios para a comunidade e região. Dentre eles, destacam-se:

- constitui um agente de promoção da transformação da economia.
- induz efeito positivo ao renovar o tecido industrial e criar empregos, desenvolvimento e riqueza.
- constitui ferramenta orientadora do desenvolvimento industrial.

9.3 Critério de seleção das empresas

A incubadora não é um lugar para a empresa ficar indefinidamente. A empresa pode iniciar a sua trajetória rumo ao sucesso por meio da incubadora, mas o empreendedor deve ter em mente que somente por um período ele poderá contar com o apoio desse sistema. Nesse sentido, as incubadoras possuem critérios para selecionar as empresas que irão se localizar nas suas instalações e receber o seu apoio.

Os critérios de seleção geralmente compreendem os seguintes itens:

- **Características das empresas**. As incubadoras de empresas de base tecnológica somente aceitam empresas com características tecnológicas no seu processo de seleção. No caso de incubadora de empresas tradicionais, essa restrição não se aplica, aceitando-se, portanto, a inscrição no processo seletivo de qualquer tipo de empresas, quer seja de base tecnológica ou não. Vale ressaltar que algumas incubadoras são específicas, aceitando apenas um determinado tipo de empresa (por exemplo, uma incubadora que tenha como objetivo a reunião de empresas de confecções, ou metalúrgicas, ou mesmo incubadoras voltadas para uma determinada comunidade, como as que só aceitam empresas de empreendedores; nesse caso, não se trata de discriminação, e sim de foco da incubadora no apoio a um determinado segmento da população, geralmente reflexo de um projeto de uma determinada associação de classe).

- **Análise do perfil do empreendedor**. O perfil do empreendedor ou dos empreendedores interessados em criar uma empresa e utilizar a incubadora é um dos itens de maior importância do processo seletivo. Utilizando-se de critérios que definem o perfil de empreendedores de sucesso, largamente utilizados no Brasil e em outros países, a incubadora procura certificar-se de que o(s) empreendedor(es) irá(ão) dar conta do recado de transformar "um sonho em realidade".

- **Projeto com viabilidade técnica e comercial**. O plano de negócio é a ferramenta para verificar essa viabilidade, documentando de forma lógica as reflexões que foram feitas pelo empreendedor sobre a possibilidade de determinado negócio ser bem-sucedido ao ser colocado em prática. A formalização do plano de negócio, ao refletir os pontos sobre os vários aspectos do negócio, tende a minimizar os riscos de insucesso do negócio e serve como direcionador dos esforços do empreendedor.

- **Percepção da incubadora quanto às possibilidades de autonomia futura da empresa no mercado competitivo**. Reflexo da análise do perfil empreendedor e do plano de negócio, a percepção pelo gerente da incubadora (ou pelos encarregados do processo seletivo) de que o(s) empreendedor(es) poderá levar a empresa ao sucesso mesmo após deixar a incubadora é fundamental, uma vez que, para a incubadora, o sucesso é medido pelo número de empresas egressas, aquelas que deixam a incubadora e continuam como empresas independentes bem-sucedidas ao se estabelecerem em outras áreas industriais, como os distritos industriais e parques tecnológicos.

- **Produtos e processos não poluentes e de aceitação social**. Tratando-se de um processo de ocupação de um espaço de uso coletivo por várias empresas, as incubadoras procuram criar nicho específico para empresas não poluentes, evitando, assim, problemas ambientais e custos adicionais ao ter de arcar com infraestrutura de controle ambiental. O aspecto social está vinculado aos agentes financiadores das incubadoras, na sua maioria agentes públicos com interesses no desenvolvimento regional, com geração de emprego e renda.

- **Competição controlada entre as empresas incubadas**. Este critério procura criar um *mix* adequado de empresas na incubadora, de forma que se possa obter sinergia entre as empresas incubadas e não a competição direta entre elas. Significa evitar que empresas que atuam com o mesmo foco estejam localizadas na mesma incubadora. Isso é importante principalmente quando as empresas disputam o mesmo mercado.

As incubadoras, patrocinadas em sua grande maioria por universidades, prefeituras, associações e outros órgãos públicos, têm de prestar contas da efetividade de suas ações. Assim, **a administração da incubadora é avaliada por sua capacidade de gerar "empresas graduadas", ou seja, empresas que após passarem um determinado tempo pela incubadora, estejam aptas a se tornarem independentes**, localizando e gerenciando os seus negócios longe das "asas" da incubadora. O processo é semelhante ao de um estudante que vai para a universidade com a intenção de obter o seu grau de bacharel em Administração, Química, Física ou Engenharia. Após adquirir as habilidades e conhecimentos da profissão, deixa a universidade para se posicionar no mercado de trabalho. Da mesma maneira, o empreendedor e sua empresa localizam-se na incubadora, ganham as habilidades e os conhecimentos sobre produtos, mercados e, principalmente, gestão de negócios, e depois deixam a incubadora para caminhar, de forma independente, rumo ao sucesso.

Isso não quer dizer que a partir do momento que a empresa deixa a incubadora ela não poderá mais utilizar sua infraestrutura e o seu sistema de apoio aos empreendedores. Todo o sistema tem interesse na manutenção do vínculo entre a empresa graduada (aquela que saiu da incubadora) e a incubadora. Afinal, existe um interesse recíproco nesse processo. A incubadora pode continuar auxiliando de alguma forma o empreendedor, e o empreendedor pode e deve apoiar a incubadora e outras empresas incubadas.

9.4 A decisão de utilizar ou não as incubadoras para iniciar o negócio

A decisão de iniciar o empreendimento localizando-o numa incubadora é decisão estratégica do empreendedor. Nem sempre a incubadora é a melhor solução, uma vez que as condições operacionais e de serviços propiciados pelo sistema ao qual pertence a incubadora poderá deixar o empreendedor em uma situação muito cômoda no início das atividades da empresa, o que pode trazer como consequência a postergação do seu processo de aprendizado. Se o empreendedor possui domínio do negócio, amplo conhecimento do mercado, boa situação econômico-financeira e uma boa rede de relacionamentos, talvez seja mais conveniente instalar a empresa em um distrito industrial ou outro empreendimento imobiliário com infraestrutura para uma operação empresarial de qualidade. Nessa situação, se por um lado o empreendedor perde os benefícios agregados ao sistema da incubadora, por outro poderá estar ganhando uma oportunidade de enfrentar o mercado mais rapidamente.

Para evitar que os empreendedores se sintam demasiadamente confortáveis, as incubadoras procuram determinar um tempo máximo de permanência da empresa recém-criada em suas instalações, que varia de incubadora para incubadora, mas geralmente se situa na faixa de dois a quatro anos. De fato, a incubadora é um sistema para apoiar a transição do empreendedor e da empresa de uma situação de pouco conhecimento da tecnologia e/ou produto, do mercado e das técnicas de gestão empresarial para uma situação em que sejam possíveis a sobrevivência e o desenvolvimento da empresa por meio de suas próprias ações, de forma isolada, fora da incubadora. É natural inferir que no ambiente da incubadora, dadas as características de processo coletivo, e de certa forma cooperativo, existem possibilidades de ineficiência. Esse aspecto demanda do empreendedor cuidado para não cair na armadilha de acabar se envolvendo na gestão do dia a dia da incubadora. Portanto, uma análise prévia do ambiente e do estilo de gestão da incubadora é fundamental para se certificar de que o objetivo de encurtamento do processo de aprendizagem irá ali ocorrer de uma forma mais interessante do que fora da incubadora.

9.5 Tipos de incubadoras

As incubadoras de empresas podem ser, de maneira ampla, classificadas em dois tipos:
- Incubadoras de empresas de base tecnológica;
- Incubadoras de empresas tradicionais.

As incubadoras de empresas de base tecnológica geralmente possuem como patrocinadores as universidades e os institutos de pesquisa, assim como prefeituras municipais, órgãos estaduais e federais de fomento à atividade empreendedora e à inovação e fundações públicas e privadas. Seus principais objetivos são:
- estimular a transferência de tecnologia das universidades e institutos de pesquisas para as empresas do setor produtivo;
- apoiar o nascimento e o desenvolvimento de empresas de base tecnológica;
- contribuir para a criação de inovações tecnológicas; e
- contribuir para a transformação da economia, renovando o tecido econômico regional.

A maior parte dessas incubadoras abriga empresas que nasceram de pesquisas desenvolvidas no ambiente das universidades e dos institutos de pesquisas. Normalmente, os pesquisadores e estudantes envolvidos com um projeto tecnológico na universidade e/ou instituto de pesquisa acabam criando uma empresa para comercializar uma inovação tecnológica gerada nos laboratórios. Assim, é natural que se localizem em cidades com grande densidade de pesquisa científico-tecnológica.

Esse é o caso principalmente das incubadoras localizadas em São Paulo, São Carlos, Campinas, São José dos Campos, Campina Grande, Curitiba, Londrina, Florianópolis e muitas outras espalhadas por todos os Estados brasileiros. As incubadoras de empresas tradicionais possuem como seus principais patrocinadores os órgãos de fomento ao desenvolvimento regional, prefeituras, associações de classe e fundações públicas e privadas. Elas têm como principais objetivos:

- revitalização de áreas que sofreram retração da atividade econômica;
- contribuição para a geração de empregos;
- democratização das oportunidades econômicas; e
- inclusão social.

Essas incubadoras abrigam, em sua maioria, empresas dos setores tradicionais da economia, como metalúrgicas, indústrias de confecções, indústrias de móveis e diversas formas de artesanatos, além de empresas de serviços e mesmo cooperativas de produção. A principal ênfase dessas incubadoras é proporcionar apoio ao processo de criação e desenvolvimento de empresas, esperando que esse esforço resulte na melhoria do nível de emprego da cidade e da região. De forma geral, as incubadoras também podem ser comparadas a conceitos de negócios já amplamente conhecidos de todos, facilitando ainda mais o entendimento de seu papel: shopping de empresas; laboratórios de empresas; escolas de empresas; entre outros. A denominação de "hotel de projetos ou empresas" é também utilizada quando se destinam espaço e apoio, por tempo ainda mais limitado, à criação de uma empresa.

9.6 Onde estão as incubadoras?

Um estudo publicado em 2016, elaborado pela Fundação Getulio Vargas (FGV), com o objetivo de mapear o impacto econômico do segmento de incubadoras de empresas no Brasil, apresentou resultados muito importantes: as 369 incubadoras ativas no país apoiam atualmente cerca de 2.310 empreendimentos e já graduaram outros 2.815. Somadas, empresas incubadas e graduadas geram R$ 15 bilhões em renda e 53 mil empregos diretos. Conforme dados do estudo, a maioria das incubadas e graduadas são de micro e pequeno porte – 96% e 86,9%, respectivamente –, faturando até R$ 3,6 milhões ao ano. Após concluírem o processo de incubação, além de ampliarem as receitas, as empresas passam a criar maior número de empregos: 19,9% das graduadas empregam mais de dez pessoas. Entre as incubadas, essa porção é de 6,4%.[5]

Fica evidente a importância dos jovens empreendedores no País. Conforme relatório final da pesquisa, verificou-se que a maioria das empresas (70%) responde por empregar até nove funcionários e 21% delas por empregar de 10 a 49 funcionários. Esses dados demonstram um importante setor de investimentos para a geração de emprego e renda para a população. O incentivo ao empreendedorismo jovem, iniciando

---

[5] LOCUS. Propulsoras do desenvolvimento. *Revista Locus*: Ambiente de Inovação Brasileira, Brasília, ano XX, n. 82, p. 22, set. 2016. Disponível em: <http://www.anprotec.org.br/Relata/Anprotec_Locus_82_site.pdf>. Acesso em: 9 nov. 2017.

na educação de base como preparatório para o empreender, se mostra, portanto, como uma estratégia econômica viável e indispensável ao País. Políticas públicas de incentivo ao primeiro negócio, que desoneram o jovem empreendedor durante seu primeiro ano de empreendimento, por exemplo, são estratégias que, se tomadas anteriormente, poderiam ter sido uma saída salutar para os jovens recém-formados ou em graduação que sofrem com a crise do desemprego.[6]

Os critérios de seleção de empresas mais utilizados pelas incubadoras são: estudo de viabilidade (98%); análise do perfil do empreendedor (97%); contribuição para o desenvolvimento local e regional (88%); e aplicação de novas tecnologias (76%). Informações mais detalhadas sobre a situação da indústria de incubadoras de empresas no Brasil podem ser obtidas junto ao site da Anprotec.

Nesse endereço o empreendedor também encontrará diversas informações que o auxiliarão na tomada de decisão sobre utilizar ou não o sistema de incubadoras para iniciar a sua empresa. Existem também dados de outros tipos de incubadoras, as quais não são classificadas pela Anprotec ou devido à falta de elementos típicos das incubadoras ou por falta de conhecimento de sua existência.

Esse é o caso das chamadas **incubadoras corporativas**, as quais se caracterizam por incubar empresas cujos objetivos estão diretamente relacionados com os objetivos da empresa patrocinadora. A finalidade, nesse caso, é gerar novos produtos e negócios para a empresa patrocinadora da incubadora.

9.7 Polos tecnológicos

O sucesso na criação e desenvolvimento de empresas de base tecnológica poderá ser mais facilmente conseguido quando o empreendedor contar com o apoio e todos os benefícios potenciais de um polo tecnológico. Essa estrutura, cuja configuração básica se dá pela existência de universidades e instituições de pesquisas envolvidas fortemente em projetos de pesquisas científico-tecnológicas, aliadas à existência no mesmo ambiente de um grupo relativamente importante de empresas de base tecnológica e tradicionais, pode propiciar ao novo empreendimento um ambiente muito mais amigável e facilitador do seu desenvolvimento.

9.7.1 Origens

De acordo com Medeiros et al.,[7]

---

[6] ASSOCIAÇÃO NACIONAL DE ENTIDADES PROMOTORAS DE EMPREENDIMENTOS INOVADORES (ANPROTEC). *Estudo de impacto econômico*: segmento de incubadoras de empresas no Brasil. Brasília, 2016. Disponível em: <http://www.anprotec.org.br/Relata/18072016%20Estudo_ANPROTEC_v6.pdf>. Acesso em: 9 nov. 2017.

[7] MEDEIROS et al., 1992.

A origem dos Polos Tecnológicos foi reflexo da percepção de que o avanço científico e tecnológico havia imposto novos padrões ao desenvolvimento econômico e que esse avanço, materializado, por exemplo, através da automação e flexibilização do processo produtivo, tinha provocado radicais alterações nas economias de escala, reduzindo o peso das vantagens comparativas dos países de desenvolvimento tardio no que diz respeito ao uso da mão de obra e ao uso de recursos naturais.

A mudança de paradigma também afetava os países europeus. Na tentativa de seguir os exemplos de sucesso na criação de empresas inovadoras das regiões americanas do Vale do Silício, no Estado da Califórnia, e da Estrada 128, em Boston, Massachusetts, os países europeus iniciaram, principalmente a partir do final da década de 1970, uma série de projetos voltados para a renovação do tecido empresarial, via criação de polos de desenvolvimento tecnológico, conhecidos como Technopolis ou Centros de Inovação. No Brasil, assim como nos países europeus e nos Estados Unidos, para que esse ambiente propício à inovação pudesse florescer, era necessário, entre outras ações, aproximar as empresas das universidades, por meio de processos de parcerias que incluíssem também o próprio governo.

Uma das formas mais eficazes para promover o desenvolvimento tecnológico apoia-se na parceria pesquisa-empresa-governo. Bem conduzida, ela pode facilitar o ingresso do país no novo século e garantir a qualidade de vida da maioria da população e não apenas de uma elite privilegiada.[8]

Dentre os componentes que definem um Polo de Tecnologia inclui-se, segundo Medeiros et al., a existência de projetos de inovação tecnológica conjuntos (empresa-universidade), usualmente estimulados pelo governo em função do caráter estratégico dos desenvolvimentos a ele associados (projetos chamados mobilizadores). Para Medeiros et al.,[9] "os polos não se criam por projeto ou decreto; eles surgem de pré-condições existentes em determinado local". A existência de instituições de ensino e pesquisa; a aglomeração de empresas interessadas em desenvolvimento tecnológico; a existência de projetos de inovação tecnológica conjuntos (empresa-universidade) e uma estrutura organizacional (formal ou informal) apropriada definem um conjunto de quatro componentes necessários para a existência de um polo tecnológico.

O Polo Tecnológico de São Carlos, criado formalmente no ano de 1984, foi um dos pioneiros. Concebido por meio de parceria entre diversas instituições e órgãos governamentais federais, estaduais e municipais, o Polo Tecnológico de São Carlos conta com diversos mecanismos de apoio à atividade empreendedora e é considerado um

---

[8] MEDEIROS et al., 1992.
[9] MEDEIROS et al., 1992, p. 22.

dos mais bem-sucedidos do Brasil, pelo número de empresas de base tecnológica que foram criadas a partir daquele ano, bem como pelas várias ações que são desenvolvidas em favor da melhoria do relacionamento universidade-empresa e do fomento ao empreendedorismo de base tecnológica.

9.7.2 Características dos polos tecnológicos

O conceito de *Technopolis*, também denominado Centro de Tecnologia, ou Corredor de Alta Tecnologia, era relativamente novo no início da década de 1990. Mesmo os mais antigos polos tecnológicos dos EUA – a Estrada 128, em Boston, e o Vale do Silício, na Califórnia, não tinham recebido muito reconhecimento público até 1970; e o próprio Vale do Silício somente passou a ser chamado assim a partir do ano de 1971.[10]

É importante ressaltar que existe diferença conceitual entre polo tecnológico e parque tecnológico. O conceito de **parque tecnológico** tem como premissa a existência de área específica para a instalação de empresas, geralmente em espaço dentro dos próprios *campi* das universidades/institutos de pesquisas, ou muito próximo deles, no qual diversos mecanismos de apoio ao empreendedorismo de base tecnológica coexistem, criando um processo sinergético muito importante para a criação de inovações e o desenvolvimento das empresas neles instaladas.

O conceito de **polo tecnológico** é mais abrangente, compreendendo ou não a existência de parques tecnológicos. O polo tecnológico ocorre mais por questões de evolução histórica de aglomeração de alto nível educacional em ciência e tecnológica com forte atividade empresarial. O parque tecnológico é um espaço mais adequado para acelerar o processo de inovação e criação de novas empresas de base tecnológica, o que no polo tecnológico se desenvolve de forma mais espontânea. O polo tecnológico emerge ao longo do tempo, enquanto o parque tecnológico é um projeto deliberado de adequação em um único espaço de toda a infraestrutura necessária à aceleração do processo de criação de inovação e de novas empresas de base tecnológica.

No Brasil, a introdução dos programas de apoio à criação de empresas de base tecnológica deu-se utilizando erroneamente a denominação parques tecnológicos. Considerando que a maioria desses programas não prevê a cessão pela venda ou aluguel de áreas para edificações de laboratórios de P&D, não se constituindo, portanto, em programas que contam com área específica para o desenvolvimento do parque tecnológico, o uso da denominação *parque* ficou inadequado.

Medeiros et al.[11] apresentam uma sistematização que torna mais clara essas definições. Segundo esses autores, **polo científico-tecnológico** é definido por um conjunto de quatro componentes:

- Instituições de ensino e pesquisa que se especializaram em pelo menos uma das novas tecnologias;
- Aglomerado de empresas envolvidas nesses desenvolvimentos;

---

[10] GIBSON, D. V. et al. *The technopolis phenomenon*. Austin: The University of Texas at Austin, 1990.

[11] MEDEIROS et al., 1992.

- Projetos de inovação tecnológica conjuntos (empresa-universidade), normalmente estimulados pelo governo em função do caráter estratégico dos desenvolvimentos a eles associados (projetos chamados de mobilizadores);
- Estrutura organizacional apropriada (mesmo informal).

Acrescentam ainda a definição de **empresa de base tecnológica** como aquelas que se caracterizam por incorporar o conhecimento científico-tecnológico como seu principal insumo de produção e por relacionarem-se intensamente entre si e com a universidade ou instituto de pesquisa. Para o desenvolvimento de suas atividades, essas empresas utilizam recursos humanos, laboratórios e equipamentos pertencentes às instituições de ensino e pesquisa. Para definir mais adequadamente os diversos significados e conceitos englobados pelo termo polo científico e tecnológico (ou polos tecnológicos), Medeiros et al.[12] propruseram as seguintes configurações, as quais são mais relacionadas com o caso brasileiro:

1. **Configuração polo com estrutura informal**: as empresas e instituições de pesquisa estão dispersas pela cidade. Apesar da ausência de uma estrutura organizacional formal, estão presentes ações sistematizadas e projetos conjuntos que proporcionam alguma interação entre esses agrupamentos. Eventualmente, pode existir uma incubadora para abrigar as empresas nascentes.

2. **Configuração polo com estrutura formal**: as empresas e as instituições de ensino e pesquisa estão dispersas na cidade, mas existe uma entidade coordenadora, formalmente constituída, encarregada de acelerar a criação de empresas, facilitar seu funcionamento e promover a integração entre os parceiros envolvidos no processo de inovação tecnológica. Eventualmente há uma incubadora para abrigar empresas nascentes.

3. **Configuração parque tecnológico**: as empresas estão reunidas num mesmo local, dentro do campus universitário, ao lado deste ou em área próxima (distância inferior a 5 quilômetros). Existe uma entidade coordenadora do polo, concebida para facilitar a integração universidade-empresa e para gerenciar o uso das facilidades existentes no polo. Estão disponíveis, para venda ou locação, terrenos e/ou prédios, os quais abrigam uma incubadora ou condomínio de empresas.[13]

Medeiros et al.[14] mencionam o fato de que "os polos não se criam por projeto ou decreto; eles surgem de pré-condições existentes em determinado local".

9.7.3 O polo tecnológico de São Carlos

Em São Carlos, a instituição criada para estruturar o polo tecnológico por meio desse convênio com o CNPq foi a Fundação Parque de Alta Tecnologia de São Carlos, criada em 1984 com esse fim específico. Fundação de caráter privado, sem fins lucrativos, foi instituída pelo CNPq, Centro das Indústrias do Estado de São Paulo (Ciesp) e

---

[12] MEDEIROS et al., 1992.

[13] MEDEIROS et al., 1992, p. 22.

[14] MEDEIROS et al., 1992, p. 22.

Prefeitura Municipal de São Carlos, tendo àquela época em seu Conselho Curador, órgão máximo da instituição, representantes da Prefeitura Municipal, Secretaria de Ciência, Tecnologia e Desenvolvimento Econômico do Estado de São Paulo (SCTDE-SP), Conselho Nacional de Pesquisa (CNPq), Centro das Indústrias do Estado de São Paulo (Ciesp), Universidade Federal de São Carlos (UFSCar), Universidade de São Paulo (USP) e Universidade Estadual Paulista (Unesp), além de lideranças comunitárias locais.

Apesar de constituído formalmente em 1984, o conceito de polo tecnológico foi sendo implantado ao longo dos anos, como decorrência de ações na área de infraestrutura iniciadas no século 19 e que foram sendo complementadas durante o século 20. Vários investimentos na área educacional ao longo do século 20, ao lado da constituição de um relevante polo industrial pela forte presença de imigrantes europeus, fizeram de São Carlos um local propício ao desenvolvimento da atividade industrial-comercial. O surgimento das hoje conhecidas como empresas de base tecnológica, pela criação de empresas *spin-off* de pesquisas dos laboratórios das universidades locais, é que acabaram por dar ao polo industrial e educacional previamente existente a conotação atualmente difundida de polo tecnológico. Assim, o polo tecnológico não surgiu "por decreto", em 1984, e sim pelas condições educacionais e industriais de excelência previamente existentes na localidade que, somadas às ações de política científica e tecnológica mais focadas, acabaram por colocar em evidência os mecanismos diferenciadores existentes de apoio ao desenvolvimento de novas empresas de base tecnológica. Uma representação esquemática do polo está apresentada na Figura 9.2.

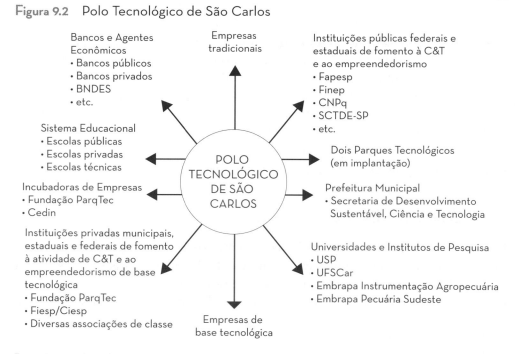

Figura 9.2 Polo Tecnológico de São Carlos

Fonte: FARAH, O. E.; CAVALCANTI, M.; MARCONDES, L. P. *Empreendedorismo*: estratégias de sobrevivência para pequenas empresas. 1. ed. São Paulo: Saraiva, 2012. p. 198.

Observa-se que na estrutura do polo tecnológico encontram-se como elementos fundamentais as incubadoras de empresas. No caso de São Carlos, são três incubadoras de empresas de base tecnológica: duas gerenciadas pela Fundação Parque de Alta Tecnologia de São Carlos (ParqTec) e a terceira, denominada Centro de Desenvolvimento de Indústrias Nascentes (Cedin), gerenciada pela Federação das Indústrias do Estado de São Paulo (Fiesp).

9.7.4 As empresas típicas dos polos tecnológicos

O conceito de polo tecnológico contempla a existência de empresas de base tecnológica e também empresas dos setores tradicionais da economia. Empresas de base tecnológica, às vezes denominadas empresas de alta tecnologia, são aquelas que se caracterizam por incorporar o conhecimento científico-tecnológico como seu principal insumo de produção e por relacionarem-se entre si e com a universidade ou instituto de pesquisa. Para o desenvolvimento de suas atividades, essas empresas utilizam recursos humanos, laboratórios e equipamentos pertencentes às instituições de ensino e pesquisa.[15]

Para Sáenz e Capote,[16] uma proporção substancial dos conhecimentos tecnológicos contemporâneos baseia-se na ciência, e, assim, a chamada "alta tecnologia" ou "tecnologia avançada" pode ser entendida como um conjunto de procedimentos e de elementos materiais baseados em teorias científicas de desenvolvimento recente. Novas empresas de base tecnológica são entendidas como aquelas cuja atividade requer a geração ou uso intensivo de tecnologias, algumas delas totalmente maduras, para a geração de novos produtos, processos e serviços.[17]

Empresas de base tecnológica são aquelas criadas com o fim de explorar um negócio a partir de um determinado conhecimento cujo valor obtido tenha se originado do trabalho realizado por empreendedores inovadores ou investigadores em universidades, institutos de pesquisa, centros tecnológicos ou departamentos de P&D de empresas.[18] Todas essas empresas, juntamente com as empresas tradicionais, as universidades e institutos de pesquisas, são importantes para o sucesso do polo tecnológico. O ambiente de pesquisa e de desenvolvimento de inovações de produtos e processos necessita dessa união de competências heterogêneas. Esse é, na realidade, o ambiente que favorece a inovação, uma vez que, se de um lado a universidade acompanha os avanços científicos e tecnológicos de fronteira, as empresas de base tecnológica transformam esses conhecimentos em inovações de novos produtos e processos, muitos dos quais são

---

[15] MEDEIROS et al., 1992.

[16] SÁENZ, T. W.; CAPOTE, E.G. *Ciência, inovação e gestão tecnológica*. Brasília: CNI/IEL/Senai, Abipti. 2002. p. 47.

[17] STOREY, D. J.; TETHER, B. S. New technological based firms in the European Union: an introduction. *Research Policy*, n. 26, 1998.

[18] FOUNDATION FOR THE DEVELOPMENT OF SCIENCE AND TECHNOLOGY (FUNDECYT). Espanha. 2006. Disponível em: <http://www.urenio.org/metaforesight/partner2.html>. Acesso em: 2 abr. 2012.

demandados por empresas tradicionais em busca de maior eficiência em seus processos de produção visando à manutenção de sua competitividade.

Dessa forma, empresas tradicionais convivem com empresas de base tecnológica. Do ponto de vista de empresas inovadoras, recém-instaladas, é mais provável que as encontremos nas incubadoras vinculadas aos programas de apoio à atividade empreendedora. Essas são as chamadas incubadoras de empresas de base tecnológica, como já foi citado anteriormente neste capítulo. Normalmente trata-se de empresas dos ramos de novos materiais, mecânica de precisão, biotecnologia, *software, hardware*, microeletrônica, instrumentação, automação, entre outros. Portanto, se o empreendimento é de base tecnológica, o ambiente do polo tecnológico oferecerá condições mais favoráveis para se instalar e desenvolver uma empresa ao ofertar abundância de conhecimento científico e tecnológico, pessoal qualificado, interação com outras empresas de base tecnológica e sistema de apoio mais elaborado e sofisticado.

Mesmo em época de grandes avanços tecnológicos na área de comunicação, como a atual, que tem no uso da internet um facilitador dos negócios, a decisão sobre a localização de uma empresa não é trivial. Existem conhecimentos tácitos, não explicitados, que fluem mais livremente e são acessados mais rapidamente quando se tem a oportunidade de encontros face a face, tipicamente vistos nos ambientes dos polos tecnológicos. Além disso, a possibilidade de contar com profissionais mais qualificados e, muitas vezes, oriundos das próprias empresas concorrentes, acaba por acelerar o processo de consolidação e desenvolvimento do empreendimento.

9.8 Parques tecnológicos

Polos tecnológicos tendem a contar, na sua infraestrutura de apoio à inovação e criação de novas empresas tecnológicas, com os denominados parques tecnológicos, uma área específica para abrigar e auxiliar no desenvolvimento de empresas de base tecnológica.

9.8.1 Conceitos

Segundo Dalton,[19] um parque tecnológico (*Science Park*) é uma iniciativa privada que:

- tem ligações operacionais formais com uma universidade ou outras instituições de ensino superior, como maiores centros de pesquisa;

- é projetado para estimular a formação e o crescimento de empresas com base no conhecimento e de outras organizações locais; e

- possui uma função gerencial que está ativamente envolvida na transferência de tecnologia e habilidades de negócios para as organizações locais.

---

[19] DALTON, I. G. The science park and the growth of technology based enterprises. United Kingdom Science Park Association. *CSP Economic Publication*. United Kindom Science Park Association, 1987.

Para esse autor, o termo parque tecnológico (*Science Park*) pode ser utilizado para incluir outros nomes, tais como Parque de Pesquisa, Centro de Inovação, Centro de Desenvolvimento de Alta Tecnologia, desde que satisfaçam os critérios anteriores. Quintas, Wield e Massey[20] definem parques tecnológicos como empreendimentos imobiliários destinados a apoiar atividades comerciais de base tecnológica. Para Broadhurst,[21] são três as principais funções dos parques tecnológicos:

- conduzir um desenvolvimento privado viável;
- assistir à transferência de tecnologia das universidades para as empresas ou entre empresas; e
- encorajar o crescimento de negócios lucrativos.

Ainda segundo Broadhurst, os principais parceiros desse empreendimento são as empresas privadas, interessadas nos lucros; os institutos de ensino superior, que além do interesse nos lucros da iniciativa, preocupam-se também com a promoção da transferência de tecnologia; e os governos, cujos interesses são encorajar a criação e o crescimento de empresas, aumentando o número de empregos e a arrecadação de impostos, bem como promover o desenvolvimento tecnológico nacional.[22] Para Palmintera,[23] os parques tecnológicos europeus são muito similares aos existentes nos Estados Unidos e muitos são estruturados de acordo com os modelos americanos. Geralmente englobam:

- serviços administrativos compartilhados;
- uso das instalações e equipamentos das universidades, tais como computadores, bibliotecas, laboratórios, entre outros;
- programas de viabilização de capital de risco associados ao parque, e
- assistência financeira e gerencial por meio do parque tecnológico ou de consultores privados.

Palmintera ressalta ainda que, para ser admitida no parque tecnológico, a empresa necessita estar vinculada à universidade e disposta a se envolver em diálogos sobre suas atividades de P&D. Destaca que esses parques tecnológicos são especificamente estruturados para acomodar empresas resultantes de *spin-off* das pesquisas realizadas nas universidades.

---

[20] QUINTAS, P.; WIELD, D.; MASSEY, D. Academic-industry links and innovation: questioning the science park model. Technovation. *Elsevier Science Publishers*, v. 12, n. 3, 1992.

[21] BROADHURST, T. History of science park development and the existing pattern. In.: WORRAL. B. (Ed.). *Setting up a science park*. UKSPA, 1988.

[22] DALTON, 1987.

[23] PALMINTERA, D. *Best practices in European innovation development*. Innovation Associates Inc. Economic Development Administration. US Department of Commerce, 1989.

Conforme Courson,[24] um **parque tecnológico** é uma organização urbana em uma determinada área geográfica construída e delimitada para apoiar empreendimentos em atividades do conhecimento – atividades de pesquisa e desenvolvimento – para a produção de bens e serviços com base na ciência, além de envolver a associação, em um mesmo lugar ou próximo a ele, de quatro tipos de instituições: universidades, laboratórios de pesquisa, empresas de alta tecnologia e prestadores de serviços correlatos. O objetivo dessa associação é explorar sinergias provocadas pelas interações na realização de atividades de pesquisa e desenvolvimento, o que acaba por dar ao parque a própria substância que faz dele um conceito diferente de estímulo à inovação e ao empreendedorismo de base tecnológica.

Goldstein e Luger[25] definem parques de pesquisa (*Research Parks*), os quais eles chamam alternativamente de parques de ciências ou parques tecnológicos, como entidades organizacionais que vendem ou alugam lotes de terras e/ou prédios para empresas ou outras organizações cujas principais atividades são a pesquisa básica ou aplicada ou o desenvolvimento de novos produtos ou processos. Segundo os autores, essa definição exclui os centros de alta tecnologia ou corredores, como a Estrada 128 de Boston, ou o Vale do Silício, na Califórnia, ambos nos Estados Unidos, onde empresas de alta tecnologia concentraram-se independentemente de organizações formais. Esta definição também exclui os Parques Industriais ou Distritos Industriais, nos quais a fabricação é o foco principal (e não a inovação), e ainda os Parques de Serviços (*Office Parks*), nos quais a administração ou as vendas são as principais funções. As incubadoras de empresas poderão ser incluídas nessa definição se os negócios ali desenvolvidos forem orientados para a pesquisa e o desenvolvimento. Finalmente, enfatizam os autores, não existem parques de pesquisa ou de tecnologia puros. Geralmente esses parques incluem algumas empresas orientadas para serviços (*service-oriented businesses*), como hotéis, restaurantes, bancos, correios, empresas de contabilidade, creches, bem como empresas primariamente envolvidas com fabricação em vez de pesquisa e desenvolvimento.

Para a Anprotec, os parques tecnológicos são "grandes espaços planejados para abrigar permanentemente empresas inovadoras, apoiando o seu desenvolvimento e competitividade, estimulando a sua integração com entidades de ensino e pesquisa e contribuindo com a orientação do desenvolvimento urbano de uma região".

O Sistema Paulista de Parques Tecnológicos, instituído pelo Decreto n. 50.504, de 06/02/2006, define os parques tecnológicos paulistas como empreendimentos criados e geridos com o objetivo permanente de pesquisa e inovação tecnológicas e para dar suporte ao desenvolvimento de atividades empresariais intensivas em conhecimento. Além disso, define que os parques serão implantados na forma de projetos urbanos e imobiliários que delimitem áreas específicas para localização de empresas, instituições de pesquisas e serviços de apoio.

---

[24] COURSON, J. Espaço urbano e parques tecnológicos europeus. In: PALADINO, G. G.; MEDEIROS, L. A. (Eds.). *Parques tecnológicos e meio urbano*: artigos e debates. Brasília: Anprotec, 1997.

[25] GOLDSTEIN, H. A.; LUGER, M. I. *Technology in the garden*: research parks and regional economic development. Chapel Hill: The University of Carolina Press, 1991.

Em 2006, esse sistema previa a implantação de cinco parques tecnológicos no Estado de São Paulo, nas cidades de São Paulo, São Carlos, Campinas, Ribeirão Preto e São José dos Campos. Cada um desses parques com foco específico, apesar de não restritivo. As especificidades de cada parque, segundo informações do Sistema Paulista de Parques Tecnológicos, estão apresentadas no Quadro 9.2.

Quadro 9.2   Parques pioneiros do Sistema Paulista de Parques Tecnológicos

Parques	Ênfase (não restritiva)
São Paulo-SP	Biotecnologia, nanotecnologia, novos materiais, instrumentação
São José dos Campos-SP	Aeroespacial e aeronáutica
São Carlos-SP	Optoeletrônica, novos materiais, iotecnologia, instrumentação, instrumentação agropecuária
Campinas-SP	Tecnologia da informação
Ribeirão Preto-SP	Biotecnologia, instrumentação médico-odontológica

Fonte: SÃO PAULO. *Decreto n. 50.504, de 6 de fevereiro de 2006*. Institui o Sistema Paulista de Parques Tecnológicos. Disponível em: <http://www.al.sp.gov.br/repositorio/legislacao/decreto/2006/decreto-50504-06.02.2006.html>. Acesso em: 21 nov. 2017.

O Sistema Paulista de Parques Tecnológicos (SDECTI) computava, na época, 28 iniciativas para a implantação desses empreendimentos, entre parques em implantação, iniciativas com credenciamento provisório e em negociação. Alguns exemplos são: Parque Tecnológico de Sorocaba; Parque Tecnológico de Ribeirão Preto; Parque Tecnológico de Piracicaba; Parque Tecnológico de Santos; Parque Tecnológico de São Carlos (cidade com 2 parques credenciados – EcoTech e Science Park); Parque Tecnológico de Botucatu; Parque Tecnológico de Campinas (com 4 iniciativas - Polo de Pesquisa e Inovação da Unicamp; Parque Tecnológico do CPqD; Centro de Tecnologia da Inovação Renato Archer; Techno Park); Parque Tecnológico de São José do Rio Preto e Parque Tecnológico de Santo André.

Entendidos como o elo que faltava para fechar o ciclo virtuoso que essas cidades construíram ao longo de várias décadas em prol da inovação e do empreendedorismo tecnológico, esses parques devem criar um ambiente de qualidade adequado à instalação e ao desenvolvimento de empresas com forte teor tecnológico.

9.8.2   O parque tecnológico do Grupo Encalso Damha: um exemplo da iniciativa privada

São Carlos, cidade da região central do Estado de São Paulo, conta com dois parques tecnológicos. A Fundação ParqTec, entidade que há 30 anos desenvolve atividades de apoio à inovação ao empreendedorismo, sendo pioneira na indústria de incubadoras no Brasil e na América Latina, desenvolve seu projeto de parque tecnológico oferecendo espaço de qualidade para localização de empresas de base tecnológica. O projeto da Fundação ParqTec já vem sendo implantado fisicamente e se encontra em operação.

Outro projeto que está em andamento e implantado fisicamente é o Parque Eco Tecnológico, do grupo privado de engenharia pesada e condomínios residenciais Encalso Damha. Contando com área de excepcional qualidade e localização na cidade de São Carlos, onde desenvolve projeto pioneiro de loteamento ecoesportivo, o referido grupo projetou um parque tecnológico que conta com parcerias com os governos federal, estadual e municipal na sua viabilização. As primeiras empresas começaram a se instalar no ano de 2014 em áreas do parque, enquanto sua unidade gestora já se encontra instalada e funcionando há alguns anos.

Com o objetivo de se transformar em um parque de padrão internacional, essa unidade possui as seguintes características:

- área de aproximadamente 1 milhão de m²;
- um Centro de Inovação com cerca de 5.000 m² em sua etapa inicial;
- uma Incubadora de Empresas com capacidade para abrigar 50 empresas nascentes (em instalação);
- um Centro Empresarial (Business Center);
- edifícios de uso coletivo para empresas inovadoras;
- edifícios isolados para abrigar Institutos de Pesquisa e áreas de P&D de empresas, além de escolas técnicas e laboratórios públicos e privados;
- lotes individuais para abrigar edificações de interesse de empresas atraídas para o parque;
- empreendimento imobiliário residencial ecoesportivo contendo hípica, trilhas ecológicas, campo de golfe, complexo hoteleiro, centro de convenção, lagos e reservas ambientais complementares ao Parque Tecnológico, para viabilizar infraestrutura residencial e de lazer aos empreendedores e funcionários que deverão trabalhar no Parque, além de espaço dinâmico de Ciência e Tecnologia (C&T) para servir de mostra dos desenvolvimentos científicos da humanidade e propiciar *showroom* para as tecnologias desenvolvidas na cidade.

Para satisfazer os requisitos do Sistema Paulista de Parques Tecnológicos, esse parque deverá abrigar empresas criadas na cidade em função dos esforços de pesquisa e desenvolvimento das universidades: Universidade de São Paulo (USP), Universidade de São Carlos (UFSCar), Universidade Estadual Paulista (Unesp) e de duas unidades da Embrapa, além de criar ambiente favorável à atração de áreas de pesquisa e desenvolvimento de empresas nacionais e internacionais. Na Figura 9.3 é apresentado um estudo preliminar do referido projeto.

Figura 9.3   Projeto preliminar do Parque Tecnológico do Grupo Encalso Damha – São Carlos – SP

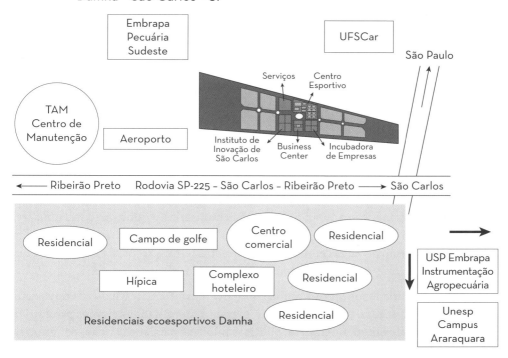

Fonte: PERUSSI FILHO, S.; BAGNATO, V. S.; MASCARO, J. A.; FIRMINO, R. *São Carlos – Ciência e Tecnologia. Documento*. São Carlos, 19 dez., 2005a.; PERUSSI FILHO, S.; BAGNATO, V. S. MASCARO, J. A.; FIRMINO, R. *Parque Tecnológico São Carlos – Damha. Plano de Criação. Relatório*. São Carlos, out. 2005b.

Considerações finais

Em meio à luta para a sobrevivência das micro e pequenas empresas, empresários se utilizam de várias estratégias ao seu alcance para que estas sobrevivam em meio a tanta turbulência. A maioria das empresas sucumbe em pouco tempo, apesar da criatividade de seus criadores e da sua versatilidade, tão presente em pequenos negócios.

Nascer em parques tecnológicos, incubadoras e polos tecnológicos tem sido a melhor experiência para que tais empresas tenham maior sobrevida e venham a crescer, tornando-se grandes negócios. Certas facilidades, como matéria-prima ou mão de obra abundante; infraestrutura adequada com compartilhamento de custos, permitindo a sua redução; não pagamento de aluguel nas incubadoras e incentivos fiscais presentes na criação de alguns parques tecnológicos têm se mostrado alternativas interessantes para os empreendedores.

Experiências como as da Itália, dos Estados Unidos e da França têm revelado que, quando os governos locais e instituições de fomento e universidades se unem num esforço comum de incentivar novos negócios, um grande número de empresas é criado e fortalecido. O país e a sociedade ganham. A arrecadação melhora, empregos são gerados e a economia local se fortalece. A experiência mais recente com o fenômeno das cidades inteligentes tem propiciado todo esse progresso.

No caso brasileiro, há experiências boas e outras desastrosas. O poder público ainda não se conscientizou suficientemente para entender que não basta doar terrenos e isentar impostos por alguns anos para que os projetos deem bons frutos. É necessário muito mais que isso. No caso da criação de parques industriais, citamos dois casos. Um parque industrial em São Carlos, após sua criação, há mais de 20 anos, ainda não tem suas vias pavimentadas, causando grandes prejuízos às empresas no transporte de suas cargas. O acesso dos clientes e funcionários também é prejudicado. Em Cerqueira César, no interior do Estado de São Paulo, um parque industrial que não atraiu a quantidade suficiente de indústrias e cuja normatização legal foi falha não conseguiu impedir que residências acabassem se instalando em áreas destinadas às indústrias. Aquilo que seria uma área industrial se transformou num bairro misto, onde residências foram construídas, inibindo a instalação de novas empresas, já que estas têm de respeitar a legislação que protege os moradores de ruídos, movimentação de cargas pesadas etc.

Nem todas as incubadoras que ainda sobrevivem contêm atrativos aos novos empreendedores. Mesmo os polos industriais, alguns denominados arranjos produtivos locais, projetos que independeram de políticas públicas para sua criação, padecem da falta de interesse de seus gestores públicos.

Apesar de todas as dificuldades apresentadas, há casos de polos que continuam dinâmicos e em fase de crescimento contínuo, como o de cerâmica de revestimento de Santa Gertrudes, o calçadista de Franca e Jaú, todos no Estado de São Paulo, as incubadoras de alta tecnologia e as mistas existentes em várias partes do País, principalmente aquelas atreladas a universidades como a PUC do Rio de Janeiro, a Unicamp, em Campinas, e o Mackenzie, na cidade de São Paulo.

Questões

1. Qual a diferença entre polos tecnológicos, parques tecnológicos e incubadoras de empresas?

2. Quais as facilidades e os serviços geralmente oferecidos por uma incubadora de empresas?

3. Quais os tipos mais comuns de incubadoras de empresas e quais as suas características principais?

4. Quais as definições e características das empresas de base tecnológica?

5. Cite as vantagens para uma empresa de base tecnológica que inicia as suas atividades operacionais em uma incubadora de empresas, localizada em um parque tecnológico de um polo tecnológico. Liste pelo menos dez vantagens.

Dicas dos consultores

Estando a empresa em uma incubadora de empresas, o empreendedor terá mais tempo e condições para dedicar-se com atenção aos aspectos comerciais do negócio.

Empreendedor não só é aquele que cria e administra uma empresa, mas o que transforma o meio econômico e social onde vive. E o modifica para melhor. São inúmeros os exemplos de empreendedores que foram pioneiros na criação de polos industriais em regiões inóspitas e, até então, com quase nenhuma infraestrutura. No início não tiveram nenhum apoio governamental, muito menos isenção ou redução de alíquotas de impostos, mas conseguiram graças à sua determinação em desbravar, seu espírito de liderança e seu trabalho inovador em uma região. O progresso trazido envolveu outros colaboradores que, com o passar do tempo, montaram seus negócios no mesmo segmento e atraíram clientes de todo um país. É o caso dos polos calçadistas de Franca, Jaú e do Sul, de lingeries em Jacutinga e de bonés em Apucarana e Caicó.

1. Se você decidir fabricar calçados, não o faça longe desses polos. Você encontrará mais dificuldades de conseguir informações que lhes sejam úteis e lá a mão de obra qualificada está disponível em maior quantidade. O número de clientes que visitam o polo é bem maior também.
2. Procure interagir com seus participantes, mesmo que esteja longe dos polos. Você só lucrará com isso.
3. Evite se envolver com a governança da incubadora, a ponto de desviar o foco que é a gestão de sua empresa. Quem faz muita coisa acaba não fazendo nada bem-feito.
4. Participe de reuniões, simpósios, cursos, visitas a feiras que a incubadora promover ou incentivar.
5. Leia muito a respeito do seu segmento para poder contribuir em reuniões e incentivar seus pares a também fazê-lo. Todos crescerão.
6. Não se acomode, pois o tempo passa e de repente chegou a hora de deixar a incubadora. A sua empresa precisa sobreviver fora dela. Já granjeou clientes suficientes que lhe permitam pagar as contas e auferir lucros?
7. Aproveite o que de melhor a incubadora ou o polo oferece: troca de experiências, capacitação e aprimoramento contínuo. Enfim, evolução, inovação, crescimento, sustentabilidade.

Referências

ASSOCIAÇÃO NACIONAL DE ENTIDADES PROMOTORAS DE EMPREENDIMENTOS INOVADORES (ANPROTEC). *Agenda das cidades empreendedoras e inovadoras.* Ideias e propostas para prefeitos que querem gerar emprego e renda, promovendo o desenvolvimento sustentável de suas cidades. Folheto de divulgação distribuído em Recife-PE. Encontro Nacional de 2004.

___. *Panorama 2005.* Disponível em: <http://www.anprotec.org.br/pesquisa/panoram2005.pdf>. Acesso em: 1 ago. 2006.

___. *Estudo de impacto econômico*: segmento de incubadoras de empresas no Brasil. Brasília, 2016. Disponível em: <http://www.anprotec.org.br/Relata/18072016%20Estudo_ANPROTEC_v6.pdf>. Acesso em: 9 nov. 2017.

BROADHURST. T. History of science park development and the existing pattern. In: WORRAL. B. (Ed.). *Setting up a science park*. UKSPA, 1988.

COURSON, J. Espaço urbano e parques tecnológicos europeus. In: PALADINO, G. G.; MEDEIROS, L. A. (Ed.). *Parques tecnológicos e meio urbano*: artigos e debates. Brasília: Anprotec, 1997.

DALTON, I. G. The science park and the growth of technology based enterprises. United Kingdom Science Park Association. *CSP Economic Publication*. United Kindom Science Park Association, 1987.

FARAH, O. E.; CAVALCANTI, M.; MARCONDES, L. P. Empreendedorismo: estratégias de sobrevivência para pequenas empresas. 1. ed. São Paulo: Saraiva, 2012.

FOUNDATION FOR THE DEVELOPMENT OF SCIENCE AND TECHNOLOGY (FUNDECYT). Espanha. 2006. Disponível em: <http://www.urenio.org/metaforesight/partner2.html>. Acesso em: 2 abr. 2012.

GIBSON, D. V. et al. *The technopolis phenomenon*. Austin: The University of Texas at Austin, 1990.

GOLDSTEIN, H. A.; LUGER, M. I. *Technology in the garden*: research parks and regional economic development. Chapel Hill: The University of Carolina Press, 1991.

LOCUS. Propulsoras do desenvolvimento. *Revista Locus* – Ambiente de Inovação Brasileira, Brasília, ano XX, n. 82, p. 20-27, set. 2016. Disponível em: <http://www.anprotec.org.br/Relata/Anprotec_Locus_82_site.pdf>. Acesso em: 9 nov. 2017.

MEDEIROS, J. A. et al. *Pólos, parques e incubadoras*: a busca da modernização e competitividade. Brasília: CNPq, 1992.

NABARRO, R. et al. *Managing workspaces*: good practice in urban regeneration. London: Her Majesty´s Stationery Office, 1986.

PALMINTERA, D. *Best practices in European innovation development*. Innovation Associates Inc. Economic Development Administration. US Department of Commerce, 1989.

PERUSSI FILHO, S.; BAGNATO, V. S.; MASCARO, J. A.; FIRMINO, R. *São Carlos* – Ciência e Tecnologia. Documento. São Carlos, 19 dez. 2005a.

___. *Parque Tecnológico São Carlos* – Damha. Plano de Criação. Relatório. São Carlos, out. 2005.

QUINTAS, P.; WIELD, D.; MASSEY, D. Academic-industry links and innovation: questioning the science park model. Technovation. *Elsevier Science Publishers*, v. 12, n. 3, 1992.

SÁENZ, T. W.; CAPOTE, E. G. *Ciência, inovação e gestão tecnológica*. Brasília: CNI/IEL/Senai, Abipti, 2002.

SÃO PAULO. *Decreto n. 50.504, de 6 de fevereiro de 2006*. Institui o Sistema Paulista de Parques Tecnológicos. Disponível em: <http://www.al.sp.gov.br/repositorio/legislacao/decreto/2006/decreto-50504-06.02.2006.html>. Acesso em: 21 nov. 2017.

SECRETARIA DE DESENVOLVIMENTO ECONÔMICO, CIÊNCIA, TECNOLOGIA E INOVAÇÃO (SDECTI). *Parques tecnológicos*. Disponível em: <http://www.desenvolvimento.sp.gov.br/parques-tecnologicos>. Acesso em: 3 ago. 2016.

SMILOR, R. W.; GILL JR., M. D. *The new business incubator*: linking talent, technology, capital and know-how. Lexington, USA: Lexington Books, 1986.

STOREY, D. J.; TETHER, B. S. New technological based firms in the European Union: an introduction. *Research Policy*, n. 26, 1998.

parte IV

GERANDO EMPRESAS AUTOSSUSTENTÁVEIS

"Precisamos ter respeito por toda criatura de Deus e pelo ambiente onde vivemos. É guardar as pessoas, cuidar carinhosamente de todas elas... e aqueles que são mais frágeis e que muitas vezes estão na periferia do nosso coração."

PAPA FRANCISCO, MISSA 19 MAR. 2013

Capítulo 10
GOVERNANÇA CORPORATIVA EM PEQUENOS NEGÓCIOS

Capítulo 11
RESPONSABILIDADE SOCIAL CORPORATIVA

Capítulo 12
SUSTENTABILIDADE COMO ALAVANCA PARA O CRESCIMENTO

A bronca do chefe

Salim, ao exercer o magistério, tinha por hábito dizer aos seus alunos que, em muitos casos, o discípulo supera o mestre. Creio que foi o que ocorreu certa ocasião e o que seu chefe Flávio não entendeu.

Salim aprendeu muito cedo com Najla a arte de vender. Não conhecia livros que descrevessem o perfil de uma vendedora como ela. Incrível!

Ao assumir em 1999 a direção de um Centro de Ciências Administrativas e de Negócios em uma universidade em São Paulo, além de excelentes colegas docentes, funcionários e discentes, conviveu com o prof. Flávio, que ocupava o cargo de pró-reitor acadêmico.

Flávio era um administrador ímpar, muito correto em sua administração e que confiava nas pessoas. Distribuía as tarefas e reconhecia um trabalho bem-feito. Além de sua indiscutível competência e personalidade forte, possuía um coração maior que seu corpo. Salim se divertia com suas piadas e seu bom humor conquistava a todos.

Em meio às inúmeras tarefas que tinha de desempenhar, alguns de seus colaboradores o convidavam para ir até a praça de alimentação da universidade para tomar um cafezinho e conversar sobre várias coisas.

Em uma dessas ocasiões, Salim contou-lhe que havia montado uma lojinha em São Carlos para vender de tudo: armarinhos, artesanato, papelaria, brinquedos e uma infinidade de coisas.

Salim contou que, certa vez, em uma das visitas de sua mãe à loja, ela engraçou-se com umas flores secas (miosótis) e quis comprar. Não teve dúvidas. Salim vendeu para ela pelo preço de custo, mas vendeu!

Após esse relato, Flávio parou imediatamente de tomar o seu café e, com o semblante completamente mudado, perguntou indignado:

— Turco, tu não fez isto que está dizendo...fezzzzzz? Tu não vai me dizer que vendeu esta porcaria para a tua mãe.

— Mas, prof. Flávio...blá...blá...blá.

Antes que concluísse seu primeiro argumento, ele arrematou:

— Tu não presta, tu és um calhorda, tu não vale nada.

E se retirou indignado. Salim correu para acompanhá-lo, tentando uma última justificativa:

— Professor, eu vi os olhinhos dela brilharem e ela abrir um imenso sorriso. A lição dada ao aluno foi proveitosa. Creio que estava me testando.

10

GOVERNANÇA CORPORATIVA EM PEQUENOS NEGÓCIOS

Ana Maria Andrade de Oliveira Melo
Paulo Sérgio de Oliveira Melo
Valéria Rueda Elias Spers

"É bom comemorar o sucesso, mas é mais importante prestar atenção nas lições do fracasso."

BILL GATES

Objetivos do capítulo

Apresentar os princípios inerentes à governança corporativa (*compliance fairness, disclousure, accountability*). Abordar e diferenciar os dois tipos de relações coletivas: as relações de trabalho e as relações de propriedade.

É sempre importante estabelecer uma convivência profissional entre os componentes da relação de trabalho e os componentes das relações de propriedade na busca de uma área de atuação conjunta visando ao crescimento da organização.

Uma nova alternativa

Max é gestor geral da indústria de móveis Sipark e está pensando em implementar uma cultura de governança corporativa em sua empresa. Mas, ele entende que é necessário, primeiramente, saber quais valores são essenciais a manter nesse contexto.

Pensou nos valores como responsabilidade, transparência e eficiência, para então estabelecer estruturas específicas na implementação desses valores. Suas tomadas de decisão estratégicas precisarão tomar novos rumos para iniciar esse novo projeto, inclusive em contextos de impasse entre sócios ou diretoria. Já até imaginou a dificuldade de bater o martelo quando os dois sócios majoritários discordarem em algumas situações.

Max percebe que a governança é indispensável para manter a empresa, que ele terá muito menos trabalho se implementá-la e mais credibilidade perante os investidores.

Alguns dispositivos possíveis para começar essa organização são a criação das diretorias (finanças, comercial, fiscal etc.), a instauração de um Conselho Administrativo ou um Conselho Consultivo, entregas de relatórios periódicos, ferramentas de gestão, auditorias independentes, entre outros. Crescer com governança corporativa, entre outras coisas, significa aprimorar os processos de administração da empresa.

Assim Max pensa: Por onde começo? Quem participaria dessa organização? De quem será a palavra final? Quem aprovará o orçamento? Dedique-se alguns minutos para conhecer os conceitos apresentado neste capítulo, pois ele o auxiliará a responder a essas questões.

Com conhecimento adquirido, dedique-se à ação!

 A governança corporativa funcionará se... várias regras que dão sentido à rotina do negócio, como agilidade, transparência e autonomia às atividades da empresa, independentemente do tamanho que ela seja, forem implementadas.

Considerações iniciais

Pode-se abordar o conceito de governança corporativa de múltiplas formas. Neste capítulo, o tema será abordado sob o foco dos interesses e das relações humanas, suas intenções e objetivos e como estes interferem no desenvolvimento, nos resultados e no planejamento estratégico das organizações.

Por outro lado, em face dos cenários estabelecidos nos últimos anos na política e na economia, nunca o mundo empresarial se preocupou tanto com a aderência dos principais atores a códigos de conduta pré-acordados, por meio de mecanismos que tentam reduzir ou eliminar os conflitos de interesse, especialmente o conflito de agência e as quebras do dever fiduciário. Nas relações entre os diferentes interesses que se misturam no exercício de distintos tipos de poder, as relações humanas interferem diretamente nos resultados empresariais e em sua eficiência econômica. Se, por um lado, o principal objetivo das organizações é dar o máximo retorno aos investimentos realizados, por outro também se compromete com uma forte ênfase em maximizar valor para os acionistas.

10.1   O que é governança corporativa

***Governança corporativa* é um modelo de gestão que busca compatibilizar os interesses dos acionistas e dos administradores**. A governança pressupõe, também, a adoção de mecanismos internos, como o conselho de administração, que deve ter uma participação ativa e independente, e de mecanismos externos, como a divulgação de informações sobre a empresa que harmonizem os interesses de acionistas e gestores.

Não se governa uma corporação de forma isolada, mas por meio de um grupo decisório que age em aliança.

Dias[1] afirma que as alianças constituem recursos de poder nas organizações, que variam de acordo com as escolhas dos indivíduos no que tange aos seus agrupamentos e à capacidade de suportar pressões psicológicas. Dentro de uma organização, dificilmente um indivíduo toma e conduz uma decisão sozinho. As alianças são necessárias para a celebração de pactos que levarão a um possível desvio de conduta. Destaca-se nos grandes escândalos corporativos a frequente aliança de pessoas ou de grupos de poder nos desvios morais e éticos. Por outro lado, a governança corporativa, por meio de seus recursos, pode prevenir, corrigir ou evitar tais desvios.

A governança corporativa é um modelo de gestão que induz à adoção de elevados padrões de condução da empresa, envolvendo aspectos como responsabilidade dos gestores, o papel e a composição do conselho de administração, as práticas financeiras, contábeis e trabalhistas, o fluxo de informações, que devem ser transparentes e precisas, e

---

[1] DIAS, R. *Sociologia das organizações*. São Paulo: Atlas, 2008.

a igualdade de direitos entre os acionistas. **A utilização de um modelo de governança corporativa deve implicar, de um lado, um melhor desempenho da empresa e, de outro, uma melhor avaliação da empresa por parte do mercado**. Porém, falar em governança corporativa não é falar apenas em uma forma de gestão das organizações, mas em um tipo de gestão pautada em um compromisso efetivo com responsabilidade social, compromisso esse que deve ser assumido por todos os agentes coletivos, nas relações de propriedade ou de trabalho, nas grandes e nas pequenas decisões que envolvem o uso consciente dos recursos econômicos, políticos e simbólicos das corporações.

Nesse sentido, o dever do gestor precisa fluir como algo que traz bem-estar, e não como uma obrigação imposta que se faz pesada e da qual se deseja logo se livrar ou que só faz sentido por meio do exercício da ganância, em que tirar o máximo proveito, mesmo que sob desvios éticos, é o único recurso de compensação. O indivíduo, em seu ato ou comportamento moral e ético, deve ser livre para exercê-lo, ter responsabilidade, consciência, vontade e autonomia.

A liberdade de um proprietário ou de um executivo deve estar relacionada à responsabilidade sobre as vidas e sobre os recursos disponíveis e dos quais são guardiões. O *compliance* então não é mais uma opção, é uma necessidade para se evitar, detectar e tratar qualquer desvio ou inconformidade percebidos. Agir de acordo com a regra é proteger a organização e as vidas humanas sob sua guarda. Segundo Bernhoeft e Gallo,[2] governança corporativa pressupõe um conjunto de práticas que disciplinam o processo de tomada de decisão e o acompanhamento da gestão de negócios, oferecendo instrumentos capazes de solucionar vários problemas existentes.

Na visão de Carvalho,[3] governança corporativa é um conjunto de mecanismos criados para que o controle atue efetivamente em benefício das partes com direitos legais sobre a empresa, minimizando o oportunismo. O autor afirma que sua adoção visa a agregar valor para os acionistas, contribuindo para a minimização dos problemas de gerência. Para Cardoso,[4] governança corporativa "[...] é um meio para se atingir o fim, que é a redução da assimetria informacional entre o gestor dos recursos e o proprietário desses recursos".

Steinberg,[5] avaliando as implicações da governança corporativa sobre a vida das organizações, afirma que ela é um "recurso estratégico para a sobrevivência da empresa", bem como um instrumento que visa a tornar concreta a ética na vida empresarial. Isso porque os princípios da gestão corporativa, independentemente do setor ou do mercado em que a empresa atua, podem ser empregados por grandes, médias ou pequenas empresas, tanto de capital aberto quanto de capital fechado, sociedades por ações ou limitadas por quotas.

---

[2] BERNHOEFT, R.; GALLO, R. *Governança na empresa familiar*: gestão, poder, sucessão. Rio de Janeiro: Campus, 2003.

[3] CARVALHO, A. G. Governança corporativa no Brasil em perspectiva. *Revista de Administração de Empresas*, São Paulo, v. 37, n. 3, p. 19-32, jul./set. 2002.

[4] CARDOSO, R. L. Governança corporativa ou gerenciamento de resultados. *Revista Brasileira de Contabilidade*, Brasília, n. 150, p. 18-37, nov./dez. 2004.

[5] STEINBERG, H. *A dimensão humana da governança corporativa*. São Paulo: Gente, 2003.

O sistema de governança corporativa depende do ambiente institucional e da cultura organizacional em que a empresa está inserida. Para tanto, o ambiente financeiro e legal deve impedir o governo, os gestores ou os proprietários de se apoderarem do capital do investidor. No entanto, a história vem registrando nos últimos vinte anos escândalos cada vez maiores em todo o mundo, que envolvem grandes corporações, inclusive com a participação de auditorias financeiras e de conselhos, aqueles que deveriam ser os principais guardiões das organizações.

Ressalte-se que escândalos e fraudes, que de resto sempre fizeram parte do mundo corporativo, alertaram para a necessidade de regras rigorosas visando a assegurar os direitos dos investidores e dos acionistas minoritários que ficam afastados da gestão das empresas. Por conseguinte, em muitos países houve a preocupação de modificar o marco legal a fim de a proporcionar maior transparência na divulgação de informações para acionistas, credores, clientes, governo, entre outros.

O **corporate governance**, ou o governo das sociedades, envolve o conjunto de ferramentas e regras pelas quais se estabelecem formas de controle da gestão das sociedades de capital aberto, e no qual se incluem instrumentos para monitorização e possibilidade de responsabilização dos gestores pelas suas decisões. Dessa forma, a governança corporativa tem como principal função minimizar os eventuais problemas que possam surgir na relação entre gestores e acionistas e, consequentemente, diminuir o risco de custos da agência.

10.2 Os princípios da governança corporativa

Em tempos em que se vê com frequência a quebra de regras fundamentais no governo corporativo, massacradas pelos interesses pessoais, pela corrupção e pela falta de ética que marcam as relações entre governo, mundo empresarial e relações coletivas, de propriedade e de trabalho nas organizações, o *compliance* se apresenta como fator fundamental no planejamento e na gestão estratégica de negócios. A lei como poder político e coercitivo perpassa agora também o planejamento estratégico.

Administração e Direito se unem às boas práticas corporativas e à reconstrução de uma imagem empresarial, que se encontra exposta nos holofotes da imprensa de todo o mundo. Pensar a governança corporativa é pensar no *branding*, mas, também e principalmente, na **conformidade** (*compliance*), na **equidade** (*fairness*), na **divulgação** (*disclousure*) e na **prestação de contas** (*accountability*), os princípios do *corporate governance*.

Andrade e Rossetti[6] afirmam que os elementos-chave da governança corporativa envolvem, em primeiro lugar, os valores formados pela equidade, transparência, prestação de contas e conformidade no cumprimento de normas regulador, chegando bem próximo ao *Código das Melhores Práticas* propostas pelo Instituto Brasileiro de

---

[6] ANDRADE, A.; ROSSETTI, J. P. *Governança corporativa*: fundamentos, desenvolvimento e tendências. 7. ed. São Paulo: Atlas, 2014.

Governança Corporativa (IBGC). Em segundo lugar, vem o relacionamento entre as partes interessadas, principalmente no tocante à minimização dos conflitos de agência, por meio da melhora do relacionamento entre acionistas e gestores e, ainda, entre os interesses internos e externos à empresa.

A **equidade** envolve a responsabilidade de dar um tratamento igualitário a todas as partes minoritárias, sejam acionistas ou fornecedores, clientes, colaboradores. Assim, deve ser rejeitado todo privilégio que possa ser concedido a qualquer das partes envolvidas.

A **transparência** torna-se essencial e refere-se ao compromisso que a administração deve ter de informar e tornar transparente a todos os seus *stakeholders* os seus resultados, não só a obrigação, como também o desejo de informar. A informação deve estar relacionada aos aspectos econômicos e financeiros e tudo que diz respeito aos interesses dos acionistas e de todos os *stakeholders*, conduzindo à criação de valor.

A **prestação de contas** (*accountability*) diz que os agentes de governança corporativa devem prestar contas a todos os que os elegeram, respondendo por todos os atos que venham a ser praticados durante o mandato para o qual foram eleitos. A responsabilidade corporativa diz que os conselheiros e administradores da empresa devem zelar pela perenidade das organizações, devendo incorporar considerações de ordem social e ambiental à definição dos negócios e operações.

A **conformidade** deve respeitar totalmente as leis, normas e regulamentações que são aplicáveis aos seus negócios.

A governança corporativa não é assunto apenas para as grandes organizações. É importante que qualquer empreendedor entenda que, embora sua empresa seja constituída da administração dele, com apoio de sua esposa, filhos e um ou mais funcionários, a governança pode ser instalada se sua empresa crescer a ponto de ele se encontrar em risco de perder o controle do negócio.

No mundo inteiro cresce o interesse pela governança corporativa, principalmente desde 2001, quando se assistiu a espetaculares colapsos de grandes corporações norte-americanas, como a Enron Corporation e a Worldcom. Em 2002, o governo federal norte-americano aprovou a lei Sarbanes-Oxley[7] com o propósito de restaurar a confiança do público em geral na governança corporativa.

Mais recentemente, com os escândalos brasileiros divulgados, desde a OGX até a Petrobras, entre outras empresas investigadas pela Operação Lava Jato, assombram os mercados nacional e internacional as fragilidades dos sistemas de controles de fraudes, corrupção e limites para os conflitos de agência com relação ao nosso país. Mais do que nunca, a governança corporativa honesta e transparente torna-se fundamental.

---

[7] A lei Sarbanes-Oxley (normalmente abreviada em SOx act, ou Sarbox act) é uma lei americana criada em 30 de julho de 2002, como consequência das fraudes e escândalos contábeis que, na época, atingiram grandes corporações, e teve o intuito de evitar a fuga de investidores causada pela insegurança nas escriturações contábeis. Disponível em: <https://portaldeauditoria.com.br/introducao-lei-sarbanes-oxley-sox/>. Acesso em: jul. 2017.

10.3 As relações coletivas de propriedade e de trabalho e a gestão do poder

O objetivo desta seção é definir as relações coletivas de propriedade e de trabalho, bem como a gestão do poder nos âmbitos político (das regras e normas), econômico (do investimento à transparência na prestação de contas), do poder coercitivo (ferramentas de controle ético e sobre as operações nas organizações), mas, sobretudo, do poder simbólico, capaz de manipular a visão, maquiar os cenários, direcionar o comportamento e alterar a cultura organizacional até o ponto de "justificar" a ilicitude, a fraude, a corrupção, a falta de ética e ferir os princípios mais primários da constituição de uma sociedade econômica em prol de interesses pessoais.

Antes de iniciar este assunto, devem ser consideradas as diferenças entre os objetivos dos membros contratados (especialmente os executivos), os interesses dos acionistas e as necessidades da empresa. Isso porque se faz necessário distinguir o papel do acionista do papel de gestor na condução das empresas, dos papéis dos conselhos administrativo, fiscal, consultivo e societário, entre outros.

Dependendo de cada caso e das peculiaridades da empresa e de seus sócios, a governança deve envolver os diferentes conselhos e respeitar a definição clara dos papéis de cada nesses conselhos, permitindo que sejam delimitados responsabilidades e assuntos específicos de cada um. Assim, cabe ao conselho de administração o papel de orientação estratégica do negócio, de fiscalização e de planejamento empresarial.

A criação e o correto funcionamento desses conselhos e o bom planejamento da governança corporativa permitem que cada assunto seja tratado exclusivamente em seu âmbito específico, reduzindo a possibilidade de que assuntos e interesses pessoais sejam colocados acima dos interesses da empresa ou de cada um de seus membros históricos.

10.3.1 As relações coletivas de propriedade e de trabalho

Srour[8] demonstra que as relações que estruturam as organizações são **relações coletivas** que abrangem e conectam coletividades e operam no plano público e impessoal. Elas se distinguem pela formalidade de seu caráter e não se confundem com as relações interpessoais, por serem relações "associativas", mediadas pela existência de meios de produção. As empresas não podem, assim, ser conduzidas como se o proprietário pudesse tomar todas as decisões pautadas em suas vontades. Suas decisões envolvem recursos econômicos, físicos e, sobretudo, humanos, reunidos em coletividades. Tais coletividades são compostas por agentes sociais que atuam nas organizações e que, munidos de instrumentos de trabalho, processam matérias-primas e as transformam em produtos finais.

Há dois tipos apresentados de relações coletivas: as relações de trabalho e as relações de propriedade. As **relações de trabalho** são desenvolvidas por agentes sociais,

---

[8] SROUR, R. *Poder, cultura e ética nas organizações*. 3.ed. Rio de Janeiro: Elsevier, 2012.

trabalhadores, executantes das atividades que recebem ordens para realizar funções, que consistem em manejar instrumentos de trabalho e em processar matérias-primas. E os gestores, dirigentes das operações produtivas, que concebem e controlam o processo técnico, planejam e organizam atividades, definem cronogramas e comandam grupos de operadores. As relações de trabalho definem, então, o modo como os agentes se relacionam entre si, com base em sua atuação no processo de trabalho. Relacionam-se quanto ao aspecto operacional ou operativo do processo de produção: articula quem comanda, quem opera, quem concebe e quem executa.

As **relações de propriedade** definem o modo como os agentes se relacionam, com base na capacidade efetiva de apropriar-se dos excedentes econômicos que o trabalho gera. Assentam-se, pois, na propriedade econômica dos meios de produção e abrangem o aspecto patrimonial do processo de produção. Determinam as posições ocupadas pelos agentes (ou seja, quem é proprietário e quem não é) no processo de apropriação e demarcam as classes sociais em jogo.[9]

10.3.2 A gestão do poder e o conflito de agência

Obviamente, outras relações atuam conjuntamente nas organizações. Contudo, trataremos da dimensão humana na governança corporativa e das relações estabelecidas pelos *stakeholders* para compreender como tais relações influenciam diretamente o planejamento estratégico das organizações e como as decisões em nível macro afetam e são afetadas pela cultura organizacional, especialmente em termos de ética e nas relações de poder presentes na cultura organizacional.

Toda organização possui infraestrutura material, um sistema de poder e um universo simbólico. Esse microcosmo social pode ser definido a partir de três dimensões: econômica, política e simbólica. Nele se realizam diferentes práticas sociais, conjuntos planejados de atividades ou empreendimentos que implicam intervenções na realidade. Pautam-se em normas que são socialmente controladas e inspiram-se em valores. Tais práticas sociais se dão por meio de uma convivência coletiva de seus agentes e exigem mecanismos de coesão e integração, controle e repressão, padrões culturais e práticas jurídicas.

Nesse sentido, podemos afirmar que essas dimensões convivem "harmonicamente" nas organizações.

- A **dimensão econômica** controla as relações de trabalho entre trabalhadores e gestores, definem os investimentos aplicados em determinado empreendimento, as relações acionárias e de distribuição do capital.
- A **dimensão política** define as normas e regras instituídas em cada organização.
- A **dimensão simbólica** define a cultura organizacional que será construída por seus agentes ao longo de sua história.

---

[9] SROUR, 2012.

A gestão de todos esses processos é constituída por meio de normas e regras, normatizadas por leis e códigos preestabelecidos, porém são geridas por elementos humanos, especialmente administradores, figura jurídica que tem por função administrar a sociedade a fim de atingir a finalidade para a qual foi constituída.

Ao administrador são atribuídos, pelo menos, dois poderes: o de gestão (dos agentes coletivos) e o de representação. A representação se pauta no **princípio de lealdade**, uma vez que o administrador precisa decidir e agir em nome de quem o contratou e a quem representa, tanto em termos materiais, quanto em termos jurídicos. Dessa forma, o poder atribuído a este profissional não pode ser exercido de maneira arbitrária e de acordo com as suas vontades, pois todas as suas ações têm consequências legais. Uma vez violado o princípio da lealdade, violada a relação de confiança nesta complexa relação entre o administrador e a sociedade, as consequências podem ser catastróficas.

Muitas vezes, nessas complexas relações surgem conflitos hierárquicos que nascem da luta dos grupos de interesse que disputam as recompensas organizacionais de *status*, prestígio e dinheiro. Tais conflitos dependem do grau de participação, da distribuição de recompensas, das formas de utilização do poder, das diferenças de personalidade, da satisfação com os postos e com as metas individuais. O comportamento organizacional pode ser também um elemento gerador de crises e conflitos.

Srour[10] afirma que, muitas vezes, o gestor, em vez de dedicar o melhor de si para a consecução dos objetivos da empresa que administra, busca consolidar sua posição ou ampliar seu próprio raio de ação, procurando também minar aqueles que julga serem adversários e competidores dentro da estrutura organizacional. Muitas vezes, isso é alimentado ou apoiado pela direção geral ou representante principal de certa área. A crise entre gestores e proprietários é comum. Gestores operam dinheiro que não é seu, e não mantêm a mesma vigilância dos proprietários; tendem a se preocupar com coisas diferentes do ponto de vista do proprietário e a beneficiar-se.

As grandes empresas caracterizam-se pela separação dos papéis de gestor da empresa e de proprietário. Logo, coloca-se como um dos principais desafios para os gestores o alinhamento dos interesses dos acionistas e dos administradores, entendidos como a maximização do retorno sobre o capital investido. Fundadores proprietários assumem diferentes papéis. Eles mantêm seus interesses como acionistas controladores, por vezes exercem a gestão e têm poder efetivo sobre os rumos da companhia. De outra feita, os executivos movimentam as empresas, exercem efetivamente o poder dentro delas e mantêm os interesses típicos dos proprietários.

Atualmente, o poder é exercido pela gestão e não pela propriedade, e a segurança das operações e a aversão a riscos passam a ser algumas das maiores preocupações dessas organizações. Nascem, assim, mecanismos e ferramentas de controle dos conflitos decorrentes de interesses não simétricos entre gestão e propriedade, e a necessidade do desenvolvimento de boas práticas por meio da governança corporativa, bem como o conflito de agência.

---

[10] SROUR, 2012.

O **conflito de agência** pode se apresentar sob diferentes aspectos, desde as formas de financiamento, e podem ser internos ou externos. Em ambos os casos, o controle acionário é pulverizado por meio das brigas por sucessões (em caso de empresas familiares) ou pela subsequente sucessão dos principais controladores das corporações. Os conflitos também podem ocorrer entre acionistas majoritários e minoritários, uma vez que o gestor oportunista se revela pela dispersão da propriedade e pela separação entre a propriedade e a gestão. Assim acontece com o acionista oportunista, que se revela quando há concentração da propriedade e sobreposição entre a propriedade e a gestão.

Nesse sentido, a governança corporativa se desenvolve com o objetivo de controlar os efeitos deste conflito, com base no estímulo às boas práticas entre acionistas e gestores, e a partir de seus princípios alterará efetivamente as organizações não somente do ponto de vista da reorganização de papéis, como com a criação de institutos de controle, marcos regulatórios protecionistas dos interesses dos acionistas e o fortalecimento de conselhos mais eficazes como guardiões desses interesses. A briga por poder agora se transforma em uma verdadeira batalha em que os conflitos chegam aos tribunais.

Andrade e Rossetti[11] trazem para a atualidade uma recuperação histórica da evolução da governança corporativa, desde o seu despertar com Monks e Minow[12] e o processo histórico da formação do capitalismo e o gigantismo e poder das corporações, passando pelo divórcio entre propriedade e gestão até a tecnocracia organizacional das organizações.

É o divórcio entre a propriedade e a gestão que acarretará nas organizações a necessidade de se repensar. A propriedade precisa se desligar da administração para o desenvolvimento da própria companhia. Os poderosos fundadores proprietários, antes figuras centrais da administração, precisam dar lugar aos administradores contratados e limitar seu papel ao controle do retorno financeiro. O objetivo das corporações agora é o máximo retorno possível dos lucros, o que dará origem aos conflitos de interesses entre esses dois personagens.

Se "não existe contrato completo, não existe agente perfeito". Esse axioma levará as corporações, por meio de seus fundadores proprietários e seus executivos, a conflitos, crises, fraudes, deslealdades, guerras gigantescas em busca do controle do poder nas corporações. Tais guerras muitas vezes serão conduzidas sob os olhares dos conselhos de administração e fiscal dessas organizações e sob os holofotes da mídia e da sociedade.

Chiavenato[13] afirma que as pessoas nunca têm objetivos e interesses idênticos, e que essas diferenças sempre produzem algum tipo de conflito. A palavra conflito está sempre associada à discórdia, à divergência, à controvérsia. Para que o conflito se desenvolva e se apresente de forma efetiva, pelo menos uma das partes precisará intervir de forma deliberada a fim de alcançar seus objetivos. Tal intervenção poderá ser ativa, com a criação de obstáculos, impedimentos, bloqueios, ou passiva, com a omissão. Dessa forma, o conflito não é apenas a diferença entre os objetivos, mas a ação deliberada de alguém para impedir que a outra parte alcance os seus objetivos.

---

[11] ANDRADE; ROSSETTI, 2014.

[12] MONKS, R.; MINOW, N. *Corporate governance*. New Jersey: Wiley Publishers, 2011.

[13] CHIAVENATO, I. *Recursos Humanos*. Edição compacta. São Paulo: Atlas, 2002.

O conflito dos agentes coletivos nas organizações assume também diferentes formas. Pode ser interno (psicológico ou intraindividual), quando a pessoa enfrenta difíceis escolhas entre sua lealdade para com a corporação e seus proprietários e pode comprometer as ações planejadas estrategicamente. Também pode ser externo (conflito social), entre pessoas ou grupos antagônicos. Nas grandes corporações, as negociações entre esses conflitos podem atingir a todos os *stakeholders* e serão muitas vezes mediados pelos próprios acionistas e executivos, por meio dos vigilantes conselhos.

Chiavenato[14] também diferencia os níveis de gravidade dos conflitos. O conflito latente ou percebido permite o diálogo entre as partes, assim como o conflito manifesto ou aberto, diferente do conflito experienciado, gerador de medo, hostilidade e dissimulação. Este é mais difícil de ser controlado, uma vez que é velado, oculto e não manifestado com clareza.

Os conflitos se manifestam de maneira dinâmica, ocorrem dentro de processos que podem gerar resultados positivos ou negativos, dependendo da forma como serão administrados. Mais uma vez, o papel dos conselhos é fundamental como mediador dos interesses dos acionistas e dos executivos. A governança corporativa terá também o papel de mediadora de tais conflitos e, para tanto, desenvolverá inúmeros mecanismos de controle de riscos, por meio de boas práticas administrativas até a proposição de reestruturação legislativa, por intermédio das agências reguladoras.

Na esfera da governança corporativa a companhia deve se preocupar com a composição da diretoria, as normas de decisão adotadas por ela, seu preparo para a tomada de decisões, a clara definição de suas políticas, o nível de transparência dos atos de gestão e a capacidade para lidar com as imposições das mudanças de regras. O papel do CEO é construir o plano estratégico para a corporação, considerando as estratégias de curto e de longo prazo.

Nas inter-relações entre proprietários e a diretoria executiva cabe a diferenciação de papéis. Aos proprietários cabe fornecer o capital, outorgar aos gestores o poder de tomar decisões que agreguem valor à empresa e maximizar o retorno dos investimentos. Eles esperam que os gestores administrem de forma eficaz as unidades de negócios da corporação e as unidades de serviços compartilhados. Outorgam poder à direção. Por outro lado, a diretoria deve entregar o valor da empresa e o retorno dos investimentos aos acionistas.

A governança corporativa se expressa por um sistema de relações entre, pelo menos, três atores: a propriedade, o conselho de administração e a diretoria executiva. Entre esses atores se estabelecem relações que os ligam uns aos outros: proprietários com as inter-relações com foco no alinhamento de propósitos empresariais. O conselho de administração gera relações construtivas, enquanto a diretoria executiva é responsável pelo alinhamento entre o presidente e os gestores. Entre outras partes interessadas: a conciliação das suas demandas com o máximo retorno total dos proprietários.

Muitos agentes coletivos são envolvidos nesse processo, desde os atores internos como acionistas (controladores e minoritários), os conselhos (de administração,

---

[14] CHIAVENATO, 2002.

consultivos e fiscais) até as auditorias independentes. Diretorias executivas e seus *staffs*, os empregados, as fundações, os comitês corporativos de gestão, até os atores externos, como fornecedores, clientes, consumidores ou usuários de produtos e serviços, as agências reguladoras como FMI, Banco Mundial, G7, entre outros, órgãos normativos do mercado de capitais até a comunidade em geral. Assim, o conflito de agência não se reduz às brigas por dinheiro, *status* e prestígio, está mais para uma guerra fria por poder que afetará a vida da corporação e de todos os seus atores coletivos.

Thompson[15] classifica o **poder** em quatro diferentes tipos:

- **Poder político**: nasce da articulação entre indivíduos e da determinação de normas e padrões para a sua interação. Normalmente, essas regras e normas se apresentam por meio de códigos em forma de leis promulgadas por um sistema judicial.

- **Poder econômico**: envolve o controle de recursos escassos (pessoas, tecnologia, materiais e finanças). Essa unidade detém grande poder nas organizações.

- **Poder coercitivo**: é baseado em instituições próprias, como o Estado, que coagem os indivíduos à obediência por meio da força.

- **Poder simbólico**: manifesta-se como o poder cultural ou simbólico e é oriundo das atividades de produção, transmissão e recepção do significado das formas simbólicas.

Nas organizações, as fontes de poder se organizam de diferentes formas:

- **Controle de recursos escassos**: pessoas, tecnologia, materiais e finanças. Essa unidade detém grande poder nas organizações (poder econômico).

- **Controle de processos de decisões**: envolve um número significativo de pessoas. Dá visibilidade a quem toma as decisões. Outras decisões antecedem a decisão propriamente dita (poder político).

- **Controle do conhecimento e da informação**: muda constantemente. Informação é poder. Influencia o clima e a cultura organizacional (poder simbólico).

Assim, os códigos de conduta e ética, bem como os manuais de *compliance* constituem grandes aliados nos controles da conduta de todas as partes e nas manifestações dos diferentes tipos de poder, intrínsecos à natureza humana e presentes em todas as organizações.

Em qualquer relação humana, sobretudo nas organizações, os conflitos são inevitáveis, pois os interesses são diversos, o que pode prejudicar os objetivos da empresa; daí a necessidade de se estabelecerem regras, normas de conduta que sirvam para todos os envolvidos no processo. Segundo Cavalieri Filho,[16] podemos classificar em basicamente dois tipos os conflitos na sociedade, diante das atividades de cooperação e de concorrência, encontradas, inclusive, nas relações das agências, embora o autor trate dessas atividades de forma ampla.

---

[15] THOMPSON, J. *Mídia e a modernidade*. 3. ed. Petrópolis: Vozes, 2010.

[16] CAVALIERI FILHO, S. *Programa de responsabilidade civil*. 12. ed. São Paulo: Atlas, 2015.

Cabe lembrar que nas **atividades de cooperação** há convergências de interesses e nas **atividades de concorrência**, embora os objetivos sejam idênticos, há oposição ou competição entre as partes (pessoas, instituições, organizações). O que determina a natureza dos conflitos é a natureza das atividades. No caso, essas atividades são exercidas por proprietários e gestores dentro das organizações, daí os conflitos serem gerados da cooperação ou da concorrência entre as partes.

No entanto, interesses, objetivos, relações e procedimentos geram conflitos, e estes acabam por quebrar o equilíbrio entre as partes (agências), justamente pela colisão de interesses. Se por um lado, o Direito com suas leis procura normatizar as relações de forma ampla, por outro, a governança corporativa procura "normatizar" e de certa forma "controlar" os interesses pessoais e de certos grupos internos, uma vez que podem prejudicar o objetivo maior da empresa. Dito em outras palavras, a parte não pode-se sobrepor ao todo. Mas como estabelecer ou "controlar" os interesses diante dos poderes exercidos pelos grupos internos de uma organização?

De uma forma ampla, o poder pode ser exercido de várias maneiras dentro de uma organização, como o poder de punir, o poder de influenciar, o poder de informar, o poder de recompensar pelos resultados obtidos, entre outros. Assim, as políticas organizacionais e o bom uso do poder, e não o abuso dele, são essenciais para que as metas e os objetivos da empresa sejam atingidos e os conflitos entre as agências sejam amenizados.

Ademais, os resultados e as metas não podem ser alcançados a qualquer preço, afinal, os meios não podem justificar o fim, sobretudo em um mundo em que se discutem a responsabilidade social, ambiental e a sustentabilidade empresarial. Contudo, como obter resultados, uma vez que os conflitos e os jogos de poder entre as agências são inevitáveis e podem comprometer a imagem e colocar em risco a própria organização?

Não se deve esquecer que as organizações são organismos jurídicos compostos por pessoas, portanto, quem dá vida às organizações são seus membros em suas relações sociais "amarradas" com objetivos comuns estabelecidos pela organização. No entanto, desvios de conduta podem ocorrer durante o percurso, inclusive entre as agências, daí a importância de a governança corporativa recorrer à questão ética como parâmetro das relações sociais, os conflitos de interesses e a responsabilidade empresarial na geração de valores para a sociedade. Afinal, se uma empresa não gera valores para a sociedade, ela perde o sentido de existir.

Para Kant,[17] uma ação moralmente boa não pode apenas se ajustar à lei moral; ela deve ser praticada em prol da lei moral, sendo que o motivo que confere o valor moral a uma ação é o dever, fazer a coisa certa pelo motivo certo. Nesse sentido, quando uma organização age, esta deve ser norteada pela geração de valores positivos para a sociedade, acima de tudo, como obrigação ou dever, do contrário, os interesses pessoais, das agências e da própria organização podem ser atingidos ou contemplados, mas tais ações (meios) podem levar ao prejuízo da sociedade.

---

[17] KANTE apud SANDEL, Michael J. *Justiça*: o que é fazer a coisa certa. Tradução de Heloísa Matias e Maria Alice Máximo. 13. ed. Rio de Janeiro: Civilização Brasileira, 2013.

Por isso, a governança corporativa se faz presente nos dias de hoje no "cuidado" da empresa, seja na dimensão interna, evitando o desvio de conduta de seus membros para que se faça o certo, e também na conduta externa, na geração de valores para a sociedade como um todo pelo motivo certo.

A geração de valores positivos para a empresa e à sociedade perpassa por reflexões éticas diante desses valores. Se for certo que a moral (valores de uma sociedade) nasce das relações humanas, também pode-se afirmar que a ética nasce como reflexão desses valores. No campo corporativo, a ética passa a ser o guia, a conduta, o principal eixo norteador de pessoas, agências e da própria empresa, pois é uma reflexão constante desses caminhos, procedimentos, ações, atitudes e consequência desse percurso (meio) e o seu fim (metas e objetivos).

No campo empresarial ou das corporações constata-se que elas necessitam de uma ética prática, imediata e presente, segundo Aranha.[18] A ética aplicada é um ramo contemporâneo da filosofia que tem exigido a tomada de decisões sobre problemas práticos, ter conscientização dos riscos e "ameaças" das decisões; para tanto, as justificativas de tais atitudes devem ser abordadas de forma racional.

Esta ética prática como reflexão das decisões corporativas na geração de valores precisa levar em consideração as dimensões da microesfera (esfera íntima como família), da mesoesfera (esfera da política nacional) e da macroesfera (humanidade).

A ética, portanto, é o parâmetro da governança corporativa na dimensão das relações humanas que conduz uma organização. Porém, o **princípio do retorno financeiro**, os desvios nos objetivos organizacionais e a sobreposição dos objetivos pessoais em detrimento dos valores éticos planejados para uma corporação, muitas vezes geram desvios de conduta, individuais ou coletivos, e acarretam prejuízos monumentais para todos os envolvidos. O indivíduo, em seu ato ou comportamento moral e ético, deve ser livre para exercê-lo, ter responsabilidade, consciência, vontade e autonomia. No entanto, empresas, instituições, organizações de classe criam códigos de ética profissional e por eles deveriam se conduzir.

10.4 Princípio da transparência

A governança corporativa se dá com a adoção dos princípios da transparência das informações, da equidade, da prestação de contas e da responsabilidade corporativa, contribuindo para a continuidade e o crescimento sustentável das empresas.

A adoção desses princípios permite aumentar o valor da sociedade, facilitar seu acesso às fontes de capital e contribuir para a sua perenidade. O grande desafio, para os acionistas, é implementar um modelo de governança que possibilite à empresa, de um lado, maximizar o retorno sobre o capital investido e, de outro, promover o alinhamento dos interesses de gestores e acionistas, cumprindo basicamente com seu dever fiduciário (aquele que recebeu o bem do devedor em confiança).

---

[18] ARANHA, M. L. A. *Filosofia da educação*. São Paulo: Moderna, 2009.

Srour[19] compara as **organizações** no sentido amplo como agentes coletivos, à semelhança das classes sociais e dos públicos, planejadas para um objetivo e formadoras de necessidades especiais com objetivos próprios. Em um sentido mais simples, organizações são coletividades especializadas em um determinado tipo de produção ou de serviço, singularidades históricas, inscritas em um plano institucional, capazes de interagir com o ambiente externo e entre si, criando um ambiente interno.

10.5 Governança corporativa no Brasil

No Brasil, o IBGC entende que "governança corporativa é o sistema que assegura ao sócio-proprietário o governo estratégico da empresa e a efetiva monitoração da diretoria executiva". A relação entre propriedade e gestão se dá por meio do conselho de administração, da auditoria independente e do conselho fiscal, instrumentos fundamentais para o exercício do controle. "A boa governança assegura aos sócios equidade, transparência, responsabilidade pelos resultados e obediência às leis do país."[20]

As boas práticas de governança corporativa convertem princípios básicos em recomendações objetivas, alinhando interesses com a finalidade de preservar e otimizar o valor econômico de longo prazo da organização, facilitando seu acesso a recursos e contribuindo para a qualidade da gestão da organização, sua longevidade e o bem comum.[21]

Silveira,[22] estudando o modelo de governança corporativa para as empresas brasileiras, verificou que o acionista minoritário se encontra pouco protegido. Nas empresas de controle familiar, alguns poucos investidores alinhados por meio de acordo de acionistas tomam todas as decisões relevantes. Quanto aos acionistas minoritários, há poucas possibilidades de participação. Além disso, muitas vezes ocorre sobreposição entre os papéis de gestor e de investidor.

Segundo Silveira,[23] há pouca clareza sobre os papéis dos conselhos de administração, os quais, frequentemente, representam apenas os interesses dos acionistas controladores. Além disso, os conselhos de administração carecem de profissionalismo e de uma estrutura formal compatível com os desafios de uma economia globalizada.

Os conselhos de administração das empresas brasileiras de controle familiar caracterizam-se pela ausência de comitês para tratar de questões fundamentais para a sobrevivência das firmas, como auditoria e sucessão. Logo, os conselhos de administração deixam de cumprir o seu papel, que é o de fixar a orientação estratégica para a empresa e controlar os gestores, em benefício de todos os acionistas.

---

[19] SROUR, 2012.

[20] LODI, J. B. *Governança corporativa*: o governo da empresa e o conselho de administração. Rio de Janeiro: Campus, 2000. p. 24.

[21] INSTITUTO BRASILEIRO DE GOVERNANÇA CORPORATIVA (IBGC). *Código Brasileiro das Melhores Práticas de Governança Corporativa*. São Paulo: IBGC, 2004. Disponível em: <http://www.ibgc.org.br/inter.php?id=18161>. Acesso em: 5 ago. 2016.

[22] SILVEIRA, A. D. M. *Governança corporativa, desempenho e valor da empresa no Brasil*. 2002. Dissertação (Mestrado em Administração) – Faculdade de Economia e Administração, Universidade de São Paulo, São Paulo, 2002.

[23] SILVEIRA, 2002.

A estrutura de governança corporativa das empresas brasileiras caracteriza-se também pela excessiva concentração de capital. A esse quadro deve-se acrescentar a reduzida proteção legal dos acionistas. Por conseguinte, são frequentes, nas empresas brasileiras, conflitos entre os acionistas controladores e os acionistas minoritários. Silveira[24] comenta que se trata de uma situação diferente daquela observada nos países anglo-saxões, nos quais os maiores conflitos ocorrem entre gestores e acionistas, isso porque naqueles países, diferente do que ocorre no Brasil, o capital das empresas é pulverizado.

Todavia, a abertura do mercado e a estabilidade econômica dos anos 1990 obrigaram as empresas nacionais a buscarem recursos de menor custo, os quais estão disponíveis nas Bolsas de Valores do Brasil e de outros países. Isso motivou as empresas nacionais a revisarem suas práticas de governança.[25]

De acordo com Azevedo,[26] a fim de oferecer maior proteção ao acionista minoritário, começou a se desenvolver no Brasil, nos últimos anos, um modelo próprio de governança corporativa que tem, entre outras coisas, princípios como o direito de os minoritários possuírem assento no conselho de administração, o direito dos acionistas preferenciais de receber dividendos 10% superiores àqueles pagos às ações com direito a voto (ações ordinárias), o direito dos minoritários de venderem suas ações com direito a voto a um eventual comprador por um valor justo (80% do valor pago pelo comprador aos donos do controle). A preocupação com o valor justo para o preço das ações tem como objetivo proteger os minoritários nos casos de fechamento de capital.

Iniciativas institucionais e governamentais como a aprovação da Lei n. 10.303, de 2001, conhecida como Nova Lei do Mercado de Capitais, a aprovação da Lei n. 10.411, de 2002, conhecida como Lei do Mercado de Valores Mobiliários, as muitas Instruções da Comissão de Valores Mobiliários (CVM), ou ainda, a criação do Novo Mercado pela Bolsa de Valores de São Paulo (Bovespa), reforçaram a prática da boa governança pelas empresas brasileiras.

Outra iniciativa relevante foi a criação do IBGC em 1995. Neste ano o IBGC lançou o *Código Brasileiro das Melhores Práticas de Governança Corporativa*, que foi revisado em 2002 e 2003 e, seguramente, contribuiu para ampliar o poder do acionista minoritário e levar as empresas a agir com transparência em relação aos acionistas, ao mercado e ao governo.

Logo, a adoção das boas práticas da governança corporativa pode contribuir para reduzir os conflitos entre acionistas controladores e acionistas minoritários, bem como entre acionistas e gestores, atrair novos investidores e, ainda, diminuir os custos de captação de capital, ampliar os controles e melhorar a eficiência da gestão da empresa. Como resultado, os investidores atribuem maior valor às empresas que adotam as boas práticas de governança.

---

[24] SILVEIRA, 2002.

[25] SILVEIRA, 2002.

[26] AZEVEDO, S. Governança corporativa avança a passos largos no Brasil. *Relações com Investidores*. São Paulo, n. 52, p. 13-14, jun. 2002.

Considerações finais

No Brasil, a necessidade de se estabelecerem novos marcos regulatórios é premente. A necessidade de se criarem códigos de éticas, manuais de *compliance*, mas, sobretudo, de se reformar o pensamento tanto do proprietário como do executivo no sentido de que se pode retirar o máximo de retorno sem ter que apelar para o "jeitinho brasileiro" é uma questão de sobrevivência, principalmente num mundo globalizado onde corporações do mundo inteiro recorrem à governança corporativa como medida de proteção.

Como não se tem uma legislação forte e própria, as empresas e cidadãos são constantemente submetidos às leis e regulações de países mais avançados. Os riscos são o de perda de autonomia no país e de perda do poder de decisão em relação ao que se quer. A cultura brasileira do "jeitinho" é uma ameaça para as marcas nacionais, para a história corporativa e para a imagem profissional.

Não basta investigar e punir com penas brandas a corrupção que envolve as grandes corporações. É preciso aproveitar o momento em que o mundo se volta para o Brasil e mostrar um compromisso efetivo com a boa governança, com as boas práticas, com a ética e a conduta moral dentro das organizações. Corre-se o risco de se perder o momento histórico da mudança e ficar mais uma vez marcado por uma imagem de país de alto risco, em que investimento seja sinônimo de práticas ilícitas e corrupção. O rebaixamento das notas das agências internacionais já sinaliza esse prejuízo para a economia nacional.

É preciso evidenciar que no Brasil há empresas sérias, profissionais comprometidos com a condução ética e responsável dos negócios, com a preocupação com a dimensão econômica, mas também com a dimensão humana nas organizações. O Instituto Brasileiro de Governança Corporativa é um marco no sentido de oferecer a possibilidade de avançar nesta discussão e prática.

A literatura brasileira traz hoje inúmeras pesquisas e produções sobre o tema, o que denota preocupação acadêmica com o assunto. Falta agora a prática profissional intensa baseada nas próprias boas práticas, na responsabilidade empresarial e social e no compromisso efetivo com os princípios da Governança Corporativa. Quem as implantar, acreditamos, sobreviverá.

Questões

1. O que é governança coorporativa?
2. O que vem a ser *compliance*?
3. Qual é o papel dos conselhos de administração das empresas brasileiras de controle familiar?
4. Quais são as expectativas dos proprietários quanto à diretoria executiva de uma pequena empresa?
5. Quais ações devem ser implementadas para que o investidor em pequenas empresas possa ter segurança em investir nelas, uma vez que ele se encontra em outro país e pouco vem ao Brasil?

Dicas dos consultores

A governança corporativa da organização deve criar um código de conduta ética que deverá permear as todas as tomadas de decisões e execução de todas as tarefas, em todos os níveis, independentemente de quem ocupa os diferentes cargos, seja o chefe da família ou o acionista majoritário.

O colaborador, desde o seu ingresso, deve ser recrutado, selecionado, contratado, promovido dentro da maior lisura possível por seu mérito e não porque é da família. Para tanto, deve a governança deixar à disposição dos acionistas:

1. Balanços patrimoniais.
2. Demonstrativo de resultados.
3. Gráficos da evolução dos resultados (vide metodologia ERF).
4. Promover reuniões periódicas com os acionistas para mostrar o *status* do planejamento estratégico da empresa, seus objetivos, as metas, os passos dados, o que foi alcançado e o que não foi alcançado e as causas do não atingimento dessas metas.

Essas e outras medidas permitirão não só uma convivência harmônica entre as partes como gerarão um grau de confiança tal que possibilitarão um maior aporte de capital, mesmo que não haja distribuição de lucros.

A utilização de um modelo de governança corporativa deve implicar, de um lado, um melhor desempenho da empresa e, de outro, uma melhor avaliação da empresa por parte do mercado.

Referências

ANDRADE, A.; ROSSETTI, J. P. *Governança corporativa*: fundamentos, desenvolvimento e tendências. São Paulo: Atlas, 2014.

ARANHA, M. L. A. *Filosofia da educação*. São Paulo: Moderna, 2009.

AZEVEDO, S. Governança corporativa avança a passos largos no Brasil. *Relações com Investidores*. São Paulo, n. 52, p. 13-14, jun. 2002.

BERNHOEFT, R.; GALLO, R. *Governança na empresa familiar*: gestão, poder, sucessão. Rio de Janeiro: Campus, 2003.

BERNHOEFT, R. *Empresa familiar*: sucessão profissionalizada ou sobrevivência comprometida. São Paulo: Nobel, 1989.

BERTUCCI, J. L. de O.; BERNARDES, P.; BRANDÃO. M. M. Políticas e práticas de governança corporativa em empresas brasileiras de capital aberto. *Revista de Administração*, v. 41. n. 2, p. 183-196, 2006. Disponível em: <http://www.revistas.usp.br/rausp/article/view/44398/0>. Acesso em: 3 ago. 2016.

BORNHOLDT, W. *Governança na empresa familiar*: implementação e prática. Porto Alegre: Bookman, 2005.

CARDOSO, R. L. Governança corporativa ou gerenciamento de resultados. *Revista Brasileira de Contabilidade*, Brasília, n. 150, p. 18-37, nov./dez. 2004.

CARVALHO, A. G. Governança corporativa no Brasil em perspectiva. *Revista de Administração de Empresas*, São Paulo, v. 37, n. 3, p. 19-32, jul./set. 2002.

CAVALIERI FILHO, S. *Programa de responsabilidade civil*. 12. ed. São Paulo: Atlas, 2015.

CHIAVENATO, I. *Recursos humanos*. Edição compacta. São Paulo: Atlas, 2002.

DIAS, R. *Sociologia das organizações*. São Paulo: Atlas, 2008.

GALEANO R. *Estratégias das empresas do arranjo produtivo local de bonés de Apucarana*. 2006. Dissertação (Mestrado) – Universidade Metodista de Piracicaba, Piracicaba, 2006.

GERSICK, K. E.; DAVIS, J. A.; HAMPTON, M. M.; LANSBERG, I. *De geração para geração: ciclos de vida das empresas familiares*. São Paulo: Negócio, 1997.

GRUPO PORTAL DE AUDITORIA. Introdução à lei Sarbanes-Oxley (SOX). Disponível em: <https://portaldeauditoria.com.br/introducao-lei-sarbanes-oxley-sox/>. Acesso em: jul. 2017.

INSTITUTO BRASILEIRO DE GOVERNANÇA CORPORATIVA (IBGC). *Código Brasileiro das Melhores Práticas de Governança Corporativa*. São Paulo: IBGC, 2004. Disponível em: <http://www.ibgc.org.br/inter.php?id=18161>. Acesso em: 5 ago. 2016.

KANTE apud SANDEL, Michael J. *Justiça*: o que é fazer a coisa certa. Tradução de Heloísa Matias e Maria Alice Máximo. 13. ed. Rio de Janeiro: Civilização Brasileira, 2013.

LODI, J. B. *Governança corporativa*: o governo da empresa e o conselho de administração. Rio de Janeiro: Campus, 2000.

MONKS R.; MINOW, N. *Corporate governance*. New Jersey: Wiley Publishers, 2011.

SILVEIRA, A. D. M. *Governança corporativa, desempenho e valor da empresa no Brasil*. 2002. Dissertação (Mestrado em Administração) – Faculdade de Economia e Administração, Universidade de São Paulo, São Paulo, 2002.

____. *Governança corporativa e estrutura de propriedade*: determinantes e relação com o desempenho das empresas no Brasil. 2004. Tese (Doutorado em Administração) – Faculdade de Economia e Administração, Universidade de São Paulo, São Paulo, 2004.

SROUR, R. *Poder, cultura e ética nas organizações*. 3. ed. Rio de Janeiro: Elsevier, 2012.

STEINBERG, H. *A dimensão humana da governança corporativa*. São Paulo: Gente, 2003.

THOMPSON, J. *Mídia e a modernidade*. 3. ed. Petrópolis: Vozes, 2010.

Rose, a mestra do artesanato

Rose, esposa de Salim, tinha produzido mais de 150 peças de artesanato e pretendia fazer uma exposição em Cerqueira César. Eles precisavam de um veículo grande para levar todo o estoque. Conseguiram uma Kombi emprestada com o Catoia, seu vizinho que tinha uma autoelétrica. Catoia, gentilmente, não só a emprestou como também pediu a um motorista que os levasse até o destino.

No meio da semana, em Avaré, a 30 km de Cerqueira César, Rose deu um curso de vitrais para algumas pessoas. Ganhou uma boa grana. No final de semana, foram até Cerqueira César participar da exposição em um centro comunitário. Foi um fracasso. Não conseguiram vender uma só peça.

— Salim, como vamos levar estes produtos de volta antes que o motorista retorne para São Carlos?

— Rose, não se preocupe.

Na segunda-feira, assim que abriu a Loja Leal, Salim procurou o proprietário, Zé Leal, e ofereceu a ele todo o lote com um bom desconto. Ele ficou com toda a mercadoria.

Ufa! Que alívio!!!

11

RESPONSABILIDADE SOCIAL CORPORATIVA

Elisabete Stradiotto Siqueira
Arrilton Carlos de Brito Filho
Erlaine Binotto

*"Nem sempre os planos se concretizam
como inicialmente pensados, é necessário
ter flexibilidade e visão de mercado."*

ELISABETE STRADIOTTO SIQUEIRA

Objetivos do capítulo

Apresentar um histórico da constituição do termo responsabilidade social no campo organizacional, suas distintas abordagens conceituais com ênfase nas diferentes concepções éticas e teóricas, e as críticas formuladas a essa abordagem. Mostrar alguns modelos de análise para avaliar o estágio em que se encontra a organização.

A responsabilidade social corporativa acontece de forma voluntária, por meio de posturas, comportamentos e ações que promovam o bem-estar dos seus públicos interno e externo. É uma prática voluntária, pois não deve ser confundida com ações compulsórias exclusivamente impostas pelo governo ou com quaisquer incentivos externos (como fiscais, por exemplo).

Exercendo a responsabilidade social

A Agrofruit é uma empresa do setor fruticultor que está inserida no semiárido nordestino, tendo sua matriz produtiva voltada prioritariamente para exportação. A empresa tem mais de 35 anos de atuação no mercado, e nos últimos 15 anos registrou um crescimento médio de 8% nas vendas. Tal processo forçou a empresa a abrir novas áreas produtivas, contratar mão de obra e criar mecanismos eficazes de fertilização e controle de pragas. No entanto, nesse mesmo período, verificou-se na empresa um intenso e profundo processo de transformações estruturais em decorrência da pressão exercida pelos países compradores. A organização teve de adotar ações para melhorar o manejo fitossanitário das frutas, evitando possíveis contaminações, o cuidado com o meio ambiente, o atendimento às normas internacionais do trabalho, da saúde e da segurança do trabalhador, assim como a redução das externalidades negativas geradas nas comunidades onde a empresa está inserida. Os projetos que a empresa considera como responsabilidade social são os seguintes:

1. **Educação de jovens e adultos**: o programa é mantido por meio de parceria com um município da região onde se localiza sua base de operação, e tem como objetivo alfabetizar os funcionários. As aulas acontecem durante o período de safra, entre julho e fevereiro, na sede da empresa. O município é responsável por ceder os professores e apoio pedagógico, enquanto a empresa responde pela oferta de espaço físico, material didático e merenda escolar.

2. **Odonto**: trata-se de uma unidade de atendimento odontológico móvel instalada nas fazendas da empresa durante o período de safra, que presta serviços odontológicos gratuitos para os trabalhadores e, por vezes, para seus familiares e comunidade do entorno. A unidade de atendimento móvel é equipada com quatro cadeiras odontológicas, sala de raios X, central de esterilização, sala de escovação e recepção, tudo em ambiente climatizado, realizando cerca de 12 mil atendimentos por temporada. O parceiro da empresa oferece estrutura, material e funcionários, enquanto a empresa aporta com as despesas de alimentação e hospedagem dos profissionais.

3. **Doação de frutas**: doação de frutas para escolas e creches das comunidades do entorno no qual a empresa está instalada.

4. **Fornecimento de refeições**: refeições diárias com alto valor nutricional e custo simbólico de R$ 1,00 por mês. A empresa disponibiliza café da manhã, almoço, jantar e ceia para todos os funcionários em suas dependências. No período de safra, são servidas diariamente cerca de 20 mil refeições.

5. **Transporte e alojamento**: a empresa oferece diariamente cinco ônibus que fazem a rota nas imediações das fazendas para buscar e deixar os funcionários. Para os trabalhadores que são de regiões longínquas, a empresa disponibiliza cerca de 3.500 vagas de alojamento para empregados do sexo masculino.

6. **Técnicas de plantio**: técnicas de plantio mais eficientes que têm colaborado para a preservação do meio ambiente e saúde humana. Entre as técnicas estão a utilização de máquinas equipadas com filtros que reduzem a emissão de poluentes para a atmosfera na preparação do solo, o uso de composto orgânico com materiais provenientes do processo produtivo, a utilização de *mulch*, o uso de tecido térmico (manta), a utilização de sistema de irrigação por gotejamento e o monitoramento integrado de pragas.

7. **Política de tratamento de resíduos sólidos**: realização dos processos de reciclagem, reutilização e venda dos resíduos provenientes da produção. A empresa está implantando um sistema que objetiva quantificar todos os seus resíduos sólidos para melhor destinação, além da instalação de uma usina de reciclagem que transformará os resíduos em material útil para produção.

8. **Pensando verde**: são desenvolvidas oficinas de educação ambiental na empresa e em escolas da rede municipal de ensino. A ação ocorre por meio de uma parceria com a empresa júnior Ecoando, que é formada por alunos do curso de Ecologia da Ufersa. O objetivo das oficinas é dialogar com esse público acerca da importância da preservação do meio ambiente.[1]

Na sua opinião, quais são as responsabilidades da Agrofruit para com o meio onde está inserida? Analise as ações de responsabilidade social desenvolvidas pela empresa e classifique-as de acordo com o modelo de Carroll e de Melo Neto e Froes.

Com conhecimento adquirido, dedique-se à ação!

Perigo à vista!

A responsabilidade social corporativa[2] só funcionará se... existir um conjunto amplo de ações que beneficiem a sociedade e as corporações que são tomadas pelas empresas, levando em consideração economia, educação, meio ambiente, saúde, transporte, moradia, atividade locais e governo. Essas ações otimizam ou criam programas sociais, trazem benefícios mútuos entre a empresa e a comunidade, e melhoram a qualidade de vida dos funcionários, a atuação da empresa e a vida da própria população.

---

[1] BRITO FILHO, A. C. *A percepção dos stakeholders sobre as ações de responsabilidade social empresarial.* 2006. Dissertação (Mestrado) – Universidade Federal Rural do Semiárido, Mossoró, 2006.

[2] Alguns autores usam o termo Responsabilidade Social Corporativa e outros, Responsabilidade Social Empresarial. Ambos têm o mesmo sentido e, por isso, ao longo do texto, os dois são usados, respeitando a denominação escolhida pelo autor.

Considerações iniciais

A contribuição das organizações para o desenvolvimento e crescimento da humanidade é algo inegável, pois elas são verdadeiras fontes de progresso econômico e social para a sociedade. Por outro lado, sua atuação também ocasiona consequências indesejáveis, como poluição, prejuízos à saúde humana e animal, desvios na ordem de conduta moral, abusos de poder econômico e, por fim, distorções perversas no funcionamento da economia. Esses aspectos negativos representam o custo social que pagamos para ter os benefícios decorrentes da existência das organizações.[3]

Ainda de acordo com o autor, os efeitos negativos são resultado da lógica que orienta a tomada de decisões livres e racionais dos indivíduos que, dessa forma, precisam enfrentar suas consequências. Sendo assim, a percepção do que vem a ser responsabilidade social da empresa está indissoluvelmente associada à manifestação concreta e sistêmica dos impactos indesejados e, além disso, implica também uma ligação com a concepção ideológica que a sociedade cultiva de si mesma, em determinado período histórico, em processo intertemporal dinâmico de construção do corpo social e do aparato produtivo que se desenvolve no seio da sociedade. A seguir, a evolução histórica do conceito.

11.1 Evolução histórica do conceito de responsabilidade social corporativa

A abordagem clássica da responsabilidade social remonta ao final do século 19 e início do século 20, quando, em 1899, Andrew Carnegie, fundador do conglomerado U.S. Steel Corporation, lançou o livro *O evangelho da riqueza*. A compreensão de Carnegie se pautou em dois princípios: o princípio da caridade e o princípio da custódia, ambos fortemente influenciados pela matriz paternalista.[4] O primeiro pregava que as pessoas mais privilegiadas da sociedade tinham o dever de ajudar os menos favorecidos, e o segundo exigia que as empresas e os ricos se vissem como zeladores, mantendo suas propriedades em custódia para beneficiar toda a sociedade.[5]

No entanto, foi a publicação do livro *Social responsibilities of the businessman* por Howard R. Bowen, em 1953, que estabeleceu o marco inicial da era moderna dos

---

[3] ALVES, E. A. Dimensões da responsabilidade social da empresa: uma abordagem desenvolvida a partir da visão de Bowen. *Revista de Administração*, v. 38, n. 1, p. 37-45, jan./fev./mar. 2003.

[4] ALVES, 2003.

[5] SANTANA, N. B. *Responsabilidade socioambiental e valor da empresa*: uma análise por envoltória de dados em empresas distribuidoras de energia elétrica. 2008. 326f. Dissertação (Mestrado em Engenharia de Produção) – Universidade de São Paulo, São Carlos, 2008.

debates sobre a responsabilidade social.[6] Para Bowen,[7] a responsabilidade social dos homens de negócios refere-se às obrigações de adotar orientações, tomar decisões e seguir linhas de ação, que sejam compatíveis com os fins e valores da comunidade.

Na visão de Alves,[8] tanto a obra de Carnegie como a de Bowen tinham um forte apelo religioso, tanto que o trabalho de Bowen foi financiado pelo Conselho Federal das Igrejas de Cristo da América. Ashley[9] sugere uma abordagem histórica para conceito de responsabilidade social dividida em duas fases: a introdução do conceito nos meios acadêmicos e empresariais e sua evolução a partir da década de 1970.

Nos Estados Unidos e na Europa, a ética e a responsabilidade social foram aceitas como doutrina até o século 19, quando a prerrogativa para condução dos negócios de forma corporativa estava sob a tutela do Estado ou da Monarquia e não de um interesse econômico privado. No entanto, com a independência dos Estados Unidos, os Estados americanos começaram a criar legislação que autorizasse a autoincorporação por ato legislativo específico. Desse modo, até o início do século 20 a legislação que regia as corporações ditava o lucro para seus acionistas como propósito precípuo da organização.[10]

Segundo Ashley,[11] a questão da ética, da responsabilidade e da discricionariedade dos dirigentes de empresas veio a público em 1919, quando os irmãos John e Horace Dodge, investidores da Ford Motor Co., recorreram à justiça por sentirem-se prejudicados com a decisão de Henry Ford, presidente e acionista majoritário da companhia, de investir parte dos lucros no incremento da capacidade produtiva, no aumento de salários dos funcionários e na criação de um fundo de reserva para a redução esperada de receitas em decorrência do corte nos preços dos carros. A Suprema Corte de Michigan se pronunciou de forma favorável aos irmãos Dodge, argumentando que a corporação existe para o benefício de seus acionistas.

No entanto, a ideia de que a organização deve atender apenas seus acionistas sofre muitos ataques após os efeitos da Grande Depressão e da Segunda Guerra Mundial. Em outra disputa judicial nos Estados Unidos, em 1953, que envolvia a A. P. Smith Manufacturing Company e um grupo de acionistas contrários à doação de recursos para a Universidade de Princeton, a Suprema Corte de Nova Jersey foi favorável à doação, entendendo que uma corporação pode buscar o desenvolvimento social, estabelecendo desse modo, em lei, a filantropia corporativa.[12]

---

[6] CARROLL, A. B. Corporate social responsibility: evolution of a definitional construct. *Business & Society*, v. 38, n. 3, p. 268-295, 1999.

[7] BOWEN, H. R. *Responsabilidades sociais do homem de negócios*. Rio de Janeiro: Civilização Brasileira, 1957.

[8] ALVES, 2003, p. 38.

[9] ASHLEY, P. A. (Coord.). *Ética e responsabilidade social nos negócios*. São Paulo: Saraiva, 2004.

[10] ASHLEY, 2004.

[11] ASHLEY, 2004.

[12] ASHLEY, 2004.

A partir dessa decisão,[13] os defensores da responsabilidade social nos negócios passaram a argumentar que, se a filantropia era uma ação justa da corporação, outras ações que privilegiam objetivos sociais em decorrência dos retornos financeiros dos acionistas seriam de igual legitimidade. Assim, iniciou-se o debate, nas esferas empresarial e acadêmica, sobre a importância da responsabilidade social, inicialmente nos Estados Unidos e, posteriormente, no final da década de 1960, na Europa, por autores como Bowen, Mason, Chamberlain, Andrews e Galbraith.

Na segunda fase de evolução do conceito de responsabilidade social, Ashley[14] propõe como ponto de partida a visão econômica clássica, defendida por Milton Friedman, de que a empresa socialmente responsável é aquela que responde de forma satisfatória às expectativas de seus acionistas. Chrisman e Carroll[15] também sugerem uma perspectiva histórica à compreensão da evolução da responsabilidade social. De acordo com os autores, durante a Revolução Industrial as atividades empresariais operavam praticamente sem restrição pelo governo e pela pressão da opinião pública, portanto, a ideia de responsabilidade social era eminentemente econômica, com o objetivo de maximização do lucro, com os gerentes tendo como preocupação apenas as consequências econômicas de suas atividades.

No início do século 20, o governo interveio para resolver algumas distorções geradas em decorrência do abuso de poder de algumas corporações. No entanto, essas alterações preservaram a lógica da concorrência e do livre mercado. Todavia, os empresários se encarregaram de expandir seu papel social por meio de atividades filantrópicas, cujo sentido não está focado na reversão dos impactos produzidos no meio social, mas em ações compensatórias.[16] Para Bowen,[17] a preocupação social das organizações poderia evitar o avanço do socialismo, portanto, tratava-se de uma forma de preservação da lógica capitalista.

De acordo com Chrisman e Carroll,[18] os acontecimentos de 1960 e 1970 criaram uma configuração em que o papel social da empresa foi forçado a se reconfigurar. Uma série de pressões sociais, preocupadas com a igualdade de oportunidade, o meio ambiente e a segurança dos produtos, obrigou as empresas a considerar a dimensão social tal qual a econômica, como uma ramificação de suas atividades.

Na visão contemporânea da responsabilidade social, Chrisman e Carroll[19] preconizam que o papel das empresas foi novamente redefinido. Embora as empresas estejam pautadas pela lucratividade, os negócios agora são forçados a considerar as consequências sociais de suas atividades econômicas, assim como a se envolverem em causas

---

[13] ASHLEY, 2004.

[14] ASHLEY, 2004.

[15] CHRISMAN, J. J.; CARROLL, A. B. Corporate responsibility: reconciling economic and social goals. *Sloan Management Review*, v. 25, n. 2, p. 59-65, 1984.

[16] CHRISMAN; CARROLL, 1984.

[17] BOWEN, 1957.

[18] CHRISMAN; CARROLL, 1984.

[19] CHRISMAN; CARROLL, 1984.

puramente sociais. Portanto, não basta o envolvimento social, mas, primordialmente, a reversão dos impactos produzidos pela atividade produtiva.

Panwar et al.[20] também propõem um modelo de compreensão da evolução do conceito de responsabilidade social que está dividido em três estágios. No primeiro estágio, que os autores denominam **Gerenciamento da máxima lucratividade**, o bom desempenho financeiro e produtivo das organizações é por si só um bem público, uma vez que gera prosperidade para a nação.

O segundo estágio, que começou entre as décadas de 1920 e 1930, intitulado **Gerenciamento da confiança**, refletiu uma mudança nas organizações, na qual o lucro deixa de ser um parâmetro único para incorporar a concepção da necessidade de um equilíbrio entre as diversas partes que a compõem, como concorrentes, clientes, funcionários, fornecedores, credores, comunidade e acionistas. É o gerenciamento da confiança, baseado no conceito de uma sociedade pluralista que defende a manutenção de uma balança equilibrada entre os diversos grupos que a compõem.

O terceiro estágio, denominado **Gerenciamento da qualidade de vida**, repousa sobre a premissa de que a sociedade está saturada com bens e serviços, evidenciando outras preocupações, como a distribuição desigual da riqueza, a poluição do ar e da água e a degradação ambiental. Essa fase foi desencadeada pela mudança de sentimentos da sociedade diante da ausência de compromissos ambientais e sociais das organizações. Um novo consenso social emergiu, forçando os negócios a assumirem responsabilidades além dos interesses puramente econômicos.

No Brasil, o marco de difusão da ideia de responsabilidade social ocorreu no ano de 1965, quando a Associação de Dirigentes Cristãos de Empresas do Brasil (ADCE Brasil) publicou uma "Carta de Princípios do Dirigente Cristão de Empresas".[21] Segundo Simões et al.,[22] essa carta considerava que o distanciamento das instituições sociais dos princípios cristãos e das exigências de justiça social gera as tensões e as crises do mundo contemporâneo e remetia às desigualdades econômicas e aos antagonismos de classe, em parte como decorrência da falta de conscientização da classe empresarial quanto às suas responsabilidades sociais.

No entanto, de acordo com Torres,[23] a conjuntura de nosso país nesse período não favoreceu as ideias de transformação e mudanças, seja de mentalidade ou de ação. A proposição de responsabilidade social nas empresas foi prejudicada pela falta de liberdade e

---

[20] PANWAR, R. et al. Corporate responsibility: balancing economic, environmental, and social issues in the forest products industry. *Forest Products Journal*, v. 56, n. 2, p. 4-12, 2006.

[21] SOARES, L. R. *Responsabilidade social empresarial*: uma análise de modelos teóricos-conceituais. 2008. 110f. Dissertação (Escola de Administração da UFBA) – Universidade Federal da Bahia, Salvador, 2008.

[22] SIMÕES, C. P. et al. *Responsabilidade social e cidadania*: conceitos e ferramentas. Brasília: CNI/Sesi, 2008.

[23] TORRES, C. *Responsabilidade social das empresas*. Fórum Responsabilidade e Balanço Social: coletânea de textos. São Paulo: Sesi, 2003.

as restrições impostas pela Ditadura Militar iniciada em 1964. Somente no final dos anos 1970 e início dos anos 1980, com a crise do modelo de desenvolvimento com base na ação e proteção estatal, é que o papel das empresas e a postura dos empresários diante do mercado e da sociedade iniciam um processo de redefinição e reestruturação.

Na década de 1990, de acordo com Simões et al.,[24] aconteceu uma transformação significativa nos discursos e atitudes do meio empresarial brasileiro. Ocorreu um aumento relevante na produção acadêmica sobre a responsabilidade social empresarial, no lançamento de premiações e de entidades que promovem o conceito no meio empresarial. Vale ressaltar a criação, em 1998, do Instituto Ethos de Empresas e Responsabilidade Social, que tem como objetivo sensibilizar e colaborar com as empresas na gestão de seus negócios de forma socialmente responsável, bem como a realização de estudos que buscaram mostrar como as empresas estão se envolvendo com as ações socialmente responsáveis.

11.2 Conceito de responsabilidade social

No que concerne à conceituação de responsabilidade social, não existe um consenso dos estudos da área sobre a definição mais adequada. Contudo, verifica-se uma convergência em torno da crença de que o bem-estar coletivo deve perpassar o alcance dos objetivos organizacionais, inclusive os empresariais, como o lucro.[25]

Kreitlon[26] sugere que há um consenso mínimo sobre as condições a que uma empresa deve atender para que seja considerada socialmente responsável, identificando três características básicas que a sua conduta deve demonstrar:

a) reconhecer os danos gerados por suas ações sobre a comunidade na qual está localizada;

b) gerir os impactos econômicos, sociais e ambientais de suas transações, nos níveis local e global;

c) viabilizar esses propósitos por meio do diálogo constante com seus *stakeholders*, às vezes por meio de parcerias com outros grupos e organizações.

O Banco Mundial[27] considera que a responsabilidade social corporativa está articulada ao desenvolvimento econômico sustentável, envolvendo nesse conceito os empregados, suas famílias, a comunidade local e a sociedade, visando a melhorar sua

---

[24] SIMÕES et al., 2008.

[25] LIMA, T. C. A. et al. A institucionalização das práticas de responsabilidade social: um estudo da companhia de água e esgoto do Ceará. *Revista Contemporânea de Economia e Gestão*, v. 9, n. 1, p. 79-95, jan./jun. 2011.

[26] KREITLON, M. P. A ética nas relações entre empresas e sociedade: fundamentos teóricos da responsabilidade social empresarial. In: ENANPAD, 28, *Anais...* Curitiba: Anpad, 2004.

[27] BANCO MUNDIAL. *Public sector roles in strengthening corporate social responsibility*: a baseline study. Washington, 2002.

qualidade de vida. Reforçando essa ideia de responsabilidade social enquanto engajamento das empresas com as demandas da sociedade, Ashley[28] sugere que se trata de um compromisso entre organização e sociedade que deve ser materializado em ações que afetem positivamente a qualidade de vida da comunidade.

Para Duarte e Torres,[29] a Responsabilidade Social Empresarial (RSE) implica uma atuação estratégica da empresa, traçando metas para atender necessidades sociais, de forma a garantir o lucro, a satisfação do cliente e o bem-estar social. Segundo Ribeiro,[30] a responsabilidade social deve ser entendida não apenas como ações sociais do empresariado, mas como uma estratégia de gestão empresarial, em toda sua complexidade, avaliando o impacto social e ambiental das duas atividades e levando em consideração acionistas, governos, sociedade, trabalhadores, fornecedores e meio ambiente. Seguindo esse raciocínio, Andrade, Gosling e Xavier[31] indicam que a responsabilidade social surge na maioria das oportunidades em função de uma pressão externa à empresa e não por uma questão de princípio ético ou altruísta dos gestores. Porter e Kramer[32] acreditam que as empresas podem se beneficiar fortemente com a melhoria das condições do ambiente organizacional, alcançando um resultado que fortaleça sua competitividade. Assim, devem se envolver em ações de RSE na medida em que estas respondam aos interesses do negócio, traduzidas efetivamente em ganhos econômicos.

Melo Neto e Froes[33] distinguem responsabilidade social de filantropia. **A responsabilidade social busca estimular o desenvolvimento do cidadão e fomentar a cidadania individual e coletiva; sua atuação é extensiva a todos que participam da vida em sociedade**: indivíduos, governos, empresas, grupos sociais, movimentos sociais, igreja, partidos políticos e outras instituições. As ações de responsabilidade social exigem periodicidade, método e sistematização e, principalmente, gerenciamento efetivo por parte das empresas. **A responsabilidade social é de uma ação estratégica da empresa que busca retorno econômico, social, institucional e tributário-fiscal**. Por fim, reforçam que a responsabilidade social é coletiva, mobilizadora, porque valoriza a cidadania, promove a inclusão social e restaura a civilidade.

A necessidade de uma concepção de responsabilidade social que vá além da filantropia justifica-se porque esta última baseia-se no assistencialismo, no amparo aos

---

[28] ASHLEY, 2004.

[29] DUARTE, C.; TORRES, J. *Responsabilidade social empresarial*: dimensões históricas e conceituais. Responsabilidade social das empresas: a contribuição das universidades. São Paulo: Instituto Ethos, 2005. v. 4.

[30] RIBEIRO, A. M. L. *Responsabilidade social empresarial*: percepções e possibilidades. 2005. 144f. Dissertação (Mestrado em Ciências Sociais) – Pontifícia Universidade Católica de Minas Gerais, Belo Horizonte, 2005.

[31] ANDRADE, M. A. M.; GOSLING, M.; XAVIER, W. S. Por trás do discurso socialmente responsável da siderurgia mineira. *Produção*, v. 20, n. 3, p. 418-428, jul./set. 2010.

[32] PORTER, M. E.; KRAMER, M. R. The competitive advantage of corporate philanthropy. *Harvard Business Review*, v. 80, n. 12, p. 56-68, 2002.

[33] MELO NETO, F. P.; FROES, C. *Gestão da responsabilidade social corporativa*: o caso brasileiro. Rio de Janeiro: Qualitymark, 2001.

pobres, desfavorecidos, miseráveis, excluídos e enfermos, e está restrita a empresários filantrópicos e abnegados, parte de vontades e desejos individuais. Em geral, as ações assumem a forma de doações a grupos ou outras entidades e prescindem de planejamento, organização, monitoramento, acompanhamento e avaliação. Esse tipo de ação não busca retorno financeiro algum, apenas o conforto pessoal e moral de quem a pratica. Assim, a filantropia é uma "simples doação", fruto da sensibilidade e consciência social do empresário.[34]

A diferenciação entre responsabilidade social e filantropia, de acordo com Melo Neto e Froes,[35] pode ser resumida conforme o Quadro 11.1.

Quadro 11.1   As diferenças entre a filantropia e a responsabilidade social

Filantropia	Responsabilidade social
Ação individual e voluntária	Ação coletiva
Fomento da caridade	Fomento da cidadania
Base assistencialista	Base estratégica
Restrita a empresários filantrópicos abnegados	Extensiva a todos
Prescinde de gerenciamento	Demanda gerenciamento
Decisão individual	Decisão consensual

Fonte: MELO NETO; FROES, 2001.

Carroll,[36] por sua vez, considera que a **filantropia é uma das dimensões da responsabilidade social, embora não se limite a ela**. Nesse contexto, as responsabilidades sociais das empresas podem ser divididas em quatro expectativas que a sociedade tem para com as organizações: econômicas, legais, éticas e discricionárias; esta última inclui a dimensão filantrópica.

No entanto, as divergências em relação à responsabilidade social não se resumem ao seu conceito.[37] A corrente de pensadores neoliberais – dentre os quais o maior expoente é Milton Friedman – questiona a viabilidade da aplicação de recursos da organização para o desenvolvimento de ações sociais, defendendo que a organização é socialmente responsável quando atinge lucros crescentes e remunera bem seus acionistas.

Para Barbieri e Cajazeiras,[38] os argumentos de Friedman convergem no sentido de que se a empresa está gerando lucro dentro da lei é porque produz bem ou serviço

---

[34] MELO NETO; FROES, 2001.

[35] MELO NETO; FROES, 2001.

[36] CARROLL, A. B. The pyramid of corporate social responsibility: Toward the moral management of organizational stakeholders. *Business Horizons*, v. 34, n. 4, p. 39-48, 1991.

[37] ASHLEY, 2004.

[38] BARBIERI, J. C.; CAJAZEIRAS, J. E. R. *Responsabilidade social empresarial e empresa sustentável*: da teoria à prática. São Paulo: Saraiva, 2009.

importante para a sociedade, remunerando os fatores de produção (capital e trabalho), consequentemente, proporcionando renda para trabalhadores e impostos para o governo, que deve aplicá-los para resolução dos problemas sociais. Desse modo, qualquer aplicação de recursos da empresa que não tenha o objetivo de gerar lucros para os acionistas seria um desvio de sua função principal.

11.3 Crítica ao conceito de responsabilidade social

Jones[39] defende que a responsabilidade social não deve ser entendida como uma ideologia de negação do capital, e sim de legitimação. E aponta que o conceito não é viável em termos teóricos, empíricos e normativos, em decorrência de o capitalismo estar pautado pela racionalidade econômica e instrumental. O que frequentemente é denominado comportamento socialmente responsável trata-se, na verdade, de um investimento estratégico do negócio ou de uma prática de relações públicas eficaz. A fusão da responsabilidade social com o comportamento comercial instrumental não acrescenta nada à compreensão da interface entre negócios e sociedade. Ao contrário, ofusca algumas realidades estruturais fundamentais e, portanto, constitui uma ideologia distorcida.

Assim, a responsabilidade social não é um conceito sustentável, considerando que os argumentos convencionais a favor e contra a responsabilidade social são ineficientes, e que os discursos acadêmicos construídos em torno ou em interseção com o conceito de responsabilidade social são epistemologicamente falhos. É evidente que a responsabilidade social legitima o *status quo* da sociedade, perpetuando uma imagem essencialmente funcionalista-pluralista de comportamento empresarial. Esse modelo de interface negócios-sociedade é empiricamente incorreto e ideologicamente carregado no interesse das elites tecnocráticas que dominam as principais instituições da sociedade. Para uma empresa ou um gerente, uma ação socialmente responsável é, antes de tudo, uma decisão econômica que envolve a alocação de recursos escassos. Essa realidade é obscurecida por abordagens que desarticulam as questões relacionadas com a responsabilidade social e as operações de empresas de negócios a partir de sua inserção na economia política capitalista.[40]

Outros autores também divergem em relação aos reais benefícios da responsabilidade social. Schroeder e Schroeder[41] argumentam que a delimitação social das empresas, por meio da cobrança de ações de responsabilidade social, tem a capacidade de alertar a sociedade sobre práticas empresariais muitas vezes injustas. Contudo, surge a preocupação de que as empresas empreguem suas ações de cunho social para

---

[39] JONES, M. T. Missing the forest for the trees: a critique of the social responsibility concept and discourse. *Business & Society*, v. 35, n. 1, p. 7-41, 1996.

[40] JONES, 1996.

[41] SCHROEDER, J. T.; SCHROEDER, I. Responsabilidade social corporativa: limites e possibilidades. *RAE-eletrônica*, v. 3, n. 1, p. 1-10, jan./jun. 2004. Disponível em: <http://rae.fgv.br/sites/rae.fgv.br/files/artigos/10.1590_S1676-56482004000100002.pdf>. Acesso em: jul. 2017.

aumentar seu poder, tanto na dimensão interna quanto na dimensão externa da companhia, podendo a empresa tornar-se definitivamente o principal ator social. Como provedora do bem comum, a empresa poderá tornar-se Grande Senhora da sociedade, estabelecendo as normas de conduta e ética.

Desse modo, em vez de a responsabilidade social corporativa limitar o poder das organizações, ela poderia atuar de forma contrária, ampliando-o, tornando-se mais um meio de a empresa justificar certas situações ou até mesmo imposições aos seus empregados e à sociedade como um todo. Isso pode fazer que a comunidade passe a ser flexível com os abusos praticados por empresas que financiam grandes projetos sociais.[42]

Ainda no campo das contradições do conceito, Soares[43] alerta que as organizações se dispõem a assumir uma postura socialmente responsável em relação às injustiças sociais e à destruição do meio ambiente. No entanto, pesquisas têm demonstrado que a leitura e a interpretação atenta dos discursos organizacionais evidenciam contradições entre o que os membros das empresas assumem como sendo ética, moral e democrática e o que na prática é feito.

Para Soares,[44] uma leitura atenta das informações publicadas em sites, boletins, trabalhos acadêmicos, livros que versam sobre responsabilidade social permite identificar três tipos de discursos proferidos:

a) *Explicitado* é aquele que divulga a ação em si, por exemplo, quando em um site da empresa a ação é descrita evidenciando seus objetivos, público atendido, relação com a estratégia da empresa que não se restringe a sua função econômica.

b) *Pronunciado* é aquele em que a empresa utiliza a responsabilidade social como uma estratégia competitiva, vislumbra em ações dessa natureza um nicho de mercado preocupado com os impactos socioambientais. Nesse sentido, não está preocupada com a função social, mas em melhorar a imagem perante o público; tal postura é perceptível em empresas que desenvolvem ações sociais voltadas para divulgação midiática, mas, ao mesmo tempo, mantém atividades predatórias no âmbito socioambiental.

c) *Não dito*, que é aquele que traz uma análise crítica de tal posicionamento. Trata-se de uma ideologização da responsabilidade social, atribuindo às empresas valores contraditórios a sua ação no contexto capitalista, quando, por exemplo, uma empresa diz que o ambiente de trabalho é uma continuação do lar. Nesse discurso, a empresa se coloca como guardiã da ética no nível discursivo sem que tal enunciado possa ser evidenciado em suas práticas.

---

[42] SCHROEDER; SCHROEDER, 2004.

[43] SOARES, G. M. P. Responsabilidade social corporativa: por uma boa causa!? *Revista de Administração de Empresas*, v. 3, n. 2, p. 1-15, jul./dez. 2004.

[44] SOARES, 2004.

Considerando as divergências conceituais, neste capítulo serão apresentados dois modelos analíticos de responsabilidade social. O primeiro, proposto por Carroll[45] e Schwartz e Carroll,[46] é o mais citado na literatura, e o segundo, sugerido por Melo Neto e Froes,[47] é o único modelo brasileiro que trata das responsabilidades interna e externa das organizações.

11.4 Modelos de responsabilidade social

Para Carroll,[48] a responsabilidade social corporativa é formada por quatro categorias ou componentes: filantrópica, ética, legal e econômica e estão ilustradas na Pirâmide da Responsabilidade Social Corporativa, conforme a Figura 11.1.

Figura 11.1   Pirâmide da Responsabilidade Social Corporativa

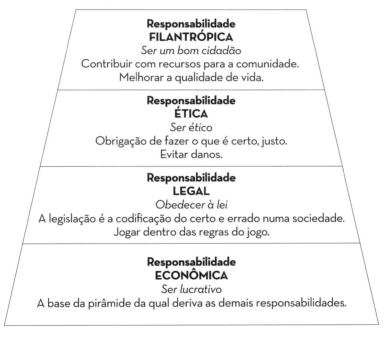

Fonte: CARROLL, 1991.

A **responsabilidade econômica** é primordial, pois é a razão da existência da empresa. O papel dessas organizações é produzir bens e serviços de que os consumidores necessitam, assim como gerar riqueza e dividendos para seus acionistas. Todas as

---

[45] CARROLL, 1991.
[46] SCHWARTZ, M. S.; CARROLL, A. B. Corporate social responsibility: a three-domain approach. *Business Ethics Quarterly*, v. 13, n. 4, p. 503-530, 2003.
[47] MELO NETO; FROES, 2001.
[48] CARROLL, 1991.

outras responsabilidades dos negócios se baseiam na dimensão econômica, tendo em vista que, sem elas, as demais não existiriam.[49]

A **responsabilidade legal** está pautada no que Carroll[50] denomina contrato social entre empresas e sociedade, no qual as empresas devem perseguir a missão econômica no âmbito da lei. Para o autor, a responsabilidade legal contempla uma visão de ética codificada no sentido de que engloba noções básicas das operações legais, conforme definido pelos legisladores. Essa responsabilidade compõe o segundo nível da pirâmide.

Apesar de as responsabilidades econômicas e legais incorporarem procedimentos éticos na sua essência, a **responsabilidade ética** engloba as atividades e ações que, embora não sejam codificadas em lei, são esperadas ou proibidas pelos membros da sociedade. Elas incorporam os padrões, normas e/ou expectativas que refletem o interesse dos consumidores, funcionários, acionistas e comunidade, e que são considerados como apropriados, justos, ou em acordo com o respeito e proteção dos direitos morais do grupo. Embora seja descrita como a camada seguinte da pirâmide de RSE, ela mantém uma relação dinâmica com a responsabilidade legal, pois de alguma forma pressiona a categoria responsabilidade legal para alargar-se, colocando uma expectativa cada vez maior sobre os empresários para operarem em níveis acima do exigido por lei.[51]

Por fim, a **responsabilidade filantrópica** envolve as ações empresariais que são demandadas pela sociedade, como o incentivo à educação e às artes, representando um engajamento voluntário da organização na resolução dos problemas da comunidade.[52] Carroll destaca que existe uma característica distintiva entre responsabilidades filantrópicas e éticas, tendo em vista que a primeira não é esperada em um sentido ético ou moral:

> O simples fato de uma empresa desenvolver ações sociais em uma comunidade não a torna socialmente responsável, visto que a responsabilidade social corporativa engloba as responsabilidades filantrópicas, mas não se limita a elas. Sendo a filantropia altamente desejada e valorizada, no entanto, com importância menor do que as outras três categorias de responsabilidade social.[53]

Carroll[54] resume seu modelo de responsabilidade social afirmando que se trata do cuidado simultâneo das realidades social, econômica e filantrópica, portanto, a empresa socialmente responsável deve ser lucrativa, obedecer à lei e ser ética.

---

[49] CARROLL, 1991.

[50] CARROLL, 1991.

[51] CARROLL, 1991.

[52] CARROLL, 1991.

[53] CARROLL, 1991, p. 42-43.

[54] CARROLL, 1991.

Diante de alguns questionamentos teóricos e práticos ao modelo piramidal, Schwartz e Carroll[55] reconheceram as incoerências do modelo entre elas: o uso de uma pirâmide para descrever as relações entre os quatro componentes do modelo; o papel da filantropia como um componente separado no modelo; e o desenvolvimento teórico incompleto dos domínios econômicos, legais e éticos, propondo o modelo dos três domínios da responsabilidade social com o objetivo de equacionar essas distorções.

O uso de um quadro piramidal para representar os domínios da RSE pode gerar confusão e aplicações inadequadas. Em primeiro lugar, para alguns, a pirâmide poderá sugerir uma hierarquia de domínios da RSE, podendo levar à interpretação de que a responsabilidade filantrópica, no topo da pirâmide, é mais importante ou valorizada do que o domínio econômico, que fica na base. Em segundo lugar, um quadro piramidal não é capaz de capturar totalmente a natureza da sobreposição dos domínios, assim como seus pontos de tensão. No entanto, essa desvantagem já era reconhecida por Schwartz e Carroll.[56]

Além da possível confusão inerente à utilização de uma pirâmide, o uso da categoria filantrópica/discricionária pode suscitar dúvidas em decorrência de sua natureza voluntária, visto que não é um dever da empresa, mas algo desejável. As razões centrais para esses questionamentos ocorrem, em primeiro lugar, pela dificuldade de se diferenciarem atividades filantrópicas de atividades éticas, em nível teórico ou prático; e, em segundo lugar, atividades filantrópicas podem simplesmente basear-se em interesses econômicos. Portanto, o novo modelo sugere que a categoria filantrópica seja incorporada pelas responsabilidades éticas e/ou econômicas.[57]

Outro problema com o modelo, segundo Schwartz e Carroll,[58] é a discussão incompleta e a ausência de critérios para avaliação das atividades empresariais ou ligação com algumas categorias, em particular os domínios legais e éticos. Tal discussão superficial limita a fundamentação teórica que é necessária para utilizar o modelo em certos tipos de estudo empírico e para fins de ensino.

O modelo dos três domínios da Responsabilidade Social Corporativa proposto por Schwartz e Carroll[59] é formado por três áreas de responsabilidade: econômica, legal e ética. Em geral, essas categorias são definidas de modo similar ao modelo da pirâmide de Carroll, com a ressalva de que a categoria filantrópica é incorporada pelos domínios éticos e/ou econômicos, refletindo as possíveis motivações diferentes para atividades filantrópicas. O modelo é apresentado por meio do diagrama de Venn,[60] sugerindo que nenhum dos três domínios (econômico, legal ou ético) é mais importante ou significativo que o outro.

---

[55] SCHWARTZ; CARROLL, 2003.

[56] SCHWARTZ; CARROLL, 2003.

[57] SCHWARTZ; CARROLL, 2003.

[58] SCHWARTZ; CARROLL, 2003

[59] SCHWARTZ; CARROLL, 2003.

[60] Os diagramas de Venn foram criados pelo matemático inglês John Venn no intuito de facilitar as relações de união e intersecção entre conjuntos. Eles possuem um papel fundamental na organização de dados obtidos em pesquisas, principalmente nas situações em que o entrevistado opta por duas ou mais opções. In: LOPEZ, M. A. F.; PUJATO, C. C. L.; BARRIO, M. G. *Diagrama de Venn*. Madrid: Intef, 2011.

Figura 11.2   Modelo dos três domínios da Responsabilidade Social Corporativa

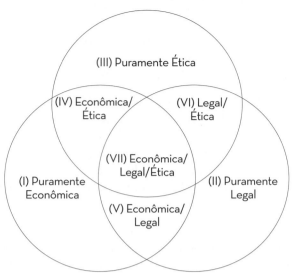

Fonte: SCHWARTZ; CARROLL, 2003.

Para efeitos do modelo dos três domínios da responsabilidade social da Figura 11.2, o **domínio econômico** compreende as atividades que se destinam a produzir impactos econômicos positivos, diretos ou indiretos, sobre a empresa, visando à maximização do lucro. O **domínio legal** aborda as ações em conformidade com as expectativas de natureza legal, ou seja, obedecer à lei, evitando litígios civis e antecipar-se à lei. A **dimensão ética** refere-se às responsabilidades éticas que são esperadas do negócio pela população em geral e seus *stakeholders*, envolvendo imperativos éticos nacionais e globais.

Um dos principais destaques da abordagem dos três domínios é a representação de domínios da responsabilidade econômica, legal e ética em um diagrama de Venn, que destaca a sobreposição dos domínios e a criação resultante de sete categorias em que a RSC pode ser conceituada, analisada e ilustrada. A sobreposição ideal reside no centro do modelo, em que as responsabilidades econômicas, legais e éticas são cumpridas simultaneamente. Outros segmentos puros e sobrepostos do modelo criam situações que também devem ser exploradas e ilustradas, porque elas representam situações que gestores podem enfrentar no mundo dos negócios. O modelo dos três domínios é especialmente útil para as análises que incidem sobre as forças que entram em jogo no processo de tomada de decisão ética em oposição às discussões mais gerais da RSC, em que a filantropia pode assumir um papel mais proeminente.[61]

Melo Neto e Froes[62] propõem um modelo teórico de responsabilidade social com foco na análise das dimensões da responsabilidade da empresa com seus públicos internos e externos. Os autores sugerem três estágios do exercício da responsabilidade

---
[61] SCHWARTZ; CARROLL, 2003.
[62] MELO NETO; FROES, 2001.

social, argumentando que essas ações não são um resultado, uma condição inerte, atribuída a empresas, mas sim um processo dinâmico, a ser traçado com vigilância permanente, de forma inovadora e dotado de mecanismos renovadores e de sustentabilidade, conforme a Figura 11.3.

Figura 11.3 Estágios da responsabilidade social

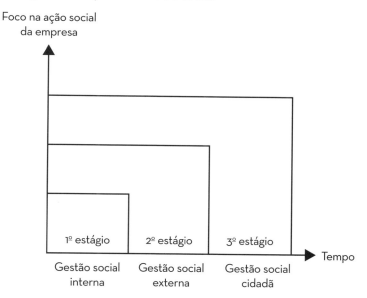

Fonte: MELO NETO; FROES, 2001.

No 1º estágio do processo de responsabilidade social, o foco é restrito às questões internas da organização, como saúde, segurança e qualidade no ambiente de trabalho, tanto dos funcionários como de seus familiares.[63]

No 2º estágio, o escopo amplia-se externamente e as ações sociais da empresa voltam-se para a sociedade e para a comunidade. Ganham maior amplitude em termos de foco, pois absorvem ações de preservação do meio ambiente e ações com impacto socioeconômico, cultural e político no âmbito da sociedade e da comunidade local.

No 3º estágio, o foco e o escopo são ampliados, e a organização torna-se uma cidadã corporativa. A empresa desenvolve ações sociais que vão além da comunidade local, estendendo-se à sociedade como um todo. Com projetos formatados nesse patamar, as empresas fomentam o desenvolvimento social local e regional, alavancando a economia por meio de incentivo à geração de empregos e negócios. Assumem a responsabilidade de gerenciar programas de voluntariado e de estabelecer parcerias com escolas públicas, hospitais, postos de saúde, centros recreativos e esportivos, órgãos estatais, promovendo novos valores éticos, sociais, culturais e políticos, difundindo-os em toda a sociedade.

---

[63] MELO NETO; FROES, 2001.

Definidos os focos estratégicos (responsabilidade social interna e externa), Melo Neto e Froes[64] sugerem a adoção das estratégias sociais de busca da responsabilidade social. Os autores propõem quatro situações, envolvendo diferentes graus de responsabilidade social interna e externa, conforme Figura 11.4.

Figura 11.4 Quadrantes de atuação da empresa

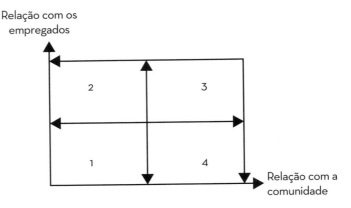

Fonte: MELO NETO; FROES, 2001.

No quadrante 1 encontram-se as empresas que ignoram as demandas sociais internas e externas e não atentam para a relação com os funcionários, seus dependentes e a comunidade. Esse padrão é bastante utilizado por empresas pequenas e de médio porte, especialmente as de cunho familiar.

No quadrante 2 situam-se as organizações que privilegiam a relação com seus empregados, por meio de benefícios diversos e da prática de uma gestão participativa, motivadora e inovadora, e pela existência de relações precárias com a comunidade. Portanto, as empresas que se encontram nesse estágio, seus acionistas e gerentes priorizam a responsabilidade social interna em detrimento da responsabilidade social externa.

No quadrante 3 localizam-se as empresas que mantêm laços fortes, consistentes e duradouros com a comunidade e seus empregados e dependentes, exercendo assim uma responsabilidade plena. Essas organizações desenvolvem atividades que fomentam a cidadania individual de seus colaboradores e dependentes, por meio do engajamento em campanhas e projetos sociais de relevância para comunidade.

Por último, no quadrante 4 estão as organizações que priorizam as relações com a comunidade em detrimento do vínculo com seus funcionários e dependentes. São as empresas praticantes do marketing social, investindo em projetos e ações sociais como estratégia de vantagem competitiva e melhoria de sua imagem. Essas empresas quase sempre negligenciam as ações de *endomarketing*. Não incentivam o envolvimento dos funcionários no desenvolvimento das ações sociais por elas encampadas.

[64] MELO NETO; FROES, 2001.

11.5 Desafios para tratar o tema responsabilidade social

Os argumentos advindos de debates sobre responsabilidade social geram mais perguntas do que respostas, frustrando administradores que buscam, principalmente, orientações práticas e resultados concretos. As perguntas que ficam são: Quem paga a conta da aplicação de recursos em ações sociais? Como as organizações podem diluir esse custo? O que fazer com essa responsabilidade social em um mercado competitivo? A questão que se coloca é se de fato a responsabilidade social atinge uma dimensão ética, ou seja, delimita a legitimidade do exercício do poder organizacional, ou se, ao contrário, gera maior empoderamento das organizações.

Outro questionamento diz respeito ao tipo de empresa que pode internalizar em seus procedimentos a lógica da responsabilidade social. Embora esse tipo de ação possa ser utilizado por qualquer tipo de empresa, independentemente de tamanho ou setor, alguns autores como Dantas et al.,[65] Corrêa et al.[66] e Da Mata Daher et al.[67] alertam para as dificuldades que as pequenas e médias empresas enfrentam para implantar a responsabilidade social.

Dantas et al.,[68] em um estudo sobre pequenas empresas no interior do Rio Grande do Norte, concluíram que a falta de conhecimento é um dos principais entraves para uma ação mais sistemática dos empreendedores. Mesmo assim, alguns empresários desenvolvem ações relacionadas ao bem-estar de seus funcionários. Ações vinculadas ao impacto ambiental foram pouco citadas. Corrêa et al.[69] afirmam que embora exista uma motivação do pequeno empreendedor no desenvolvimento das ações sociais, as limitações financeiras constituem-se como um entrave. Da Mata Daher et al.[70] chamam a atenção para a necessidade de parcerias entre pequenas empresas, organizações não governamentais, governo e comunidade, como uma alternativa para a implantação de responsabilidade empresarial nesse setor, pois consideram que, isoladamente, as pequenas empresas encontram muitas dificuldades financeiras e técnicas para tal empreitada.

Os riscos relacionados à ausência de responsabilidade dizem respeito à perda de credibilidade da organização perante a sociedade; internamente, pode significar a deterioração do clima organizacional. Em termos de potencialidades, a cidadania empresarial pode ser utilizada como uma vantagem competitiva, potencializadora das

---

[65] DANTAS, A. J. F. et al. Responsabilidade social sob a ótica da ISO 26000: uma análise das pequenas empresas do comércio varejista de Mossoró. In: Encontro Internacional sobre Gestão Empresarial e Meio Ambiente, 16., 2014, São Paulo. *Anais...* São Paulo: Engema, 2014. p. 1-16.

[66] CORRÊA, N. M. F. et al. Responsabilidade social em pequenas e médias empresas: características e novos desafios. *Ciência Atual*, v. 6, n. 2, 2015.

[67] DA MATA DAHER, D. et al. As micro e pequenas empresas e a responsabilidade social: uma conexão a ser consolidada. In: SEGET: SIMPÓSIO DE EXCELÊNCIA EM GESTÃO E TECNOLOGIA, 2012. Rio de Janeiro. *Anais...* Rio de Janeiro: Seget, 2012.

[68] DANTAS et al., 2014.

[69] CORRÊA et al., 2015.

[70] DA MATA DAHER et al., 2012.

várias relações que a organização estabelece com funcionários, comunidade, governos, fornecedores e consumidores. Portanto, não há um consenso sobre o conteúdo e, principalmente, sobre as formas de operacionalização da responsabilidade social. Trata-se de um campo em construção e em embate, um desafio para estabelecer entre organizações e sociedade relações mais equilibradas.

Considerações finais

A abordagem da responsabilidade social é fruto de um processo de adaptação do capitalismo às pressões exercidas pelo contexto político quando da polarização capitalismo–socialismo. Portanto, suas origens não foram resultado de uma pressão da sociedade, mas de uma disputa de espaço político com um outro projeto de sociedade.

Se, por um lado, ações dessa natureza não pretendem criticar a forma como se produz a riqueza na atualidade, mas basicamente criar formas menos conflitivas de convivência social, por outro, a responsabilidade social pode se constituir em fissuras que permitam repensar aspectos da relação organização-sociedade ao demonstrar que uma relação mais equilibrada não necessariamente conduziria a uma ruptura com o atual sistema econômico.

Do ponto de vista social, o debate sobre a responsabilidade social, ao incluir os diversos *stakeholders,* permite que esse diálogo ocorra de forma ampliada, pois não é possível pensar a responsabilidade social da empresa sem considerar a dos sujeitos envolvidos no processo, como comunidade, consumidores, governo, fornecedores, concorrentes. Nesse sentido, a responsabilidade social pode ser um elo transversal de reflexão sobre o que pretendemos para a sociedade e qual o papel das organizações nesse processo.

Assim, a discussão sobre as responsabilidades sociais das organizações não é uma resposta, é apenas uma possibilidade de deixar aberto um debate sobre o futuro que queremos.

Questões

1. Qual é a diferença entre filantropia e responsabilidade social?
2. Como pode ser aplicado o conceito de Schwartz e Carroll em um pequeno negócio?
3. Para não cair na armadilha do assistencialismo, o que o empresário da pequena empresa deve fazer?
4. Que estratégias de baixo custo se podem ser sugeridas ao empreendedor que está elaborando um plano de negócios para um pequeno laticínio?
5. É possível envolver colaboradores, fornecedores e clientes em um plano de responsabilidade social? Dê um exemplo.

Dicas dos consultores

1. Mobilize toda a organização no sentido de fomentar uma filosofia de responsabilidade social.
2. Ao recrutar um candidato, verifique também se ele participa de alguma organização não governamental (ONG), agremiação ou programa social que traga benefícios para a comunidade à qual pertence.
3. Beneficie-se de incentivos tributários que contemplem obras e programas sociais não só pelo benefício, mas sim pela ajuda humanitária.
4. Faça parcerias com entidades que se preocupem, sobretudo, com a inclusão social.
5. Acrescente ao programa de responsabilidade social itens que são bem-vistos pela sociedade, como: não emprego de mão de obra infantil, empregabilidade de pessoas com necessidades especiais, capacitação para pessoas com dificuldade de mobilidade ou outra, que propicie ajuda com bolsas parciais a seus colaboradores etc.

Referências

ALVES, E. A. Dimensões da responsabilidade social da empresa: uma abordagem desenvolvida a partir da visão de Bowen. *Revista de Administração*, v. 38, n. 1, p. 37-45, jan./fev./mar. 2003.

ANDRADE, M. A. M.; GOSLING, M.; XAVIER, W. S. Por trás do discurso socialmente responsável da siderurgia mineira. *Produção*, v. 20, n. 3, p. 418-428, jul./set. 2010.

ASHLEY, P. A. (Coord.). *Ética e responsabilidade social nos negócios*. São Paulo: Saraiva, 2004.

BANCO MUNDIAL. *Public sector roles in strengthening corporate social responsibility*: a baseline study. Washington, 2002.

BARBIERI, J. C.; CAJAZEIRAS, J. E. R. *Responsabilidade social empresarial e empresa sustentável*: da teoria à prática. São Paulo: Saraiva, 2009.

BOWEN, H. R. *Responsabilidades sociais do homem de negócios*. Rio de Janeiro: Civilização Brasileira, 1957.

BRITO FILHO, A. C. *A percepção dos stakeholders sobre as ações de responsabilidade social empresarial*. 2006. Dissertação (Mestrado) – Universidade Federal Rural do Semiárido, Mossoró, 2006.

CARROLL, A. B. The pyramid of corporate social responsibility: toward the moral management of organizational stakeholders. *Business Horizons*, v. 34, n. 4, p. 39-48, 1991.

____. Corporate social responsibility: evolution of a definitional construct. *Business & Society*, v. 38, n. 3, p. 268-295, 1999.

CHRISMAN, J. J.; CARROLL, A. B. Corporate responsibility: reconciling economic and social goals. *Sloan Management Review*, v. 25, n. 2, p. 59-65, 1984.

CORRÊA, N. M. F. et al. Responsabilidade social em pequenas e médias empresas: características e novos desafios. *Ciência Atual*, v. 6, n. 2, 2015.

DRUCKER, P. *Sociedade pós-capitalista*. São Paulo: Pioneira, 1993.

DA MATA DAHER, D. et al. As micro e pequenas empresas e a responsabilidade social: uma conexão a ser consolidada. In: SEGET: SIMPÓSIO DE EXCELÊNCIA EM GESTÃO E TECNOLOGIA, 2012. Rio de Janeiro. *Anais...* Rio de Janeiro: Seget, 2012.

DANTAS, A. J. F. et al. Responsabilidade social sob a ótica da ISO 26000: uma análise das pequenas empresas do comércio varejista de Mossoró. In: Encontro Internacional sobre Gestão Empresarial e Meio Ambiente, 16., 2014, São Paulo. *Anais...* São Paulo: Engema, 2014. p. 1-16.

DUARTE, C.; TORRES, J. *Responsabilidade social empresarial*: dimensões históricas e conceituais. Responsabilidade social das empresas: a contribuição das universidades. São Paulo: Instituto Ethos, 2005. v. 4.

JONES, M. T. Missing the forest for the trees: a critique of the social responsibility concept and discourse. *Business & Society*, v. 35, n. 1, p. 7-41, 1996.

KREITLON, M. P. A ética nas relações entre empresas e sociedade: fundamentos teóricos da responsabilidade social empresarial. In: ENANPAD, 28, 2004, Curitiba. *Anais...* Curitiba: Anpad, 2004.

LIMA, T. C. A. et al. A institucionalização das práticas de responsabilidade social: um estudo da companhia de água e esgoto do Ceará. *Revista Contemporânea de Economia e Gestão*, v. 9, n. 1, p. 79-95, jan./jun. 2011.

LOPEZ, M. A. F.; PUJATO, C. C. L.; BARRIO, M. G. *Diagrama de Venn*. Madrid: Intef, 2011.

MELO NETO, F. P.; FROES, C. *Gestão da responsabilidade social corporativa*: o caso brasileiro. Rio de Janeiro: Qualitymark, 2001.

PANWAR, R. et al. Corporate responsibility: balancing economic, environmental, and social issues in the forest products industry. *Forest Products Journal*, v. 56, n. 2, p. 4-12, 2006.

PORTER, M. E.; KRAMER, M. R. The competitive advantage of corporate philanthropy. *Harvard Business Review*, v. 80, n. 12, p. 56-68, 2002.

RIBEIRO, A. M. L. *Responsabilidade social empresarial*: percepções e possibilidades. 2005. 144f. Dissertação (Mestrado em Ciências Sociais) – Pontifícia Universidade Católica de Minas Gerais, Belo Horizonte, 2005.

SANTANA, N. B. *Responsabilidade socioambiental e valor da empresa*: uma análise por envoltória de dados em empresas distribuidoras de energia elétrica. 2008. 326f. Dissertação (Mestrado em Engenharia de Produção) – Universidade de São Paulo, São Carlos. 2008.

SCHROEDER, J. T.; SCHROEDER, I. Responsabilidade social corporativa: limites e possibilidades. *RAE-eletrônica*, v. 3, n. 1, p. 1-10, jan./jun. 2004. Disponível em: <http://rae.fgv.br/sites/rae.fgv.br/files/artigos/10.1590_S1676-56482004000100002.pdf>. Acesso em: jul. 2017.

SCHWARTZ, M. S.; CARROLL, A. B. Corporate social responsibility: a three-domain approach. *Business Ethics Quarterly*, v. 13, n. 4, p. 503-530, 2003.

SIMÕES, C. P. et al. *Responsabilidade social e cidadania*: conceitos e ferramentas. Brasília: CNI/Sesi, 2008.

SOARES, G. M. P. Responsabilidade social corporativa: por uma boa causa!? *Revista de Administração de Empresas*, v. 3, n. 2, p. 1-15, jul./dez. 2004.

SOARES, L. R. *Responsabilidade social empresarial*: uma análise de modelos teóricos-conceituais. 2008. 110f. Dissertação (Mestrado em Administração) – Universidade Federal da Bahia, Salvador, 2008.

TORRES, C. *Responsabilidade social das empresas*. Fórum Responsabilidade e Balanço Social: coletânea de textos. São Paulo, Sesi, 2003.

A venda de ações

Salim iniciou sua trajetória de vendas no banco, oferecendo inicialmente rádios portáteis, e depois, perfumes. Quando menos esperava, já estava atendendo qualquer tipo de encomenda, desde o mais sofisticado aparelho de som até desembaçadores de para-brisa.

A rotina do serviço bancário já não mais o incomodava. Vendia os produtos e não deixava de cumprir suas tarefas. Afinal, ele era pago para isso e não para vender. Chegou a vender ações na época em que a Bolsa estava em ascensão, isso pelos idos de 1973. Este foi o único produto que ele se arrepende de ter vendido. Sem querer, prejudicou um contínuo, seu colega. Gabriel tinha feito umas economias quando ele lhe ofereceu alguns papéis. Veio a queda da Bolsa! O amigo ficou atônito. Salim nada podia fazer. Era apenas um intermediário no processo. Não entendia nada de mercado de ações. Até gente entendida tinha entrado nesta fria.

Salim ainda se lembra de que, na época, uma colega professora, que lecionava em uma das escolas em que ele também trabalhava, vendeu um Fusca (que naquele tempo não era todo mundo que tinha) e investiu em ações.

Após a queda, ela não conseguiu comprar, com a revenda dos papéis, nem uma *bike*. Chateado, Salim abandonou esse mercado.

12
SUSTENTABILIDADE COMO ALAVANCA PARA O CRESCIMENTO

José Benedito Sacomano
Claudio Lira Meirelles
Ethel Cristina Chiari da Silva

"Se você quer uma mudança permanente, pare de focar o tamanho de seus problemas e comece a focar o seu tamanho."

T. Harv Eker

Objetivos do capítulo

Apresentar o conceito de sustentabilidade de forma aplicada por meio de ferramentas que possibilitem a identificação, o desenvolvimento e a transformação de projetos econômicos em negócios ambientais.

Entrando em ação

A sustentabilidade pode ser definida como a capacidade de o ser humano interagir com o mundo, preservando o meio ambiente para não comprometer os recursos naturais das gerações futuras. A sustentabilidade atende a um conjunto de variáveis interdependentes, mas pode-se dizer que deve ter a capacidade de integrar as questões sociais, energéticas, econômicas e ambientais.

Uma pequena empresa

Uma pequena empresa do setor de comércio está passando por dificuldades financeiras decorrentes do crescimento da concorrência local. Esta empresa tem cinco funcionários, é gerenciada pelo seu proprietário e vende produtos diversos conhecidos como R$ 1,99. Para resolver o problema, o empresário procurou uma consultoria profissional para desenvolver práticas de mercado com o intuito de obter vantagem competitiva que possibilite o desenvolvimento sustentável do seu negócio. A consultoria contratada sugeriu práticas de sustentabilidade ambiental como reciclagem e coleta seletiva para sensibilizar os clientes e conseguir atingir a tal vantagem competitiva. Considerando as características de uma pequena ou média empresa (PME), essas práticas vão conseguir o resultado esperado pelo empresário? Dedique alguns minutos para conhecer os conceitos apresentados neste capítulo. Eles o auxiliarão a responder a esse questionamento.

Com conhecimento adquirido, dedique-se à ação!

Perigo à vista! **A sustentabilidade tão somente funcionará se...** o gestor tiver condições para dirigir o curso da empresa, por meio de processos que valorizem, mantenham e recuperem todas as formas de capital humano, natural e financeiro.

Considerações iniciais

O homem, mesmo depois de um grande tempo retirando recursos da natureza, despertou para a questão ambiental e a lógica inferência de que, findando os recursos que o sustentam, redundaria no seu próprio fim. Logo, muito se foi discutido sobre o tema no mundo inteiro, por organizações governamentais e comunidades científicas. Alguns eventos em prol da preservação do meio ambiente começaram a surgir em meados do século 20.[1]

---

[1] LESSA, M. L. S. *Critérios de sustentabilidade para elementos construtivos*: um estudo sobre telhas "ecológicas" empregadas na construção civil. 2009. Dissertação (Mestrado) – Escola Politécnica, Universidade Federal da Bahia. 2009. Disponível em: <http://livros01.livrosgratis.com.br/cp123822.pdf>. Acesso em: 20 nov. 2017.

Em 1987, por exemplo, foi formada a World Comission on Environment and Development (Comissão Mundial para o Meio Ambiente e Desenvolvimento) da Organização das Nações Unidas (ONU), presidida por Gro Harlem Brundtlandt, primeira-ministra da Noruega. Essa comissão trabalhou durante três anos na elaboração de um relatório destinado à sociedade que abordava a escassez dos recursos naturais e o aumento da miséria no mundo, com medidas a serem implementadas pelas nações em favor da minimização desses problemas.[2]

Sustentabilidade significa cuidar para que o desenvolvimento econômico advenha ao mesmo tempo em que a conservação dos recursos naturais e da biodiversidade do planeta seja assegurada. Ou seja, obter um formato de crescimento que atenda à necessidade da população no presente, sem comprometer a qualidade de vida da população futura.[3]

A palavra sustentabilidade tornou-se corriqueira dentro das organizações e do meio social, nos dias atuais, porém, a sua definição é ampla. A noção de sustentabilidade aponta para a diminuição do consumo e do desperdício de matérias-primas, desonerando o meio ambiente e acarretando valor agregado com o mínimo impacto. Ressalta-se que o desenvolvimento sustentável é o futuro desejável e, para alcançá-lo, é necessário constituir instrumentos direcionados para as empresas e demais agentes.[4]

A base para isso é o conceito dos três pilares da sustentabilidade, o *triple bottom line* (TBL), conhecido também como 3P (Planet, People, Profit), palavras da língua inglesa que significam planeta, pessoas e lucro, respectivamente. Ou seja, para uma organização ser sustentável, é preciso buscar o equilíbrio desses três pilares. Ela precisa gerar renda e lucro, mas considerando regras de transparência e retorno integrado ao desenvolvimento da sociedade onde está inserida, considerando o menor impacto ambiental possível.[5]

---

[2] LESSA, 2009.

[3] MUNCK, L.; DIAS, B. G.; SOUZA, R. B. Ecoeficiência organizacional e competências: analisando seus vínculos em uma indústria do setor eletroeletrônico. In: ENCONTRO DE ESTUDO E ESTRATÉGIA, 5., 2011, Porto Alegre. *Anais...* Porto Alegra, 2011. Disponível em:<http://www.anpad.org.br/admin/pdf/3Es204.pdf>. Acesso em: 20 nov. 2017.

[4] MUNCK; DIAS; SOUZA, 2011.

[5] CEBDS; ACCENTURE. *Sustentabilidade nas empresas brasileiras*: oportunidades de negócios sustentáveis. Estudo CEBDS e Accenture, 2014. Disponível em: <http://cebds.org/wp-content/uploads/2015/05/sustentabilidade_substituir.pdf>. Acesso em: 20 nov. 2017.

12.1 Desenvolvimento sustentável nas pequenas e médias empresas

O debate sobre o desenvolvimento sustentável normalmente é embasado em análises fragmentadas com foco apenas em alguns dos fatores que podem influenciar o resultado das empresas, e não consideram os diferentes tamanhos, setores e culturas das organizações. Abordar o conceito de desenvolvimento sustentável é uma discussão complexa, principalmente porque essa nova realidade exige uma visão em nível de produto e planejamentos estratégico e tático.[6]

Não ter uma visão ampla sobre esse tema pode levar ao erro na escolha de estratégia de mercado ou na elaboração de políticas públicas, o que influenciará diretamente o resultado das organizações, principalmente quando se analisam pequenas e médias empresas, que possuem características peculiares em países considerados desenvolvidos e emergentes. Entender os fatores internos e externos que impactam seus resultados financeiros é fundamental para a criação de uma estratégia que possibilite o desenvolvimento sustentável.

Um dos erros na formulação de práticas de mercado para pequenas e médias empresas é o uso da ideia de sustentabilidade ambiental para alcançar o desenvolvimento sustentável. As definições de "sustentabilidade" e "sustentável" em diversas situações criam um conflito conceitual. **Sustentabilidade** é uma gestão direcionada ao meio ambiente, e uma **gestão sustentável** é direcionada ao crescimento econômico/financeiro da empresa.

O **meio ambiente** é um dos três fatores descritos na literatura atual relacionados ao desenvolvimento sustentável; os outros dois são o **social** e o **financeiro**. O meio ambiente foi o último fator a ser introduzido no debate sobre desenvolvimento nos principais fóruns mundiais, e surgiu diante dos problemas ambientais provocados por empresas de grande porte – em geral multinacionais – encontrados e discutidos a partir da década de 1980.[7]

---

[6] EGELS-ZANDEN, N.; ROSEN, M. Sustainable strategy formation at a swedish industrial company: bridging the strategy-as-practice and sustainability gap. *Journal of Cleaner Production*, v. 96, p. 1-9, 2014.

[7] GOMES, C. M.; KNEIPP, J. M.; ROSA, L. A. B.; BICHUETI, R. S. Management for sustainability in companies of the mining sector: an analysis of the main factors related with the business performance. *Journal of Cleaner Production*, v. 84, p. 84-93, dec. 2014. ÖZCÜRE, G.; DEMIRKAYA, H.; ERYIGIT, N. The sustainable company and employee participation as a part of the solution to triple crisis in the European Union and Turkey. *Procedia Social and Behavioral Sciences*, v. 24, p. 1274-1287, 2011. FACCIO, M.; PERSONA; A.; SGARBOSSA, F. Z. G. Sustainable SC through the complete reprocessig of end-of-life products by manufacturers: a traditional versus social responsibility company perspective. *European Journal of Operational Research*, v. 233, p. 359-373, 2014.

Figura 12.1   Fatores para o desenvolvimento sustentável

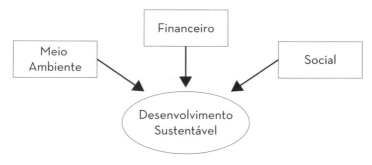

Fonte: elaborada pelos autores.

É importante considerar como ponto de partida que políticas de desenvolvimento sustentável foram implantadas, em sua plenitude conceitual, inicialmente em grandes corporações. Espera-se cada vez mais que as organizações também de pequeno e médio porte sejam capazes de reconhecer seus impactos ambientais, econômicos e sociais e, a partir desse pano de fundo, construam relacionamentos de valor com os seus diferentes públicos de interesse, os chamados *stakeholders*: o público interno, fornecedores, clientes, acionistas, comunidade, governo e sociedade, meio ambiente, entre outros. Embora já haja diversos exemplos de práticas de gestão socialmente responsável, a inserção da sustentabilidade e da responsabilidade social às práticas diárias de gestão ainda representa um grande desafio para grande parte da comunidade empresarial brasileira.[8]

A definição de **desenvolvimento sustentável** mais utilizada na literatura é a apresentada pela World Commision on Environment and Development (WCED),[9] que a definiu como "uma prática de mercado que tem como finalidade o crescimento financeiro da empresa satisfazendo as necessidades atuais, sem prejudicar as gerações futuras". Porém, vale ressaltar que, para Geldenhuys,[10] a palavra desenvolvimento faz parte da realidade das múltiplas áreas da vida, e que a maioria das pessoas, provavelmente, concordaria que o **desenvolvimento da comunidade** se dá por meio das melhorias nas condições físicas, econômicas e sociais dela, que deveria ser o objetivo final de todas as comunidades civilizadas.

Esta definição apresenta uma visão ampla, que agrega o tripé dos fatores para o desenvolvimento sustentável: social, ambiental e financeiro. Por tal complexidade, se faz necessário entender as diferenças entre as características das grandes e pequenas empresas, para compreender quais práticas de mercado são viáveis para alcançar o desenvolvimento sustentável em diferentes organizações.

---

[8] ALMEIDA, F. *Os desafios da sustentabilidade*: uma ruptura urgente. Rio de Janeiro: Elsevier, 2007.
[9] WORLD COMMISSION ON ENVIRONMENT AND DEVELOPMENT (WCED). *Our Common Future*, 1987.
[10] GELDENHUYS, G. Operations research and development. PduT Fourie. *ORiON*, Johannesburg. v. 23, n. 1, p. 59-13, 2007.

Para Geldenhuys,[11] já se apresenta, mesmo que implicitamente, a tentativa de resposta à pergunta "Por que promover o desenvolvimento?", pois se trata, em primeira instância, de um imperativo moral, e pragmático, procurar reduzir as desigualdades sociais. Porém, o que precisa ser discutido são as reais intenções do empresariado que se encontra nesse meio, isto é, discutir as ações desenvolvidas, sua abrangência e possibilidade de sustentabilidade, além de verificar o que está presente na intencionalidade de organizações que pensam em prêmios ou selos voltados às empresas que realizam ações voltadas à sustentabilidade. O problema é que pouquíssimas empresas no mundo conseguem compreender e aplicar os conceitos de sustentabilidade no seu cotidiano, tratando-os como verdadeiras oportunidades de negócios que abrem caminho para a diminuição de custos, riscos e aumento dos rendimentos.[12]

Grandes empresas possuem estrutura profissional, com setores bem definidos, acesso a linhas de crédito, apoio governamental por meio de políticas públicas, reserva financeira, aproveitam as vantagens competitivas de outros mercados internacionais por meio de importação ou exportação e traçam um planejamento de longo prazo.

Pequenas empresas, diferentemente das grandes, principalmente em países considerados emergentes como o Brasil, não possuem uma estrutura profissional, têm pouco apoio governamental, dificuldade em ter acesso a linhas de créditos, são abertas em geral por indivíduos que não têm conhecimento técnico sobre o produto ou serviço negociado, e o planejamento é de curto prazo, vinculado às atividades do dia a dia.[13]

Estas empresas também sofrem concorrência direta de empresas de outros países que usufruem de algum tipo de vantagem competitiva, o que compromete a sua sobrevivência. Como a maioria das pequenas e médias empresas no Brasil representa os setores de comércio ou serviço, outros fatores ainda devem ser considerados como: não há uma marca consolidada no mercado e, normalmente, seu público procura produtos ou serviços de valores menores. Diante de suas características, as grandes organizações apresentam uma estratégia de desenvolvimento sustentável que tem como fundamento uma gestão que integra desenvolvimento social, proteção ambiental e crescimento econômico em um planejamento de longo prazo e integrando todos os níveis hierárquicos.[14]

---

[11] GELDENHUYS, 2007.

[12] HERZOG, A. L. É politicamente correto e dá mais dinheiro. *Exame*, São Paulo, p. 14-17, dez. 2004. Edição especial, PÉREZ-EZCURDIA, A.; MARCELINO-SÁBADA, S. The small project paradox SMEs. *Prime Journal of Business Administration and Management*, v. 2, n. 9, p. 687-692, 2012. MORALES, J. J. S. Identificación del impacto de la carga fiscal en las PYME de Bogotá, a partir del contexto latinoamericano, nacional y regional. *Cuad. Contab.*, Bogotá, v. 11, n. 28, 2010.

[13] KLEWITZ, J.; HANSEN, G. Sustainability-oriented innovation of SMEs: a systematic review. *Journal of Cleaner Production*, v. 65, p. 57-75, 2014.

[14] ZHANG, F.; RIO, M.; ALLAIS, R.; ZWOLINSKI, P.; CARRILLO, T. R.; ROUCOULES, L.; MERCIER-LAURENT, E.; BUCLET, N. Toward a systemic navigation framework to integrate sustainable development into the company. *Journal of Cleaner Production*, v. 54, p. 199-214, 2013.

De acordo com Wells,[15] criar práticas que possibilitem um desenvolvimento sustentável em uma pequena ou média empresa (PME) apresenta uma dualidade. A pequena escala na qual empresas deste porte trabalham poderia ser um ponto positivo para a sustentabilidade do negócio, pois é mais fácil de gerenciá-la, porém, concomitantemente, pode ser um ponto negativo por deixar a empresa vulnerável às mudanças no mercado.

Para Rodrigues e Costa, hoje as empresas de pequeno e médio porte necessitam trabalhar com ações que tragam resultados no curto prazo, e uma variável estratégica básica é a **qualidade**, no seu significado mais amplo. Em outras palavras, seria introduzir na organização práticas que reduzem os custos e melhorem os métodos e processos internos, o que provocaria maior eficiência comercial e criaria vantagem competitiva.[16]

Corroborando esta informação, uma pesquisa realizada com pequenas e médias empresas identificou que o **fator custo** é o mais relevante para a sustentabilidade da empresa, sendo a produção o menos relevante. Fatores como os meios ambiente e social não são vistos como importantes para o desenvolvimento sustentável.[17] Este resultado é notório no dia a dia de uma PME. O custo é um fator que traz para as PMEs vantagem competitiva no curto prazo, em especial para representantes dos setores do comércio e serviço, nos quais os custos operacional e/ou comercial têm um impacto direto no resultado financeiro. É compreensível constatar que o fator menos relevante seja a produção, pois menos de 10% das empresas com essas características são do setor industrial. Fatores que necessitam de longo prazo para que a empresa tenha retorno financeiro não são considerados relevantes para o desenvolvimento sustentável, como é o caso dos meios ambiente e social observados na pesquisa, diferentemente do que ocorre nas grandes empresas. Este resultado está alinhado com as características das PMEs.

Acrescentando mais um fato a esta discussão, a pesquisa de Papalardo[18] destaca que o produto ou serviço oferecido ao mercado é o fator interno que mais influencia o desenvolvimento sustentável na PME; e o planejamento é considerado uma decisão operacional e não estratégica. Como fatores externos, o apoio de estabelecimento financeiro e a expectativa de políticas públicas não são vistos como importantes, e a capacitação é tida como fundamental. Essas constatações são indício de ruptura com a defesa da ideia de que, **para uma empresa de pequeno ou médio porte conseguir um desenvolvimento sustentável**, **deve contemplar de forma integrada em suas práticas de mercado os fatores econômico, social e ambiental**.

---

[15] WELLS, P. Diversity, scale and sustainability in human systems: towards a research agenda. *Journal of Cleaner Production*, v. 47, p. 232-235, 2013.

[16] RODRIGUES, M. G.; COSTA, F. J. P. Qualidade, sustentabilidade e responsabilidade social corporativa. *Revista Brasileira de Administração Científica*, v. 4, n. 1, jan./jun. 2013.

[17] MEIRELLES, C. L.; SACOMANO, J. B.; PAPALARDO, F. The concepto of sustentability in view of micro, small, and medium Brazilian companies. APMS 2014, Part II, IFIP AICT 439, p. 90-97, 2014.

[18] PAPALARDO, F. et al. Small and medium enterprise in Brazil: a comprehensive study of the manager's view of the business. APMS 2014, Part II, IFIP AICT 439, p. 82-89, 2014.

Os fatos indicam que pequenas e médias empresas precisam criar práticas que tragam resultado financeiro de curto prazo, como é o caso da redução da custo operacional e/ou comercial e, em um segundo momento, ao se consolidarem no mercado, poderão gerar mais empregos, o que irá refletir em um bem-estar social da comunidade no seu entorno.[19]

Voltando ao questionamento inicial, considerar uma política de desenvolvimento sustentável apoiada apenas em fatores ambientais é criar práticas que necessitam de longo prazo para obter um retorno financeiro para a empresa, pois depende de o público-alvo aprovar as ações e transformar esse apoio em consumo dos produtos e serviços oferecidos. Esse tempo de retorno dificulta tais decisões a serem implementadas em pequenas e médias empresas, diferentemente das grandes empresas, que estão preparadas para esse tipo de ação.

Em países considerados emergentes, como o Brasil, criar práticas de desenvolvimento sustentável depende mais de fatores externos, como políticas públicas, do que de fatores internos, como redução de custo. Isso decorre da dificuldade que os empresários têm em criar ações que possam reduzir custos nas PMEs, porque normalmente este fator está atrelado a políticas do Estado, como: fornecimento de infraestrutura, legislação simplificada, redução de impostos e tributos, investimento em educação e capacitação profissional, e acesso ao financiamento com taxas subsidiadas são importantes para criar um cenário favorável ao crescimento da empresa.[20]

A falta de apoio do Estado no Brasil criou um fenômeno conhecido como "meio perdido", isto é, existem poucas médias empresas no mercado e as pequenas dificilmente conseguem crescer e se transformar em empresas médias.[21] Este fato é um problema para o crescimento da economia nacional, porque ter empresas de médio porte garante melhores salários e produção de itens com qualidade superior, criando um ciclo produtivo positivo para todos os *stakeholders*.

Uma situação oposta é vista em países considerados desenvolvidos em que, por terem apoio governamental e serem administradas por profissionais qualificados, PMEs conseguem fechar parcerias com grandes empresas, desenvolver novas ideias,

---

[19] RODRIGUES; COSTA, 2013; MORALES, 2010; GOMES et al., 2014.

[20] LUNDSTRÖM et al. Measuring the costs and coverage of SME and entrepreneurship policy: a pioneering study. *Entrepreneurship Theory & Practice*, July 2014. LIU, Z.; XU, J.; HAN, B. T. Small and medium sized enterprise post-disaster reconstruction management patterns and application. *Nat Hazards*, v. 68, p. 809-835, 2013. STEWART, H.; GAPP, R. Achieving effective sustainable management: a small-medium enterprise case study corporate social. *Responsibility and Environmental Management*, v. 21, p. 52-64, 2014. GELBMANN, U. Establishing strategic CSR in SMEs: an austrian CSR quality seal to substantiate the strategic CSR performance. *Sustainable Development*, v. 18, p. 90-98, 2010. MUSSON, A. The build-up of local sustainable development politics: a case study of company leader in France. *Ecological Economics*, v. 82, p. 75-87, 2012.

[21] MILAGROSA, A. H.; LOEWE, M.; REEG, C. The Entrepreneur makes a diference: evidence on MSE upgrading factors from Egypt, India, and the Philippines. *World Development*, v. 66, p. 118-130, 2015.

novos produtos e participar do mercado internacional, sendo este considerado o motor de desenvolvimento da região.[22]

Diante da realidade brasileira, **conseguir um desenvolvimento sustentável na pequena e média empresa passa, obrigatoriamente, por práticas de mercado que não dependem do apoio do Estado**. E para isso, se faz necessário investir em capacitação, em ações que reduzam os custos e, principalmente, em práticas que tragam retorno financeiro de curto prazo. A capacitação leva ao profissionalismo, e este, por sua vez, permite a realização de práticas favoráveis à redução de custo, criando vantagem competitiva e trazendo retorno em curto prazo. Considerando que a principal característica da PME é a necessidade de se obter um resultado de curto prazo, um novo fator pode ser incluído na discussão. Em vez de redução de custo, o empresário pode utilizar para conseguir vantagem competitiva, um serviço ou produto inovador.

Figura 12.2   Práticas para o desenvolvimento sustentável em uma PME

Fonte: elaborada pelos autores.

Inovar, no seu significado mais amplo, não é só criar um novo produto ou serviço, mas também é a capacidade de descobrir, avaliar e explorar as oportunidades que o mercado oferece aos empresários.[23]

De acordo com Mas-Tur et al.[24] e Bittar, Bastos e Moreira,[25] os fatores custo e inovação são considerados um meio para chegar ao resultado esperado, mas em ambos os casos, é necessária a capacitação. Profissionalizar a empresa é a base para se conseguir a condição necessária para um desenvolvimento sustentável.

A gestão não profissional de uma empresa resulta, normalmente, em decisões intuitivas, limitadas ao conhecimento do proprietário, o que pode levar à perda de

---

[22] HILMOLA, O. P. et al. Manufacturing strategy in SMEs and its performance implications. *Industrial Management & Data Systems*, v. 115, n. 6, p. 1004-1021, 2015.

[23] MAS-TUR, A.; PINAZO, P.; TUR-PORCAR, A. M.; SÁNCHEZ-MASFERRER, M. What to avoid to succeed as an entrepreneur. *Journal of Business Research*, v. 68, p. 2279-2284, 2015.

[24] MAS-TUR et al., 2015.

[25] BITTAR, F. S. O.; BASTOS, L. T.; MOREIRA, V. L. Reflexões sobre o empreendedorismo: uma análise crítica na perspectiva da economia das organizações. *Rev. Adm. da UFSM*, Santa Maria, v. 7, n. 1, p. 65-80, 2014.

oportunidades por parte da empresa.[26] Um exemplo dessa situação é o caso da estratégia de internacionalização. Independentemente do tamanho da empresa, o mercado globalizado viabiliza a realização de negócios em diferentes países. Pequenas empresas pouco utilizam esta prática pela falta de conhecimento sobre a atividade, deixando de aproveitar os benefícios que a exportação ou importação pode trazer ao seu negócio.

12.2 Implantação de um sistema de gerenciamento ambiental

Para implantação de um sistema de gerenciamento ambiental (SGA), é necessário estabelecer os recursos físicos, financeiros e humanos para alcançar os objetivos da organização.

Fazem parte desta etapa: estruturação e responsabilidade, conscientização, treinamento e competência, comunicação interna e externa, documentação, controle operacional e prontidão de resposta às emergências.

12.2.1 Estruturação e responsabilidade

A ISO 14001[27] exige que a organização:

- Defina, documente e comunique claramente os papéis, as responsabilidades e as autoridades que implementarão o SGA.

- Nomeie um gerente específico que defina papéis, responsabilidades e autoridade para: assegurar o cumprimento dos requisitos da norma e relatar o desempenho do SGA para a alta direção da empresa, a fim de que esta tenha as bases para melhoria do SGA.

- Forneça os recursos humanos, financeiros e técnicos essenciais para a realização do sistema.

A norma de orientação ISO 14004[28] enfatiza que o representante da gerência deve ter autoridade, responsabilidade e recursos suficientes para assegurar que o SGA seja implementado de modo eficaz.

---

[26] CHILD, J.; HSIEH, L. H. Y. Decision mode, information and network attachment in the internationalization of SMEs: a configurational and contingency analysis. *Journal of World Business*, v. 49, p. 598-610, 2014. RAMIREZ, A. C. Actitudes de los emprendedores de micro y pequeñas empresas frente a la adquisición de información externa para la toma de decisiones comerciales. *Estudios Gerenciales*, Universidad Icesi, v. 27, n. 121, p. 159-173, out./dec. 2011.

[27] ASSOCIAÇÃO BRASILEIRA DE NORMAS TÉCNICAS (ABNT). *NBR ISO 14001*. Sistemas de gestão ambiental: especificações e diretrizes para uso. Rio de Janeiro: ABNT, 1996.

[28] ASSOCIAÇÃO BRASILEIRA DE NORMAS TÉCNICAS (ABNT). *NBR ISO 14004*. Sistemas de gestão ambiental, diretrizes gerais, princípios, sistema e técnicas de apoio. São Paulo: ABNT, 2003.

12.2.2 Treinamento, conscientização e competência

A ISO 14001 requer que a organização estabeleça um procedimento para identificar necessidades de treinamento e assegurar que todas as pessoas "cujo trabalho possa criar um impacto significativo no meio ambiente" recebam o treinamento apropriado. Assim, esta cláusula exige que todos os empregados ou membros organizacionais se conscientizem:

- De seus papéis e responsabilidades no contexto do SGA.
- Dos impactos ambientais significativos, reais ou potenciais, de suas atividades de trabalho.
- Da importância do cumprimento das políticas ambientais, dos procedimentos e dos requisitos do SGA.
- Dos benefícios ambientais advindos de um melhor desempenho pessoal.
- Das consequências da violação aos procedimentos.

12.2.3 Comunicação interna e externa

Refere-se à necessidade de comunicações internas e externas sobre as questões ambientais. O requisito básico é estabelecer e manter procedimentos para:

- Viabilizar a comunicação interna entre os vários níveis e funções da organização.
- Receber, documentar e responder "comunicações relevantes de entidades externas interessadas" referentes a aspectos ambientais ao SGA. (Neste ponto, é importante ressaltar que é a organização que decide o que é comunicação relevante e que, portanto, ela não precisa responder a todos e a qualquer entidade sobre qualquer assunto.)

12.2.4 Estabelecimento da política ambiental

Maimon[29] diz que: "A política ambiental é uma declaração da corporação quanto aos princípios e compromissos assumidos em relação ao meio ambiente". Tibor e Feldman[30] completam a ideia dizendo que a política ambiental dá o sentido geral da direção e comprometimento da organização com relação ao meio ambiente e fornece um contexto de trabalho para a fixação de metas e objetivos.

---

[29] MAIMON, D. *Passaporte verde*: gestão ambiental e competitividade. São Paulo: Qualitymark, 1996. p. 73.

[30] TIBOR, T.; FELDMAN, I. *ISO14000*: um guia para as normas de gestão ambiental. Tradução de Bazán Tecnologia e Linguística. São Paulo: Futura, 1996.

A norma de orientação ISO 14004 aconselha as organizações que não tenham desenvolvido uma política a começarem por onde possam alcançar benefícios óbvios, focalizando no cumprimento das regulamentações, identificando e limitando fontes de risco ou estabelecendo formas mais eficientes de utilizar materiais e energia.

Cajazeira[31] e Tibor e Feldman[32] especificam que qualquer que seja o conteúdo específico da política de uma organização, a ISO 14001 requer que:

- Seja apropriada à natureza, escala e impactos ambientais das atividades, produtos e serviços da organização.
- Inclua compromisso com melhorias contínuas.
- Inclua compromisso em cumprir a legislação, as regulamentações e outras exigências relevantes às quais a organização esteja submetida.
- Forneça um quadro contextual de trabalho para fixar e reavaliar os objetivos e alvos ambientais.
- Seja documentada, implementada, mantida e comunicada a todos os empregados.
- Esteja disponível ao público.

12.2.5 Planejamento

Nesta etapa, elabora-se um conjunto de procedimentos para a implementação e operação do sistema de gestão ambiental e que completam sua política ambiental. Como se pode observar a seguir, a fase de planejamento tem cinco etapas básicas:

1. Identificar os aspectos ambientais das atividades, produtos e serviços da organização que possam ser controlados e influenciados.
2. Determinar quais aspectos estão associados a impactos ambientais significativos.
3. Identificar e manter o acesso às exigências legais e a todos os outros requisitos que se apliquem aos aspectos ambientais das atividades, produtos e serviços.
4. Estabelecer objetivos e alvos.
5. Estabelecer o sistema de gestão ambiental (SGA).

Vale ressaltar que a ISO 14001 requer planejamento, mas não necessariamente um plano estratégico escrito.[33]

---

[31] CAJAZEIRA, J. E. R. *ISO 14001*: manual de implantação. Rio de Janeiro: Qualitymark, 1997.

[32] TIBOR; FELDMAN, 1996.

[33] TIBOR; FELDMAN, 1996.

12.2.6 Implementação e operação

Um dos requisitos básicos é estabelecer e manter informações que descrevam os "elementos essenciais do sistema gerencial e suas interações" e que ofereçam "instruções para a documentação relacionada". Esta documentação não precisa conter todos os procedimentos e instruções operacionais ou documentos similares, mas pode orientar os usuários com referência a onde encontrar essas informações.

A implementação da ISO 14000 "exige que a organização documente aqueles aspectos de suas operações que demonstrem a um auditor que o sistema está instalado e funcionando de maneira eficaz".

Outro requisito é identificar e planejar as atividades e operações "associadas aos aspectos ambientais significativos identificados em alinhamento com suas políticas, objetivos e alvos". De acordo com Tibor e Feldman,[34] as organizações alcançam o controle operacional da seguinte forma:

- Preparando procedimentos documentados para as atividades e operações a fim de assegurar que não se desviem de políticas, objetivos e alvos.
- Especificando critérios operacionais.
- Estabelecendo e comunicando aos fornecedores e subcontratados procedimentos relevantes que se relacionem com os aspectos ambientais significativos das mercadorias e serviços utilizados pela organização.

Mais um requisito é "estabelecer e manter procedimentos para identificar a possibilidade de ocorrência de acidentes e emergências e a resposta a essas situações", revendo e testando periodicamente suas respostas e planos de emergência.

O próximo aspecto da implementação de um SGA é verificar e monitorar o sistema, descobrir problemas e corrigi-los.

- Medir, monitorar e avaliar o desempenho ambiental.
- Se houver problemas, aplicar ação corretiva e preventiva.
- Manter registros ambientais para demonstrar a conformidade do SGA aos requisitos ISO 14001.
- Realizar auditoria do sistema de gestão ambiental.

Por fim, outro requisito básico é estabelecer e manter procedimentos documentados para monitoração e medição regulares das características-chave das operações e atividades da empresa. Referem-se àquelas que exerçam um impacto significativo no ambiente.

A etapa final no processo básico do sistema de gestão ambiental é a análise crítica do próprio SGA. Afirma Maimon[35] que esta análise é fundamental para a garantia de implantação da melhoria contínua.

---

[34] TIBOR; FELDMAN, 1996.

[35] MAIMON, 1996.

Essa análise enfoca os resultados da auditoria do sistema de gestão ambiental em circunstâncias de mudanças (na legislação, nos produtos ou atividades da organização, nos avanços tecnológicos etc.) e o compromisso da organização com melhorias contínuas (planejamento de ações corretivas e preventivas para melhorar o SGA), além de abordar possíveis mudanças nas políticas, objetivos e outros elementos do sistema de gestão ambiental.[36]

A norma ISO 14001 é relativamente curta, direta e simples. As empresas que já têm implementados sistemas gerenciais bem desenvolvidos estão a caminho da conformidade com os requisitos dessa norma.[37] As empresas com sistemas menos desenvolvidos poderão levar mais tempo para implementar os requisitos.

No entanto, é importante dizer que a implantação de um sistema de gestão ambiental baseado na ISO 14001, da mesma forma que na gestão pela qualidade, representa um processo de mudança comportamental e gerencial na organização. Conforme afirma Maimon,[38] o sucesso do SGA vai depender de:

- Comprometimento da alta direção.
- Estar integrado ao planejamento estratégico da empresa.
- Envolver todos os setores e pessoas responsáveis pela sua implementação.
- Refletir a política ambiental.
- Garantir uma mudança de comportamento.
- Considerar recursos humanos, físicos e financeiros necessários.
- Ser dinâmico e passar por revisão periódica.

Como fica claro, o Sistema de Gestão Ambiental exige uma nova forma de gerenciar. Os velhos padrões não são coerentes com o comportamento e estruturas necessários para o sucesso de um sistema de gestão ambiental na realidade atual. Novas tecnologias de gerenciamento estão surgindo exatamente para suprir a necessidade de um gerenciamento mais inteligente, compatível com as exigências mundiais.

Considerações finais

Assim, vê-se que, para alcançar um desenvolvimento sustentável, a partir das características das PMEs, é necessário desenvolver práticas que propiciem resultados em curto prazo. Sendo esta a característica principal de uma pequena empresa, entre os três fatores para um desenvolvimento sustentável, o fator financeiro é o objetivo principal do empresário; o ambiental e o social serão um resultado do sucesso do primeiro.

---

[36] TIBOR; FELDMAN, 1996.

[37] TIBOR; FELDMAN, 1996.

[38] MAIMON, 1996.

Nesse processo, a capacitação e o profissionalismo da empresa são ferramentas necessárias para se alcançar uma vantagem competitiva no mercado, seja por redução de custo ou inovação.

Esta conclusão elucida que para uma empresa alcançar um desenvolvimento sustentável, as políticas de mercado adotadas por grandes empresas não são adequadas para uso nas práticas das pequenas empresas, principalmente em países emergentes.

Questões

1. A expressão "desenvolvimento sustentável" é amplamente empregada para designar a preservação da natureza, com vistas à promoção de uma maior conscientização ambiental na sociedade. Este termo designa, especificamente, o quê?

2. O padrão não sustentável de consumo das sociedades atuais fez emergir uma grande preocupação quanto ao esgotamento dos recursos naturais. Esta afirmação se refere a que conceito?

3. Qual o índice que mede a relação entre o consumo da população e a capacidade de renovação e disponibilidade dos recursos naturais?

4. Vivemos em uma sociedade extremamente consumista, havendo grande utilização dos recursos naturais e degradação ambiental. Com os atuais modos de produção e consumo, é possível alcançar o desenvolvimento sustentável?

5. O que é desenvolvimento sustentável? Que atitudes são necessárias para se alcançar o desenvolvimento sustentável? Cite algumas possíveis atitudes individuais para promover o desenvolvimento sustentável.

Dicas dos consultores

1. Elaborar um programa que introduza pequenas mudanças de forma gradativa, como por exemplo, substituir lâmpadas convencionais por lâmpadas de LED; substituição de torneiras convencionais por torneiras de fechamento automático etc.

2. A médio e longo prazos, implantar um sistema de utilização de água de reúso com aproveitamento de água das pias e captação da água da chuva.

3. Implantar um programa de conscientização dos funcionários para medidas preventivas que evitem desperdício de qualquer ordem.

4. Ministrar cursos de capacitação para colaboradores e suas famílias.

5. Promover a semana do meio ambiente com diversas atividades que conscientizem sobre o tema.

6. Incentivar a prática de esportes e, se possível, promover diferentes torneios esportivos para chamar a atenção, como vôlei e basquete, por exemplo.

Referências

ALMEIDA, F. *Os desafios da sustentabilidade*: uma ruptura urgente. Rio de Janeiro: Elsevier, 2007.

ASSOCIAÇÃO BRASILEIRA DE NORMAS TÉCNICAS (ABNT). *NBR ISO14001*. Sistemas de gestão ambiental: especificações e diretrizes para uso. Rio de Janeiro: ABNT, 1996.

___. *NBR ISO 14004*. Sistemas de gestão ambiental, diretrizes gerais, princípios, sistema e técnicas de apoio. São Paulo: ABNT, 2003.

BITTAR, F. S. O.; BASTOS, L. T.; MOREIRA, V. L. Reflexões sobre o empreendedorismo: uma análise crítica na perspectiva da economia das organizações. *Rev. Adm. da UFSM*, Santa Maria, v. 7, n. 1, p. 65-80, 2014.

CAJAZEIRA, J. E. R. *ISO 14001*: manual de implantação. Rio de Janeiro: Qualitymark, 1997.

CEBDS; ACCENTURE. *Sustentabilidade nas empresas brasileiras*: oportunidades de negócios sustentáveis. Estudo CEBDS e Accenture, 2014. Disponível em: <http://cebds.org/wp-content/uploads/2015/05/sustentabilidade_substituir.pdf>. Acesso em: 20 nov. 2017.

CHILD, J.; HSIEH, L. H. Y. Decision mode, information and network attachment in the internationalization of SMEs: a configurational and contingency analysis. *Journal of World Business*, v. 49, p. 598-610, 2014.

EGELS-ZANDEN, N.; ROSEN, M. Sustainable strategy formation at a swedish industrial company: bridging the strategy-as-practice and sustainability gap. *Journal of Cleaner Production*, v. 96, p. 1-9, 2014.

FACCIO, M.; PERSONA; A.; SGARBOSSA, F. Z. G. Sustainable SC through the complete reprocessig of end-of-life products by manufacturers: a traditional versus social responsibility company perspective. *European Journal of Operational Research*, v. 233, p. 359-373, 2014.

GELBMANN, U. Establishing strategic CSR in SMEs: an austrian CSR quality seal to substantiate the strategic CSR performance. *Sustainable Development*, v. 18, p. 90-98, 2010.

GELDENHUYS, G. Operations research and development. PduT Fourie. *ORiON*, Johannesburg, v. 23, n. 1, p. 59-13, 2007.

GOMES, C. M.; KNEIPP, J. M.; ROSA, L. A. B.; BICHUETI, R. S. Management for sustainability in companies of the mining sector: analysis of the main factors related with the business performance. *Journal of Cleaner Production*, v. 84, p. 84-93, dec. 2014.

HERZOG, A. L. É politicamente correto e dá mais dinheiro. *Exame*, São Paulo, p. 14-17, dez. 2004. Edição especial.

HILMOLA, O. P.; LORENTZ, H.; HILLETOFTH, P.; MALMSTEN, J. Manufacturing strategy in SMEs and its performance implications. *Industrial Management & Data Systems*, v. 115, n. 6, p. 1004-1021, 2015.

KLEWITZ, J.; HANSEN, E. G. Sustainability-oriented innovation of SMEs: a systematic review. *Journal of Cleaner Production*, v. 65, p. 57-75, 2014.

LESSA, M. L. S. *Critérios de sustentabilidade para elementos construtivos*: um estudo sobre telhas "ecológicas" empregadas na construção civil. 2009. Dissertação (Mestrado) – Escola Politécnica, Universidade Federal da Bahia. 2009. Disponível em: <http://livros01.livrosgratis.com.br/cp123822.pdf>. Acesso em: 20 nov. 2017.

LIU, Z.; XU, J.; HAN, B. T. Small and medium sized enterprise post-disaster reconstruction management patterns and application. *Nat Hazards*, v. 68, p. 809-835, 2013.

LUNDSTRÖM, A.; VIKSTRÖM, P.; FINK, M.; MEULEMAN, M.; GLODEK, P.; STOREY, D.; KROKSGÅRD, A. Measuring the costs and coverage of SME and entrepreneurship policy: a pioneering study. *Entrepreneurship Theory & Practice*, July 2014.

MAIMON, D. *Passaporte verde*: gestão ambiental e competitividade. São Paulo: Qualitymark, 1996. p. 73.

MAS-TUR, A.; PINAZO, P.; TUR-PORCAR, A. M.; SÁNCHEZ-MASFERRER, M. What to avoid to succeed as an entrepreneur. *Journal of Business Research*, v. 68, p. 2279–2284, 2015.

MEIRELLES, C. L.; SACOMANO, J. B.; PAPALARDO, F. The concepto of sustentability in view of micro, small, and medium Brazilian companies. APMS 2014, Part II, *IFIP AICT 439*, p. 90-97, 2014.

MEIRELLES, C. L.; SILVA, M. T.; SACOMANO, J. B. Quality of service in small and medium enterprise. APMS 2015, Part II, *IFIP AICT 460*, p. 628-636, 2015.

MILAGROSA, A. H.; LOEWE, M.; REEG, C. The Entrepreneur makes a diference: evidence on MSE upgrading factors from Egypt, India, and the Philippines. *World Development*, v. 66, p. 118-130, 2015.

MORALES, J. J. S. Identificación del impacto de la carga fiscal en las PYME de Bogotá, a partir del contexto latinoamericano, nacional y regional. *Cuad. Contab.*, Bogotá, v. 11, n. 28, Colombia, 2010.

MUNCK, L.; DIAS, B. G.; SOUZA, R. B. Ecoeficiência organizacional e competências: analisando seus vínculos em uma indústria do setor eletroeletrônico. In: ENCONTRO DE ESTUDO E ESTRATÉGIA, 5., 2011, Porto Alegre. *Anais...* Porto Alegra, 2011. Disponível em:<http://www.anpad.org.br/admin/pdf/3Es204.pdf>. Acesso em: 20 nov. 2017.

MUSSON, A. The build-up of local sustainable development politics: a case study of company leader in France. *Ecological Economics*, v. 82, p. 75-87, 2012.

ÖZCÜRE, G.; DEMIRKAYA, H.; ERYIGIT, N. The sustainable company and employee participation as a part of the solution to triple crisis in the European Union and Turkey. *Procedia Social and Behavioral Sciences*, v. 24, p. 1274-1287, 2011.

PAPALARDO, F. et al. Small and medium enterprise in Brazil: a comprehensive study of the manager's view of the business. APMS 2014, Part II, *IFIP AICT 439*, p. 82-89, 2014.

PÉREZ-EZCURDIA, A.; MARCELINO-SÁBADA, S. The small project paradox SMEs. *Prime Journal of Business Administration and Management*, Universidad Icesi, v. 2, n. 9, p. 687-692, 2012.

RAMIREZ, A. C. Actitudes de los emprendedores de micro y pequeñas empresas frente a la adquisición de información externa para la toma de decisiones comerciales. *Estudios Gerenciales*, Universidad Icesi, v. 27, n. 121, p. 159-173, out./dec. 2011.

RODRIGUES, M. G.; COSTA, F. J. P. Qualidade, sustentabilidade e responsabilidade social corporativa. *Revista Brasileira de Administração Científica*, v. 4, n. 1, jan./jun. 2013.

STEWART, H.; GAPP, R. Achieving effective sustainable management: a small-medium enterprise case study corporate social. *Responsibility and Environmental Management*, v. 21, p. 52-64, 2014.

TIBOR, T.; FELDMAN, I. *ISO 14000*: um guia para as normas de gestão ambiental. Tradução de Bazán Tecnologia e Linguística. São Paulo: Futura, 1996.

WELLS, P. Diversity, scale and sustainability in human systems: towards a research agenda. *Journal of Cleaner Production*, v. 47, p. 232-235, 2013.

WORLD COMMISSION ON ENVIRONMENT AND DEVELOPMENT (WCED). *Our Common Future*, 1987.

ZHANG, F.; RIO, M.; ALLAIS, R.; ZWOLINSKI, P.; CARRILLO, T. R.; ROUCOULES, L.; MERCIER-LAURENT, E.; BUCLET, N. Toward a systemic navigation framework to integrate sustainable development into the company. *Journal of Cleaner Production*, v. 54, p. 199-214, 2013.

ANEXO

Sugestão de sites para pesquisa

Administrative Science Quarterly (ASQ): <http://www.johnson.cornell.edu/publications/asq>

Agência Brasileira de Promoção de Exportações e Investimentos (Apex Brasil): <http://www.apexbrasil.com.br/home/index>

Agência da Inovação da Unicamp (Inova) <http://www.inova.unicamp.br>

Agência de Desenvolvimento Solidário (ADS) <http//www.ads.org.br>

Agência de Promoção de Exportação (Apex): <http://www.apex.sebrae.com.br>

Agência Nacional de Vigilância Sanitária (Anvisa) <http://www.anvisa.gov.br>

American Marketing Association (AMA): <http://www.ama.org>

American Society for Quality (ASQ): <http://www.asq.org>

Aprendendo a exportar: <http://www.mdic.gov.br/sistemas_web/aprendex/default

Asamblea Annual Cladea (CLADEA) – Consejo Latinoamericano de Escuelas de Administración Cladea: <http://www.cladea.org>

Associação Brasileira de Marketing Direto (Abemd): <http://www.abemd.org.br>

Associação Brasileira dos Fabrbicantes de Brinquedos (Abrinq): <http://www.abrinq.org.br>

Associação Nacional de Entidades Promotoras de Empreendimentos Inovadores (Anprotec): <http://www.anprotec.org.br

Associação Nacional de Pesquisa, Desenvolvimento e Engenharia das Empresas Inovadoras (Anpei): <http://www.anpei.org.br>

Associação Nacional de Pós-Graduação e Pesquisa em Administração (Anpad): <http://www.anpad.org.br/>

Associação Paulista de Supermercado (Apas): <http://www.apas.com.br>

Babson College: <http://www.babson.edu>

Banco Central do Brasil (BCB): <http://www.bcb.gov.br>

Banco Interamericano de Desenvolvimento (BID): <http://www.iadb.org/pt/recursos-para-empresas/financiamento-para-pequenas-e-medias-empresas-na-america-latina,5756.html>

Banco Nacional de Desenvolvimento Econômico e Social (BNDES): <http://www.bndes.gov.br>

Biblioteca Digital de Teses e Dissertações da USP: <http://www.teses.usp.br>

Business & Society: <http://bas.sagepub.com>

Business Association of Latin American Studies (BALAS): <http://www.balas.org>

Caderno Profissional em Administração (CPAUnimep): <http://www.cadtecmpa.com.br>

Câmara Brasileira de Comércio Eletrônico: <http://www.camara-e.net>

Centro de Gestão e Estudos Estratégicos (CGEE): <http://www.cgee.org.br>

Código das melhores práticas de governança corporativa do IBGC: <http://www.ecgi.org/codes/documents/ibcg_sep2009_pt.pdf>

Comitê de Pronunciamentos Contábeis (CPC): <http://www.cpc.org.br/CPC/Documentos-

Congresso Nacional de Excelência em Gestão (CNEG): <http://www.latec.uff.br>

Conversão de Moedas: <http://www.cambio.com.br>

Correios Exporte Fácil:<http://www.correios.com.br>

Departamento de Negociações Internacionais (Deint): e-mail: deint@mdic.gov.br

Departamento de Operações de Comércio Exterior (Decex): <http://www.mdic.gov.br>

Desenvolvimento de Novos Negócios – UFRJ: <http://www.gn2.ufrj.br>

Ebit: <http://ebitempresa.com.br>

Ebsco – Information Services: <http://www.ebsco.com/homepage/brasil>

Eco Futuro: <http://www.ecofuturo.org.br>

E-commerce: tudo sobre comércio eletrônico: <http://www.e-commerce.org.br>

Economia da Produção e Engenharia Financeira (EPEF): <http://www.pro.poli.usp.br/pesquisa/gruposdepesquisa>

E-consulting:<http://www.e-consultingcorp.com.br>

Editora Aduaneiras: <http://www.aduaneiras.com.br>

Empreendedorismo em organizações. XI Semead: <http://www.ead.fea.usp.br/semead/11semead>

Empreendedorismo no Brasil. Global Entrepreneurship Monitor (GEM): <http://www.sebrae.com.br/customizado/estudos-e-pesquisas>

Empreender Endeavor: <http://www.endeavor.org.br>

Empresa Brasileira de Pesquisa Agropecuária (Embrapa): <https://www.embrapa.br>

Encontro de Estudos Organizacionais(Eneo): <http://www.anpad.org/evento>

Encontro de Estudos sobre Empreendedorismo e Gestão de Pequenas Empresas (Egepe): <http://www.egepe@uem.br>

Encontro de Marketing da Anpad (Ema): <http://www.anpad.org/evento>

Encontro Internacional sobre Gestão Empresarial e Meio Ambiente (Engema): <http://www.engema.org.br/>

Encontro Nacional de Engenharia de Produção (Enegep): <http://www.abepro.org.br>

Encontro Nacional de Pós-graduação em Pesquisa em Administração (Anpad): <http://www.anpad.org/evento>

Excelência em e-commerce: <http://www.ecommercebrasil.com.br>

Federação das Indústrias do Estado de São Paulo (Fiesp) –<http://www.fiesp.org.br>

Feira de Centrais de Negócios (Apas): <http://www.feira-apas.com.br/apas-show>

Feira do Empreendedor: <http://feiradoempreendedor.sebraesp.com.br>

Financiadora de Estudos e Projetos (Finep):<http://www.finep.br>

Fórum Nacional dos Programas Estaduais e Setoriais de Qualidade, Produtividade e Competitividade:<http://www.portalqualidade.com

Fundação Centro de Estudos do Comércio Exterior (Funcex): <http://www.funcex.com.br>

Fundação de Amparo à Pesquisa do Estado de São Paulo (Fapesp):<http://www.fapesp.br>

Fundação Dom Cabral (FDC): Vídeo sobre Governança Corporativa: <http://www.fdc.org.br/programas/Paginas/Programa.aspx?programa>

Fundação Nacional da Qualidade (FNQ): <http://www.fnq.org.br>

Fundação para o Desenvolvimento Gerencial (FDG): <http://www.fdg.org.br

Fundação ParqTec São Carlos (ParqTec): <http://www.parqtec.com.br

Governança Corporativa e as normas internacionais de contabilidade: <http://www2.crcpr.org.br/uploads/arquivo/2014_07_22_53ceb2a406bd6.pdf>

Governança Corporativa FDC: <http://www.fdc.org.br>

Governança Corporativa: o que é e como funciona: <http://www.sobreadministracao.com/o-que-e-quais-sao-os-beneficios-objetivos--vantagens-da-governanca-corporativa/>

Grupo de Estudo e Empreendedor: <http://www.empreendedores.net>

Informarketing: <http://www.informarketing.com.br>

Inovação Tecnológica: <http://www.inovacaotecnologica.com.br>

Instituto Brasileiro de Geografia e Estatística (IBGE): <http://www.ibge.gov.br>

Instituto Brasileiro de Governança Corporativa (IBGC): <http://www.ibgc.org.br>

Instituto Brasileiro de Qualidade e Produtividade (Ibip): <http://www.ibip.org.br>

Instituto de Estudos de Desenvolvimento Industrial (Iedi): <http://www.iedi.org.br>

Instituto de Estudos Empresariais (IEE): <http://www.iee.com.br>

Instituto de Inovação e Melhoramento da Administração Moderna (Imam): <http://www.imam.com.br>

Instituto Empreender Endeavor Brasil: <http://www.endeavor.org.br>

Instituto Ethos: <http://www.ethos.org.br>

Instituto Febraban de Educação (Infi): <http://www.infi.com.br>

Instituto Inovação: <http://www.institutoinovacao.com.br>

Instituto Nacional de Asociativismo y Economía Social (Inaes): <http://www.inaes.gov.ar>

Instituto Uniemp: <http://www.uniemp.org.br>

International Association of Science Parks (Iasp): <http://www.iaspworld.org>

Japan Institute Plant Of Maintenance (Jipm): <http://www.jipm.org>

Logística: <http://www.logisticainternacional.com.br>

MEI: <http://www.sebrae.com.br/sites/PortalSebrae/artigos/entenda-as-diferencas-entre-microempresa-pequena-empresa-e-mei,03f5438af1c92410VgnVCM100000b272010aRCRD>

Mercosul: <http://www.mercosulsearch.com.br>

Ministério da Ciência e Tecnologia (MCT): <http://www.mct.gov.br>

Ministério da Indústria, Comércio Exterior e Cultura (MDIC): <http://www.mdic.gov.br>

Ministério das Relações Exteriores (Itamaraty): <http://www.itamaraty.gov.br>

Ministério do Desenvolvimento da Indústria, do Comércio e do Turismo (MDIC): <http://www.mdic.gov.br>

National Business Incubation Association (NBIA): <http://www.nbia.org>

Núcleo de Política e Gestão Tecnológica (PGT-USP): <http://www.fia.com.br/pgtusp>

O que é e-commerce: <http://www.bseller.com.br>

Observatório de Prospectiva Tecnológica Industrial (Opti): <http://www.opti.org>

Organização das Cooperativas do Brasi (OCB)l: <http://www.ocb.org.br>

Organização das Nações Unidas (ONU): <http://www.onu-brasil.org.br>

Organização Internacional de Padronização (ISO): <http://www.iso.ch>

Organizações das Nações Unidas para a Educação, a Ciência e a Cultura (Unesco): <http://www.unesco.org.br>

Organizações & Sociedade: <http://www.portalseer.ufba.br/index.php/revistaoes>

Parque Ecotecnológico Damha São Carlos: <http://www.damha.com.br/Damha/Portugues>

Pequenas Empresas Grandes Negócios (PEGN): <http://revistapegn.globo.com>

Planejamento Estratégico Aplicado a Micro e Pequenas Empresas: <http://www.planestrategico.com.br>

Portal Brasil: <http://www.brasil.gov.br/economia-e-emprego/2015/10/empresas-pequenas-e-medias-exportaram-us-1-9-bi-ate-agosto-diz-apex-brasil>

Portal Capital de Risco Brasil: <http://www.capitalderisco.gov.br>

Portal das PMEs Portugal: <http://www.pmeportugal.pt>

Portal do exportador: <http://www.portaldoexportador.gov.br>

Portal do Marketing: <http://www.portaldomarketing.com.br>

Portal Periódicos Capes: <http://www.periodicos.capes.gov.br>

Práticas de governança corporativa essenciais às empresas: <http://exame.abril.com.br/pme/noticias/3-praticas-de-governanca-corporativa-essenciais-as-empresas>

Prêmio Ibest: <http://www.premioibest.com.br>

Prêmio Nacional Malcolm Baldrige de Qualidade: <http://www.quality.nist.gov>

Prêmio Sesi de Qualidade no Trabalho: <http://www.sesi.org.br>

Prêmio Shingo: <http://www.quality.nist.gov> <http://www.usu.edu/shingo>

Programa de Capacitação da Empresa em Desenvolvimento – Fundação FIA/USP: <http://www.fundacao.fia.com.br>

Projeto Política Nacional de Apoio ao Desenvolvimento Local: <http://www.portaldodesenvolvimento.org.br>

Proquest – Information and Learning: <http://www.proquest.com>

Public Administration (Aspa): <http://www.unm.edu/falcone/SSTIG>

Receita Federal: <http://www.receita.fazenda.gov.br>

Redes de Pesquisa em Sistemas e Arranjos Produtivos e Inovativos Locais (Redesist): <http://www.redesist.ie.ufrj.br>

Responsabilidade Social: <http://www.responsabilidadesocial.com>

Revista Angrad: <http://www.angrad.org.br/publicacoes/revista/artigos_selecionados.asp

Revista Banas Qualidade – Gestão, Processos e Meio Ambiente: <http://www.banasqualidade.com.br>

Revista Brasileira de Marketing (Remark): <http://www.revistabrasileiramarketing.org>

Revista de Administração da USP (RAUSP): <http://www.rausp.usp.br>

Revista de Administração de Empresas (RAE): <http://rae.fgv.br/rae>

Revista de Administração Unimep: <http://www.raunimep.com.br>

Revista de Gestão Social e Ambiental (RGSA): <https://www.revistargsa.org/rgsa>

Revista de Práticas Administrativas (RPA): <http://www.unicorpore.com.br>

Revista Eletrônica em Administração (REAd): <http://read.adm.ufrgs.br>

Revista Marketing Cultural: <http://www.marketingcultural.com.br>

Revista Pesquisa Fapesp: <http://www.revistapesquisa.fapesp.org.br

Scientific Eletronic Library on Line (Scielo): <http://www.scielo.br>

Secretaria de Comércio Exterior (Secex): <http://www.desenvolvimento.gov.br>.

Secretaria Especial da Micro e Pequena Empresa (SMPE): <http://smpe.gov.br>

Section on Science and Technology in Government (SSTIG): <http://www.proquest.com>

Seminários em Administração (Semead): <http://www.fea.usp.br/fia>

Serasa: <http://www.serasa.com.br>

Serviço Brasileiro de Apoio às Micro e Pequenas Empresas de São Paulo (Sebrae): <http://www.sebraesp.com.br>

Serviço Nacional de Aprendizagem Industrial (Senai): <http://www.senai.br>

Serviço Social da Indústria (Sesi): <http://www.sesi.gov.br>

Serviço Social do Comércio (Sesc): <http://www.sesc.org.br>

Simpósio de Administração da Produção, Logística e Operações Internacionais (Simpoi): <http://www.simpoi.fgvsp.br>

Simpósio de Engenharia de Produção (Simpep): <http://www.simpep.unesp.feb.br>

Simpósio de Excelência em Gestão e Tecnologia (SEGeT): <http://www.aedb.br/seget>

Simpósio de Gestão da Inovação Tecnológica: <http://www.anpad.org.br>

Simpósio de Gestão e Estratégia em Negócios (Simgen): <http://www.ppgen.ufrrj.br/simgen>

Small Business BC – Canada: <http://smallbusinessbc.ca>

Sociedade Brasileira para o Progresso da Ciência (SBPC): <http://portal.sbpcnet.org.br>

Startups Brasil: <http://startupbrasil.org.br>

Sua gestão conforme a legislação e boas práticas de governança corporativa: <http://advalue.net.br/servicos/auditoria/auditoria-de-compliance/?gclid=CPXY9cDorc8CFUUIkQodfnEEpg>

The Organisation for Economic Co-operation and Development (OECD): <http://www.oecd.org/corporate>

Transparência e Governança: <http://transparenciaegovernanca.com.br/TG/index.php?option=com>

Uniethos: <http://www.uniethos.org.br>